职业教育"岗课赛证"融通系列教材
中等职业教育系列教材

建筑工程施工技术

王作伟　欧阳愍　主编

中国建筑工业出版社

图书在版编目（CIP）数据

建筑工程施工技术 / 王作伟，欧阳愍主编. -- 北京：中国建筑工业出版社，2025.8. --（职业教育"岗课赛证"融通系列教材）（中等职业教育系列教材）.
ISBN 978-7-112-31314-3

Ⅰ.TU74

中国国家版本馆 CIP 数据核字第 2025JJ8246 号

本教材以建筑施工流程为主线，贴近实际工作场景，共分为 10 个项目，其内容包括：土方工程、地基与基础工程、脚手架工程与垂直运输设备、砌筑工程、钢筋混凝土工程、预应力混凝土工程、装配式建筑工程、防水工程、保温工程、装饰工程。每个项目均按照"导学入情、精讲入脑、勤练入心、思政入神、案例入魂、实践入行"六个模块有序开展，使学生的学习达到身临其境、强夯基础、启智润心、知行合一的效果。

本教材可作为中等职业学校建筑工程施工、工程造价、建筑装饰等专业的教材，也可供相关行业从业人员和自学者参考使用。

为了便于本课程教学，作者自制免费课件资源，索取方式为：1. 邮箱：jckj@cabp.com.cn；2. 电话：(010) 58337285；3. QQ 服务群：796494830。

责任编辑：司　汉
文字编辑：刘世龙
责任校对：张　颖

职业教育"岗课赛证"融通系列教材
中等职业教育系列教材
建筑工程施工技术
王作伟　欧阳愍　主编

*

中国建筑工业出版社出版、发行（北京海淀三里河路 9 号）
各地新华书店、建筑书店经销
北京鸿文瀚海文化传媒有限公司制版
北京圣夫亚美印刷有限公司印刷

*

开本：787 毫米×1092 毫米　1/16　印张：19¼　字数：479 千字
2025 年 8 月第一版　　2025 年 8 月第一次印刷
定价：**52.00** 元（赠教师课件）
ISBN 978-7-112-31314-3
(45327)

版权所有　翻印必究
如有内容及印装质量问题，请与本社读者服务中心联系
电话：(010) 58337283　　QQ：2885381756
（地址：北京海淀三里河路 9 号中国建筑工业出版社 604 室　邮政编码：100037）

本书编审委员会

主　编：
王作伟　长沙市中等城乡建设职业技术学校
欧阳愍　长沙市中等城乡建设职业技术学校

副主编：
罗　群　长沙市中等城乡建设职业技术学校
高　平　长沙市中等城乡建设职业技术学校
唐　潇　长沙市中等城乡建设职业技术学校
缪　琪　长沙高新技术工程学校

参　编：
张　凯　长沙市中等城乡建设职业技术学校
赵婷婷　长沙市中等城乡建设职业技术学校
李若兰　长沙市中等城乡建设职业技术学校
朱详炬　中国电建集团中南勘测设计研究院有限公司
黄　鸽　湖南建筑高级技工学校
刘海辉　中南安全环境技术研究院股份有限公司

主　审：
刘广宇　长沙市中等城乡建设职业技术学校
潘瑞旺　湖南建筑高级技工学校

前 言

随着我国经济的快速发展和城市化进程的不断加快，建筑行业对高素质技能型人才的需求日益增长。中等职业教育作为培养一线技术工人的重要途径，肩负着为建筑行业输送大量技术人才的重任。《建筑工程施工技术》作为中职建筑类专业的核心课程之一，其教材的质量直接关系到学生的专业素养和职业能力的培养。本教材的编写旨在适应时代发展的需求，满足中职学生的学习特点和职业发展要求，为培养具有扎实的建筑施工技术基础知识和实践能力的应用型人才提供有力的支持。

本教材凝练了作者长期的专业建设和课程教学改革的系列成果，具有以下显著特点。

1. 内容实用性强：紧密结合中职学生的就业岗位需求，选取了建筑施工中最常见、最实用的技术内容进行编写，包含土方工程、地基与基础工程、砌筑工程、钢筋混凝土工程、装配式工程、防水工程和装饰工程等，涵盖了建筑施工的各个主要环节，使学生能够学以致用，快速适应工作岗位。

2. 突出技能培养：注重实践教学，通过实际操作和案例讲解，帮助学生更好地理解和掌握建筑施工技术的要点和难点，提高学生的动手实践能力和解决实际问题的能力。

3. 贴近实际工作场景：教材依循建筑施工从场地平整、基础施工、主体构建到装饰装修等完整流程进行内容编排，详细阐述各环节的先后顺序、技术要点及相互关联，与实际施工现场的作业流程高度契合。

4. 难易适度：充分考虑中职学生的文化基础和认知水平，在内容编排上由浅入深、循序渐进，语言表达简洁明了、通俗易懂，避免了过于复杂的理论推导和计算公式，使学生能够轻松理解和接受教材内容。

5. 编排别出心裁：为达成"夯基础-提技能-强素养"的教学目标，本教材以施工流程为主线，将教材各项目细化为"导学入情、精讲入脑、勤练入心、思政入神、案例入魂、实践入行"六个模块，层层递进，形成情境与理论互补，思政与案例融合，练习与实践结合的学习体系，引导学员实现身临其境、强夯基础、启智润心、知行合一的目标。

本教材由长沙市中等城乡建设职业技术学校（长沙市建设教育培训中心）王作伟、欧阳憨担任主编，罗群、高平、唐潇、缪琪担任副主编，张凯、赵婷婷、李若兰、朱详炬、黄鸽、刘海辉担任参编，刘广宇、潘瑞旺担任主审。具体分工如下：绪论及项目1由王作伟编写；项目2由唐潇编写；项目3由王作伟、罗群编写；项目4由欧阳憨编写；项目5及项目6由高平、欧阳憨编写；项目7由王作伟、唐潇编写；项目8由罗群、李若兰编写；项目9及项目10由缪琪、张凯编写；"导学入情""勤练入心"部分由对应各项目的编者编写；教材思维导图设计及"案例入魂""实践入行"内容编写由王作伟完成；教材思政融入设计及思政案例编写由赵婷婷完成。本教材由王作伟统稿。

本教材可作为中等职业学校建筑工程施工、工程造价、建筑装饰等专业的教材，也可供相关行业从业人员和自学者参考使用。在使用过程中，建议教师结合实际教学情况，灵

前　言

活运用与教材相关的案例、实训项目和多媒体资源，采用多样化的教学方法和手段，激发学生的学习兴趣和积极性，提高教学效果。

　　本书在编写过程中，参考了大量已出版发行的规范、标准及建筑施工技术类相关教材，得到了来自企业和行业主管部门的相关支持，在此一并致谢。

　　由于编者水平有限，书中难免存在疏漏和欠妥之处，希望广大读者和同行专家能够对本教材提出宝贵的意见和建议，以便在今后的修订中不断完善和提高教材的质量。

目　录

绪论　我国建筑施工技术发展简介 ··· 001

 0.1　古代建筑施工技术 ·· 001
 0.2　现代建筑施工技术 ·· 005
 0.3　智能建造 ·· 009

项目1　土方工程 ··· 013

 任务1.1　土方工程基础知识 ·· 015
 任务1.2　土方工程量计算与调配 ·· 019
 任务1.3　土方开挖 ·· 021
 任务1.4　土方机械化施工 ··· 029
 任务1.5　土方回填与压实 ··· 034

项目2　地基与基础工程 ··· 043

 任务2.1　地基处理与加固 ··· 045
 任务2.2　浅基础 ··· 051
 任务2.3　深基础 ··· 056

项目3　脚手架工程与垂直运输设备 ··· 071

 任务3.1　扣件式钢管脚手架 ·· 073
 任务3.2　其他脚手架施工 ··· 077
 任务3.3　垂直运输设备 ·· 084

项目4　砌筑工程 ··· 102

 任务4.1　砌筑工程基础知识 ·· 104
 任务4.2　砌筑工程材料及工具设备介绍 ··· 106
 任务4.3　砖砌体施工 ··· 110
 任务4.4　砌块砌体施工 ·· 114
 任务4.5　石砌体施工 ··· 117
 任务4.6　砌体冬期施工要求 ·· 118

项目5　钢筋混凝土工程 ··· 125

 任务5.1　模板工程 ·· 127

任务 5.2　钢筋工程 ······ 135
任务 5.3　混凝土工程 ······ 144

项目 6　预应力混凝土工程 ······ 159

任务 6.1　先张法施工 ······ 161
任务 6.2　后张法施工 ······ 170
任务 6.3　无粘结预应力工程施工 ······ 173

项目 7　装配式建筑工程 ······ 182

任务 7.1　装配式建筑基础知识 ······ 184
任务 7.2　装配式工程起重机械设备 ······ 187
任务 7.3　混凝土预制构件安装施工 ······ 189
任务 7.4　钢结构安装施工 ······ 199
任务 7.5　木结构安装施工 ······ 206

项目 8　防水工程 ······ 219

任务 8.1　防水等级与质量要求 ······ 221
任务 8.2　地下防水工程 ······ 223
任务 8.3　屋面防水工程施工 ······ 232
任务 8.4　室内其他部位防水施工 ······ 242

项目 9　保温工程 ······ 250

任务 9.1　保温工程基础知识 ······ 252
任务 9.2　内保温工程 ······ 255
任务 9.3　外保温工程 ······ 256

项目 10　装饰工程 ······ 266

任务 10.1　抹灰工程 ······ 268
任务 10.2　饰面工程 ······ 272
任务 10.3　楼地面工程 ······ 275
任务 10.4　涂饰工程 ······ 280
任务 10.5　幕墙及门窗工程 ······ 283
任务 10.6　吊顶工程 ······ 288

参考文献 ······ 300

绪论

我国建筑施工技术发展简介

0.1 古代建筑施工技术

中国古代建筑与工程技术的辉煌成就源远流长,是中华文明的杰出体现。从早期的木构建筑到后来的石构和砖木结构建筑,中国古代建筑在漫长的历史中展现出多样而独特的面貌。同时,中国古代工程技术也以其卓越的实用性和智慧,为当时社会的繁荣与文明做出了卓越的贡献。

0.1.1 巢居和穴居

原始建筑的制造,是人类征服自然、改造自然的一个重要成就。原始人类基于住在树上和自然岩洞的生活经验,使用粗制石斧采伐枝干,借助树木构筑一个简陋的窝棚,或在黄土断崖上用木棍、石器掏挖一个人工横穴。这不但反映了人类自觉营造的观念,同时也产生了最原始的人为居住形式——巢居和穴居,如图 0-1 和图 0-2 所示。因此,可以说"巢"和"穴"是建筑发展的两个主要渊源。

图 0-1 巢居的演化

0.1.2 夯土版筑

版筑,我国古代修建墙体的一种技术,指筑土墙。把土夹在两块木板中间,用杵捣坚实,就成为墙,如图 0-3 所示。

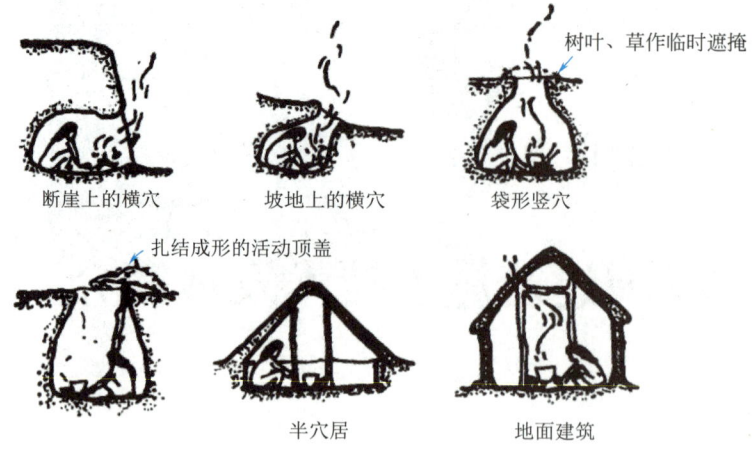

图 0-2 穴居的演化

图 0-3 夯土版筑

版筑技术也叫作夯筑或夯土技术,具有悠久的历史。从约 4000 年前的龙山文化遗址可以发现,当时人们就掌握了较为成熟的夯土技术。可见到的临洮秦长城及汉代以后的许多段长城,就是通过夯土技术而建成的。

夯土建筑在中国产生于四千多年前的新石器时代。在公元前 16 世纪—公元前 11 世纪的殷商时期就有成熟的夯土技术,汉代的民居建筑使用夯土建筑的更多,而且在使用夯土技术建造的城墙中开始使用水平方向的木骨墙筋,称为"纴木",这种做法上至汉长安城,下至南北朝、唐代、宋代,最晚到元代还在使用。唐长安的皇城、宫墙均为夯土墙,城内的里坊也用夯土墙分隔,到了北宋夯土技术又有进步。

0.1.3 垒石为垣

夯土防水性能不佳,古人便用石块垒出墙基,大大提高了墙体的防水、防渗性能。这种施工工艺多用于城墙施工及石材产地房屋建筑。我国的藏族、羌族聚居地区也常常采用垒石工艺建筑,如图 0-4 所示。这种施工工艺还流传到了日本等地。

垒石为垣是一种古代建筑技术,指的是用石头堆砌成墙。这种建筑方法在古代被广泛使用,尤其是在缺乏木材或其他建筑材料的情况下。在《水经注》中,有关于这种建筑方

图 0-4　四川羌族村寨

法的描述，例如提到"迨汉弘农太守张伯雅墓，茔域四周，垒石为垣"，显示了古代人们对这种建筑技术的运用。

0.1.4　秦砖汉瓦

我国是世界砖瓦的发祥地。新石器时代的仰韶文化时期，我们的祖先就已懂得用盘泥法做成木柱泥墙，再经火烧，使之形成坚实一体的"红烧土房"。中国在春秋战国时期陆续创制了方形和长形砖，秦汉时期制砖的技术、生产规模、质量和花式品种都有显著发展，世称"秦砖"，如图 0-5 和图 0-6 所示。

图 0-5　龙纹秦砖

图 0-6　秦兵马俑坑内的秦砖

西周前期发明以及使用瓦，东周春秋时期瓦被普遍使用。到了秦汉时期形成了独立的制陶业，并在工艺上作了许多改进，如改用瓦榫头使瓦间相接更为吻合，取代瓦钉和瓦鼻。西汉时期制瓦工艺又取得明显的进步，使带有圆形瓦当的筒瓦制作，由三道工序简化成一道工序，瓦的质量也有较大提高，因称"汉瓦"，如图0-7和图0-8所示。

图0-7　汉"与天久长"瓦当

图0-8　瓦屋面

0.1.5　木结构

中国是最早应用木结构的国家之一，山西应县木塔为现存最早的木构建筑，始建于1056年，如图0-9所示。根据实践经验采用梁、柱式的木构架木结构建筑，扬木材受压和受弯之长，避受拉和受剪之短，并具有良好的抗震性能。

图0-9　山西应县木塔

绪论　我国建筑施工技术发展简介

0.2　现代建筑施工技术

新中国成立以来，中国当代建筑业主要经历了发展建造、快速建造、中国建造三个主要阶段。

0.2.1　发展建造（1949年10月—1978年11月）

1949—1978年，中华人民共和国成立后的30年间，由于人口众多、资源有限，国家的建设任务主要以发展工业建筑为主，建造活动基本上是半军事化形式的政府行为。这段时期建筑项目较少，主要是一些工业建筑，而居住建筑以多层住宅为主，伴以少量高层住宅。在此期间，我国将"适用、经济，在可能的条件下注意美观"作为建筑业的指导原则，主要依靠自力更生完成工业基础建设任务。

同时，我国建筑行业学习了苏联的设计和施工经验，制定了砖混结构规范，工业建筑大力推广标准设计、装配式建筑方法，广泛推广预应力混凝土结构，后来又推出轻钢结构，节约了当时宝贵的钢材和水泥。在地基和基础处理方面，推广砂垫层、砂井预压和砂桩、灰土桩，推广重锤夯实、电化学加固技术等，配筋砖砌体结构等也得到了发展。此外，顶升法和无梁楼板开始在多层厂房中使用。在工程管理方面，推广流水作业。这个时期，我国还引入了苏联模式的城市规划理念，使城市规划逐渐普及。

十大建筑书写新中国建筑新历史

20世纪50年代的北京"十大建筑"达到了当时中国建筑专业技术的顶点，是中国建筑史上的一个创举。

北京火车站、中国革命和中国历史博物馆（2003年两馆合并，现称中国国家博物馆）、人民大会堂、民族文化宫、民族饭店、中国人民革命军事博物馆、华侨大厦、北京工人体育场、全国农业展览馆和钓鱼台国宾馆，这些诞生于20世纪50年代的北京"十大建筑"如今仍然活跃在人们的视野和生活中，它们不仅是中国共产党领导下新中国建筑史上的一次创举，也书写了新中国建筑史上的新历史。

人民大会堂（图0-10）在结构设计上采用了钢筋混凝土框架结构、刚性基础和钢屋架，大会堂会场挑台的钢梁悬臂伸出达16m，钢屋架短跨度60m，宴会厅上部的钢屋架最重达142t。为缩短施工时间，施工方需要在复杂的施工地形上创造更多施工面。工人们通过穹顶和挑台顶上成百上千个灯孔，从钢梁上垂下一根根不落地的杉篙，又在这些杉篙端部倒悬横向的"顺水"杉篙，最终把整个万人大礼堂空间做出了天外有天的八层操作台。施工工人也从1000多人猛增到6000多人，短短40天就完成了常规状态下需要半年以上才能完成的任务。

图 0-10　人民大会堂

民族饭店（图 0-11）是我国第一栋预制全装配结构、考虑抗震的高层旅馆。它在国庆工程中开工最晚，但施工速度最快，开创了我国大型预制装配式结构机械化施工的先河。

图 0-11　民族饭店

北京火车站（图 0-12）全部采用钢筋混凝土框架结构，中央大厅采用了当时较先进的预应力双曲扁壳屋盖，为当时国内第一次成功施工。

图 0-12　北京火车站

绪论　我国建筑施工技术发展简介

0.2.2　快速建造（1978年12月—2012年10月）

1978年，党和国家的工作重心转移到了社会主义现代化建设和改革开放上。一大批经济特区、港口城市的经济技术开发区、高新技术产业开发区项目率先上马，开始进行大规模的建造活动，建筑材料、建筑技术得到了极大发展。

在这一时期，国内建筑从业者的设计、施工技术水平突飞猛进，高层、超高层项目逐年增加，引进了大量新材料、新的结构与构造形式、新的施工技术和设备、新的设计手法。国内外建筑技术交流频繁，产生了一批由国内外建筑师共同设计、国内施工企业施工、蜚声中外的建筑，如国家大剧院（图0-13）、国家游泳中心（"水立方"）（图0-14）、国家体育场（"鸟巢"）（图0-15）等。

图0-13　国家大剧院

图0-14　国家游泳中心

信息化科学技术的发展对我国建造技术产生了巨大影响。不到40年的时间，设计工作从手工绘图进入计算机辅助绘图，又从计算机辅助绘图发展到建筑信息模型（BIM）三维设计。我国建筑设计的信息化从无到有，再到紧追国际信息化潮流，充分利用最新的数

图 0-15　国家体育场

字化设计工具。这一期间，基于国际发展趋势，我们开发了一批具备自主知识产权的设计软件和图形工具。

这个时期我国建筑业紧跟世界建筑业技术发展，出现了一批优秀的建筑设计师和工程师，一些设计项目开始在国内外获得重要建筑奖项，一些施工企业开始走出国门，在国外中标施工项目。中国的建造技术正在向世界先进水平稳步迈进。

0.2.3　中国建造（2012年11月以来）

2012年以来，我国建筑市场空前繁荣，大型工程不断建成并投入使用，不少项目在国际上获得了很高的声誉，如北京凤凰国际传媒中心、长沙梅溪湖国际文化艺术中心（图0-16）、上海中心大厦、上海佘山世茂洲际酒店、北京大兴国际机场（图0-17）、北京中信大厦、哈尔滨歌剧院、北京世园会中国馆等具有广泛影响力的建筑。在地下空间、居住社区、摩天大厦、体育场馆、文教建筑、医疗建筑、工业厂房、交通枢纽、装配式建筑、绿色建造的理论形成和技术实践等方面都取得了举世瞩目的成就。

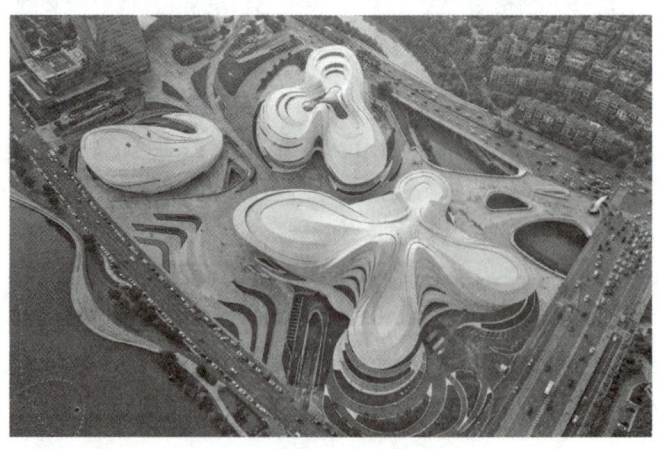

图 0-16　长沙梅溪湖国际文化艺术中心

绪论　我国建筑施工技术发展简介

图 0-17　北京大兴国际机场

0.3　智能建造

智能建造（Intelligent Construction）是指融合传感技术、通信技术、数据技术、建造技术及项目管理等知识，对建造物及其建造活动的安全、质量、环保、进度、成本等内容进行感知、分析、控制和优化的理论、方法、工艺和技术的统称，以促进安全、优质、绿色、高效建造。

智能建造是推动我国建筑业高质量发展的现实需求，是传统建筑业向信息化、数字化、智能化转型升级的关键着力点。智能建造技术是当今建筑行业中蓬勃发展的前沿领域，它将传统的建筑施工与先进的信息技术、自动化技术和智能化系统深度融合，为建筑工程带来了革命性的变化。

0-1　数智工地场景应用

0.3.1　智能建造技术的主要构成

1. 建筑信息模型（BIM）

建筑信息模型是智能建造的核心技术之一。通过创建三维数字化模型（图 0-18），整合建筑工程的各种信息，包括几何形状、空间关系、材料性能、施工进度等。设计师可以利用 BIM 进行可视化设计，提前发现设计中的问题，如不同专业之间的碰撞冲突。施工人员借助 BIM 进行施工模拟，合理安排施工顺序和资源分配，精准控制施工进度和成本，还能用于后期的建筑运维管理，实现建筑全生命周期的信息共享和协同工作。

2. 物联网（IoT）技术

在建筑施工现场，通过各类传感器（如温度、湿度、压力、位移等传感器）和射频识别（RFID）标签，将建筑设备、施工材料、人员等信息实时采集并传输到云端或管理平台。例如，可以对塔式起重机、升降机等大型机械设备的运行状态进行监测，及时发现故障隐患，确保施工安全；对建筑材料的库存和使用情况进行追踪，实现精准的材料管理，减少浪费和避免成本超支，物联网技术平台如图 0-19 所示。

009

图 0-18　三维数字化模型

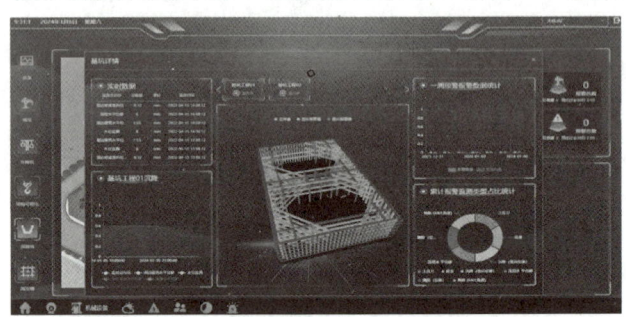

图 0-19　物联网技术平台

3. 大数据与云计算

建筑工程施工过程中会产生海量的数据，如施工进度数据、质量检测数据、成本数据、人员考勤数据等。大数据技术可以对这些数据进行存储、分析和挖掘，从中提取有价值的信息，为施工决策提供科学依据。云计算则为数据的处理和存储提供了强大的计算能力和灵活的资源配置，使得建筑企业无需大量购置硬件设备，就能高效地运用数据资源，提升管理效率和决策的准确性。

0-2　毫米之间见匠心：解密好房子的建造密码

4. 人工智能与机器学习

人工智能在智能建造中的应用逐渐广泛。例如：利用图像识别技术对施工现场的安全隐患（如未戴安全帽、违规操作等）进行自动识别和预警；通过机器学习算法对施工进度数据进行分析，预测可能出现的工期延误风险，并提供相应的优化建议。此外，在建筑设计优化、能耗分析等方面，人工智能也能发挥重要作用，帮助设计师和工程师快速找到最佳方案。

5. 建筑机器人与自动化施工设备

随着技术的发展，越来越多的建筑机器人和自动化施工设备投入使用。例如：砌砖机器人（图 0-20）能够以高精度和高效率完成砌墙工作，降低人工劳动强度和施工误差；混凝土 3D 打印机器人可以实现复杂结构的快速建造（图 0-21），突破传统施工工艺的限制；还有自动化的钢筋绑扎机器人（图 0-22）、焊接机器人等，提高了建筑施

0-3　从人防到智防：智能施工电梯

图 0-20 砌砖机器人

图 0-21 混凝土 3D 打印机器人

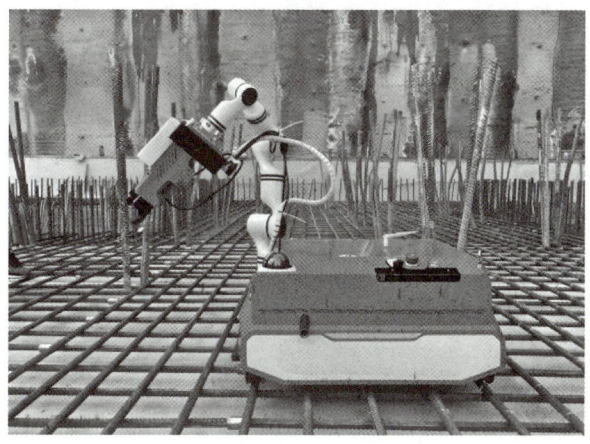

图 0-22 钢筋绑扎机器人

工的工业化水平和生产效率。

0.3.2 智能建造技术的优势

1. 提高施工效率

自动化施工设备和智能化的施工管理系统能够大大缩短施工周期。例如：施工模拟可以提前优化施工流程，避免工序不合理导致的停工等待；机器人和自动化设备的持续作业能力比人工更强，且不受疲劳等因素影响，从而加快工程进度。

2. 提升工程质量

BIM技术的碰撞检查可以消除设计缺陷，确保施工的准确性；机器人的高精度操作和自动化设备的稳定性能减少人为因素导致的质量问题；大数据分析可以对质量检测数据进行实时监测和分析，及时发现质量隐患并采取措施进行整改。

3. 降低成本

精准的材料管理和资源配置优化减少了材料浪费和设备闲置时间，降低了施工成本；施工过程中的问题提前发现和解决，避免了返工和工期延误带来的额外费用；长期来看，智能建造技术的应用有助于建筑企业提高生产效率，降低人力成本，增强市场竞争力。

4. 保障施工安全

物联网技术对施工现场的实时监测和预警，能够及时发现安全风险，如塔式起重机的超载、倾斜等危险情况；人工智能图像识别技术对人员违规行为的监督，有助于规范施工人员的操作，降低安全事故的发生概率，为施工人员创造更安全的工作环境。

项目1

土方工程

教学目标

一、知识目标

1. 掌握土方工程的基本概念、土的工程性质和分类。
2. 了解土方工程量计算的基本原则。
3. 掌握土方降排水的技术要求。
4. 熟悉土方施工机械的种类和适用范围。
5. 掌握土方填筑与压实的技术要求。

二、能力目标

1. 施工机械操作认知与选择能力：能够根据工程规模、施工场地条件、土质情况等因素，合理选择施工机械，并进行机械组合配置。
2. 施工工艺与流程执行能力：能够编制简单的土方工程施工方案，指导现场施工操作，并对施工过程进行质量检查和问题处理。
3. 常见工程问题识别与应对能力：能识别土方工程施工中常见的问题，如基坑坍塌预兆、地面下沉、挖方超挖或欠挖等情况。针对识别出的问题，能提出初步的解决措施。

三、素养目标

1. 敬业精神培养：使学生明白土方工程作为建筑基础环节的重要性，无论工程规模大小，都要以认真负责的态度对待每一项任务。
2. 质量意识树立：强调土方工程质量对整个建筑工程稳定性和安全性的关键影响，培养学生精益求精的工匠精神。
3. 安全意识强化：土方工程存在诸多安全风险，如机械操作不当、边坡坍塌等，让学生全面了解土方工程施工中的安全隐患和预防措施。
4. 环保理念植入：使学生认识土方工程对周边环境的影响，如扬尘污染、土壤扰动等。在教学中，引导学生思考如何在施工过程中减少对环境的破坏。

建筑工程施工技术

【思维导图】

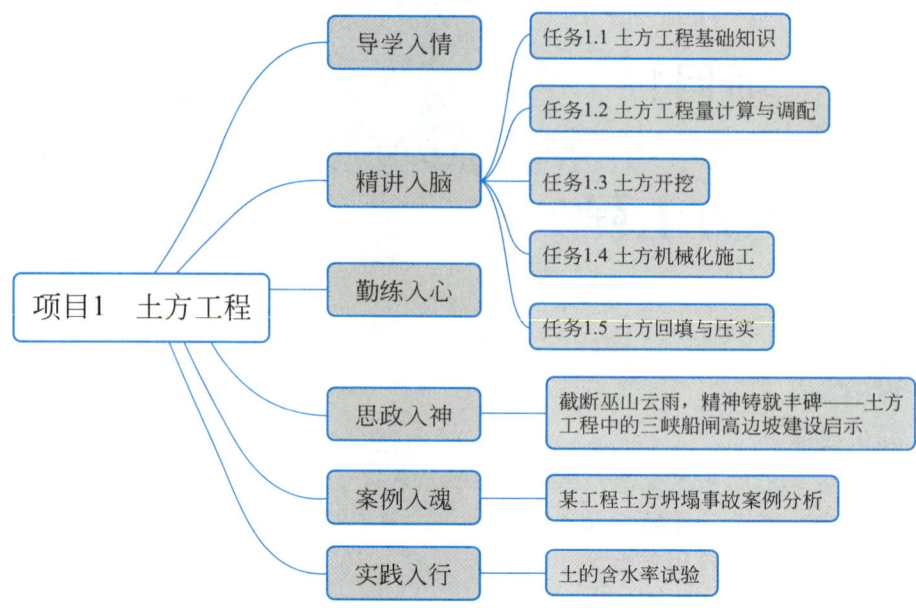

【导学入情】

在现代基础设施建设的浪潮中，中国工程的速度与精度始终令人惊叹。以北京大兴国际机场建设为例，这座空港的诞生仅航站区土方工程就完成了近 1600 万 m^3 的填挖量，相当于填满 6400 个标准游泳池。2015 年正式动工初期，施工现场每日投入各类机械超 2000 台，数千名建设者同步作业，仅用 10 个月就完成了原计划 18 个月的土方平整任务，为后续主体结构施工奠定了坚实基础（图 1-1）。

图 1-1 北京大兴国际机场施工现场

如此庞大的土方工程背后，是对施工组织、机械选型与工艺优化的极致考验。试想，作为施工承包方，面对超千万立方米的土方量、复杂的地质条件和严苛的工期要求，该如何精准匹配机械性能、规划作业流程、平衡成本与效率。本项目将以这类典型工程为切入点，深入解析土方施工方案的制定逻辑，从机械选型、施工工艺到现场管理，带你揭开现代工程"地下篇章"的技术密码。

【精讲入脑】

任务 1.1　土方工程基础知识

1.1.1　土方工程的概念

土方工程是建筑工程施工中主要工程之一,包括一切土(石)方的开挖、填筑、运输以及排水降水等方面。建筑工程中常见的土方工程有:场地平整、路基开挖、人防工程开挖、地坪填土、路基填筑以及基坑回填。

1-1　土方工程概述

1.1.2　土方工程的特点

1. 工程量大、工期长、劳动强度大

1-2　文明施工标准化视频

一些大型项目的场地平整、开挖或填方,土方量可达数百万立方米以上,面积达数十平方公里。例如,因为地形地貌的原因,我国西南地区机场建设的土方开挖和填筑工程量较大。此前国内机场土石方工程量最大的昆明长水国际机场,连挖带填累计约 3 亿 m^3,挖、填量基本持平。而于 2019 年 10 月开工的乌鲁木齐国际机场改扩建工程则需要填筑土方近 2 亿 m^3,这个工程体量之大全国罕见,如果按照 1 辆渣土车一次能装载 $20m^3$ 计算,拉来 2 亿 m^3 土,需要一千万次!

2. 施工条件复杂

土方施工条件复杂的一个重要原因是地质条件的复杂性和多样性。不同项目的场地平整程度和地质条件各不相同,这导致每个项目的土方工程涉及的问题也不同。例如,某些地区的地质构造复杂,存在断裂带、褶皱等地质构造,这些都会增加施工的难度和风险。此外,地下水位的波动和渗透压力变化也会引发土体稳定性降低,增加开挖难度。

土方施工条件的复杂性还源于施工环境的特殊性。土方工程通常受到地域性影响较大,导致施工资源和材料的选择受限,增加了施工成本和难度。此外,城市地下空间开发中的复杂地质问题也需要综合考虑地上建筑物及地下管线的安全和环境因素,增加了施工的复杂性和风险。

土方施工条件的复杂性还与施工技术和管理的要求有关。土方工程需要正确处理质量与进度、质量与成本的关系。施工过程中需要严格控制取土的土料和卸土距离,确保施工进度和质量。此外,复杂地质条件下的土方开挖还需要进行详细的地质勘探和评估,制定合理的开挖方案和技术措施,以确保工程安全。

3. 受气候、水文、地质等影响大

气候条件如风、降水、气温等都会直接影响施工的进度和质量。例如,高温可能导致工人中暑,降低工作效率,而低温则可能使混凝土等材料的凝固速度变慢,影响施工进度;降水会影响施工现场的能见度和地面湿度,可能导致施工设备损坏或施工材料受潮,影响施工质量和进度;大风可能影响施工现场的稳定性,导致尘土飞扬,影响施工人员的健康和安全。

水文条件对土方工程的影响也不容忽视。水文条件的变化可能导致施工现场的地下水位上升或下降，影响土体的稳定性和施工安全。例如，地下水位的变化可能引起土壤的软化或液化，增加施工难度和风险。

地质条件对土方工程的影响主要体现在土壤的类型和性质上。不同类型的土壤对施工设备和技术的要求不同，而且地质条件的变化可能导致土体的塌方或滑坡，增加施工难度和风险。

1.1.3 土的工程分类

土的工程分类是指在建筑施工中，按土的坚硬程度、施工开挖的难易将土划分为八类，分别是松软土、普通土、坚土、砾砂坚土、软石、次坚石、坚石、特坚石，见表1-1。

土的工程分类　　　　　　　　　　表1-1

土的分类	土的名称	开挖方法及工具
一类土（松软土）	砂土，粉土，冲积砂土层，疏松的种植土，淤泥（泥炭）	用锹、锄头挖掘
二类土（普通土）	粉质黏土，潮湿的黄土，夹有碎石、卵石的砂，粉质混卵（碎）石，种植土，填土	用锹、锄头挖掘，少许用镐翻松
三类土（坚土）	软及中等密实黏土，重粉质黏土、砾石土，干黄土和含有碎石卵石的黄土，粉质黏土，压实的填土	主要用镐，少许用锹、锄头，部分用撬棍
四类土（砾砂坚土）	重黏土及含石黏土，粗卵石，密实黄土，砂夹石，软岩石	主要用镐、撬棍，部分用楔子及大锤
五类土（软石）	硬质黏土，中密的页岩、泥灰岩、白垩土，胶结不紧的砾岩，软石灰岩及贝壳石灰岩	用镐或撬棍、大锤挖掘，部分使用爆破方法
六类土（次坚石）	泥岩、砂岩、砾岩，坚实的页岩、泥灰岩，密实的石灰岩，风化花岗岩、片麻岩及正长岩	用爆破方法，部分用风镐
七类土（坚石）	大理岩，辉绿岩，玢岩，粗、中粒花岗岩，坚实的白云岩、砂岩、砾岩、片麻岩、石灰岩，微风化安山岩、玄武岩	用爆破方法
八类土（特坚石）	安山岩，玄武岩，花岗片麻岩，坚实的细粒花岗岩、闪长岩、石英岩、辉长岩、辉绿岩、玢岩	用爆破方法

1.1.4 土的基本性质

1. 土的组成

自然界中的土都是三相土，由土中固体颗粒（固相）、土中水（液相）和土中气（气相）三相组成，如图1-2所示。各相的性质、相对含量及相互作用是决定土体物理力学性质的主要因素。

固相构成土的骨架部分。土的固体颗粒包括矿物质、有机质和微生物。矿物质部分主要由石英、长石、

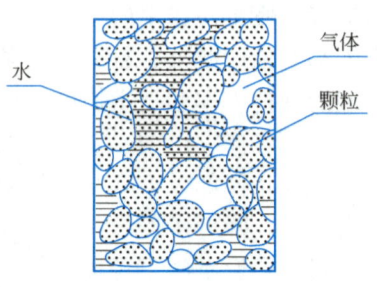

图1-2　土的组成示意图

云母等原生矿物以及次生矿物（如黏土矿物和氧化铝、氧化铁等）组成。有机质则来源于动植物和微生物的残体经过分解形成的物质。微生物则包括土壤中的各种生物，如细菌、真菌等。

液相是指土孔隙中存在的水。它按构成物质分为结晶水、液态水、冰及水蒸气。

土中气体分为与大气连通的自由气体，以及与大气不连通的封闭气体两类。与大气连通的气体对土的工程性质影响不大，在受到外力作用时，这种气体能很快地从孔隙中被挤出；而与大气不连通的封闭气体对土的工程性质影响较大，在受到外力作用时，随着压力的增大，这种气体可能被压缩或溶解于水中，压力减小时，气体会恢复原状或重新游离出来，增大了土的弹性，减少了土的渗透性，延缓了土的压缩和膨胀、变形随时间发展的过程。

2. 土的物理性质

土的物理性质是指土壤中固、液、气三相的质量与体积间的相互比例关系，以及固、液两相相互作用表现出来的性质。土的疏密性、软硬性、干湿性等物理性质随着土中三相之间的质量与体积的比例关系的变化而变化，土的物理性质指标就是用来表示土中三相比例关系的一些物理量。如图1-3所示为土的三相简图。

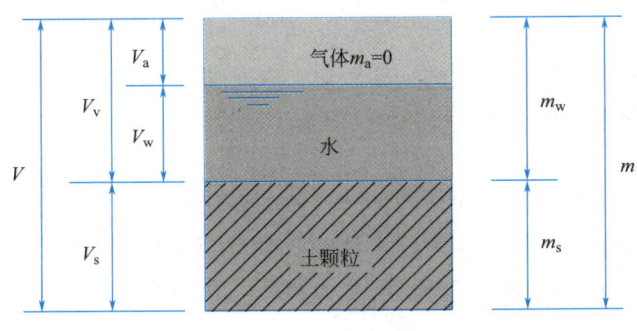

图1-3 土的三相简图

图中各符号的意义如下：

m_s——土中固体颗粒质量；

m_w——土中水的质量；

m_a——土中气体质量（$m_a \approx 0$）；

m——土的总质量，$m = m_s + m_w + m_a$；

V_s——土中固体颗粒体积；

V_w——土中水体积；

V_a——土中气体体积；

V_v——土中孔隙体积，$V_v = V_a + V_w$；

V——土的总体积，$V = V_a + V_w + V_s$。

土的物理性质包括以下具体指标：

（1）土的天然密度

土的天然密度指在天然状态下，单位体积土的质量。土的天然密度 ρ 可按式（1-1）计算：

$$\rho = \frac{m}{V} \tag{1-1}$$

（2）土的干密度

土的干密度指土的固体颗粒质量与总体积的比值。土的干密度 ρ_d 可按式（1-2）计算：

$$\rho_d = \frac{m_s}{V} \tag{1-2}$$

（3）土的含水量

土的含水量是指土中水的质量与固体颗粒质量之比，也称含水率，用百分数表示，可按式（1-3）计算：

$$w = \frac{m - m_s}{m_s} \times 100\% \tag{1-3}$$

（4）孔隙率

孔隙率为土中孔隙体积与总体积之比，即单位土体中孔隙所占的体积，用百分数表示，记为 n，其计算公式为：

$$n = \frac{V_v}{V} \times 100\% \tag{1-4}$$

孔隙率也可用来表示同一种土的松密程度，其值随土形成过程中所受的压力、粒径级配和颗粒排列的状况而变化。

3. 土的工程性质

土的工程性质是指在设计和建造各种建筑物时所必须掌握的天然土体或填筑土料的工程特性。这些性质对于确保建筑物的稳定性和安全性至关重要。比如，在进行土方量的计算时，需考虑土的可松性；在确定基坑降水方案时，需考虑土的渗透性。

（1）可松性

自然状态下的土经开挖后，其体积因松散而增加，虽经回填压实仍不能恢复到原状态土的体积，这种现象称为土的可松性。土的可松性用可松性系数表示，即：

最初可松性系数：
$$K_s = \frac{V_2}{V_1} \tag{1-5}$$

最终可松性系数：
$$K'_s = \frac{V_3}{V_1} \tag{1-6}$$

式中　V_1——土在天然状态下的体积（m³）；

　　　V_2——土在挖出后松散状态下的体积（m³）；

　　　V_3——土经压（夯）实后的体积（m³）。

【例题 1-1】试计算：开挖 1000m³ 的基坑，需运走的土方量是多少？回填一个 1000m³ 的基坑，需运来的土方量是多少？已知土的最初可松性系数 $K_s = 1.30$，最终可松性系数 $K'_s = 1.15$（保留两位小数）。

【解】（1）开挖 1000m³ 的基坑，可知天然状态下土的体积 $V_1 = 1000$m³，挖出后的松散状态下土的体积 $V_2 = K_s \cdot V_1 = 1.30 \times 1000 = 1300$m³，需运走的土方量为 1300m³。

（2）回填一个 1000m³ 的基坑，可知经压实后土的体积 $V_3 = 1000$m³，需要天然状态

土的体积 $V_1 = \dfrac{V_3}{K'_s} = \dfrac{1000}{1.15} = 869.57\mathrm{m}^3$。

再根据最初可松性系数 $K_s = \dfrac{V_2}{V_1}$，则需运来的土方量（即开挖后的松散体积）为 $V_2 = K_s \cdot V_1 = 1.30 \times 869.57 = 1130.44\mathrm{m}^3$，需运来土方 $1130.44\mathrm{m}^3$。

【例题 1-2】某工程基坑土方体积为 $2000\mathrm{m}^3$，坑内的基础体积为 $500\mathrm{m}^3$，基础施工完成后，用原来的土进行夯填，根据施工组织的要求，应将多余的土方全部事先运走，试确定回填土的预留量和弃土量。已知土的最初可松性系数 $K_s = 1.30$，最终可松性系数 $K'_s = 1.15$（保留两位小数）。

【解】基础施工完成后，需回填的土的体积，即经压实后土的体积 $V_3 = 2000 - 500 = 1500\mathrm{m}^3$，应预留的天然土体积 $V_{1留} = \dfrac{V_3}{K'_s} = \dfrac{1500}{1.15} = 1304.35\mathrm{m}^3$。

应预留的松散状态下土的体积 $V_{2留} = K_s \cdot V_{1留} = 1.30 \times 1304.35 = 1695.66\mathrm{m}^3$。

基坑开挖后松散状态下土的体积 $V_2 = K_s \cdot V_1 = 1.30 \times 2000 = 2600\mathrm{m}^3$。

弃土量：$V_{2弃} = V_2 - V_{2留} = 2600 - 1695.66 = 904.34\mathrm{m}^3$。

（2）压缩性

土的压缩性是指土受压时体积压缩变小的性质，一般认为，这主要是由于土中孔隙体积被压缩而引起的。常用压缩系数来反映土压缩性的大小。土的压缩性直接影响地基的变形值。

（3）渗透性

土是具有连续孔隙的介质。当土作为建筑物的地基和直接作用建筑材料时，水就会在水位差的作用下，从水位较高的一侧透过土的孔隙流向水位较低的一侧。

水透过土体孔隙的现象称为渗透。土具有被水透过的性能称为土的渗透性。

任务 1.2 土方工程量计算与调配

1.2.1 土方工程量计算的方法和步骤

1. 确定底面积和挖土深度。基础土方开挖的计算首先需要确定底面积和挖土深度，然后计算得到土方体积。

2. 考虑多个因素。需要考虑槽底面积、工作面宽度、放坡系数以及挖土深度等多个因素。

3. 计算回填土体积。回填土体积的计算公式：基槽（坑）回填土体积等于基槽（坑）挖土体积减设计室外地坪以下建（构）筑物被埋置部分的体积。

在土方工程施工前，必须计算土方的工程量。但是各种土方工程的外形有时很复杂，而且不规则。一般情况下，将其划分成为一定的几何形状，采用具有一定精度而又和实际情况近似的方法进行计算。

1.2.2 基坑和基槽土方工程量计算

1. 基坑

基坑土方量可按立体几何中的拟柱体体积公式计算（图 1-4）。即：

$$V = \frac{H}{6}(A_1 + 4A_0 + A_2) \tag{1-7}$$

式中　H——基坑深度（m）；

　　A_1、A_2——基坑上、下的底面积（m^2）；

　　A_0——基坑中截面的面积（m^2）。

2. 基槽

基槽和路堤管沟的土方量可以沿长度方向分段后，再用同样方法计算（图 1-5）。即：

$$V_i = \frac{L_i}{6}(A_1 + 4A_0 + A_2) \tag{1-8}$$

式中　V_i——第 i 段的土方量（m^3）；

　　L_i——第 i 段的长度（m）。

将各段土方量相加即得总土方量 $V_总$：

$$V_总 = \sum V_i$$

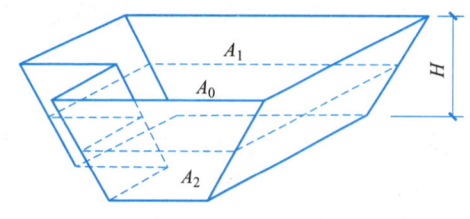

图 1-4　基坑土方量计算

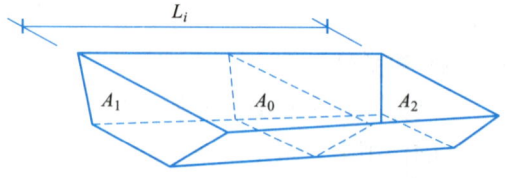

图 1-5　基槽土方量计算

1.2.3 土方调配

1. 定义

土方调配是场地平整工程的填挖土方量计算后，确定填、挖方区土方的调配方向和数量。目的是使土方总运输量或土方施工费用最小。

2. 原则

土方调配的原则主要包括以下几个方面。

（1）挖填平衡和运距最短原则：应力求达到挖、填平衡，减少重复倒运，并尽量缩短运输距离，以降低运输成本。

（2）近期施工与后期利用相结合原则：在土方调配时，应考虑近期施工与后期利用的结合，确保土方的有效利用，避免资源浪费。

（3）分区与全场相结合原则：土方调配应采取分区与全场相结合的方式来考虑，既要考虑局部平衡，也要兼顾全局平衡，避免局部优化导致全局失衡。

（4）与大型地下建筑施工相结合原则：土方调配应尽可能与大型地下建筑的施工相结

合，以提高施工效率和经济性。

（5）选择恰当的调配方向和运输路线原则：选择合适的调配方向和运输路线，避免土方运输的对流和交叉现象，确保施工顺利进行。

3. 方法

土方调配方法主要包括以下几个步骤。

（1）划分调配区：首先，根据房屋和构筑物的平面布置，将场地划分为若干个调配区，包括挖方区和填方区。每个区域需要明确其土方的调运数量和方向。

（2）计算土方量：在进行土方调配前，需要准确计算每个区域的土方量，包括挖方量和填方量。这有助于确定土方的调配方向和数量，从而优化运输量和成本。

（3）确定运输路线：选择合适的运输路线和调配方向，尽量避免上坡运输，以减少运输成本和时间。

（4）考虑施工条件：根据地形情况和施工条件，选择适当的运输方式，确保施工的顺利进行。

（5）环保和社会影响：在土方调配过程中，应尽量减少对农业生产的影响，避免乱弃乱堆，保护环境。

任务 1.3　土方开挖

1.3.1　土方开挖准备

1. 场地清理

场地清理包括清理地面及地下各种障碍。拆除影响施工的建筑物、构筑物；拆迁或改建通信、电力设备，上、下水道以及地下建（构）筑物；迁移树木并去除耕植土及河塘淤泥等。

2. 排除地面积水

土方工程施工，应保持场地干燥。地面水的排除一般采用排水沟、截水沟、挡水土坝等措施。

3. 修筑临时设施

修筑临时道路、电力、通信及供水设施，以及用于生活和生产的临时房屋。

4. 测设地面控制点

在进行大型场地的平整工作时，利用经纬仪和水准仪将场地设计平面图的方格网在地面上测设固定下来，各角点用木桩定位，并在桩上注明桩号、施工高度，以便于施工。

1.3.2　基坑（槽）开挖

1. 土方开挖应遵循"开槽支撑，先撑后挖，分层开挖，严禁超挖"的原则。

2. 因土方开挖施工要求标高、断面准确，土体应有足够的强度和稳定性，所以在开挖过程中要随时注意检查。

3. 在施工过程中，基坑、基槽、管沟边堆置土方不应超过设

1-3　基坑（槽）施工

计荷载，严禁在坑边堆放建筑材料。

4. 挖土时不应碰撞或损坏支护结构、降水设施，加强对支护结构、周围环境的监测，发现异常情况应及时处理，待恢复正常后方可继续施工。

5. 基坑、基槽、管沟开挖至设计标高后，应对坑底进行保护，经验槽合格后方可进行垫层施工。

1.3.3 地基验槽

基坑（槽）挖至基底设计标高并清理后，施工单位必须会同勘察、设计、建设、监理等单位共同进行验槽，合格后方能进行基础工程施工。

1. 验槽条件

（1）勘察、设计、监理、施工、建设等各方相关技术人员应共同参加验槽。

（2）验槽时，现场应具备岩土工程勘察报告、轻型动力触探记录（可不进行轻型动力触探的情况除外）、地基基础设计文件、地基处理或深基础施工质量检测报告等。

（3）验槽应在基坑或基槽开挖至设计标高后进行，留置保护土层时其厚度不应超过100mm；槽底应为无扰动的原状土。

2. 验槽内容

（1）天然地基验槽

1）根据勘察、设计文件核对基坑的位置、平面尺寸、坑底标高。

2）根据勘察报告核对基坑底、坑边岩土体和地下水情况。

3）检查空穴、古墓、古井、暗沟、防空掩体及地下埋设物的情况，并应查明其位置、深度和性状。

4）检查基坑底土质的扰动情况以及扰动的范围和程度。

5）检查基坑底土质受到冰冻、干裂、受水冲刷或浸泡等扰动情况，并应查明影响范围和深度。

（2）地基处理工程验槽

1）对于换填地基、强夯地基，应现场检查处理后的地基均匀性、密实度等检测报告和承载力检测资料。

2）对于增强体复合地基，应现场检查桩位、桩头、桩间土情况和复合地基施工质量检测报告。

3）对于特殊土地基，应现场检查处理后地基的湿陷性、地震液化、冻土保温、膨胀土隔水、盐渍土改良等方面的处理效果检测资料。

（3）桩基工程验槽

1）设计计算中考虑筏形基础、低桩承台等桩间土共同作用时，应在开挖清理至设计标高后对桩间土进行检验。

2）对人工挖孔桩，应在桩孔清理完毕后，对桩端持力层进行检验。对大直径挖孔桩，应逐孔检验孔底的岩土情况。

3. 验槽方法

验槽方法通常采用观察法，而对于基底以下不可见部位的土层，要辅以钎探法配合共同完成。

（1）观察法

1）观察槽壁、槽底的土质情况，验证基槽开挖深度，初步验证基槽底部土质是否与勘察报告相符，观察槽底土质结构是否被人为破坏。

2）基槽边坡是否稳定，是否有影响边坡稳定的因素存在，如地下渗水、坑边堆载或近距离扰动等（对难于鉴别的土质，应挖至一定深度仔细鉴别）。

3）基槽内有无旧的房基、洞穴、古井、掩埋的管道和人防设施等。如存在上述问题，应沿其走向进行追踪，查找其在基槽内的范围、延伸方向、长度、深度及宽度。

4）在进行直接观察时，可用袖珍式贯入仪或其他手段作为验槽辅助。

（2）轻型动力触探

采用轻型动力触探进行基槽检验时，应检查下列内容。

1）地基持力层的强度和均匀性。

2）浅埋软弱下卧层或浅埋突出硬层。

3）影响地基承载力或基础稳定性的古井、墓穴和空洞等。

1.3.4 土方边坡与土壁支撑

1. 土方边坡

为了防止塌方，保证施工安全，在挖方或填方的开挖深度或填筑高度超过一定限度时，要在其边沿做成具有一定坡度的边坡。

边坡就是操作面一边有坡度的地方，边坡坡度指的是边坡的高度与宽度之比。

土方边坡坡度 $= h/b = 1/(b/h) = 1:m$，m 称为坡度系数，如图1-6所示。

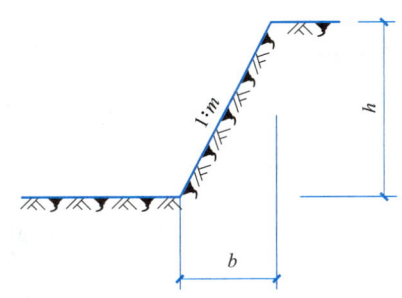

图1-6 土方边坡坡度示意图

坡度过小，会增加开支；坡度过大又不安全。所以边坡坡度应根据挖方深度、土质和地下水的情况进行确定。一般地讲，无地下水时，在天然湿度的土方开挖基坑（槽）不加支撑、不放坡的直立壁，不同土质的挖方深度不得大于：砂土1.0m，砂质粉土1.25m，黏土1.5m，特别坚实的土2.0m。

土方开挖或填筑的边坡可以做成直线形、折线形及阶梯形。边坡的设置与土质、开挖深度、开挖方法、边坡留置时间的长短、边坡附近的振动和有无荷载、排水情况等有关。

2. 边坡失稳的原因

（1）稳定机理

土颗粒之间存在内聚力和摩擦力，使土体具有一定的抗剪强度。

（2）失稳原因

引起土体下滑力增加或引起土体抗剪强度降低的因素都可能引起边坡失稳，如坡顶荷载、雨水或地下水渗入土中、气候使土质松软、细砂液化等。

（3）保证边坡稳定的措施

边坡可能失去稳定时，可采取放足边坡、加设土壁支护或者改善土体性质等措施保持其稳定。

3. 边坡支护和土壁支撑

(1) 边坡支护

边坡支护是指为保证边坡及其环境的安全，对边坡采取的支挡、加固与防护措施。常用的支护形式有：重力式挡墙、衡重式挡墙、悬臂式挡墙、扶壁式挡墙（表1-2）、板肋式或格构式锚杆挡墙、排桩式锚杆挡墙、锚喷支护、坡率法。

常见挡土墙结构　　　　　　　　　　　　　　　　　　　表1-2

类型	结构示意图	结构特点
重力式挡墙		①依靠墙体自重抵挡土压力作用；②一般用浆砌片（块）石砌筑，缺乏石料地区可用混凝土砌块或现场浇筑混凝土；③形式简单，就地取材，施工简便
衡重式挡墙		①上墙利用衡重台上填土的下压作用和全墙重心的后移增加墙体稳定；②墙胸坡陡，下墙倾斜，可降低墙高，减少基础开挖
悬臂式挡墙		①由立壁、墙趾板、墙踵板三部分组成；②墙高时，立壁下部弯矩大，配筋多，不经济
扶壁式挡墙		①沿墙长，隔适当距离加筑扶壁，使墙面与墙踵板连接；②比悬臂式挡墙受力条件好，在墙高时较悬臂式挡墙经济

(2) 土壁支撑

土壁支撑是不放坡开挖基坑（槽）保证土壁稳定和不塌方、减少基坑周围地面沉降和减少对相邻已有建筑物不利影响的施工设施。承受的荷载是土压力、水压力和附近地面荷载引起的附加荷载。土压力为主要荷载，其分布取决于土壤性质、挖土深度，还与土壁支撑的变形有关。

常见的土壁支撑有：1) 横撑式支撑，分水平挡土板（挡土板布置有断续式和连续式两种）式和垂直挡土板式，用于较窄的沟槽。2) 板桩。板桩是深基坑开挖时的专用支护结构，在基坑开挖前将板桩打入土中，基坑开挖后，靠板桩来抵抗水平向土压力及水压力。为保持其稳定，可在板桩的适当高度设置支撑或拉锚。钢板桩由于强度高，打设方便并可回收，是应用较广泛的一种支护结构。

此外，深基坑施工中我国还采用钢筋混凝土灌注桩、地下连续墙等作为土壁支撑。

1.3.5 施工排水与降水

当地面水或地下水流入基坑内不能及时排走时,不但会使施工条件恶化,更严重的是土被水浸泡软后,会造成边坡塌方和坑底土的承载能力下降。因此,在基坑开挖前和开挖过程中,做好排水与降水工作,保持土体干燥是十分重要的。

基坑排水降水方法,可以分为明排水法和人工降低地下水位(井点降水)法两类。

1. 明排水法

(1) 概念及特点

明排水法又称集水井排水法,是采用截、疏、抽的方法来进行基坑的排水,如图 1-7 所示。

1-4 土方施工排水和降水

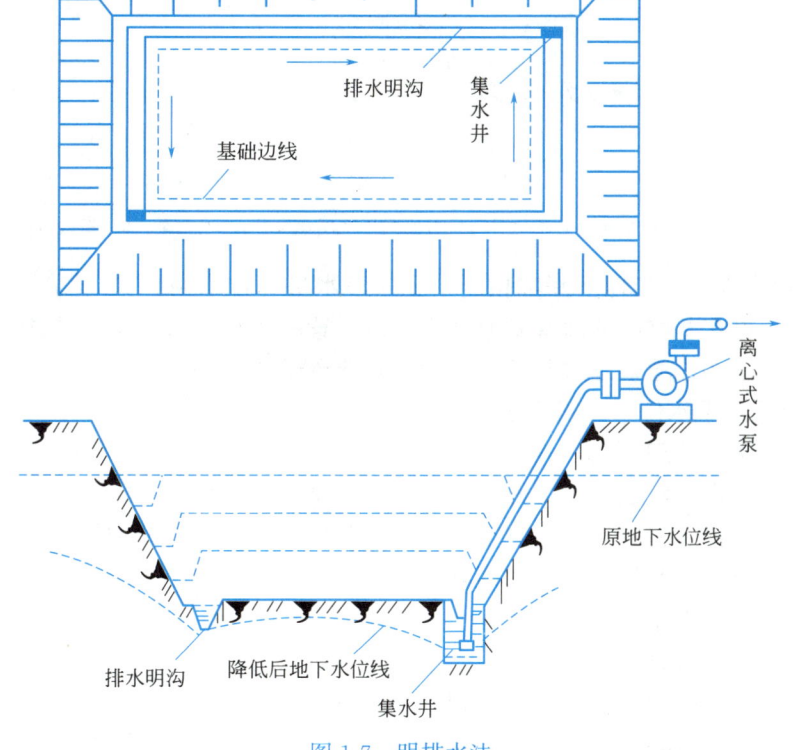

图 1-7 明排水法

明排水法即在坑内沿坑底周围或中央开挖排水沟,再在沟底设置集水井,使基坑内的水经排水沟流向集水井内,然后用水泵抽出坑外。如果坑较深,可采用分层明沟排水法,一层一层地加深排水沟和集水井,逐步达到设计要求的基坑断面和坑底标高。

截:在现场周围设临时或永久性排水沟、防洪沟或挡水堤,以拦截雨水、潜水流入施工区域。

疏:在施工范围内设置纵横排水沟,疏通、排干场内地表积水。

抽:在低洼地段设置集水、排水设施,然后用水泵抽走。

(2) 适用范围

一般适用于土壤的渗透系数在 7~20m/d 的土质，其降水深度不能超过 5m。

(3) 具体方法

1) 明沟与集水井排水。在基坑的一侧或四周设置排水明沟，在四角或每隔 20~30m 设一集水井，排水沟始终比开挖面低 0.4~0.5m，集水井比排水沟低 0.5~1m，在集水井内装设水泵将水抽排出基坑。

2) 分层明沟排水。当基坑开挖土层由多种土质组成，中部夹有透水性强的砂类土时，为防止上层地下水冲刷基坑下部边坡，宜在基坑边坡上分层设置明沟及相应的集水井。分层明沟排水法如图 1-8 所示。

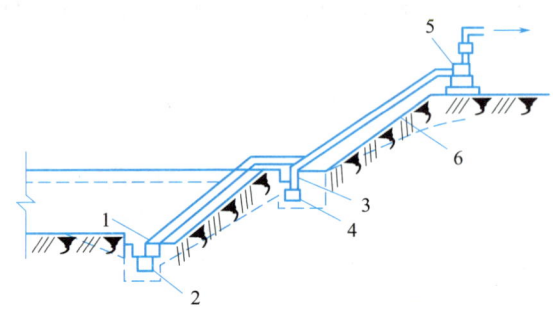

图 1-8　分层明沟排水法

1—底层排水沟；2—底层集水井；3—二层排水沟；4—二层集水井；5—水泵；6—降低后地下水位线

3) 深层明沟排水。当地下基坑相连，土层渗水量和排水面积大，为降低大量设置排水沟的复杂性，可在基坑内的深基础或合适部位设置一条纵、长、深的主沟，其余部位设置边沟或支沟与主沟连通，通过基础部位用碎石或砂子作盲沟。

2. 人工降低地下水位（井点降水）法

(1) 井点降水的原理

人工降低地下水位就是在基坑开挖前，预先在基坑四周埋设一定数量的滤水管（井），在基坑开挖前和开挖过程中，利用真空原理，不断抽出地下水，使地下水位降低到坑底以下，从根本上解决地下水涌入坑内的问题。

(2) 井点降水的作用

1) 防止地下水涌入坑内；

2) 防止边坡受地下水流的冲刷而引起的塌方；

3) 使坑底的土层消除地下水位差引起的压力，也防止坑底的管涌；

4) 降水后，可使板桩减少横向荷载；

5) 由于没有地下水的渗流，也就防止了流砂现象产生；

6) 降低地下水位后，由于土体固结，还能使土层密实，增加地基土的承载能力。

(3) 井点降水的方法

井点降水法按其系统的设置、吸水原理和方法的不同，可分为轻型（真空）井点、喷射井点、电渗井点、管井井点和深井井点（表 1-3）。各种井点降水方法可根据基础规模、土的渗透性、降水深度、设备条件及经济性选用，其中轻型井点属于基本类型，应用最广泛。

各种井点降水的适用范围　　　　　　　表 1-3

序号	井点类别	土层渗透系数(m/d)	降低水位深度(m)	适用土质
1	轻型井点	0.1~20	3~6	黏质粉土、砂质粉土、粉砂、含薄层粉砂的粉质黏土
2	多级轻型井点	0.1~20	6~12	
3	喷射井点	0.1~20	8~20	
4	电渗井点	<0.1	5~6	黏土、粉质黏土
5	管井井点	20~200	根据选用的水泵而定	黏质粉土、粉砂、含薄层粉砂的粉质黏土、各类砂土、砾砂
6	深井井点	10~250	>15	

（4）轻型井点降水

1）轻型井点降水的原理

轻型井点降水是沿基坑四周或一侧将直径较细的井管沉入深于基底的含水层内，井管上部与总管连接，通过总管利用抽水设备将地下水从井管内不断抽出，使原有地下水位降低到基底以下，如图 1-9 所示。轻型井点又叫真空井点。

2）轻型井点主要设备

轻型井点设备由管路系统和抽水设备组成，管路系统包括滤管，井点管、弯联管及总管等。滤管为进水设备，通常采用长为 1.0~1.5m，直径为 38mm 或 51mm 的无缝钢管，管壁钻有直径为 12~18mm 的呈梅花形排列的滤孔，滤孔面积为滤管表面积的 20%~25%。管外面包两层孔径不同的滤网，内层为 30~50 目的黄铜丝或尼龙丝布的细滤网，外层为 3~10 目的同样材料的粗滤网或棕皮（图 1-10）。

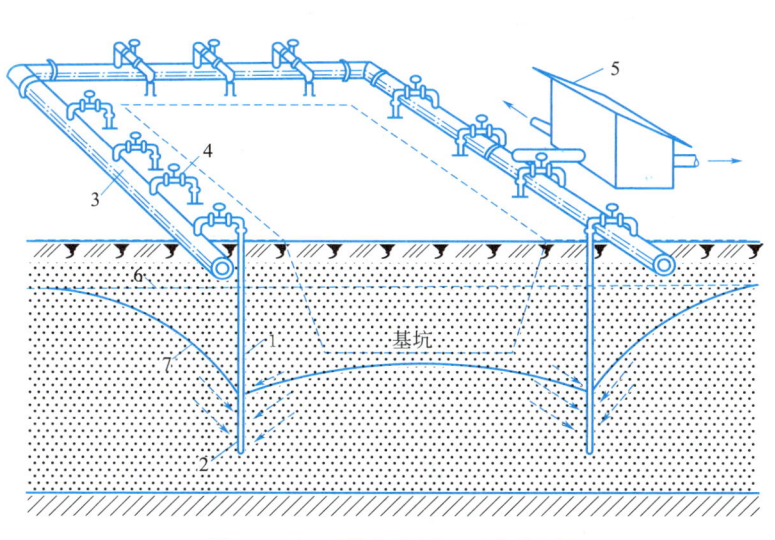

图 1-9　轻型井点降低地下水位图

1—井点管；2—滤管；3—总管；4—弯联管；5—水泵房；
6—原有地下水位线；7—降低后地下水位线

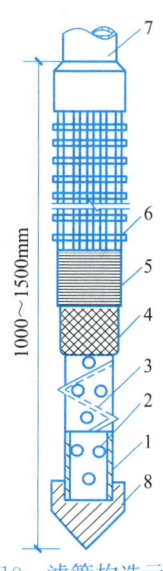

图 1-10　滤管构造示意图

1—钢管；2—滤孔；3—缠绕的塑料管；4—细滤网；5—粗滤网；6—粗钢丝保护网；7—井点管；8—铸铁头

3）轻型井点的布置

① 平面布置

轻型井点的布置是根据基坑的平面形状、尺寸、深度、土质、地下水位高低及流向、降水深度要求等因素来确定的。布置方式主要包括单排布置和双排布置，如图1-11所示。

a. 单排布置适用于基坑宽度小于6m且降水深度不超过5m的情况。在这种情况下，井点管布置在地下水的上游一侧，并且两端的延伸长度不小于基坑的宽度。

b. 双排布置适用于基坑宽度大于6m或土质排水不良的情况。这种布置方式可以更有效地降低地下水位，保证基坑底部干燥无水。

c. 当基坑面积较大时宜采用环形井点布置；为方便机械或车辆出入基坑，可布置成U形井点。

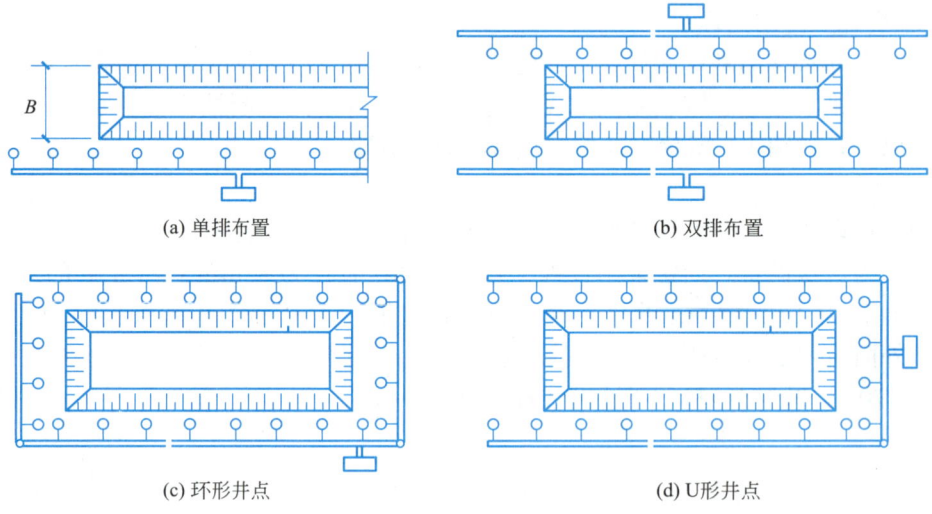

图1-11　井点布置图

② 高程布置

高程布置是确定井点管埋深，即滤管上口至井点管埋设面的距离，主要考虑降低后的水位应控制在基坑底面标高以下，保证坑底干燥，如图1-12所示。

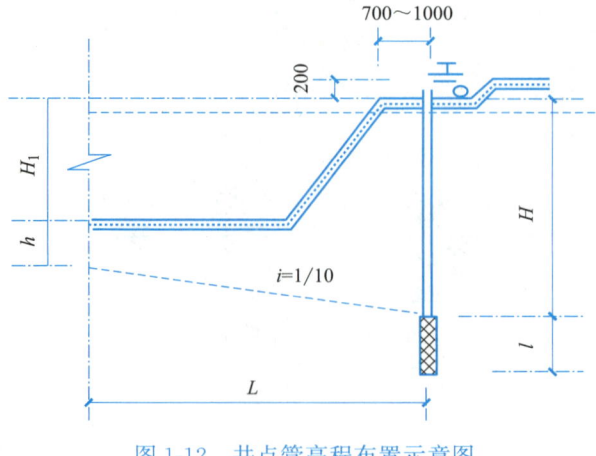

图1-12　井点管高程布置示意图

井点管的埋设深度 H（不包括滤管）按式（1-9）计算：

$$H \geqslant H_1 + h + iL \tag{1-9}$$

式中　H_1——井点管埋置面至基坑底面的距离；
　　　h——基坑底面至降低后的地下水位线的距离，一般取 0.5～1.0m；
　　　i——水力坡度，环形井点降水一般取 1/10；
　　　L——井点管距基坑中心的水平距离。

按照上式计算出来的 H 值，一般情况不超过 6m，井点管露出地面高度不超过 0.3m，如果大于 6m，则要降低井点系统顶面标高。

任务 1.4　土方机械化施工

在土方工程施工中，人工开挖只适用于小型基坑、管沟及土方量少的工程，对一般的土方工程一般均采用机械化施工，以减少繁重的体力劳动，提高劳动生产率，加快施工进度。

土方工程施工中，常用的土方开挖机械有推土机、铲运机、单斗挖土机等。

1-5　基坑工程标准化操作视频

1-6　基于数字孪生的基坑智慧化监测应用

1.4.1　常用土方施工机械的施工特点

1. 推土机

推土机是土方工程施工中的主要机械之一，是在拖拉机上安装推土装置而成的机械。推土机操作灵活，运转方便，所需工作面较小，行驶速度快，易于转移，能爬 30°左右的缓坡，应用较为广泛。多用于平整和清理场地，开挖深度 1.5m 以内的基坑、回填基坑、管沟。

1-7　土方机械化施工

按行走的方式，可分为履带式推土机和轮胎式推土机。履带式推土机附着力强，爬坡性能好，适应性强；轮胎式推土机行驶速度快，灵活性好。

推土机作业方法及提高生产率的措施如下。

（1）下坡推土法：在斜坡上推土机顺下坡方向切土与推运，可以提高生产率，但坡度不宜超过 15°，以免后退时爬坡困难，如图 1-13 所示。

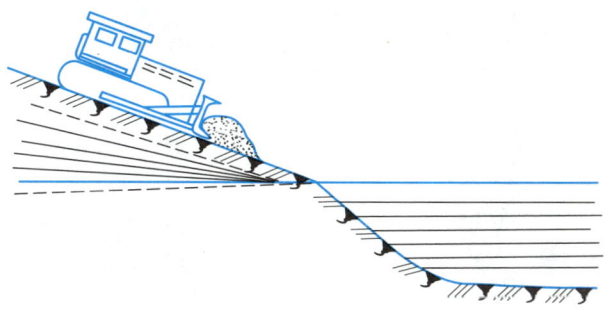

图 1-13　下坡推土法

（2）并列推土法：用2～3台推土机并列作业，可减少土的散失，提高生产率。一般采用2台推土机并列推土，铲刀相距15～30cm，可使每台推土机增加15%～30%推土量，平均运距不宜超过50～70m，也不宜小于20m，如图1-14所示。

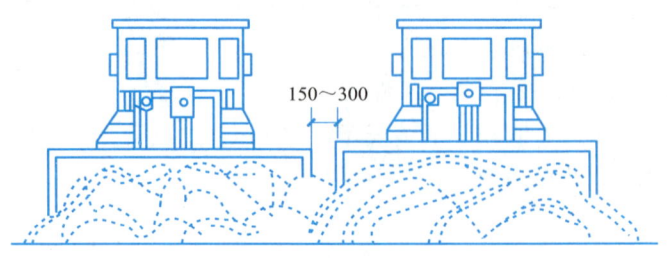

图1-14　并列推土法

（3）槽形推土法：推土机重复在一条作业线上切土和推土，使地面逐渐形成一条浅槽，以减少从铲刀两侧散失的土，可增加10%～30%的推土量，如图1-15所示。

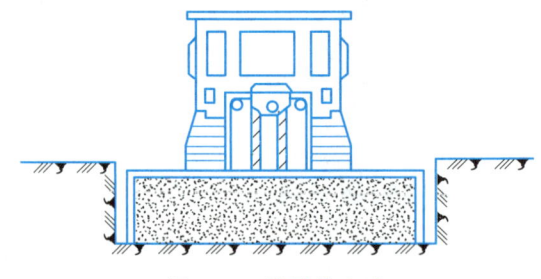

图1-15　槽形推土法

（4）多刀送土法：在硬质土中，由于切土深度不大，可采用多次铲土，然后集中推送到卸土区。

2. 铲运机

铲运机由牵引机械和土斗组成，按行走方式分为拖式铲运机和自行式铲运机（图1-16和图1-17）。拖式铲运机由拖拉机牵引，自行式铲运机的行驶和工作都靠自身的动力设备，不需要其他机械的牵引和操纵。

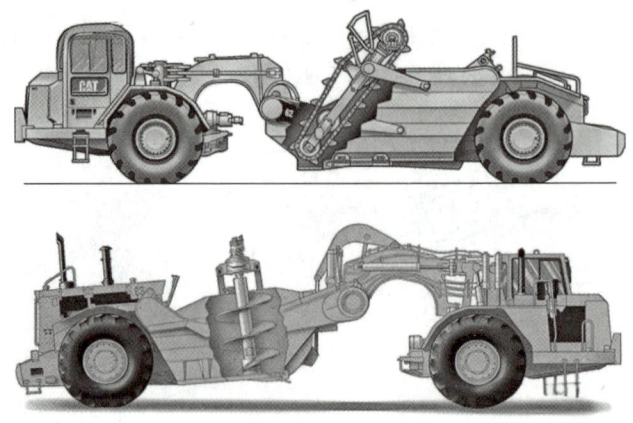

图1-16　拖式铲运机

项目 1　土方工程

图 1-17　自行式铲运机

铲运机的特点是能完成挖土、运土、平土或填土等全部土方工程施工工序内容，操纵灵活，对行驶道路要求低，适用于大面积场地平整，开挖大基坑等工程。为了提高铲运机的生产效率，根据不同的施工条件选择合理的开行路线和施工方法。

（1）铲运机开行路线一般有环形路线和 8 字形路线两种形式，如图 1-18 所示。

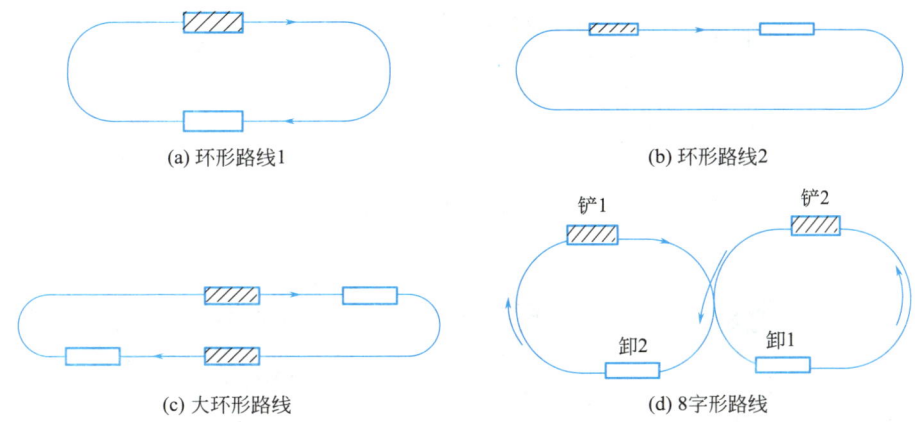

图 1-18　铲运机开行路线

（2）铲运机常用的施工方法为下坡铲土、推土机推土助铲等，这几种施工方法可以缩短装土时间，使铲斗的土装得较满。

3.单斗挖土机

单斗挖土机在土方工程中应用较广，种类很多。单斗挖土机按工作装置不同，可分为正铲、反铲、拉铲和抓铲四种，按其操纵机械的不同，可分为机械式和液压式两类，如图 1-19 所示。

（1）正铲挖土机

正铲挖土机的挖土特点是：前进向上，强制切土。铲斗由下向上强制切土，挖掘力大，生产效率高；适用于开挖停机面以上的Ⅰ～Ⅲ类土，且与自卸汽车配合完成整个挖掘运输作业；可以挖掘大型干燥基坑和土丘等。

正铲挖土机的开挖方式，根据开挖路线与运输车辆的相对位置的不同，可分为正向挖土侧向卸土和正向挖土后方卸土两种，如图 1-20 所示。

（2）反铲挖土机

反铲挖土机的挖土特点是：后退向下，强制切土。铲斗由上至下强制切土，用于开挖停机面以下的Ⅰ～Ⅲ类土，适用于开挖基坑、基槽、管沟，也适用于湿土、含水量较大及

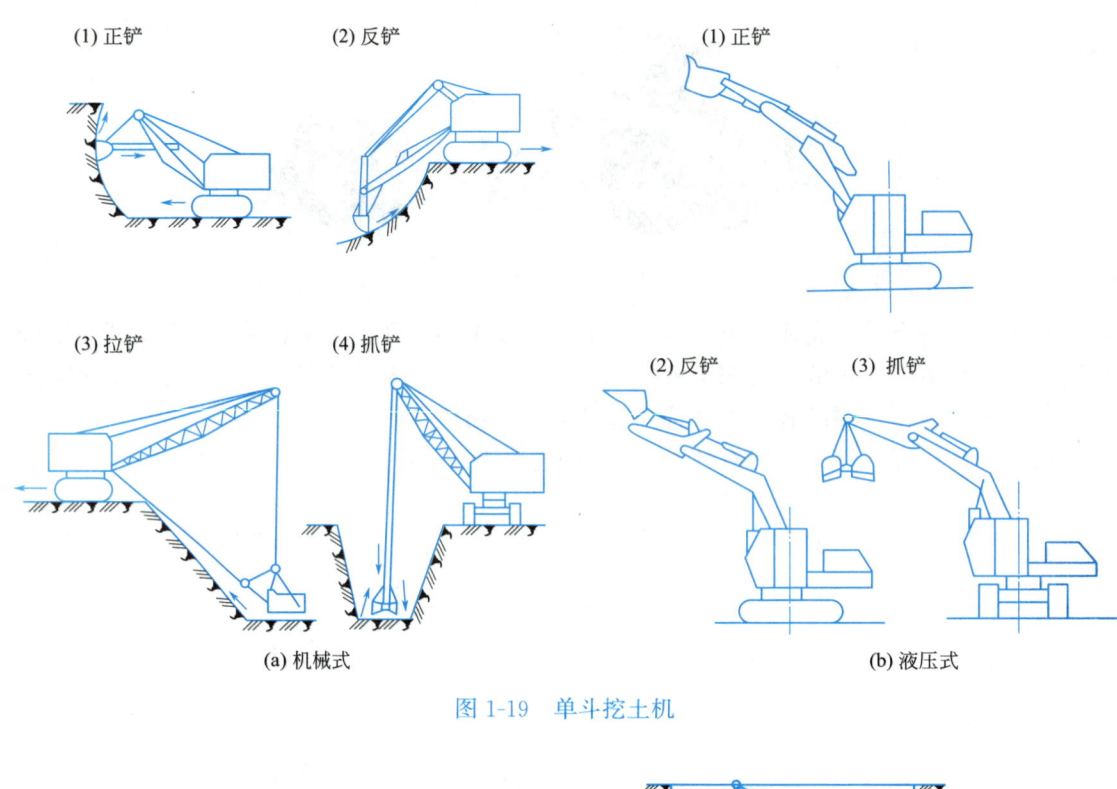

图 1-19 单斗挖土机

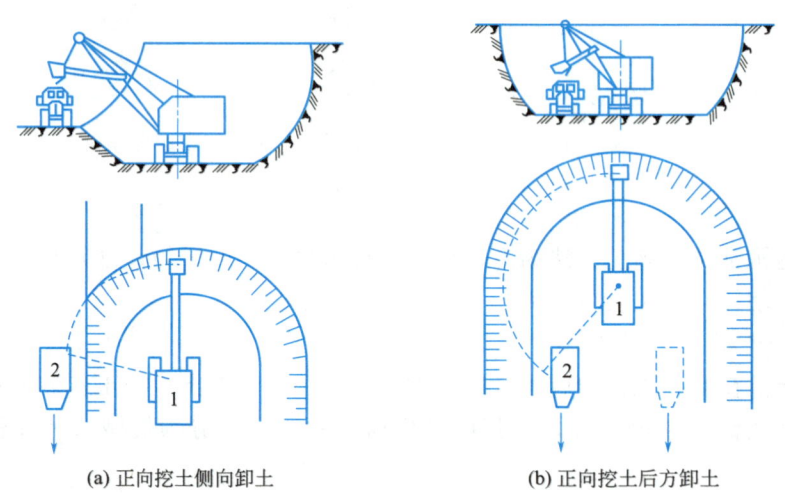

图 1-20 正铲挖土机开挖方式
1—正铲挖土机；2—自卸汽车

地下水位以下土壤的开挖。

反铲挖土机的开挖方式有沟端开挖和沟侧开挖两种，如图 1-21 所示。

沟端开挖：反铲挖土机停在沟端，向后倒退挖土。

沟侧开挖：挖土机在沟槽一侧挖土，挖土机移动方向与挖土方向垂直。

（3）拉铲挖土机

拉铲挖土机的挖土特点是：后退向下，自重切土。工作时利用惯性，把铲斗甩出后依

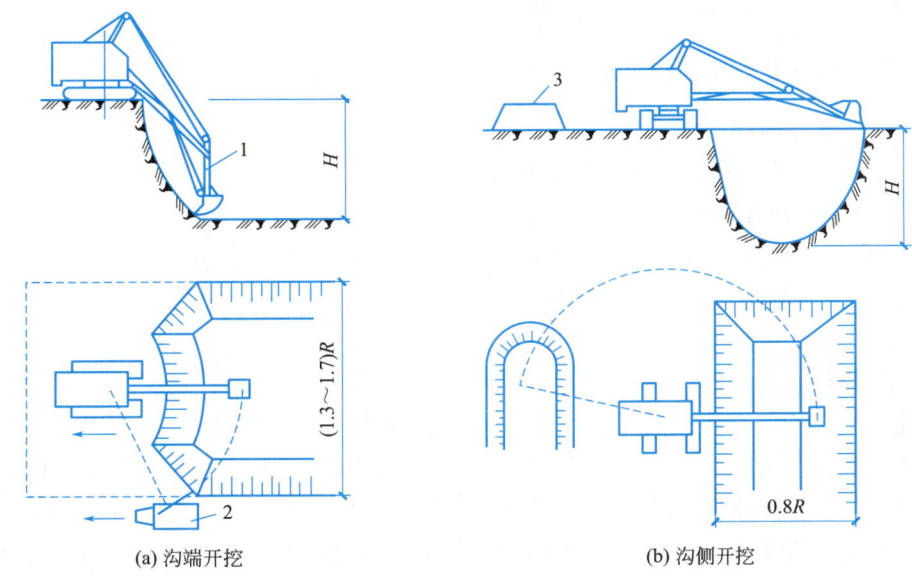

图 1-21 反铲挖土机开挖方式
1—反铲挖土机；2—自卸汽车；3—弃土堆

靠收紧和放松钢丝绳进行挖土和卸土，铲斗由上而下，依靠自重切土，可以开挖Ⅰ类、Ⅱ类土壤的基坑、基槽和管沟等地面以下的挖土工程，特别适用于含水量大的水下松软土和普通土的挖掘。

拉铲开挖方式与反铲相似，可沟侧开挖，也可沟端开挖，如图 1-22 所示。

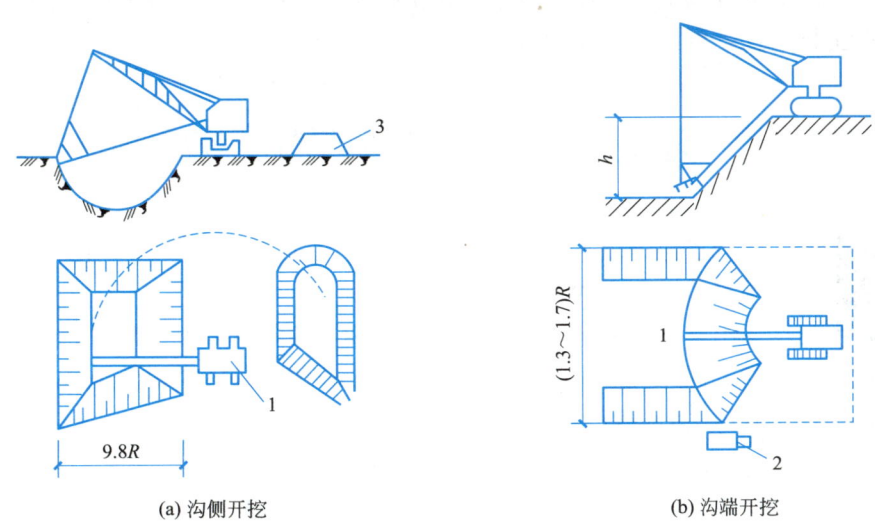

图 1-22 拉铲挖土机开挖方式
1—拉铲挖土机；2—自卸汽车；3—弃土堆

（4）抓铲挖土机

抓铲挖土机的挖土特点是：直上直下，自重切土。抓铲挖土机是在挖土机的臂端用钢丝绳吊装一个抓斗。主要用于开挖土质比较松软，施工面比较狭窄的基坑、沟槽、沉井等工程，特别适用于水下挖土。土质坚硬时不能用抓铲挖土机。

1.4.2　土方机械的选择

1. 土方机械选择的原则

（1）施工机械的选择应与施工内容相适应。

（2）土方施工机械的选择应与工程实际情况相结合。

（3）主导施工机械确定后，要合理配备其他完成辅助施工过程的机械。

（4）选择土方施工机械要考虑其他施工方法，辅助土方机械化施工。

2. 土方开挖方式与机械选择

（1）平整场地

1）地势较平坦、含水量适中的大面积平整场地施工，选用铲运机较适宜。

2）地形起伏较大，挖方、填方量大且集中的平整场地施工，运距在 1000m 以上时，可选择正铲挖土机配合自卸车进行挖土、运土，在填方区配备推土机平整及压路机碾压施工。

3）挖填方高度均不大，运距在 100m 以内时，采用推土机施工更为灵活、经济。

（2）长槽式开挖

1）指在地面上开挖具有一定截面、长度的基槽或沟槽，如开挖大型厂房的柱列基础和管沟，宜采用反铲挖土机。

2）若为水中取土或土质为淤泥，且坑底较深，则可选择抓铲挖土机挖土。

3）若土质干燥，槽底开挖不深，基槽长 30m 以上，可采用推土机或铲运机施工。

（3）整片开挖

对于大型浅基坑且基坑土干燥，可采用正铲挖土机开挖。若基坑内土潮湿，则采用拉铲或反铲挖土机开挖，可在坑上作业。

任务 1.5　土方回填与压实

1-8　土方回填与压实

为了保证填土的强度和稳定性，必须正确选择回填土料和填筑方法，以满足填土压实的质量要求。

土方填筑前，应对基底进行处理。清除基底上的垃圾、树皮、草根等杂物，排除坑穴中的积水、淤泥等。若填方基底为根植土或者松土，应将基底压实后进行填土。

1.5.1　填土要求与填筑的方法

1. 填土要求

填土土料应该满足设计要求，保证填方的强度和稳定性。通常应选择强度高、压缩性小、水稳定性好的土料。如设计无要求，应符合以下规定。

（1）碎石类土、砂土和爆破石渣（粒径不大于每层铺土厚度的 2/3），可用于表层下的填料。

（2）含水量符合压实要求的黏性土，可作各层填料。

(3) 碎块草皮和有机质含量大于 8% 的土，仅用于无压实要求的填方。

(4) 淤泥和淤泥质土，一般不能用作填料，但在软土地区，经过处理后，含水量符合压实要求的，可用于填方中的次要部位。

(5) 含盐量符合规定的盐渍土，一般可以使用，但填料中不得含有盐晶、盐块或含盐植物的根茎。

(6) 冻土、膨胀性土等不应作为填土土料。

2. 填筑方法

填土可采用人工填土和机械填土两种方法。一般要求如下。

(1) 填土应尽量采用同类土填筑，并严格控制土的含水量在最优含水量范围内，以提高压实效果。

(2) 填土应从最低处开始分层填筑，每层铺土厚度应根据压实机具及土的种类而定。当采用不同类土填筑时，应将透水性较大的土层置于透水性较小的土层之下，避免在填方区形成水囊。

(3) 坡地填土，应做好接槎，挖成 1:2 的阶梯形（一般阶高 0.5m，阶宽 1.0m）分层填筑，分层填筑时每层接缝处均应做成大于 1:1.5 的斜坡，以防填土横移。

1.5.2 填土压实方法及影响因素

1. 填土压实方法

填土压实方法有碾压法、夯实法和振动压实法，如图 1-23 所示。平整场地、路基、堤坝等大面积填土工程采用碾压法，较小面积的填土工程采用夯实法和振动压实法。

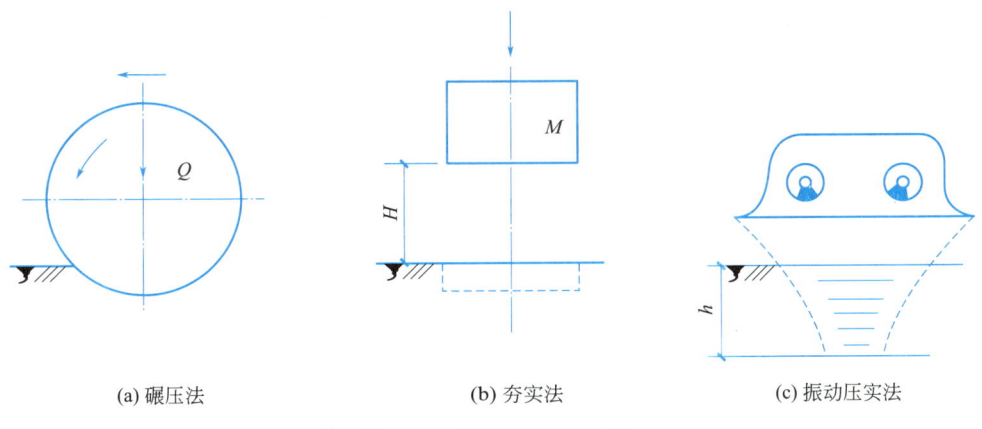

(a) 碾压法　　　　(b) 夯实法　　　　(c) 振动压实法

图 1-23　填土压实的方法

（1）碾压法

碾压法是利用机械滚轮的压力压实土壤，使之达到所需的密实度。碾压机械有平碾、羊足碾和气胎碾等。

平碾又称光碾压路机，是一种以内燃机为动力的自行式压路机，按重量等级分为轻型（30～50kN）、中型（60～90kN）和重型（100～140kN）3 种，适用于压实砂类土和黏性土，使用土类范围较广。轻型平碾压实土层的厚度不大，但是土层上部变得较密实，当用轻型平碾初碾后，再用重型平碾碾压松土，就会取得较好的效果。如果直接用重型平碾碾压松土，则会因填土强烈的起伏而使碾压效果较差。

羊足碾一般无动力，靠拖拉机牵引，有单筒、双筒两种。根据碾压要求，羊足碾又可分为空筒、装砂、注水三种。羊足碾虽然与填土接触面积小，但单位面积的压力比较大，土壤压实的效果好。羊足碾适用于对黏性土的压实。

气胎碾又称轮胎压路机，它的前后轮分别密排着四五个轮胎，既是行驶轮又是碾压轮。由于轮胎弹性大，压实过程中，填土与轮胎都会发生变形，而随着碾压几遍后填土密实度的提高，填土的沉陷量逐渐减少，因而轮胎与土的接触面积逐渐减小，接触应力逐渐增大，最后使土料得到压实。由于气胎碾在工作时是弹性体，其压力均匀，所以填土压实质量较好。

用碾压法压实填土时，铺土厚度应均匀一致，碾压遍数要一致，碾压方向应从填土区的两边逐渐压向中心，每次碾压应有15～20cm的重叠。碾压机行驶速度不宜过快，否则会降低压实效果。一般平碾不应超过2km/h，羊足碾不应超过3km/h。

（2）夯实法

夯实法是利用夯锤自由下落的冲击力来夯实土壤，适用于小面积回填土的夯实以及作业面受限制的环境下的填土夯实。夯实法分人工夯实和机械夯实两种。人工夯实所用的工具有木夯、石夯等。常用的夯实机械有夯锤、内燃夯土机和蛙式打夯机，蛙式打夯机轻巧灵活、构造简单，在小型土方工程中应用最广，如图1-24所示。夯实机械具有体积小、质量轻、对土质适应性强等特点，在工程量小或作业面受到限制的条件下尤为适用。

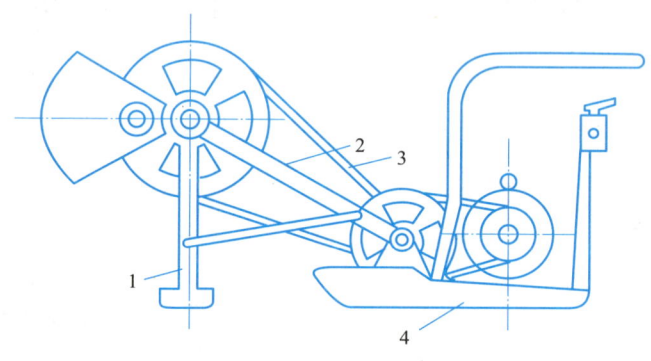

图1-24 蛙式打夯机

1—夯头；2—夯架；3—三角皮带；4—底盘

（3）振动压实法

振动压实法是将振动压实机放在土层表面，借助振动机构使压实机振动土颗粒，土颗粒发生相对位移而达到密实状态。用这种方法振实非黏性土效果较好。

振动碾是一种振动和碾压同时作用的高效压实机械，比一般平碾提高工效1～2倍。其适用于对爆破石渣、碎石类土、杂填土或粉质黏土的压实。

2. 影响填土压实质量的因素

影响填土压实质量的因素很多，其中主要有土的压实功、含水量及铺土厚度。

（1）压实功的影响

土的干密度与压实机械对填土所施加的功的关系如图1-25所示，从图中可以看出两者并不成正比关系,当土的含水量一定,在开始压实时,土的密度急剧增加,当接近土的最大密度时,压实功虽然增加许多,但土的密度却没有明显变化。因此在实际施工中,在压实机械和铺土厚度一定的条件下,碾压一定遍数即可,过多增加压实遍数对提高土的密度作用不大。另外,对松土一开始就用重型碾压机械碾压,土层会出现强烈起伏现象,压实效果不好。应该先用轻型碾压机压实,再用重型碾压机碾压,这样才能取得较好的压实效果。为使土层碾压变形充分,压实机械行驶速度不宜过快。

(2) 含水量的影响

土的含水量对填土压实质量有很大影响。较干燥的土,由于土颗粒之间的摩阻力较大,填土不易被压实;而土中含水量较大,超过一定限度时,土颗粒之间的孔隙全部被水填充而呈饱和状态,土也不能被压实。只有当土具有适当的含水量,土颗粒之间的摩阻力由于水的润滑作用而减小,土才容易被压实,如图 1-26 所示。

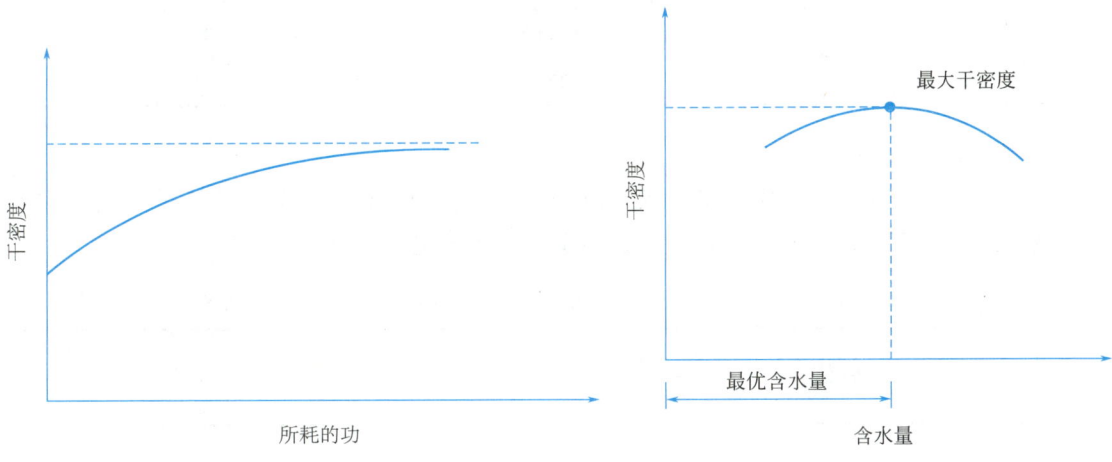

图 1-25　土的密度与压实功关系　　　　图 1-26　土的干密度与含水量关系

在压实机械和压实遍数相同的条件下,使填土压实获得最大干密实度时的土的含水量,称为土的最优含水量。土的最优含水量和相应的最大干密度可由击实试验确定,表 1-4 所列数值可供参考。不同类型土的最佳含水量是不同的,如砂土为 8%～12%,黏土为 19%～23%。在施工现场简单检验含水量的方法为"手握成团、落地开花"。

土的最优含水量和最大干密度参考表　　　　表 1-4

土的种类	最佳含水量 (质量比)(%)	最大干密度 (g/cm³)	土的种类	最佳含水量 (质量比)(%)	最大干密度 (g/cm³)
砂土	8～12	1.80～1.88	重粉质黏土	16～20	1.67～1.79
粉土	16～22	1.61～1.80	黏质粉土	18～21	1.65～1.74
砂质粉土	9～15	1.85～2.08	黏土	19～23	1.58～1.70
粉质黏土	12～15	1.85～1.95	—	—	—

为了保证填土在压实过程中具有最优含水量,土含水量偏高时,可采取翻松、晾晒、均匀掺入干土(或吸水性填料)等措施;如含水量偏低,可采用预先洒水润湿、增加压实

遍数或使用大功率压实机械等措施。

（3）铺土厚度

压实机械的压实作用，随土层的深度增加而逐渐减小。在压实过程中，土的密实度也是表层大，而随深度加深逐渐减小，超过一定深度后，虽经反复碾压，土的密度仍与未压实前一样。各种压实机械的压实影响深度与土的性质、含水量有关。所以，每层铺土厚度应根据土质、压实的密度要求和压实机械性能确定，或者按表1-5选用，在表1-5给出的范围内，轻型压实机械取小值，重型压实机械取大值。

填方每层的铺土厚度和压实遍数　　　　　　　　　　　　表1-5

压实机械	每层铺土厚度(mm)	每层压实遍数
平碾	250～300	6～8
羊足碾	200～350	8～16
蛙式打夯机	200～250	3～4
人工打夯	<200	3～4

3. 填土质量检查

填土压实后要达到一定密实度要求，以避免建筑物的不均匀沉降。检查压实后的实际干密度，通常采用环刀法取样。填土工程质量检验标准见表1-6和表1-7。

柱基、基坑、基槽、管沟、地（路）面基础层填方工程质量检验标准　　表1-6

项目	序号	检查项目	允许值或允许偏差		检查方法
			单位	数值	
主控项目	1	标高	mm	0 −50	水准测量
	2	分层压实系数	不小于设计值		环刀法、灌水法、灌砂法
一般项目	1	回填土料	设计要求		取样检查或直接鉴别
	2	分层厚度	设计值		水准测量及抽样检查
	3	含水量	最优含水量±2%		烘干法
	4	表面平整度	mm	±20	用2m靠尺量
	5	有机质含量	≤5%		灼烧减量法
	6	碾迹重叠长度	mm	500～1000	用钢尺量

场地平整填方工程质量检验标准　　　　　　　　　　　　表1-7

项目	序号	检查项目	允许值或允许偏差		检查方法
			单位	数值	
主控项目	1	标高	mm	人工 ±30 机械 ±50	水准测量
	2	分层压实系数	不小于设计值		环刀法、灌水法、灌砂法

续表

项目	序号	检查项目	允许值或允许偏差		检查方法
			单位	数值	
一般项目	1	回填土料	设计要求		取样检查或直接鉴别
	2	分层厚度	设计值		水准测量及抽样检查
	3	含水量	最优含水量±4%		烘干法
	4	表面平整度	mm	人工 ±20	用2m靠尺量
				机械 ±30	
	5	有机质含量	≤5%		灼烧减量法
	6	辗迹重叠长度	mm	500～1000	用钢尺量

【勤练入心】

一、单选题

1. 土的天然含水量是指（　　）之比的百分率。
   A. 土中水的质量与所取天然土样体积
   B. 土中水的质量与土的固体颗粒质量
   C. 土中水的体积与所取天然土样体积
   D. 土中水的体积与土的固体颗粒体积

2. 某土石方工程取天然土样1kg，经充分干燥后称得重0.8kg，其天然含水量为（　　）。
   A. 0.2kg　　　　B. 0.25kg　　　　C. 20%　　　　D. 25%

3. 已知某基坑的开挖深度为4m，采用放坡开挖，坡度系数0.5，则其单侧边坡宽度为（　　）。
   A. 2m　　　　B. 3.5m　　　　C. 4m　　　　D. 8m

4. 正铲挖土机的挖土特点是（　　）。
   A. 后退向下，强制切土　　　　B. 前进向上，强制切土
   C. 后退向下，自重切土　　　　D. 直上直下，自重切土

5. 填方工程中，若采用的填料具有不同透水性时，宜将透水性较大的填料（　　）。
   A. 填在透水性较小的填料之上
   B. 填在透水性较小的填料中间
   C. 填在透水性较小的填料之下
   D. 与透水性小的填料掺杂后施工

二、填空题

1. 土压缩性是指土受压时体积（　　　）的性质。
2. 土方开挖应遵循（　　）、（　　　）、（　　　　）、（　　　　）的原则。
3. 基坑（槽）挖至基底设计标高并清理后，施工单位必须会同（　　　　）、（　　　）、（　　　　）、（　　　　）等单位共同进行验槽，合格后方能进行基础工程施工。
4. 夯实法分（　　　）和（　　　）两种。
5. 影响填土压实质量的因素很多，其中主要有（　　　　）、（　　　　）、

(　　　)。

三、判断题
1. 对于同一类土，最初可松性系数小于最终可松性系数。（　　）
2. 边坡系数越大，土方边坡越缓。（　　）
3. 采用明排水法降水，可以防止流砂现象发生。（　　）
4. 单排轻型井点应该布置在地下水流的下游一侧。（　　）
5. 填土土料的含水量越小，填土压实质量越好。（　　）

四、简答题
1. 简述土方调配的原则包括哪些方面。
2. 简述井点降水的作用有哪些。
3. 简述为了保证填土的强度和稳定性，回填土料应满足哪些要求。

【思政入神】

截断巫山云雨，精神铸就丰碑——土方工程中的三峡船闸高边坡建设启示

三峡工程双线五级船闸高边坡开挖工程以削平 12 座山头、填筑 4000 万 m^3 土方的壮举，在喀斯特地貌中建成总长 6.4km、最大高度 170m 的"人工峡谷"。这项被国际专家视为"豆腐上雕刻"的工程，突破了岩体破碎、高边坡稳定、超量土方开挖等世界级难题。

船闸高边坡建设面临多重极限挑战：需在砂岩与泥岩互层的破碎岩体中形成 56 层楼高的直立边坡，节理裂隙密集如蛛网；3 年工期内需完成日均 3.7 万 m^3 的土方开挖，相当于每天挖空 2.5 个标准游泳池。国际地质界曾指出此类地质条件施工风险极高，但中国建设者以"截断巫山云雨"的魄力，展开科技攻坚。

建设者用创新破解技术困局：构建 1.2 万个监测点的"毫米级"监测网络，GPS 与测斜仪每 10min 进行一次边坡位移追踪；研发"微差控制爆破＋光面爆破"技术，将振动强度降至 0.1cm/s（仅为人行走级别），同时实现单日最高 20 万 m^3 的土方开挖量；在 170m 高边坡实施"混凝土网格＋藤蔓植物"立体绿化，种植 50 万株爬山虎，绿化率达 90%。

这场攻坚亦是精神的淬炼：两院院士团队历时 5 年开展千次模型试验，推翻"边坡需放缓至 1∶1.5"的国际惯例，独创"1∶0.35 陡边坡＋锚索支护"方案，节约土地超 130 万 m^2，诠释"科学求实"；16 家单位组建联合指挥部，4000 名工人与 800 台机械实施"小时级"调度，实现"开挖—支护—运输"无缝衔接，彰显"团结协作"；锚索钻孔误差 ±2mm、边坡平整度误差小于 5cm 的精度，刻下"精益求精"的工匠精神；90% 弃渣再利用、减少 500 万 t 石料开采，践行"绿色担当"。

工程落成后，长江航运成本降低 35%，年货运量突破 1500 万 t，展现"大国重器为民所用"的价值。

站在"人工天堑"旁，嵌入岩体的锚索、爬满绿藤的峭壁、精准的爆破断面，皆是建设者用汗水与智慧书写的答卷。他们证明，真正的工程奇迹，是在敬畏自然中突破极限，在服务民生中彰显担当。当我们学习土方工程相关内容时，更应看见内容背后千万建设者

以山为纸、以汗为墨，在祖国大地上书写的奋斗史诗，这正是最动人的中国故事与精神财富。

【案例入魂】

某工程土方坍塌事故案例分析

2024 年某月某日，广州市荔湾区某工程项目工地发生一起基坑坑内临时边坡土方坍塌滑移事故，造成 2 人死亡，直接经济损失 368.8 万元。

1. 事故直接原因

基坑土方开挖未按照设计和专项方案要求施工，致使坑内形成存在坍塌隐患的高陡临时边坡；挖掘机在坡顶实施降坡卸土排险作业时，与坡边安全距离不足，且未按要求实施分层分段均衡开挖，加上机身自重和施工作业振动因素，致使作业区域边坡土体承载力和稳定性急剧下降，处于失稳状态，进而发生坍塌滑坡，填土层连同挖掘机向坡下基坑

1-9 基坑防坍塌警示视频

内滑动，挖掘机长斗向下支撑于土体中，淤泥层土坡受挤压产生滑动，致使淤泥流动造成人员被埋。

2. 土石方工程施工单位存在的主要问题

（1）未按要求配备项目专职安全生产管理人员；安排未取得安全生产考核合格证书的人员担任项目负责人和现场安全管理人员。

（2）未按设计和专项方案要求进行土方开挖，形成高陡临时边坡；盲目组织施工，施工前也未组织作业影响范围内的人员撤离。

3. 对有关责任人员和责任单位的处理

涉事挖掘机司机阳某、土方公司项目现场主管刘某、建设单位项目土建工程现场负责人阙某三人涉嫌刑事犯罪，由公安机关依法追究其刑事责任。

对与事故有关的 5 家责任单位和 12 名责任人进行了不同程度的行政处罚。

【实践入行】

土的含水率试验

一、试验的目的及作用

测定土的含水率，以了解土的含水情况并提供计算土的干密度、土的孔隙比及土的其他物理力学指标的基本参数。

二、主要仪器设备及试样准备

1. 烘箱：采用温度能保持在 105～110℃ 的电热烘箱。
2. 天平：称量 500g，分度值 0.01g。
3. 其他：干燥器、称量盒等。

三、试验方法与步骤

1. 将称量盒擦净，放在天平上称量，准确至 0.01g，并记下盒号。
2. 取代表性试样，黏性土为 15～30g，砂性土、有机质土为 50g，放入称量盒中，立

即盖好盒盖。放于天平上称量，准确至0.01g。

3. 打开盒盖，将称量盒放入烘箱，在温度105～110℃下烘至恒重，然后将称量盒取出，盖好盒盖放入干燥器内冷却至室温。

4. 从干燥器中取出称量盒，称重，精确至0.01g。

四、结果计算与数据处理

1. 按下式计算土的含水量：

$$w=[(m_1-m_0)/(m_2-m_0)]\times 100\%$$

式中　w——土的含水量（%）；

　　　m_0——称量盒质量（g）；

　　　m_1——称量盒加湿土质量（g）；

　　　m_2——称量盒加干土质量（g）。

本试验需进行2次平行测定（精确至0.1%），取其算术平均值，允许平行差值应符合下表规定。

含水率(%)	小于10	10～40	大于40
允许平行差值(%)	0.5	1.0	2.0

2. 试验记录

土样编号：		试验日期：		姓名：		组号：				
土样编号	盒号	盒质量(g)	盒加湿土质量(g)	盒加干土质量(g)	水质量(g)	干土质量(g)	含水率(%)	平均含水率(%)	备注

项目2

地基与基础工程

教学目标

一、知识目标

1. 理解地基、基础和上部结构的关系及其在建筑工程中的作用。
2. 掌握地基基础工程施工安全质量事故预防知识。
3. 了解不同地基处理和加固方法等,如预压法、换土垫层法、强夯法、挤密法和深层搅拌法。
4. 掌握局部地基处理的原则和方法。
5. 掌握浅基础和深基础的类型、构造和施工要求。
6. 了解桩基础的分类、施工方法和质量控制。

二、能力目标

1. 基础类型识别与选择能力:能够识别不同类型的基础,并根据建筑物的结构形式、荷载大小、地质条件等因素,合理选择基础类型。
2. 地基处理方案选择能力:了解常见的软土地基处理方法,能够根据不同的地质条件和工程要求,选择合适的地基处理方案。
3. 基础施工质量控制能力:掌握基础施工的工艺流程和质量控制要点,能够在施工现场发现和解决基础施工中出现的一般质量问题。
4. 基础工程事故分析能力:对常见的基础工程事故案例有一定了解,能够分析事故发生的原因,并提出相应的预防和处理措施,培养学生解决实际工程问题的能力。

三、素养目标

1. 培养职业操守:使学生明白地基与基础工程对于整个建筑工程的重要性,认识到自己未来所从事工作的责任重大,从而培养学生严谨、负责、敬业的职业操守。
2. 树立安全意识:让学生深刻理解地基与基础工程施工中的安全风险,如基坑坍塌、地基沉降等可能带来的严重后果,从而树立牢固的安全意识。
3. 增强质量意识:强调地基与基础工程质量对建筑物整体稳定性和安全性的决定性影响,培养学生追求卓越质量的意识,使其在学习和实践中注重细节,严格把控工程质量。

建筑工程施工技术

【思维导图】

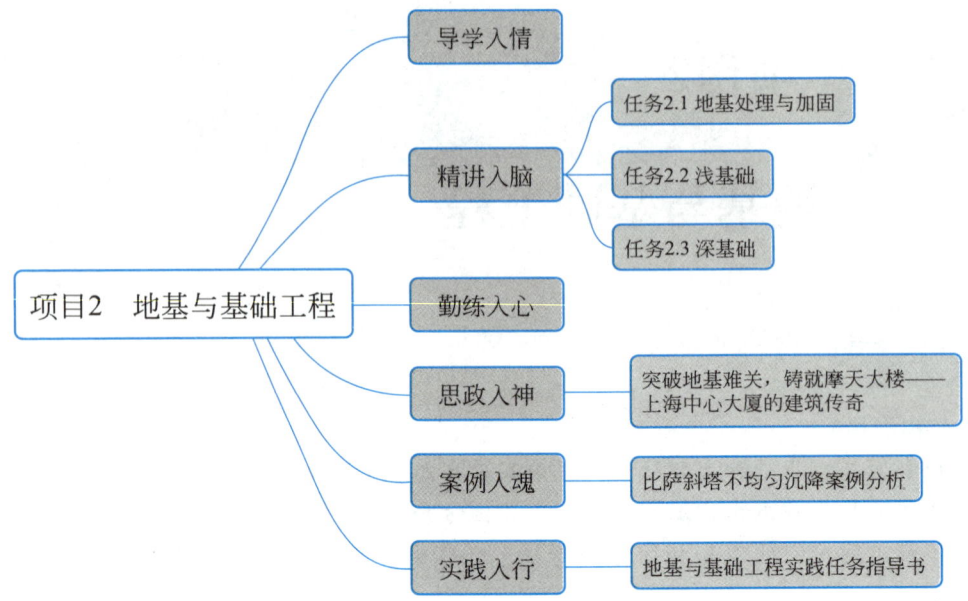

【导学入情】

广州亚运村位于广州市番禺区的中东部,京珠高速公路和地铁四号线以东,规划面积 2.73km²。该工程场区属珠江三角洲冲积平原地貌,地势开阔,地形较平坦,区内东面毗邻莲花山水道,东北面有滘边海河道穿过,水网较密集,有三条河涌纵横贯穿场区,与东面莲花山水道相通,是区内农业灌溉用水水源。对于该工程建设影响最大的是第四系全新统海陆交互相沉积层的淤泥、贝壳、淤泥质粉砂、淤泥质细砂层及第四系上更新统河流相冲积淤泥质粉质黏土及淤泥质黏土层。以上软土层在场地内普遍发育,分布广,尤其在场地东部,揭露厚度大。

由于淤泥、淤泥质粉质黏土及淤泥质黏土具有"三高三低"的特性,贝壳及淤泥质粉砂、淤泥质细砂层承载力也较低,且具液化性,工程性质差,利用以上软土作为地基持力层时,在自重及持续的交通荷载作用下,很可能会因为软土强度不足造成地基破坏,或者软土固结沉降缓慢引起较大的工后沉降而造成上部结构的破坏。

通过本项目内容的学习,我们将会知道如何正确地选择地基处理方法,提高地基承载力,减小地基不均匀沉降,以确保亚运村结构安全。

【精讲入脑】

任何建筑物都建造在地层上，建筑物的全部荷载均由它下面的地层来承担。受建筑物荷载影响的那一部分地层称为地基；建筑物在地面以下并将上部荷载传递至地基的结构称为基础；在基础上面建造的是上部结构。基础底面至地面的距离，称为基础的埋置深度，简称埋深。直接支承基础的地层称为持力层，在持力层下方的地层称为下卧层。地基基础稳定是保证建筑物安全和满足使用要求的关键之一。

基础的作用是将建筑物的全部荷载传递给地基，和上部结构一样，基础应具有足够的强度、刚度和耐久性。地基和基础是建筑物的根基，又属于地下隐蔽工程，故它的勘察、设计和施工质量直接关系建筑物的安危。在建筑工程事故中，发生在地基基础方面的事故最多，而且地基基础事故一旦发生，补救异常困难。从造价或施工工期上看，基础工程在建筑物整体中所占比例很大，有的工程可达30％以上。因此，地基及基础在建筑工程中的重要性是显而易见的。

任务2.1　地基处理与加固

地基加固的主要目的是提高软弱地基的承载力，保证地基的稳定。地基加固常用的方法有换土处理，人工或机械夯（压）实，振动压实，土（灰土）、砂、石桩挤密加固，排水固结及化学加固等。各种地基加固方法各有其适用范围和条件，如选用不当或施工方法有错误，不按规范和操作规程进行，就会造成质量事故。

2-1　地基的处理与加固

在工程建设中经常遇到需要进行处理的地基有两类：不良地基和软弱地层。不良地基主要指由性质特殊而又对工程不利的土层所组成的地基，如湿陷性黄土、多年冻土、膨胀土、岩溶等地层。软弱地层是指天然含水量大、压缩性高、承载力低的一种软塑到流塑状态的黏性土、淤泥、淤泥质土是典型的代表。地基处理就是对地基进行加固或改良，从而提高其承载力，保证地基的稳定，降低地基的压缩性，以减少基础的沉降或不均匀沉降，如消除湿陷性黄土的湿陷性，提高砂土的抗液化能力等。

2-2　流态固化土制备与施工技术

2.1.1　局部地基处理

在基坑开挖过程中，如存在局部异常地基，在探明原因和范围后，均须妥善处理。具体处理方法可根据地基情况、工程性质和施工条件而有所不同，但均应符合使建筑物的各个部位沉降尽量趋于一致，以减小地基不均匀沉降的处理原则。

1. 松土坑的处理

（1）当范围较小，在基槽范围内时，处理方法如下。

1）将坑中松软虚土挖除，使坑底及四壁均见天然土，用与坑边天然土层压缩性相近的材料回填，每层不大于200mm。

2）当天然土为砂土时，用砂或级配砂石回填。

3）当天然土为较密实的黏土时，用3∶7灰土回填。

（2）当范围较大，超过基槽范围时，处理方法如下。

将该范围内的基槽适当加宽，加宽的宽度应按下述条件确定：当用砂子或砂石回填时，基槽每边均应按$l:h=1:1$坡度放宽；当用1∶9或2∶8灰土回填时，按$l:h=0.5:1$坡度放坡；当用3∶7灰土回填时，如坑的长度小于2m，且为具有较大刚性的条形基础时，基槽可不放宽，但需将灰土与松土壁接触处紧密夯实。

（3）当土坑较深，且大于槽宽或1.5m时，处理方法如下。

1）将坑挖至老土，用与坑边天然土压缩性相近的材料回填。

2）在灰土基础上1~2皮砖处，防潮层下1~2皮砖处及首层顶板处，加配$\phi 8 \sim \phi 12$钢筋，钢筋跨过该松土坑两端各1m，以防止产生过大的局部不均匀沉降。

（4）以上各种情况在遇地下水位较高或坑内积水而无法夯实时，处理方法为将坑中软弱松土挖去，再用砂土砂石或混凝土回填；或地下水位以下用1∶3的粗砂或碎石回填，地下水位以上用3∶7灰土回填夯实至要求高度。

2. **土井、砖井的处理**

（1）当土井、砖井位置在室外，距基础边缘5m以内时，处理方法如下。

1）用素土分层夯实，回填到室外地坪以下1.5m处。

2）将井壁四周砖井圈拆除或挖去松软部分，然后用素土分层夯实。

（2）当土井、砖井位置在室内基础附近时，处理方法如下。

1）将水位降低到最低限度，用中粗砂及块石、卵石或碎石等回填至地下水位以上500mm。

2）将砖井四周围墙拆至坑底以下1m，用素土分层回填并夯实，如井已回填，但不密实或有软土，可用块石将软土挤紧，再分层回填素土夯实。

（3）当土井、砖井位置在基础下或条形基础3B（基础宽）或柱基2B范围内时，处理方法如下。

1）先用素土分层回填并夯实至基础底下2m处，将井壁四周松软部分挖去，有砖井圈时，将砖井圈拆至槽底以下1~1.5m。

2）当井内有水，应用中、粗砂及石块、卵石或碎石等回填到地下水位以上50cm，再将井四周砖井圈拆至基坑底以下1m或更深，然后再用素土分层回填并夯实。

（4）当土井、砖井位置在房屋转角处且基础部分或全部压在井上时，除用以上几种办法回填处理外，还应对基础进行加固处理。当基础压在井上部分较少，可采用从基础中挑钢筋混凝土梁的方法加固。当基础压在井上部分较多，用挑梁的方法较困难或不经济时，则可将基础沿墙长方向向外延伸出去，使延伸部分落在天然土上，总面积应等于井圈范围内原有基础的面积，并在墙内配钢筋或用钢筋混凝土梁来加强。

（5）当土井、砖井已淤填，但不密实时，可用块石将下面软土挤紧，再用前几种方法回填处理。如井内不能夯填密实，而上部荷载又较大时，可在井内设灰土挤密桩或灰土桩；如土井在大体积混凝土基础下，可在井圈上加钢筋混凝土盖板封口，上面用素土或2∶8灰土分层回填密实。

3. **橡皮土的处理**

在含水量很大、趋于饱和的黏性土地基回填夯实时，由于原状土被扰动，颗粒之间的毛细孔遭到破坏，水分不易渗透和散发。当气温较高时，对其进行夯实或碾实，表面会形成硬壳，更阻止了水分的渗透和散发。埋藏深的土水分散发慢，往往长时间不易消失，形成软塑状的橡皮土，踩上去有颤动的感觉。

橡皮土的处理方法如下。

（1）对含水量很大的黏土、粉质黏土、淤泥质土、腐殖质土等原状土，暂停一段时间施工，使其含水量逐渐降低；或将土层翻起进行晾晒。

（2）对已形成的橡皮土可采取在上面铺一层碎石或碎砖后进行夯实，将表层土挤紧。

（3）对情况严重的橡皮土，可将土层翻起并破碎均匀，掺加石灰粉吸收水分，并改变原土结构成为灰土，使之具有一定强度和水稳性。

（4）当橡皮土作为荷载较大的房屋地基时，可采用打石桩，将毛石依次打入土中，间距 400～500mm，直至打不下去为止，最后在上面铺满厚 50mm 的碎石再夯实。

（5）采取换土法，挖去橡皮土，重新回填土或级配砂石并夯实。

4．其他

如在地基中遇有文物古墓时，应及时与有关部门联系后再进行施工。如在地基内发现未说明的电缆、管道时，切勿自行处理，应与主管部门共同商定施工方法。

2.1.2 地基加固处理

1．预压法

预压法是在建筑物建造前，对地基进行预压，使土体中的水排出，逐渐固结，地基发生沉降，同时强度逐步提高的方法。

（1）堆载预压法

在建造建筑物之前，用临时堆载的方法对地基施加荷载，给予一定的预压期，使地基预先压缩完成大部分沉降并使地基承载力得到提高后，卸除荷载再建造建筑物。该方法适用于各类软弱地基，包括天然沉积土层或人工回填土层，如沼泽土、淤泥等；广泛用于冷藏库、机场跑道和集装箱码头等沉降要求高的地基加固处理。

堆载预压法的施工工艺如下。

1）预压荷载一般宜等于或大于设计荷载。

2）大面积堆载可采用自卸汽车与推土机联合作业，对超软土地基的第一级堆载用轻型机械或人工作业。

3）堆载的顶面宽度应小于建筑物的底面宽度，底面应适当放大。

4）作用于地基上的荷载不得超过地基的极限荷载。

（2）砂井堆载预压法

该法是在软弱地基中用钢管打孔，灌砂设置砂井作为竖向排水通道，并在砂井顶部设置砂垫层作为水平排水通道，在砂垫层上部压载以增加土中附加应力，附加应力产生超静水压力，使土体中孔隙水较快地通过砂井从垫层中排出，以达到加速土体固结，提高地基土强度的目的。该法适用于透水性低的饱和软弱黏性土加固，常用于机场跑道、油罐、水工结构、道路、堤坝码头和岸坡等工程地基的处理。

（3）袋装砂井堆载预压法

该法是在普通砂井堆载预压法基础上改良和发展起来的一种新方法。其特点如下。

1)能保证砂井的连续性,不易混入泥砂。
2)打井设备实现了轻型化,比较适合在软弱的地基上施工。
3)采用小截面砂井,用砂量大幅减少。
4)施工速度快。
5)工程造价低。

(4)塑料排水板堆载预压法

该法是将带状塑料排水板用插板机将其插入软弱土层中,组成垂直和水平排水系统,然后在地基表面堆载预压,土中孔隙水沿塑料板的沟槽溢出地面,从而加快软土地基的沉降过程,使地基得到压密加固。适用范围同砂井堆载预压法和袋装砂井堆载预压法。

(5)真空预压法

该法是在软黏土地基表面铺设砂垫层,用土工薄膜覆盖且周围密封。用真空泵对砂垫层抽气,使薄膜下的地基形成负压。随着地基中气和水的抽出,地基土得到固结。为了加速固结,也可采用打砂井或插塑料排水板的方法,即在铺设砂垫层和土工薄膜之前打砂井或插排水板,达到缩短排水距离的目的。

真空预压法的施工要点是先设置竖向排水系统,水平分布的滤管埋设宜采用条形或鱼刺形,砂垫层上的密封膜采用2~3层的聚氯乙烯薄膜,按先后顺序同时铺设。面积大时宜分区预压做好真空度、地面沉降度、水平位移等观测。预压结束后,应清除砂槽和腐殖土层,要注意对周围环境的影响。该法适用于饱和均质黏性土及含薄层砂夹层的黏性土,特别适用于新淤填土、超软土地基的加固。

2.换土垫层法

换土垫层法是将表层不良地基土挖除,然后回填有较好压密特性的土进行压实或夯实,形成良好的持力层,从而改变地基的承载力特性,提高抗变形能力和稳定性。根据所用的材料不同,有素土垫层换层法、灰土垫层换层法、砂和砂砾石垫层换层法、碎石和矿渣垫层换层法、碎砖三合土垫层换层法等。施工方法一般采用机械碾压法、重锤夯实法和平板振动法,对于砂石垫层还可以采用插振法、水撼法等。

换土垫层法施工要点如下。

1)施工前应先验槽,清除松土,并打两遍底夯,要求平整干净,如有积水、淤泥应晒干。

2)灰土垫层土料的施工含水量宜控制在最佳含水量范围内,垫层的分层铺填厚度可取200~300mm。垫层施工可根据不同的换填材料选择不同的施工机械,灰土宜采用机械打夯或碾压,砂石宜采用振动碾和振动压实机械。

3)砂石垫层的垫层底宜设在同一标高上,如深度不同,坑底土面应挖成阶梯或斜坡搭接,并按先深后浅的顺序进行换层施工,搭接处应夯压密实。灰土垫层分段施工时,不得在柱基、墙角及承重窗间墙下接缝,上下两层的缝距不得小于500mm。灰土应拌合均匀并当日铺填夯实,灰土夯实后3d不得受水浸泡。

4)垫层宽度的确定,视材料不同通过计算取用。

5)冬期施工,必须在垫层不冻的状态下进行,冻土及夹有冻块的土料不得使用,当日所拌灰土要在当日铺填夯实,表面要用塑料薄膜覆盖,以防受冻。

6)垫层竣工后,应及时进行基础施工与基础回填。

3. 强夯法

强夯法是一种软弱地基加固的技术,该方法一般采用 80～300kN 的重锤,以 8～20m 的落距自由落下,对土体进行强力夯实。其作用机理是用很大的冲击能(一般为 500～800kJ),使土中出现冲击波和很强的应力,迫使土中孔隙压缩,土体局部液化,夯实点周围产生裂隙形成良好的排水渠道,土体迅速固结,同时,强夯技术可显著降低地基的不均匀性,降低基础差异沉降。强夯法适用于处理碎石砂土、低饱和度的粉土与黏性土、湿陷性黄土、杂填土和素填土等地基。

强夯法施工前,应在施工现场有代表性的场地上选取一个或几个试验区,进行试夯或试验,试验区数量应根据建筑场地的复杂程度、建设规模及建筑类型确定。

夯锤底面形状宜采用圆形,锥底面积按土的性质确定,锥底静压力值可取 25～40kPa,对于细颗粒土,锥底静压力宜取小值。锤的底面宜对称设若干个与其顶面贯通的排气孔,孔径可取 250～300mm。强夯法施工采用带自动脱钩装置的履带式起重机或其他专用设备。采用履带式起重机时,可在臂杆端部设置辅助门架,或采用其他安全措施,防止落锤时机架倾覆。

当地下水位较高,坑底积水影响施工时,可采用人工降低地下水位或铺设一定厚度的松散型材料。坑内或场地积水应及时排除。强夯法施工前,应查明场地内范围的地下构筑物和各种地下管线的位置及标高等,并采取必要的措施,以免因强夯施工造成破坏。当强夯施工所产生的振动对邻近建筑物或设备产生有害的影响时,应采取防振或隔振措施。

强夯施工可按下列步骤进行。

1) 清理并平整施工场地。

2) 标出第一遍夯点位置,并测量场地高程。

3) 起重机就位,使夯锤对准夯点位置。

4) 测量夯前锤顶高程。

5) 将夯锤起吊到预定高度,待夯锤脱钩自由下落后,放下吊钩,测量锤顶高程,若发现因坑底倾斜而造成夯锤歪斜时,应及时将坑底整平。

6) 按设计规定的夯击次数及控制标准,完成一个夯点的夯击。

7) 重复步骤 3) ～6),完成第一遍全部夯点的夯击。用推土机将夯坑填平,并测量场地高程。

8) 在规定的时间间隔后,按上述步骤逐次完成夯击遍数,最后用低能量满夯,将场地表面松土夯实,并测量夯实后场地高程。

4. 挤密法

挤密法是在软弱地基中成孔后,在孔中填入砂、石、土等材料,并分层振实成桩,从而使桩挤密其周围的软弱或松散土层,土与桩组成复合地基,共同承受荷载。根据填入材料及施工方法的不同,挤密法有以下几种。

(1) 灰土桩法

对地下水位以上的湿陷性黄土、素填土、杂填土地基,可用此法进行处理,施工时将钢管打入土中,使土层得以挤密,然后在孔中分层填入素土或灰土,边拔管边振实填料而成桩,桩与土组成复合地基,灰土按体积比 2∶8 或 3∶7 加适量水拌合均匀,夯实后具有一定的胶凝性,故灰土挤密桩比素土桩承载力高。桩距一般取 2～3m,长度取决于需要加固土层的厚度及桩管的有效长度。桩群加固宽度不小于基础宽度的1.2倍，且每边各放出500mm，呈梅花形或正方形布置。

(2) 砂石桩法

砂石桩是采用振冲或冲击的方法，在软弱地基成孔，填入砂石料并挤压入土中，形成大直径挤实砂石桩的地基处理方法。主要包括砂桩挤密法、水泥粉煤灰碎石桩法和灰桩挤密法等。

1) 砂桩挤密法。砂桩挤密法施工时宜用锤击或振动沉管方法成孔。施工顺序为定位、沉管灌砂、提升、下沉振实、再次提升和振实成桩。桩径 $d=300\sim600$mm，桩距取 $3.5d$，其他同石灰桩。砂桩挤密法适用于处理松砂、杂填土、素填土及黏粒含量不高的黏性土地基。但对饱和软黏土地基挤密效果较差，施工时易破坏土的天然结构，采用时应慎重。同时，挤密的砂桩与排水砂井的作用相同，可加速地基土的固结。

2) 水泥粉煤灰碎石桩法。水泥粉煤灰碎石桩（CFG桩）是将碎石、粉煤灰和少量水泥，加水拌合，用振动沉管打桩机或长螺旋钻机制成的一种具有一定粘结强度的桩，桩和桩间土通过褥垫层形成复合地基。现在，很多工程用水泥代替粉煤灰，这就形成了素混凝土桩，素混凝土的强度等级不宜过高，一般在C20为宜。水泥粉煤灰碎石桩法适用于处理黏性土、粉土、砂土和已自重固结的素填土等地基。CFG桩复合地基既适用于条形基础、独立基础，也适用于筏形、箱形基础。可加固从多层建筑到30层以下的高层建筑，从民用建筑到工业厂房均可使用。CFG桩常用的施工方法有振动沉管成桩、螺旋钻孔成桩、泥浆护壁钻孔成桩及长螺旋钻孔管内泵压混合料成桩等。各种施工方法有其自身的优点和适用性，需根据实际的地质条件采取合适的成桩方法。大量的工程实践证明，在选取合适的施工工艺，保证CFG桩的成桩质量的前提下，采用CFG桩复合地基，可以得到较高的承载力，满足实际工程的需要。CFG桩具有一定强度，它较周围原状土体强度高，与周围土体组成复合地基，按一定的应力比共同分担上部荷载。

3) 灰桩挤密法。在下沉钢管成孔后，灌入生石灰碎块或在生石灰中加入20%~30%的粉煤灰或火山灰，就形成了生石灰桩。由于生石灰的吸水膨胀、放热、离子交换和胶凝反应等作用及成孔时的挤压等对桩周围土的作用，改善了土的性质，从而达到加固地基的目的。

5. 深层搅拌法

深层搅拌法是通过特制的深层搅拌机，在地基深处就地将软土和固化剂强行搅拌，利用固化剂与软土之间所产生的一系列物理化学反应，使软土硬结成具有整体性、水稳性和一定强度的桩体，形成良好的复合地基。固化剂主要采用水泥、石灰等材料。深层搅拌法在施工中一般采用二次搅拌工艺，即预搅沉钻、喷浆提钻搅拌、复搅沉钻和复搅提钻。施工顺序为：定位、预搅下沉、制备水泥浆、提升喷浆搅拌、重复搅拌下沉和喷浆提升、清洗和移位。

6. 高压喷射注浆法

高压喷射注浆法是利用钻机钻到预定深度，然后用高压泵把浆液通过钻杆端头的特殊喷嘴，以高压水平喷入土层。喷嘴在喷射浆液时，一面缓慢旋转，一面徐徐提升，借助高压浆液的喷液不断削切土层并与削切下来的土充分搅拌混合，胶体硬化后即在地基中形成直径比较均匀，具有一定强度的圆柱体，即旋转桩，从而使地基得到加固。该法适用于处理淤泥、淤泥质土、黏性土、粉土、黄土、砂土、人工填土、碎石土等地基加固，也可以用于既有建筑地基处理、深基坑侧壁挡土或挡水、基坑底部加固、防止管涌与隆起、堤坝的加固等工程。

任务 2.2　浅基础

浅基础一般指基础埋深小于基础宽度或深度不超过 5m 的基础。浅基础根据结构形式可分为无筋扩展基础、扩展基础、柱下条形基础、柱下交叉条形基础、筏形基础、箱形基础等。

2-3　浅基础施工

2.2.1　无筋扩展基础

无筋扩展基础是由砖、毛石、混凝土或毛石混凝土、灰土或三合土等材料组成的，且不需配置钢筋的墙下条形基础或柱下独立基础，如图 2-1 所示。无筋扩展基础适用于多层民用建筑和轻型厂房。

（1）砖基础

砖基础有条形基础和独立基础，基础下部扩大部分称为大放脚，上部为基础墙。砖基础的大放脚通常采用等高式砌法和间隔式砌法两种形式，如图 2-2 所示。

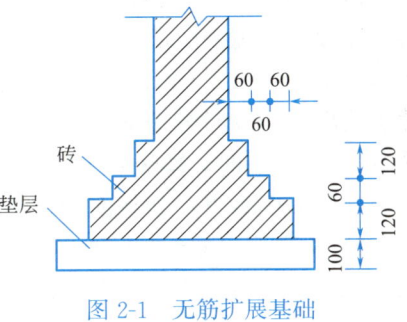

图 2-1　无筋扩展基础

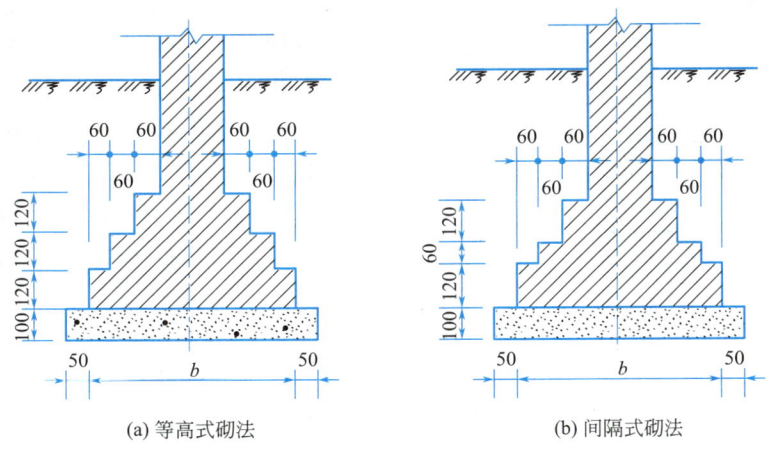

(a) 等高式砌法　　　　　　　　　(b) 间隔式砌法

图 2-2　砖基础大放脚形式

砖基础施工包括地基验槽、砖基放线、材料见证取样、配制砂浆、排砖撂底、墙体盘角、立皮数杆、立杆挂线、砌砖基础、验收、养护等步骤。

1）砌砖基础前，应先将垫层清扫干净，并用水润湿，立好皮数杆，检查防潮层以下砌砖的层数是否相符。

2）从相对设立的龙门板上拉大放脚准线，根据准线交点在垫层面上弹出位置线，即为基础大放脚边线。大放脚转角处要放七分头，七分头应在山墙和檐墙两处分层交替放置，一直砌到墙体。

3) 大放脚一般采用"一顺一丁"的砌筑法，竖缝至少错开 1/4 砖长。大放脚的最下一皮及各个台阶的上面一皮应以丁砌为主，砌筑时宜采用"三一"砌法，即一铲灰、一块砖、一挤揉。

4) 开始操作时，在墙转角和内外墙交接处应砌大角，先砌筑 4～5 皮砖，经水平尺检查无误后进行挂线，砌好摆底砖，再砌以上各皮砖。

5) 砌筑时，所有承重墙基础应同时进行。基础接槎必须留斜槎，高低差不得大于 1.2m。预留孔洞必须在砌筑时预先留出，位置要准确。

6) 有高低台的基础底面，应从低处砌起，并按大放脚的底部宽度由高台向低台搭接。如设计无规定时，搭接长度不应小于基础大放脚的高度。

7) 砌完基础大放脚，开始砌墙体部位时，应重新抄平放线，确定墙的中线和边线，再立皮数杆。砌到防潮层时，必须用水平仪找平，并按图纸规定铺设防潮层。如设计未作具体规定，宜用 1∶2.5 水泥砂浆加适量的防水剂铺设，其厚度一般为 20mm。砌完基础经验收后，应及时清理基槽（坑）内的杂物和积水，并在两侧同时填土，分层夯实。

8) 在砌筑时，要做到上跟线、下跟棱；角砖要平、绷线要紧；上灰要准、铺灰要活；皮数杆要牢固垂直；砂浆饱满，灰缝均匀，横平竖直，上下错缝，内外搭砌，咬槎严密。

9) 砌筑时，灰缝砂浆要饱满，水平灰缝的厚度宜为 10mm，不应小于 8mm，也不应大于 12mm。每皮砖要挂线，它与皮数杆的偏差值不得超过 10mm。

10) 在基础中预留洞口及预埋管道时，其位置和标高应准确，避免凿打墙洞；管道上部应预留沉降空隙。基础上铺放地沟盖板的出檐砖，应同时砌筑，并应用丁砖砌筑，立缝碰头灰应打严实。

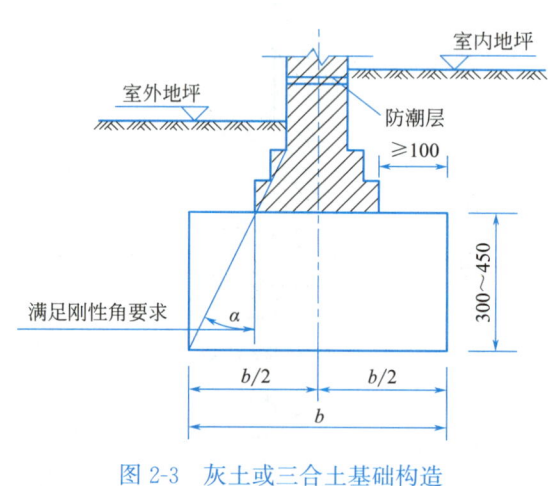

图 2-3 灰土或三合土基础构造

（2）灰土或三合土基础

灰土或三合土基础构造如图 2-3 所示，两者构造相似，只是填料不同。灰土基础材料的配合比宜为 3∶7 或 2∶8（体积配合比），土料宜采用不含松软杂质的粉质黏土及塑性指数大于 4 的粉土。对土料应过筛，其粒径不得大于 15mm，土中的有机质含量不得大于 5%。

灰土用的熟石灰为在使用前将生石灰浇水消解制成，熟石灰中不得含有未熟化的生石灰块和过多的水分。生石灰消解 3～4d 后筛除生石灰块使用。过筛粒径不得大于 5mm。

三合土基础材料的配合比宜为（1∶2∶4）～（1∶3∶6）（体积配合比），宜采用石灰、砂、碎砖配置。砂宜采用中、粗砂和泥砂。砖应粉碎，其粒径为 20～60mm。

施工工艺流程：清理槽底→分层回填灰土并夯实→基础放线→砌筑大放脚、基础墙→回填房心土→防潮层铺设。

1) 施工前应先验槽，清除松土，如有积水、淤泥应清除晾干，槽底要求平整干净。

2) 拌合灰土时，应根据气温和土料的湿度搅拌均匀。灰土的颜色应一致，含水量宜控制在最优含水量±2%的范围（最优含水量可通过室内击实试验求得，一般为14%～18%）。

3）填料时应分层回填。其厚度宜为200～300mm，夯实机具可根据工程大小和现场机具条件确定。夯实遍数一般不少于4遍。

4）灰土上下相邻土层接槎应错开，其间距不应小于500mm。接槎不得在墙角、柱墩等部位，在接槎500mm范围内应增加夯实遍数。

5）当基础底面标高不同时，土面应挖成阶梯或斜坡，按先深后浅的顺序施工，搭接处应夯压密实。当分层分段铺设时，接头处应做成斜坡或阶梯形，每层错开0.5～1.0m，并应夯压密实。

2.2.2 扩展基础

用钢筋混凝土建造的基础抗弯能力强，不受刚性角限制，称为扩展基础，如图2-4所示。扩展基础将上部结构传来的荷载通过向侧边扩展形成一定底面积，使作用在基底的压应力等于或小于地基土的允许承载力，而基础内部的应力应同时满足材料本身的强度要求。扩展基础包括柱下钢筋混凝土独立基础和柱下钢筋混凝土条形基础等。

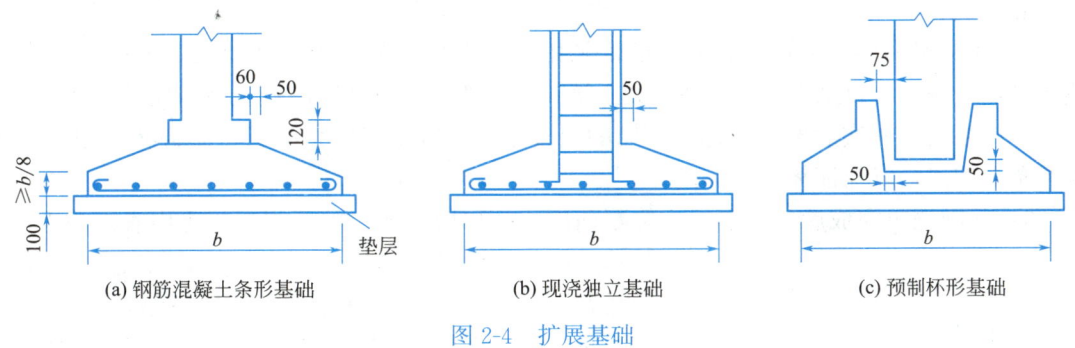

图2-4 扩展基础

（1）柱下钢筋混凝土独立基础

柱下钢筋混凝土独立基础有现浇台阶形基础、现浇锥形基础和预制柱的杯口形基础三种，如图2-5所示。杯口形基础又可分为单肢杯口形基础和双肢杯口形基础、低杯口形基础和高杯口形基础。轴心受压柱下基础的底面形状为正方形，而偏心受压柱下基础的底面形状为矩形。

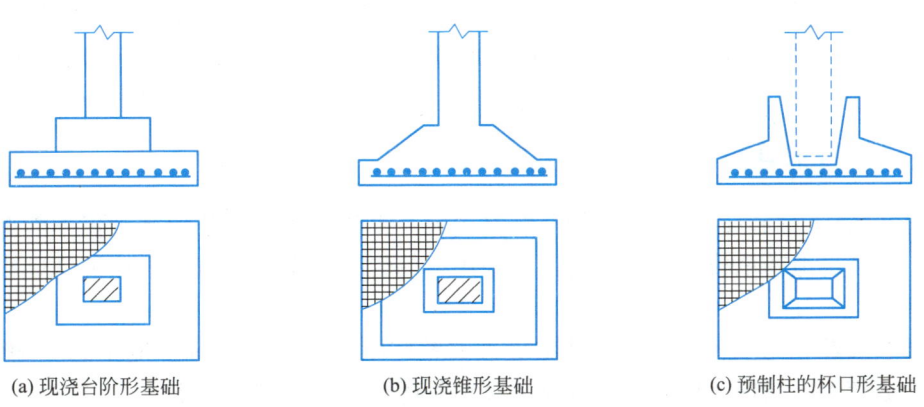

图2-5 柱下钢筋混凝土独立基础

施工工艺流程：基础垫层→基础放线→绑扎钢筋→支基础模板→浇筑混凝土→拆模。

1) 清理槽底、验槽，并做好记录，按设计要求打好垫层。

2) 在基础垫层上放出基础轴线及边线，绑扎好基础底板钢筋网片。

3) 按边线支立预先配制好的模板。模板既可采用木模板，也可采用钢模板。先将下阶模板支好，再支好上阶模板，然后支放杯心模板。模板支立要求牢固，避免浇筑混凝土时跑浆、变形。如为现浇柱基础，模板支完后要将插筋按位置固定好，并进行复线检查。现浇混凝土独立基础轴线位置的偏差不宜大于10mm。

4) 基础在浇筑前，应清除模板内和钢筋上的垃圾、杂物，堵塞模板的缝隙和孔洞，木模板应浇水湿润。

5) 对阶梯形基础，基础混凝土宜分层连续浇筑完成。每一台阶高度范围内的混凝土可分为一个浇筑层。每浇完一个台阶可停0.5～1.0h，待下层密实后再浇筑上一层。

6) 对于锥形基础，应注意保证锥体斜面的准确，斜面可边浇筑边支模板，分段支撑加固以防模板上浮。

7) 对杯形基础，浇筑杯口混凝土时，应防止杯口模板位置移动，应从杯口两侧对称浇捣混凝土。

8) 在浇筑杯形基础时，如杯心模板采用无底模板，则应控制杯口底部的标高，先将杯底混凝土捣实，再采用低流动性混凝土浇筑杯口四周；或杯底混凝土浇筑完后停顿0.5～1.0h，待混凝土密实后再浇筑杯口四周的混凝土。混凝土浇筑完成后，应将杯口底部多余的混凝土掏出，以保证杯底的标高。

9) 基础浇筑完成后，在混凝土终凝前应将杯口模板取出，并将混凝土内表面凿毛。

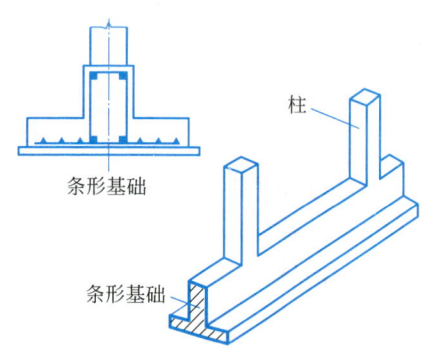

图2-6 柱下钢筋混凝土条形基础

10) 高杯口基础施工时，杯口距基底有一定的距离，可先浇筑基础底板和短柱至杯口底面位置，再安装杯口模板，然后继续浇筑杯口四周的混凝土。

(2) 柱下钢筋混凝土条形基础

当上部荷载较大，地基承载力较低，独立基础的底面积不能满足设计要求时，可把若干柱子的基础连成一整条，构成柱下条形基础，以扩大基底面积，减小地基反力，并可以形成整体来调整可能产生的不均匀沉降。把一个方向的单列柱基连在一起就形成了单向（柱下）条形基础，柱下钢筋混凝土条形基础如图2-6所示。

2.2.3 筏形基础

当地基承载力低，而上部结构的荷载又较大，以致十字交叉条形基础仍不能提供足够的底面积来满足地基承载力的要求时，可采用钢筋混凝土满堂板基础，这种基础称为筏形基础。

筏形基础具有比十字交叉条形基础更大的整体刚度，有利于调整地基的不均匀沉降，能较好地适应上部结构荷载分布的变化。筏形基础还可满足抗渗要求。

筏形基础分为平板式和梁板式。平板式一般采用等厚度平板；当柱距较大，柱荷载相差也较大时，宜沿柱轴纵横向设置基础梁，即梁板式基础，如图 2-7 所示。

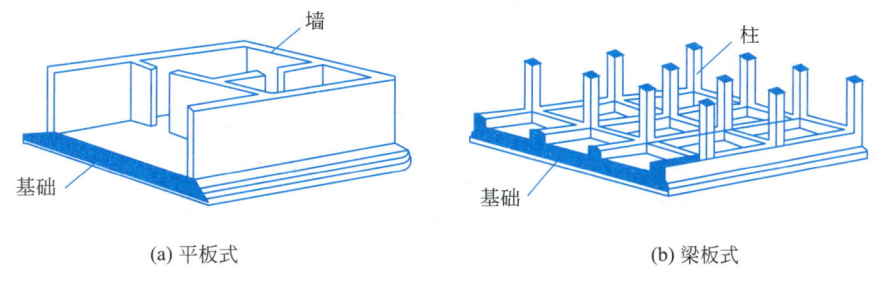

图 2-7　筏形基础

施工工艺流程：基础垫层→基础放线→绑扎钢筋→支立模板→浇筑混凝土→拆模。

1) 筏形基础为满堂基础，基坑施工的土方量较大，首先应做好土方开挖。开挖时注意保证基底持力层不被扰动，当采用机械开挖时，不要挖到基底设计标高，应保留 200mm 左右最后人工清槽。

2) 开槽施工中应做好排水工作，可采用明沟排水。当地下水位较高时，可预先采用人工降水措施，使地下水位降至基底 500mm 以下，保证基坑在无水的条件下进行开挖和基础施工。

3) 基坑施工完成后应及时进行验槽。验槽后清理槽底，进行垫层施工。垫层的厚度一般取 100mm。

4) 当垫层混凝土达到一定强度后，使用引桩和龙门架在垫层上进行基础放线、绑扎钢筋、支设模板、固定柱或墙的插筋。

5) 筏形基础在浇筑前，应搭建脚手架以便运送灰料，清除模板内和钢筋上的垃圾、泥土、污物，木模板应浇水湿润。

6) 混凝土的浇筑方向应平行于次梁的方向。对于平板式筏形基础则应平行于基础的长边方向。筏形基础的混凝土浇筑应连续，若不能完成整体浇筑，则应设置竖直施工缝，当平行于次梁长度方向浇筑时，施工缝的预留位置应在次梁中间 1/3 跨度范围内。对于平板式筏形基础的施工缝，可在平行于短边方向的任何位置设置。

7) 当施工中断后继续浇筑时应进行施工缝处理，将施工缝处活动的石子清除，用水清洗干净，浇筑一层水泥浆，再继续浇筑混凝土。

8) 对于梁板式筏形基础，梁高出地板部分的混凝土可分层浇筑。每层浇筑厚度不宜大于 200mm。

9) 基础浇筑完毕后，基础表面应覆盖并洒水养护。当混凝土强度达到设计强度的 25% 时即可拆模，待基础验收合格后即可回填土。

2.2.4　箱形基础

箱形基础是由现浇的钢筋混凝土底板、顶板和纵横内外隔墙组成，形成一个刚度极大的箱子，故称为箱形基础，如图 2-8 所示。

箱形基础具有比筏形基础更大的抗弯刚度，相对弯曲很小，可视为绝对刚性基础。为了加大底板刚度，可进一步采用"套箱式"箱形基础。箱形基础埋深较深，基础空腹，从

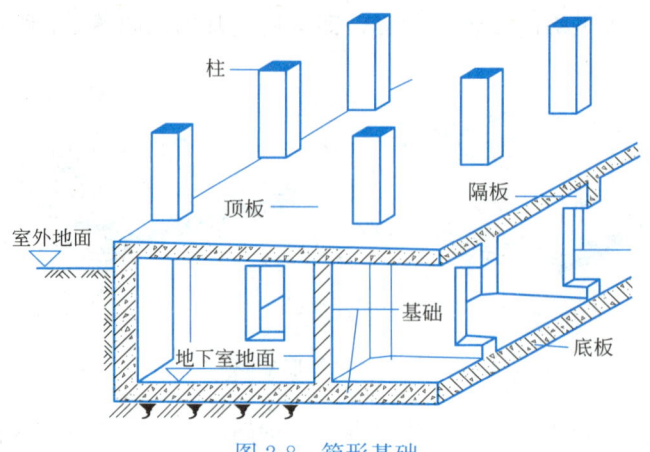

图 2-8 箱形基础

而卸除了基底处原有地基的自重应力,也就大大减小了作用于基础底面的附加应力,减少了建筑物的沉降,这种基础又称为补偿性基础。

任务 2.3 深基础

2-4 桩基础施工①

2-5 桩基础施工②

2-6 桩基础施工③

一般多层建筑物,当地基条件较好时多采用天然浅基础,它造价低、施工简便。如果天然浅土层较弱,可采用机械压实、强夯、堆载预压、深层搅拌、化学加固等方法进行加固,形成人工地基。如软弱土层较厚,或建(构)筑物的上部荷载较大,而且是对沉降有严格要求的建筑、地下建筑以及桥梁基础等,则需采用深基础。

桩基础是一种常用的深基础形式,它由基桩和连接于桩顶的承台共同组成。若桩身全部埋于土中,承台底面与土体接触,则称为低承台桩基;若桩身上部露出地面而承台底位于地面以上,则称为高承台桩基。建筑桩基通常为低承台桩基,而在桥梁、码头工程中常用高承台桩基。

按桩身材料分类主要有混凝土桩及钢桩,也有采用木或组合材料的桩。

按桩的使用功能分类可以分为竖向受荷桩(主要承受竖向荷载,如抗压及抗拔桩);水平受荷桩(主要承受水平荷载)以及复合受荷桩(竖向、水平荷载均承受)。

竖向受荷桩按承载性状可分为摩擦型桩和端承型桩(图 2-9),前者又分为摩擦桩、端承摩擦桩,后者又分为端承桩、摩擦端承桩。摩擦桩在承载力极限状态下,桩顶荷载由桩侧阻力承受;端承摩擦桩桩顶荷载则主要由桩侧阻力承受。端承桩在承载力极限状态下,桩顶荷载由桩端阻力承受;摩擦端承桩桩顶荷载则主要由桩端阻力承受。

按桩的施工方法,桩可分为预制桩和灌注桩两类。预制桩是在工厂或施工现场制作,用沉桩设备将桩打入、压入或振入土中,或用高压水冲孔沉入土中。灌注桩是在施工现场的桩位上用机械或人工成孔,然后在孔内放置钢筋笼、灌注混凝土而成。根据成孔方法的不同分为挖孔、钻孔、冲孔灌注桩，沉管灌注桩和爆扩桩等。

按成桩时挤土状况可分为非挤土桩、部分挤土桩和挤土桩。沉管法、爆扩法施工的灌注桩，打入（或静压）的实心混凝土预制桩，闭口钢管桩或混凝土管桩属于挤土桩；冲击成孔法、钻孔压注法施工的灌注桩，预钻孔打入式预制桩，混凝土（预应力混凝土）管桩、H型钢桩、敞口钢管桩等属于部分挤土桩；干作业法、泥浆护壁法、套管护壁法施工的灌注桩属非挤土桩。

桩型与工艺选择应根据建筑结构类型、荷载性质、桩的使用功能、穿越土层、桩端持力层土类、地下水位、施工设备、施工环境、施工经验、制桩材料供应条件等，选择经济合理、安全适用的桩型和成桩工艺。

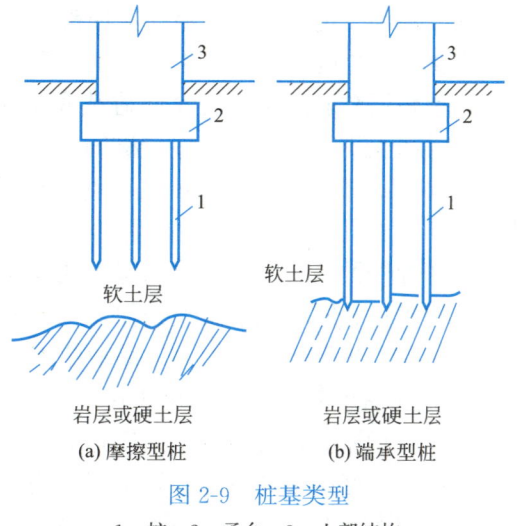

图 2-9 桩基类型
1—桩；2—承台；3—上部结构

2.3.1 预制桩施工

预制桩是在预制构件厂或施工现场预制，用沉桩设备在设计位置上将其沉入土中。其特点是坚固耐久，不受地下水或潮湿环境影响，能承受较大荷载，施工机械化程度高，进度快，能适应不同土层施工。目前最常用的预制桩是预应力混凝土管桩、方桩。它是一种细长的空心或实心预制混凝土构件，是在工厂经先张预应力、离心成形、高压蒸养等工艺生产而成。管桩按桩身混凝土强度等级的不同分为PC桩（C60、C70）和PHC桩（C80）；按桩身抗裂弯矩的大小分为A型、AB型和B型；外径有300mm、400mm、500mm、550mm和600mm，壁厚为65～125mm，常用节长7～12m，特殊节长4～5m。

钢筋混凝土预制桩施工前，应根据施工图设计要求、桩的类型、成孔过程对土的挤压情况、地质探测和试桩等资料，制定施工方案。

施工工艺流程：现场布置→场地地基处理、整平、浇筑混凝土→支模→绑扎钢筋、安设吊环→浇筑混凝土→养护至30%设计强度拆模→支间隔端头模板、刷隔离剂、绑扎钢筋→浇筑间隔桩混凝土→间隔重叠制作第二层桩→养护至70%设计强度起吊→养护至100%设计强度运输、打桩。

1. 混凝土预制桩的制作

混凝土方桩的截面边长多为200～550mm，可做成单根桩或多节桩，桩的单节长度应根据桩架高度、制作场地、运输和装卸能力而定，并应避免桩尖接近硬持力层或桩尖处于硬持力层中接桩。如在工厂制作，为便于运输，单节长度不宜超过12m；如在现场预制，长度不宜超过30m，接头不宜超过2个。

方桩的混凝土强度等级不宜低于C30。为防止桩顶击碎，浇筑预制的混凝土时宜从桩顶开始浇筑，并应防止另一端的砂浆积聚过多。桩身配筋与沉桩方法有关，锤击沉桩的桩纵向钢筋配筋率不宜小于0.8%，静压法沉桩的桩纵向钢筋配筋率不宜小于0.6%，桩的纵向钢筋直径不宜小于14mm，桩身宽度或直径大于或等于350mm时，纵向钢筋不应少于8根。桩顶一定范围内的箍筋应加密,并设置钢筋网片。

混凝土方桩既可在工厂生产,也可现场预制。为节省场地,现场预制方桩多用叠浇法制作,重叠层数取决于地面允许荷载和施工条件,一般不宜超过4层。场地应平整、坚实,不得产生不均匀沉降。桩与桩间应做好隔离层,与邻、底模间的接触面不得发生粘结。上层桩或邻桩的浇筑,必须在下层桩或邻桩的混凝土达到设计强度的30%以后方可进行。

钢筋骨架及桩身尺寸偏差如超出规范允许的偏差,桩容易被打坏。如为多节,上节桩和下节桩尽量在同一纵轴线上制作,减少上下钢筋和桩身偏差。桩预制的先后次序应与打桩次序对应,进行流水施工,以缩短施工工期。

2. 预制桩的起吊、运输和堆放

混凝土预制方桩的混凝土强度达到设计强度的70%方可起吊,达到100%方可运输。如提前起吊,必须采取措施并经验算合格方可进行。

桩在起吊和搬运时,必须平稳,并且不得损坏。吊点设置应符合设计要求,一般吊点的设置如图2-10所示。

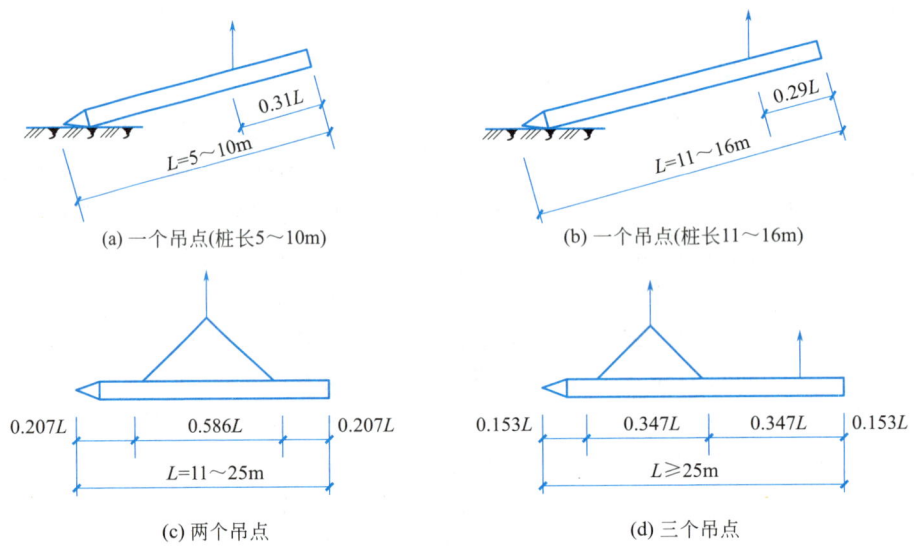

(a) 一个吊点(桩长5~10m) (b) 一个吊点(桩长11~16m)

(c) 两个吊点 (d) 三个吊点

图2-10 吊点的合理位置

打桩前,桩从制作处运到现场以备打桩,并应根据打桩顺序随打随运以避免二次搬运。桩的运输方式,在运距不大时,可用起重机吊运;当运距较大时,可采用轻便轨道小平台车运输。

堆放桩的地面必须平整、坚实,垫木间距应与吊点位置相同,各层垫木应上下对齐,并位于同一垂直线上。不同规格的桩应分别堆放。预应力管桩在运输和堆放中应严防管桩滚动滑落。

预制方桩一般堆放层数不宜超过4层。对外径为500~600mm的管桩堆叠层数不宜超过4层,对外径为300~400mm的管桩堆叠层数不宜超过5层。

3. 施工准备

桩基础施工前的准备工作做得好不好,对成桩质量有十分重要的影响。基础施工前要做好如下准备工作。

(1) 熟悉设计图纸，充分了解设计意图。

(2) 弄清场地的地形、地貌、水文、地质、管线、旧基础的情况，场地四周建筑物和管线的现状，供水、供电的条件；做好"三通一平"和清理障碍工作。

(3) 有针对性地制订施工方案，确定合适的施工方法、选择适当的机械设备、合理安排施工顺序、妥善做好整体布局、拟定可靠的安全措施等。

(4) 确定测量控制网，如水准点、定位轴线；建立沉降观测点和记录原始观测资料；做好桩位的测量放线（需定出桩位的中心点和桩周线）。

(5) 机械设备进场、安装、调试；施工人员的准备；材料进场和检查验收。

(6) 试桩。

1) 试桩有两个目的，一是校核设计依据，二是检查施工方案（包括检查沉桩参数）的可行性。

2) 试桩的数量按验桩规范和设计要求，一个单项工程至少在场地的四角和中心各试一根，一般不少于总桩数的1‰且不少于5根。

3) 两种试桩做法。一种是先打试验用桩，重要工程都应先打试验用桩，试桩时要施加荷载至桩呈破坏状态，被压坏或变形超过规定，试验完后这些桩不得在工程上使用；另一种是利用工程桩兼作试验用桩，一般的工程都用这种方法，试桩时只施加荷载至设计承载力的2倍，不能让它达到破坏状态，试验后这些桩还要在工程上使用。

4) 试桩的全过程要请勘察、设计、监理等单位的相关技术人员参加，试桩的全部资料应保留入本工程的技术档案。

(7) 确定打桩顺序。打桩顺序直接影响桩基础的质量和施工速度，应根据桩的密集程度（桩距大小），桩的规格、长短，桩的设计标高，工作面布置，工期要求等综合考虑，合理确定打桩顺序。根据桩的密集程度，打桩顺序一般分为逐排打设、自中部向四周打设和分段打设等，如图2-11所示。

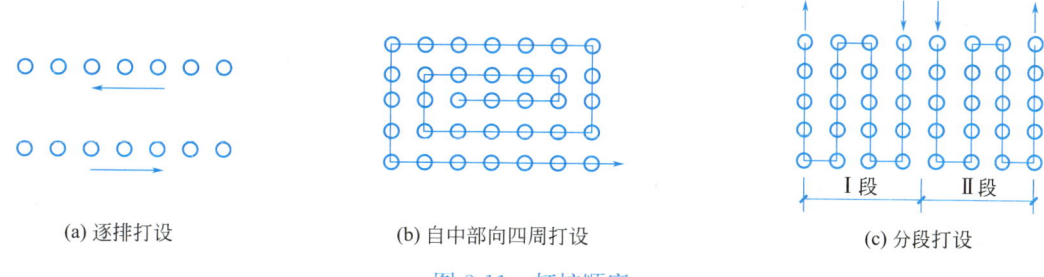

(a) 逐排打设　　(b) 自中部向四周打设　　(c) 分段打设

图2-11　打桩顺序

4. 施工方法

预制桩的沉桩方法有锤击沉桩、静力压桩、振动沉桩等。

(1) 锤击沉桩

锤击沉桩也称打入桩，是利用桩锤下落产生的冲击能量将桩沉入土中。锤击沉桩是混凝土预制桩最常用的沉桩方法，该法施工速度快，机械化程度高，适应范围广，现场文明程度高，但施工时有噪声污染和振动，对于城市中心和夜间施工有所限制。

1) 打桩设备及选择。

打桩所用的机具设备，主要包括桩锤、桩架及动力装置三部分。

桩锤是把桩打入土中的主要机具，有落锤、蒸汽锤（单动汽锤和双动汽锤）、柴油桩锤、液压锤等。

桩锤的类型应根据施工现场情况、机具设备条件及工作方式和工作效率等条件来选择。锤重的选择，在做功相同且锤重与落距乘积相等的情况下，宜选用重锤低击，这样可以使桩锤动量大而冲击回弹能量消耗小。桩锤过重，所需动力设备大，能源消耗大，不经济；桩锤过轻，施打时必定增大落距，使桩身产生回弹，桩不易沉入土中，常常打坏桩头或使混凝土保护层脱落，严重者甚至使桩身断裂。桩架是支持桩身和桩锤，在打桩过程中引导桩的方向及维持桩的稳定，并保证桩锤沿着所要求方向冲击的设备。桩架一般由底盘、导向杆起吊设备、撑杆等组成。根据桩的长度、桩锤的高度及施工条件等选择桩架和确定桩架高度。

桩架的形式多种多样，常用的通用桩架有两种基本形式：一种是沿轨道行驶的多功能桩架，另一种是装在履带底盘上的履带式桩架。多功能桩架由定柱、斜撑、回转工作台、底盘及传动机构组成。它的机动性和适应性很大，在水平方向可作360°回转，导架可以伸缩和前后倾斜，底座下装有铁轮，底盘在轨道上行走。这种桩架可适用于各种预制桩及灌注桩施工。履带式桩架以履带式起重机为主机，配备桩架工作装置组成，操作灵活，移动方便，适用于各种预制桩和灌注桩的施工，目前应用最多。打桩机械的动力装置是根据所选桩锤而定的，当采用空气锤时，应配备空气压缩机；当选用蒸汽锤时，则要配备蒸汽锅炉和绞盘。

2) 打桩工艺

吊桩就位。按既定的打桩顺序，先将桩架移动至桩位处并用缆风绳拉牢，然后将桩运至桩架下，利用桩架上的滑轮组由卷扬机提升桩。当桩提升至直立状态后，即可将桩送入桩架的龙门导杆内，同时把桩尖准确地安放到桩位上，并与桩架导管相连接，以保证打桩过程中不发生倾斜或移动。桩插入时垂直度偏差不得超过0.5%。桩就位后，为了防止击碎桩顶，在桩锤与桩帽、桩帽与桩之间应放上硬木、粗草纸或麻袋等作为缓冲层，桩帽与桩顶四周应留5~10mm的间隙。然后进行检查，使桩身、桩帽和桩锤在同一轴线上，即可开始打桩。

打桩。打桩时用"重锤低击"可取得良好效果，这是因为这样桩锤对桩头的冲击小，回弹也小，桩头不易损坏，大部分能量都用于克服桩身与土的摩阻力和桩尖阻力上，桩就能较快地沉入土中。初打时地层软、沉降量较大，宜低锤轻打，随着沉桩加深（1~2m），速度减慢，再酌情增加起锤高度，要控制锤击应力。打桩时应观察桩锤回弹情况，如经常回弹较大时则说明桩锤太轻，不能使桩下沉，应及时更换。至于桩锤的落距以多大为宜，根据实践经验，在一般情况下，单动汽锤以0.6m左右为宜，柴油锤不超过1.5m。打桩时要随时注意贯入度变化情况，当贯入度骤减，桩锤有较大回弹时表示桩尖遇到障碍，此时桩锤落距应减小，加快锤击。如上述情况仍存在，则应停止锤击，查其原因进行处理。

在打桩过程中，如突然出现桩锤回弹、贯入度突增，锤击时桩弯曲、倾斜、颤动、桩顶破坏加剧等情况，则表明桩身可能已破坏。

打桩最后阶段，沉降太小时，要避免硬打，如难沉下，要检查桩垫、桩帽是否适宜，需要时可更换或补充软垫。

接桩。预制桩施工中，由于受到场地、运输及桩机设备等的限制，而将长桩分为多节进行制作。接桩时要注意新接桩节与原桩节的轴线一致。目前预制桩的接桩工艺主要有硫黄浆锚法、电焊接法和法兰螺栓连接法三种。前一种适用于软弱土层，后两种适用于各类土层。

3）打桩质量要求

为保证打桩的质量，应遵循以下原则：端承桩即桩端达到坚硬土层或岩层，以控制贯入度为主，桩端标高可作参考；摩擦桩即桩端位于一般土层，以控制桩端设计标高为主，贯入度可作参考。打（压）入桩（预制混凝土方桩、先张法预应力管桩、钢管桩）的桩位偏差，必须符合规范的规定。打斜桩时，斜桩的倾斜度的允许偏差不得大于倾斜角正切值的 15%。

4）桩头的处理

在打完各种预制桩开挖基坑时，按设计要求的桩顶标高将桩头多余的部分截去。截桩头时不能破坏桩身，要保证桩身的主筋伸入承台，长度应符合设计要求。当桩顶标高在设计标高以下时，在桩位上挖成喇叭口，凿掉桩头混凝土，剥出主筋并焊接接长至设计要求长度，与承台钢筋绑扎在一起，用桩身同强度等级的混凝土与承台一起浇筑接长桩身。

5）打桩施工常见问题

在打桩施工过程中会遇见各种各样的问题，例如桩顶破碎，桩身断裂，桩身位移、扭转倾斜，桩锤跳跃，桩身严重回弹等。发生这些问题的原因有钢筋混凝土预制桩制作质量、沉桩操作工艺和复杂土层三个方面。施工规范规定，打桩过程中如遇到上述问题，都应立即暂停打桩，施工单位应与勘察、设计单位共同研究，查明原因，提出明确的处理意见，采取相应的技术措施后，方可继续施工。

（2）静力压桩

静力压桩是在软土地基上，利用静力压桩机或液压压桩机无振动的静力压力（自重和配重）将预制桩压入土中的一种新工艺。静力压桩已在我国沿海软土地基上较为广泛地应用，与普通的打桩和振动沉桩相比，静力压桩可以消除噪声和振动的影响，故特别适用于医院和有防振要求部门附近的施工。

静力压桩机的工作原理是通过安置在压桩机上的卷扬机的牵引，由钢丝绳、滑轮及压梁，将整个桩机的自重力（800～1500kN）反压在桩顶上，以克服桩身下沉时与土的摩擦力，迫使预制桩下沉。桩架高度 10～40m，压入桩长度可达 37m，桩断面为（400mm×400mm）～（500mm×500mm）。压桩施工，一般情况下都采取分段压入，逐段接长的方法。接桩的方法目前有焊接法、法兰接法和浆锚法。

焊接法接桩时，必须对准下节桩并垂直无误后，用点焊将拼接角钢连接固定，再次检查位置正确后再进行焊接。施焊时，应两人同时对称地进行，以防止节点变形不均匀而引起桩身歪斜。焊缝要连续、饱满。

浆锚法接桩时，首先将上节桩对准下节桩，使四根锚筋插入锚筋孔中（直径为锚筋直径的 2.5 倍），下落压梁并套住桩顶，然后将桩和压梁同时上升约 200mm（以四根锚筋不脱离锚筋孔为度）。此时，安设好施工夹箍（施工夹箍由四块木板，内侧用人造革包裹 40mm 厚的树脂海绵块而制成），将硫黄胶泥注满锚筋孔内和接头平面上，然后将上节桩和压梁同时下落，当硫黄胶泥冷却并拆除施工夹箍后，即可继续加荷施压。

为保证接桩质量，应做到：锚筋应刷净并调直；锚筋孔内应有完好的螺纹，无积水、杂物和油污；接桩时接点的平面和锚筋孔内应灌满硫磺胶泥；灌注时间不得超过 2min；灌注后停歇时间应符合有关规定。

（3）其他沉桩方法

水冲沉桩法是锤击沉桩的一种辅助方法。它是利用高压水流经过桩侧面或空心管内部的射水管冲击桩尖附近土层，便于锤击。一般是边冲水边打桩，当沉桩至最后 1~2m 时停止冲水，用锤击至规定标高。水冲沉桩法适用于砂土和碎石土，有时对于特别长的预制桩，单靠锤击有一定的困难时，亦用水冲沉桩法辅助。

振动沉桩法是利用振动机，将桩与振动机连接在一起，振动机产生的振动通过桩身使土体振动，使土体的内摩擦角减小、强度降低，而将桩沉入土中。此法在砂土中效率最高。

5. 施工要求

（1）桩在起吊及搬运时，必须做到吊点符合设计要求，过程平稳并不得损坏。

（2）妥善保护好桩基的轴线和标高控制桩，不得由于碰撞和振动而发生位移。

（3）打桩时如发现地质资料与提供的数据不符，要停止施工，并与有关单位共同研究处理。

（4）在邻近有建筑物或在岸边、斜坡上打桩时，要会同有关单位采取有效的加固措施。施工时要随时进行观测，确保避免因打桩振动而发生安全事故。

（5）打桩完毕进行基坑开挖时，要制定合理的施工顺序和技术措施，防止桩的位移和倾斜。

6. 质量标准

钢筋混凝土预制桩允许偏差见表 2-1。

钢筋混凝土预制桩允许偏差　　　　　　　表 2-1

项次	项目	允许偏差	检验方法
1	垂直基础梁的中心线方向	100mm	尺量检查
	沿基础梁的中心线方向	150mm	尺量检查
2	桩数为 1~2 根的单排桩	100mm	尺量检查
3	桩数为 3~20 根	$d/2$	尺量检查
4	边缘桩	$d/2$	尺量检查
5	中间桩	$d/2$	尺量检查

注：d 为桩的直径或截面边长。

2.3.2 灌注桩施工

灌注桩是直接在施工现场桩位上成孔，然后在孔内安装钢筋笼，灌注混凝土成桩。与预制桩相比，灌注桩具有不受地层变化限制、不需要接桩和截桩、节约钢材、振动小、噪声小等特点，但施工工艺复杂，影响质量的因素较多。灌注桩按成孔方法分为沉管灌注桩、泥浆护壁成孔灌注桩、人工挖孔灌注桩、螺旋钻孔灌注桩等。近年来出现了夯扩桩、管内泵压桩、变径桩等新工艺，特别是变径桩，它将信息化技术引入到桩基础施工中。

1. 沉管灌注桩

沉管灌注桩是利用锤击沉桩设备或振动沉桩设备，将带有钢筋混凝土的桩尖（或钢板靴）或带有活瓣式桩靴的桩管沉入土中，形成桩孔，然后放入钢筋骨架并灌注混凝土，随之拔出桩管，利用拔管时的振动将混凝土捣实，便形成所需要的灌注桩。利用锤击沉桩设备沉管、拔管所成的桩，称为锤击沉管灌注桩；利用振动器振动沉管、拔管所成的桩，称为振动沉管灌注桩。

（1）锤击沉管灌注桩

锤击沉管灌注桩适用于一般黏性土、淤泥质土和人工填土地基。其施工过程为：桩机就位→沉管→初灌混凝土→放置钢筋笼、灌注混凝土→拔管成桩。

锤击沉管灌注桩的施工要点如下。

1）桩尖与桩管接口处应设置垫圈，垫圈可作缓冲层，以防地下水渗入管内。沉管时先用低锤锤击，观察无偏移后，再开始正常施打。

2）拔管前应先锤击或振动桩管，在测得混凝土确已流出桩管时方可拔管。

3）桩管内的混凝土应尽量填满，拔管时要均匀，保持连续密锤轻击，并控制拔管速度，一般土层以不大于1m/min为宜；软硬土层交界处，应控制在0.8m/min以内为宜。

4）在管底未拔到桩顶设计标高前，倒打或轻击不得中断，并注意保持管内的混凝土始终略高于地面，直到全管拔出。

5）桩的中心距在5倍桩管外径以内或小于2m时，均应跳打施工；中间空出的桩待邻桩混凝土达到设计强度的50%以上后，方可施打。

（2）振动沉管灌注桩

振动沉管灌注桩采用激振器振动沉管，施工过程为：桩机就位→沉管→上料→拔出桩管→在顶部混凝土内插入短钢筋并浇满混凝土。振动沉管灌注桩宜用于一般黏性土、淤泥质土及人工填土地基，更适用于砂土、稍密及中密的碎石土地基。

振动沉管灌注桩的施工要点如下。

1）桩机就位。将桩尖活瓣合拢对准桩位中心，利用振动锤及桩管自重把桩尖压入土中。

2）沉管。开动振动锤，桩管即在强迫振动下迅速沉入土中。沉管过程中，应经常探测管内有无水或泥浆，如发现水、泥浆较多时，应拔出桩管，用砂回填桩孔后方可重新沉管。

3）上料。桩管沉到设计标高后停止振动，放入钢筋笼，再上料斗将混凝土灌入桩管内，一般应灌满桩管或略高于地面。

4）拔出桩管。开始拔管时，应先启动振动锤8~10s，并用吊锥测得桩尖活瓣确已张开，混凝土确已从桩管中流出以后，卷扬机方可开始抽拔桩管，边振边拔。拔管速度应控制在1.5m/min以内。

2. 泥浆护壁成孔灌注桩

泥浆护壁成孔灌注桩是利用原土自然造浆或人工造浆浆液进行护壁，通过循环泥浆将被钻头切下的土块排出孔外，然后安装绑扎好的钢筋笼，用导管法水下灌注混凝土沉桩。此法对地下水水位高或低的土层都适用，但在岩溶发育地区慎用。

(1) 施工工艺流程

泥浆护壁成孔灌注桩的施工工艺流程如图 2-12 所示。

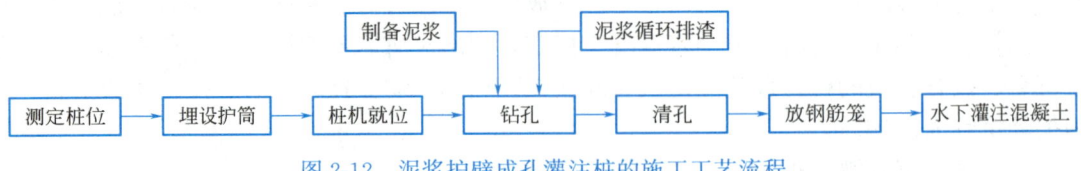

图 2-12　泥浆护壁成孔灌注桩的施工工艺流程

(2) 施工准备

1) 埋设护筒

护筒具有导正钻具、控制桩位、隔离地面水渗漏、防止孔口坍塌、抬高孔内静压水头和固定钢筋笼等作用，应认真埋设。护筒是用厚度为 4～8mm 的钢板制成的圆筒，其内径应大于钻头直径 100mm，护筒的长度以 1.5m 为宜，在其上部开设 1 个或 2 个溢浆孔，便于泥浆溢出，进行回收和循环利用。护筒埋设后，质量员和监理工程师验收护筒中心偏差和孔口标高。当中心偏差符合要求后，可钻机就位开钻。

2) 制备泥浆

泥浆的主要作用有：泥浆在桩孔内吸附在孔壁上，将土壁上的孔隙填补密实，避免孔内壁漏水，保证护筒内水压的稳定；泥浆密度大，可加大孔内水压力，可以稳固土壁、防止塌孔；泥浆有一定的黏度，通过循环泥浆可使切削的泥石渣屑悬浮起来后被排走，起到携砂、排土的作用；泥浆对钻头有冷却和润滑作用。

制作泥浆时所用的主要材料有以下两种：膨润土，以蒙脱石为主的矿物；黏土，塑性指数 $I_p>17$、粒径小于 0.05mm、黏粒含量大于 50%。

3) 泥浆的护壁

① 施工期间护筒内的泥浆面应高出地下水位 1m 以上，在受水位涨落影响时，泥浆面应高出最高水位 1.5m 以上。

② 循环泥浆的要求。注入孔口的泥浆的性能指标：泥浆相对密度应不大于 1.10，黏度为 18～20s。排出孔口的泥浆的性能指标：泥浆相对密度应不大于 1.25，黏度为 18～25s。

③ 在清孔过程中，应不断置换泥浆，直至灌注水下混凝土。

④ 废弃的泥浆应按环境保护的有关规定处理。

4) 钢筋笼的制作

钢筋笼的制作场地应选择在运输和加工都比较方便的场所，或者在施工现场进行制作和加工。钢筋笼进场后应按钢筋的不同型号、不同直径、不同长度分别进行堆放。堆放钢筋笼时应考虑安装顺序、钢筋笼变形和防止事故发生等因素，堆放不准超过两层。

(3) 成孔

泥浆护壁成孔灌注桩的成孔方法按成孔机械分类有回转钻机成孔、潜水钻机成孔、冲击钻机成孔、冲抓成孔等，其中以回转钻机成孔应用最多。

1) 回转钻机成孔

回转钻机的动力装置带动钻机回转装置转动，再由其带动带有钻头的钻杆移动，由钻头切削土层。回转钻机成孔适用于地下水位较高的软、硬土层，如淤泥、黏土、砂土、软质岩层。

回转钻机的钻孔方式根据泥浆循环方式的不同，分为正循环回转钻机成孔和反循环回转钻机成孔。

① 正循环回转钻机成孔。正循环回转钻机成孔的工艺原理如图 2-13（a）所示，由空心钻杆内部通入泥浆或高压水，从钻杆底部喷出，携带钻头下的土渣沿孔壁向上流动，由孔口将土渣带出流入泥浆池。

② 反循环回转钻机成孔。反循环回转钻机成孔的工艺原理如图 2-13（b）所示，泥浆带渣流动的方向与正循环回转钻机成孔的情形相反。反循环回转钻机成孔的泥浆流速较快，能携带较大的土渣。

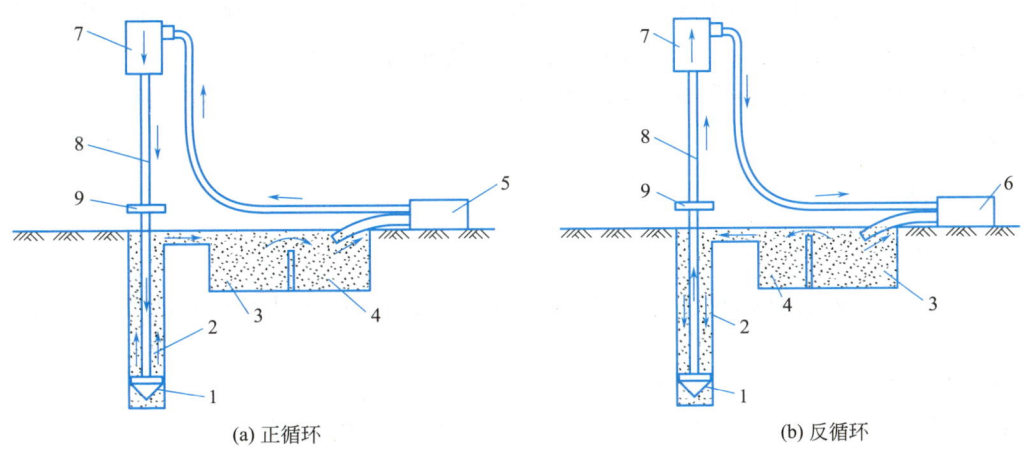

图 2-13　回转钻机成孔

1—钻头；2—泥浆循环方向；3—沉淀池；4—泥浆池；5—泥浆泵；
6—砂石泵；7—水阀；8—钻杆；9—钻机回旋装置

2）冲击钻机成孔

冲击钻机成孔适用于黏土、杂填土、砂土和碎石土，在季节性冻土、膨胀土、黄土、淤泥和淤泥质土及有少量孤石的土层中也可采用。持力层应为硬黏土、密实砂土、碎石土、软质岩石和微风化岩石。冲击钻机通过机架、卷扬机把带刃的重钻头（冲击锤）提升到一定高度，靠自由下落的冲击力切削破碎岩层或冲击土层成孔。部分碎渣和泥浆挤压进孔壁，大部分碎渣用掏渣筒掏出。此法设备简单、操作方便，对于有孤石的砂卵石岩、坚实土层、岩层均可成孔。

冲击钻头的形式有十字形、工字形、人字形等，一般常用铸钢十字形冲击钻头。

（4）清孔

成孔后，必须保证桩孔进入设计持力层。当桩孔达到设计要求后，即进行验孔和清孔。验孔是用探测器检查桩位、直径、深度和孔道情况；清孔即清除孔底沉渣、淤泥浮土，以减少桩基的沉降量，提高承载能力。

（5）钢筋笼吊放

吊放钢筋笼入孔时，实行"一、二、三"的原则，即一人指挥、二人扶钢筋笼、三人搭接，施工时应对准孔位，保持垂直，轻放、慢放入孔，不得左右旋转。若遇阻碍应停止下放，查明原因进行处理。严禁高提猛落和强制下放。对于20m以下钢筋笼采用整根加工、一次性吊装的方法，20m以上的钢筋笼分成两节加工，采用孔口焊接的方法。

(6) 水下灌注混凝土

泥浆护壁成孔灌注桩施工中，要直接在水下灌注混凝土。其方法是将密封连接的钢管（或强度较高的硬质非金属管）作为水下混凝土的灌注通道（导管），其底部以适当的深度埋在灌入的混凝土拌合物内，在一定的落差压力作用下，形成连续密实的混凝土桩身。

3. 人工挖孔灌注桩

人工挖孔灌注桩是采用人工挖掘方法成孔，然后放置钢筋笼，灌注混凝土而成的桩基础。

为规范化解房屋建筑和市政基础设施工程重大事故隐患，降低施工安全风险，推动住房和城乡建设行业淘汰落后工艺、设备和材料，基桩人工挖孔工艺已被中华人民共和国住房和城乡建设部（简称住房和城乡建设部）列为限制使用工艺，不少省、自治区、直辖市列为禁止使用工艺。

【勤练入心】

一、单选题

1. 筏形基础施工前如地下水位较高，应降低地下水位以保证在无水情况下进行（　　）。

　　A. 地质勘探　　　　　　　　B. 施工测量
　　C. 上部结构施工量　　　　　D. 基坑开挖和基础施工

2. 泥浆在泥浆护壁灌注桩施工中所起的主要作用是（　　）。

　　A. 导向　　B. 定位　　C. 保护孔口　　D. 护壁

3. 在预制桩打桩过程中，如发现贯入度一直骤减，说明（　　）。

　　A. 桩尖破坏　　B. 桩身破坏　　C. 桩下有障碍物　　D. 遇软土层

4. 锤击打桩法进行打桩时，宜采用（　　）的方式，可取得良好的效果。

　　A. 重锤低击，低提重打　　　C. 轻锤低击，高提重打
　　B. 重锤高击，低提重打　　　D. 轻锤高击，高提重打

5. 在泥浆护壁成孔灌注桩施工中，确保成桩质量的关键工序是（　　）。

　　A. 吊放钢筋笼　　　　　C. 泥浆护壁成孔
　　B. 吊放导管　　　　　　D. 灌注水下混凝土

二、填空题

1. 砂桩挤密法适用于处理（　　）、（　　）、（　　）及（　　）地基，起到挤密周围土层、增加地基承载力的作用。

2. 灌注桩是在施工现场的桩位上用机械或人工成孔，然后在孔内放置钢筋笼、灌注混凝土而成。根据成孔方法的不同分为（　　）、（　　）、（　　）和（　　）等。

3. 泥浆护壁成孔灌注桩施工工艺流程中，在"清孔"之前应完成的工作有（　　）、（　　）、（　　）、（　　）。

4. 混凝土预制方桩的混凝土强度达到（　　）方可起吊；达到（　　）方

可运输。如提前起吊，必须采取措施并经验算合格方可进行。

5. 打桩顺序直接影响桩基础的质量和施工速度，根据桩的密集程度，打桩顺序一般分为（　　　　）、（　　　　）和（　　　　）三种。

三、简答题

1. 地基处理方法一般有哪几种？各有什么特点？
2. 试述换土垫层法的适用情况、施工要点与质量检查方法。
3. 现浇混凝土桩的成孔方法有几种？各种方法的特点及适用范围如何？

【思政入神】

突破地基难关，铸就摩天大楼——
上海中心大厦的建筑传奇

上海中心大厦（图2-14），这座矗立于陆家嘴金融贸易区的摩天大楼，以其632m的高度傲视群楼。上海中心大厦始建于2008年，于2016年竣工，集办公、酒店、商业、观光等多功能于一体，总建筑面积达57.8万 m^2，其雄伟身姿成为上海的标志性景观。

然而，这座摩天大楼的建设之路并非坦途，尤其是在地基工程上，建设者们遭遇了前所未有的挑战。浦东新区松软的土地和深厚的软土层，让在"豆腐土"上建造如此高楼成为一项艰巨任务。面对这一难题，设计团队采用创新的SMP计算方式，精确适应浦东地区的土壤结构。他们深入地下288m，发现坚硬的花岗岩层，但将其桩基打入如此深度并不现实。因此，工程师们选择将地下80m深的含砾粗砂层作为持力层，这一决策为大厦的稳定奠定了基础。

在选择桩基类型时，工程师们同样展现了智慧。他们放弃了噪声大、振动强的钢管桩，选择了施工噪声小、对周围环境影响小的钻孔灌注桩。然而，常规的钻孔灌注桩承载力有限，无法满足上海中心大厦的需求。为此，工程师们创新性地采用了"钻孔灌注桩＋桩底注浆"技术，通过向桩底高压注入水泥浆，大幅提高了桩基的承载力和稳定性。每根基桩的承载力达到了惊人的3100t，为大楼的稳固提供了坚实保障。

图2-14　上海中心大厦

在突破地基难关的同时，上海中心大厦的地下空间也得到了充分利用。多达五层的地下建筑空间，既可以满足特殊建筑需求，也可作为停车场使用，实现了空间的最大化利用。

上海中心大厦的建成，不仅是中国建筑设计和工程技术的骄傲，更展示了中国建筑人克服困难的勇气和创造奇迹的智慧。这座摩天大楼不仅是一座地标性建筑，更是中国乃至世界建筑史上的重要里程碑。它证明了中国在建筑领域的强大实力，成为一个展示中华民族伟大复兴梦想的重要窗口。

上海中心大厦的建设传奇，不仅是一段历史的记录，更是一个未来的象征。它激励着人们不断追求卓越，勇于突破自我，继续书写属于中国的辉煌篇章，引领中国建筑事业迈向新的高度。

【案例入魂】

比萨斜塔不均匀沉降案例分析

一、事故概况

比萨斜塔始建于 1173 年，在建造过程中就逐渐出现倾斜现象。到 1372 年完工时，塔身已经明显偏离垂直中心线。几个世纪以来，倾斜程度不断加剧，一度面临倒塌的危险。

二、事故原因

1. 地质因素

（1）比萨斜塔所在地区的地基土壤条件极为特殊，主要由软质黏土和粉砂组成。这种土壤的承载能力相对较弱，且在长期承受塔身重量的过程中，容易发生压缩变形。

（2）地下水位较高且不稳定，地下水的流动和水位变化对地基土壤产生了侵蚀、软化等作用，进一步削弱了地基的稳定性，加剧了塔身的沉降和倾斜。

2. 设计与施工因素

（1）最初的设计方案可能没有充分考虑当地特殊的地质条件，对于地基的承载要求估计不足。

（2）在施工过程中，由于当时的技术水平有限，缺乏精确的测量和监控手段，不能及时发现和纠正塔身的倾斜问题。而且施工进度缓慢，历经多次停工和复工，使得塔身在不同时期的受力状态发生变化，也对倾斜产生了影响。

三、事故影响

1. 建筑艺术领域：尽管比萨斜塔的倾斜是一种意外，但却使其成为举世闻名的建筑奇观，吸引了大量游客前来参观，对建筑艺术和旅游文化产生了深远影响。

2. 建筑结构与工程学领域：比萨斜塔的案例促使建筑工程师和科学家深入研究建筑结构的稳定性、地基沉降的机理以及如何在复杂地质条件下进行安全的建筑设计和施工。

四、应对措施

1. 地基加固：在斜塔的底部周围进行了一系列的地基加固工程，如采用灌浆技术，将特殊的水泥浆注入地基土壤中，以增强土壤的强度和稳定性，减少进一步的沉降。

2. 纠偏工程：实施了多项纠偏措施，其中较为著名的是在斜塔倾斜方向的反方向地基下抽取地下水，使这一侧的地基下沉，从而逐步调整塔身的倾斜度。同时，在塔身上部安装了一些钢缆和支撑装置，以辅助控制塔身的姿态，防止在纠偏过程中发生意外倒塌。经过多年的努力，成功地将比萨斜塔的倾斜度稳定在一个相对安全的范围内，使其避免了倒塌的命运。

五、后续启示

1. 地质勘察的重要性：在进行任何建筑项目之前，必须进行全面、深入的地质勘察，充分了解当地的地质结构、土壤特性、地下水位等信息。

2. 施工过程监控：施工过程中应采用先进的测量和监控技术，实时监测建筑的沉降、

项目 2　地基与基础工程

倾斜等变形情况，及时发现问题并采取相应的措施进行调整，避免问题积累导致严重后果。

3.应对特殊情况的能力：对于特殊地质条件或施工中出现的意外情况，要有足够的技术储备和创新能力，能够制定出科学有效的解决方案，如比萨斜塔的纠偏工程所展示的那样，通过多学科的合作和技术创新来解决复杂的建筑工程问题。

【实践入行】

地基与基础工程实践任务指导书

一、实地考察任务

1.建筑地基沉降观察

（1）任务目标

了解不同类型建筑（如住宅、商业建筑、工业建筑等）地基沉降的实际情况，以及沉降对建筑结构的影响。

（2）操作步骤

1）选择至少三栋不同设计工作年限和结构类型的建筑物，在建筑物周边的地面上设置观测点，可以使用混凝土桩或金属标记来确定观测点位置，确保其牢固且位置准确。

2）利用水准仪或全站仪等测量仪器，定期（如每月一次）测量观测点的高程变化，记录每次测量的数据。

3）观察建筑物墙体、地面、门窗等部位是否出现裂缝、变形等与地基沉降有关的现象，并拍照记录。

4）对收集的数据进行分析，绘制沉降-时间曲线，判断地基沉降是否在正常范围内。如果发现异常沉降，尝试分析可能的原因，如附近的地下工程施工、地下水位变化、地基土性质等。

2.基础类型调研

（1）任务目标

认识不同基础类型的应用场景和特点，对比它们在实际工程中的优缺点。

（2）操作步骤

1）寻找采用浅基础（如独立基础、条形基础）、桩基础（如灌注桩、预制桩）和筏形基础的建筑工程实例。

2）实地观察每种基础类型的外观，包括基础的形状、尺寸、露出地面部分（如果有）的材料和构造等。

3）采访现场施工人员或建筑工程师，了解该基础类型在这个具体工程中的选择原因，如地质条件、建筑物荷载、施工难度和成本等因素。

4）总结不同基础类型的适用范围、施工要点以及在实际应用中的优势和局限性，制作成表格或报告。

二、模型制作任务

1.任务目标

制作不同类型基础的模型，直观展示基础在承受建筑物荷载时的工作状态和受力特点。

2. 操作步骤

（1）材料准备，如木材、塑料泡沫、黏土、钢丝等，用于制作基础模型和模拟地基土。

（2）制作浅基础模型（独立基础和条形基础），用木材或塑料泡沫切割成相应的形状，模拟基础的形状和尺寸。在模型基础下方放置模拟地基土（黏土），并将基础放置在平整的木板上，模拟地面。

（3）制作桩基础模型，用钢丝或木棒制作桩身，插入模拟地基土中，固定好后在桩顶制作承台（类似于浅基础的做法）。

（4）在基础模型上施加模拟荷载，可以使用小型砝码或其他重物，逐渐增加荷载重量，观察基础模型的沉降情况和地基土的变形情况。

（5）记录试验过程和结果，包括不同荷载下基础的沉降量、地基土的破坏形式（如果有）等，制作成报告并附上模型制作过程的照片和试验演示视频。

项目3

脚手架工程与垂直运输设备

教学目标

一、知识目标

1. 了解脚手架在建筑施工中的作用和地位；了解脚手架的作用、种类、结构特点及搭设要求。

2. 熟悉常见脚手架（如扣件式钢管脚手架）的主要结构部件，掌握各类脚手架的构造要求。

3. 掌握扣件式脚手架的构造及搭设、拆除工艺流程和技术要点。

4. 了解垂直运输工程的设备类型（如塔式起重机、施工升降机、物料提升机等）。

5. 掌握各类垂直运输设备的基本构造、工作原理、主要技术性能指标（如起重力矩、起升高度、提升速度、载重量等）以及选型依据。

6. 熟悉垂直运输设备的安装、拆卸、调试、使用和维护保养的方法与要求。

二、能力目标

1. 方案编制能力：能够根据给定的建筑工程图纸和施工条件，编制脚手架专项施工方案和垂直运输设备的安装与使用方案。

2. 施工操作能力：能够熟练地进行脚手架的搭设、拆除操作以及垂直运输设备的安装模型搭建，能够对搭设好的脚手架和安装好的垂直运输设备进行质量检查和验收。

3. 安全管理能力：能够识别施工现场脚手架和垂直运输工程中常见的安全隐患，并能提出有效的预防和整改措施。

4. 团队协作能力：能够与其他工种进行有效的沟通与协作，提高团队工作效率。

三、素养目标

1. 职业素养：培养学生严谨认真、一丝不苟的工作态度，引导学生树立成本意识和效益观念，培养学生的敬业精神和责任感。

2. 安全素养：培养学生的安全风险识别和防范能力，使其能够敏锐地察觉施工现场存在的安全隐患。

3. 创新素养：培养学生对新技术和新型脚手架系统的适应能力和创新意识，鼓励学生在学习和实践过程中积极思考、勇于探索。

4. 沟通与协作素养：通过小组学习、项目实践等教学活动，培养学生的团队沟通与协作能力。

【思维导图】

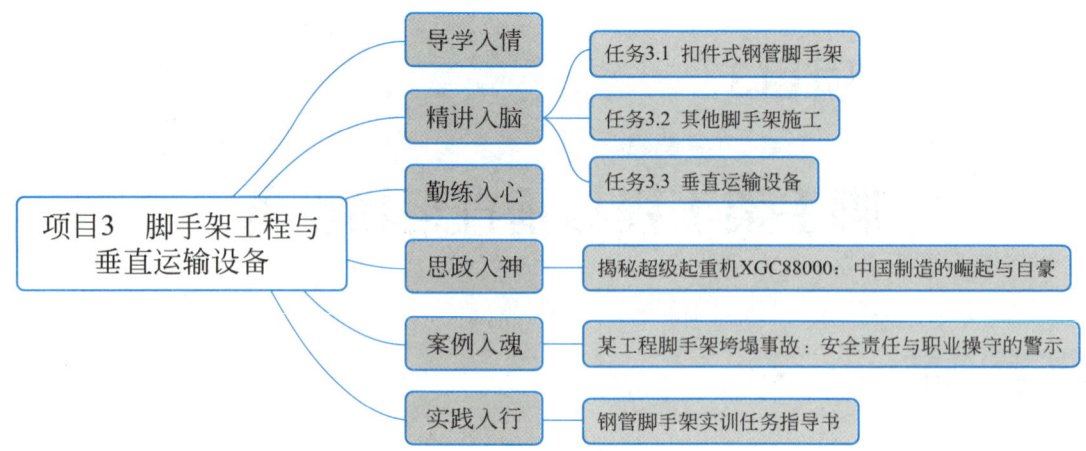

【导学入情】

上海中心大厦,作为中国最高的摩天大楼,以其632m的卓越高度和128层的壮观结构,成为上海乃至全球的标志性建筑。

在这座建筑的施工过程中,脚手架工程和垂直运输设备的合理选用显得尤为重要,它们不仅关系施工人员的安全,还直接影响工程的进度和质量。在脚手架工程方面,上海中心大厦的施工团队面临的挑战是如何在有限的空间内搭建稳固且安全的脚手架。他们选择了新型的悬挑式脚手架系统,这种脚手架系统能够适应超高层建筑的施工需求,提供了稳定的作业平台,同时减少了对地面空间的占用。在垂直运输设备方面,上海中心大厦的施工团队安装了高速施工电梯,这些电梯不仅能够快速地将工人和材料运送到各个楼层,还配备了先进的安全系统,确保了运输过程中的安全性。除了施工电梯,项目团队还引入了物料提升机,专门用于大宗建筑材料的垂直运输。这种双轨制的垂直运输系统,有效地减轻了施工电梯的负担,提高了运输效率,同时也降低了施工成本。

脚手架工程和垂直运输设备在高层建筑施工中是极其重要的一部分,它们不仅关系施工的安全性,还直接影响工程的进度和成本。合理选用脚手架工程及垂直运输设备,能够确保施工的顺利进行,提高施工效率,降低施工风险,是高层建筑施工中不可或缺的一环。

通过本项目的学习,我们将会了解扣件式钢管脚手架、其他脚手架及垂直运输设备的相关知识。

项目 3　脚手架工程与垂直运输设备

【精讲入脑】

有说法称脚手架的发明源于中国的神农氏，他教会人民伐木，人们用树木搭起架子，往更高的山上爬以摘取草药，这些架子被认为是脚手架的起源和雏形。此外，古埃及人和古希腊人民也曾利用木材、绳索以及竹子，搭建起基本的脚手架，为金字塔、寺庙等宏伟建筑的建造提供支撑。

在战国时期，人们就已开始使用木制脚手架来建造土墙等建筑。当时的脚手架主要是插杆式和顶杆式，从一些古城墙中可以看出古代脚手架的使用痕迹，墙体中尚保存着脚手架插杆留下的洞眼，洞眼里存有遗留的木杆，而且洞眼距离同人体的高度一致，便于在架子上设置跳板，供人行走施工、运料等。

任务 3.1　扣件式钢管脚手架

扣件式钢管脚手架属于多立杆式脚手架，是目前建筑工地使用最为广泛的一种脚手架。其优点为装拆方便、搭设灵活、能适应建筑物平面及高度的变化；强度高、搭设高度大、坚固耐用、周转次数多；除用以搭设脚手架外还可搭设井架、上料平台、栈桥等。

3.1.1　组成部件

扣件式钢管脚手架由钢管、扣件、底座、脚手板等组成，如图 3-1 所示。

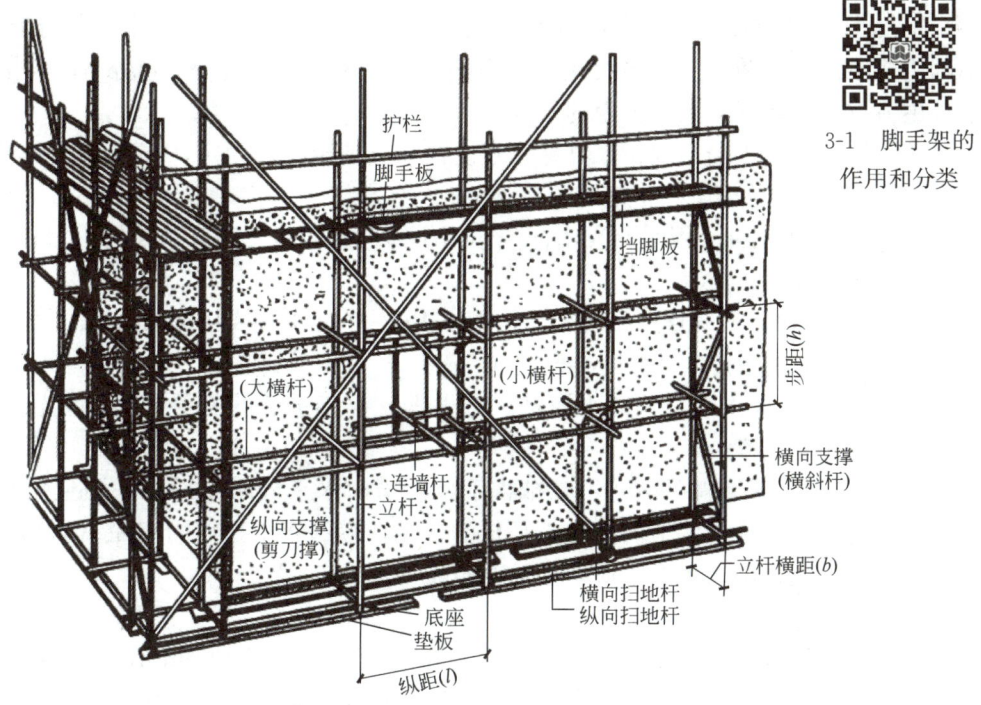

3-1　脚手架的作用和分类

图 3-1　扣件式钢管脚手架组成示意图

1. 钢管

钢管一般采用外径 48mm、壁厚 3.5mm 的焊接钢管或无缝钢管，也可用外径 50～51mm、壁厚 3～4mm 的焊接钢管或其他钢管。根据钢管在脚手架中的位置和作用不同，分为立杆、大横杆、小横杆、连墙杆、剪刀撑、斜杆和抛撑。用于立杆、大横杆、剪刀撑和斜杆的钢管，其最大长度为 4～6.5m，以便于人工操作；用于小横杆的钢管长度宜在 2.1～2.2m，以适应脚手架宽度的需要。

(1) 立杆

每根立杆底部应设置底座或垫板，脚手架必须设置纵、横向扫地杆，纵向扫地杆应采用直角扣件固定在距底座上皮不大于 200mm 处的立杆上。横向扫地杆亦应采用直角扣件固定在紧靠纵向扫地杆下方的立杆上，脚手架底层步距不应大于 2m。立杆接长除顶层顶步可采用搭接外，其余各层各步接头必须采用对接扣件连接。

对接、搭接应符合下列规定。

1) 立杆上的对接扣件应交错布置，两根相邻立杆的接头不应设置在同步内，同步内隔一根立杆的两个相隔接头在高度方向错开的距离不宜小于 500mm；各接头中心至最近主节点的距离不宜大于步距的 1/3。

2) 搭接长度不应小于 1m，应采用不少于 2 个旋转扣件固定，端部扣件盖板的边缘至杆端距离不应小于 100mm。

3) 立杆顶端宜高出女儿墙上皮 1m，高出檐口上皮 1.5m。

(2) 大横杆

1) 大横杆宜设置在立杆内侧，其长度不宜小于 3 跨。

2) 大横杆接长宜采用对接扣件连接，也可采用搭接。对接、搭接应符合下列规定。

① 大横杆的对接扣件应交错布置，两根相邻大横杆的接头不宜设置在同步或同跨内；不同步或不同跨的两个相邻接头在水平方向错开的距离不应小于 500mm；各接头中心至最近主节点的距离不宜大于纵距的 1/3。

② 搭接长度不应小于 1m，应等间距设置 3 个旋转扣件固定，端部扣件盖板边缘至搭接纵向水平杆杆端的距离不应小于 100mm。

③ 使用冲压钢脚手板时，大横杆应作为小横杆的支座，用直角扣件固定在立杆上。

(3) 小横杆

1) 主节点处必须设置一根横向水平杆，用直角扣件扣接且严禁拆除。主节点处两个直角扣件的中心距不应大于 150mm。

2) 作业层上非主节点处的小横杆，宜根据支撑脚手板的需要等间距设置，最大间距不应大于纵距的 1/2。

3) 当使用冲压钢脚手板时，双排脚手架的横向水平杆两端均应采用直角扣件固定在纵向水平杆上；单排脚手架的横向水平杆的一端，应用直角扣件固定在纵向水平杆上，另一端应插入墙内，插入长度不应小于 180mm。

(4) 连墙杆

连墙杆宜靠近主节点设置，偏离主节点的距离不应大于 300mm，且应从底层第一步纵向水平杆处开始设置，当该处设置有困难时，应采用其他可靠措施固定。其不仅可防止脚手架外倾，同时能增加立杆的纵向刚度。

(5) 剪刀撑

1) 高度在 24m 以下的单、双排脚手架均必须在外侧立面的两端各设置一道剪刀撑，并应由底至顶连续设置；中间各道剪刀撑之间的净距不应大于 15m。

2) 高度在 24m 及以上的双排脚手架应在外侧立面整个长度和高度上连续设置剪刀撑。

3) 剪刀撑斜杆的接长应采用搭接或对接；剪刀撑斜杆应用旋转扣件固定在与之相交的横向水平杆的伸出端或立杆上，旋转扣件中心线至主节点的距离不宜大于 150mm。

2. 扣件

钢管与钢管间的连接件，其基本形式有三种。

直角扣件：用于连接两根互相垂直交叉的钢管，如图 3-2（a）所示。

旋转扣件：用于连接两根呈任意角度相交的钢管，如图 3-2（b）所示。

对接扣件：用于两根钢管的对接连接，如图 3-2（c）所示。

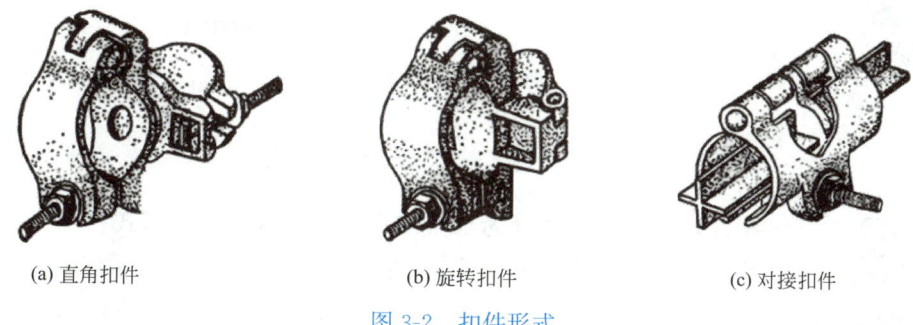

图 3-2　扣件形式

3. 底座

扣件式钢管脚手架的底座是立杆底部的垫座，用以传递荷载到地面上。底座有可调底座和固定底座两种。其中，可调底座能够灵活调节脚手架的立杆高度，以适应不同地面状况及施工需求，它通过焊接的方式与一根外径 48mm、壁厚 3.5mm、长度 150mm 的钢管套筒稳固连接，以此强化整体结构稳定性，保障脚手架安全承载施工荷载；固定底座则用于地面平整、无需高度调节的常规施工场景，为脚手架提供坚实可靠的底部支撑。底座形式有内插式和外套式两种，内插式的外径 D_1 比立杆内径小 2mm；外套式的内径 D_2 比立杆外径大 2mm，如图 3-3 所示。

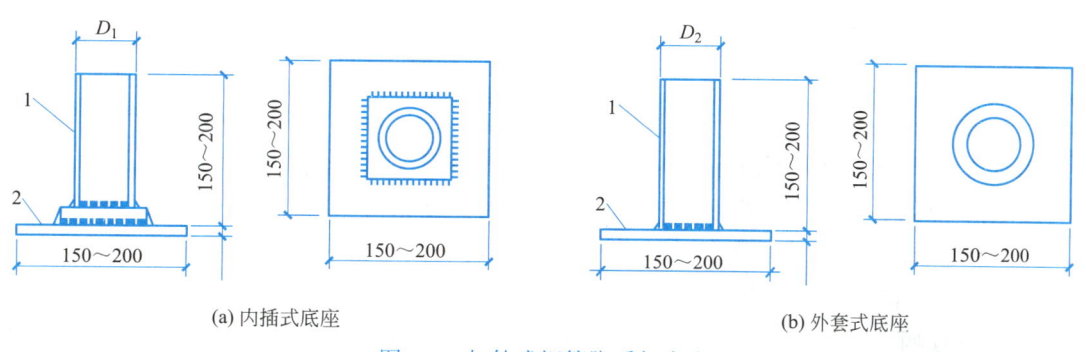

图 3-3　扣件式钢管脚手架底座

1—承插钢管；2—钢板底座

4. 脚手板

（1）作业层脚手板应铺满、铺稳，离开墙面120～150mm。

（2）冲压钢脚手板等，应设置在三根横向水平杆上。脚手板对接铺设时，对接长度不应大于300mm。脚手板搭接铺设时，接头必须支在横向水平杆上，搭接长度应大于或等于200mm，其伸出横向水平杆的长度不应小于100mm，不得出现探头板。脚手板对接、搭接构造如图3-4所示。

（3）作业层端部脚手板探头长度应取150mm，其板长两端均应与支承杆可靠地固定。

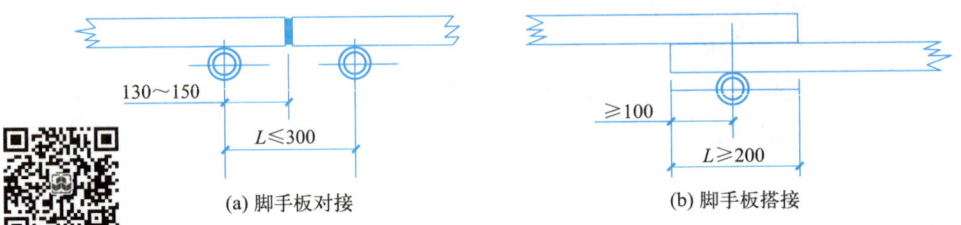

图3-4 脚手板对接、搭接构造

3.1.2 构造要求

扣件式钢管脚手架分为双排式和单排式两种搭设形式。

扣件式钢管单排式脚手架搭设高度不宜超过24m，不宜用于厚度小于或等于180mm的墙体、空斗砖墙、加气块墙等轻质墙体以及砌筑砂浆强度等级小于或等于M10的砖墙。扣件式钢管双排式脚手架可用于多、高层房屋，当房屋高度超过50m时，则需专门设计。搭设的有关构造参数可按表3-1选用。

扣件式钢管脚手架搭设参数　　　　表3-1

用途	构造形式	立杆离墙面的距离(m)	立杆间距(m)		操作层小横杆间距(m)	大横杆步距(m)	小横杆挑向墙面的悬挑长(m)
			横向	纵向			
砌筑	单排	0.5	1.20～1.40	1.20～1.80	0.60～0.90	1.50～1.80	0.10～0.15
	双排		1.05～1.55	1.50	0.75	1.50～1.80	
装饰	单排	0.5	1.20～1.40	1.20～2.00	0.60～1.00	1.60～1.80	0.10～0.15
	双排		1.05～1.55	1.80～2.00	0.90～1.00	1.60～1.80	

1. 大横杆宜设置在立杆内侧，其长度不宜小于3跨；两根相邻大横杆的接头应相互错开，水平方向错开的距离不应小于500mm；接长宜采用对接扣件连接。

2. 主节点处必须设置一根小横杆，用直角扣件连接且严禁拆除。

3. 每根立杆底部应设置底座或垫板；立杆接长中间层必须采用对接扣件连接；接头宜相互错开，在高度方向错开距离不应小于500mm。

4. 作业层脚手板应铺满、铺稳，离开墙面120～150mm；脚手板搭接铺设时，接头必须支在小横杆上，搭接长度应大于200mm，每块板端伸出小横杆的长度应不小于100mm。

5. 三步以上的脚手架必须设连墙杆，每层都应设置，对高度在24m以下的单、双排脚手架，宜采用刚性连墙杆与建筑物可靠连接。对高度在24m以上的双排脚手架，必须采用刚性连墙杆与建筑物可靠连接。其数量的设置应符合表3-2的规定。

连墙杆布置最大间距　　　　　　　　　表3-2

脚手架类型	脚手架高度(m)	垂直间距(h)	水平间距(l_a)	每根连墙件覆盖面积(m^2)
双排落地	≤50	$3h$	$3l_a$	≤40
双排悬挑	>50	$2h$	$3l_a$	≤27
单排	≤20	$3h$	$3l_a$	≤40

注：h——步距；l_a——纵距。

6. 双排脚手架应设剪刀撑与横向斜撑，单排脚手架应设剪刀撑。高度在24m以下的单、双排脚手架，必须在外侧立面的两端转角及中间间隔不超过15m的立面上各设置一道剪刀撑，并应由底至顶连续设置；高度在24m以上的双排脚手架应在外侧立面整个长度和高度上连续设置剪刀撑。

3.1.3 搭设和拆除要求

1. 扣件式钢管脚手架搭设范围内的地基要夯实找平，做好排水处理。
2. 立杆底座须在底下垫以木板或垫块，不得将底座直接置于土地上，以便均匀分布由立杆传来的荷载。杆件搭设时应注意立杆保持垂直。
3. 杆件搭设顺序。摆放扫地杆（贴近地面的大横杆）→逐根竖立立杆，随即与扫地杆扣紧→安装横向扫地杆或扫地杆扣紧→安装第一步大横杆（与各立杆扣紧）→安装第一步小横杆→第二步大横杆→第二步小横杆→加设临时斜撑杆（上端与第二步大横杆扣紧，在装设两道连墙杆后可拆除）→第三、四步大横杆和小横杆→连墙杆→接立杆→加设剪刀撑→铺脚手板。
4. 拧紧扣件、设置连墙杆。搭设时扣件应按要求拧紧，不得过松或过紧。随着墙体的砌筑应随即设置连墙杆，并与墙体连接牢固，使之符合规定要求。
5. 拆除时要统一指挥、上下响应。拆架的程序应遵循由上而下、先搭后拆的原则，一步一清依次进行。严禁上下同时进行拆除作业，一般是先拆栏杆、脚手板、剪刀撑，后拆小横杆、大横杆、立杆等。严禁将整层或数层固定件拆除后再拆脚手架，严禁抛扔，卸下的材料应集中放置。

任务 3.2　其他脚手架施工

3.2.1 碗扣式钢管脚手架

3-4 其他脚手架施工

碗扣式钢管脚手架是采用定型钢管杆件和碗扣接头连接的承插式多立杆脚手架，是我国科技人员参考国外经验自行研制的一种新型多功能脚手架。其杆件节点处采用碗扣连接，由于碗扣是固定在钢管上的，构件全部轴向连接，具有力学性能好，接头构造合理，工作安全可靠，拆装方便，操作简单等优点。

1. 碗扣式钢管脚手架基本构造

碗扣式钢管脚手架由钢管立杆、横杆、碗扣接头等组成。其基本构造和搭设要求与扣件式钢管脚手架类似，不同之处主要在于碗扣接头。

碗扣接头是该脚手架系统的核心部件，由上碗扣、下碗扣、横杆接头和上碗扣的限位销等结构组成，如图 3-5 所示。

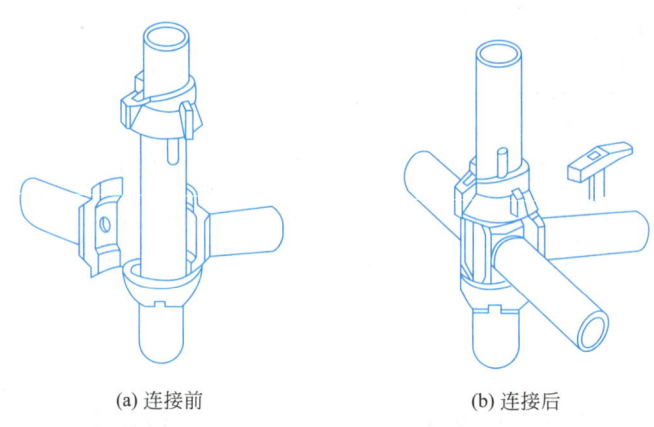

(a) 连接前　　　　　(b) 连接后

图 3-5　碗扣接头

上、下碗扣和限位销按 60cm 间距设置在钢管立杆之上，其中下碗扣和限位销直接焊在立杆上。组装时，将上碗扣的缺口对准限位销后，即可将上碗扣向上抬起。把横杆接头插入下碗扣圆槽内，随后将上碗扣沿限位销滑下并顺时针旋转以扣紧横杆接头。碗扣接头可同时连接 4 根横杆，横杆可互相垂直或偏转一定角度。

2. 碗扣式钢管脚手架搭设和拆除要求

（1）脚手架搭设场地必须平整、坚实、排水措施得当。

（2）碗扣式钢管脚手架立柱横距为 1.2m，纵距根据脚手架荷载可分为 1.2m、1.5m、1.8m、2.4m，步距为 1.8m、2.4m。高 30m 以下的脚手架垂直度偏差应在 1/200 以内，高 30m 以上的脚手架垂直度偏差应控制在 1/600～1/400，总高垂直度偏差应不大于 100mm。

（3）搭设顺序：安放立杆底座或立杆可调底座→安放扫地杆、竖立杆→安装底层（第一步）横杆→安装斜杆→接头销紧→铺放脚手板→安装上层立杆→紧立杆连接销→安装横杆→设置连墙杆→设置人行梯→设置剪刀撑→挂安全网。

（4）安装斜杆和剪刀撑。脚手架拐角处及端部必须设置竖向通高斜杆，脚手架高度不大于 24m 时，每隔 5 跨设一组竖向通高斜杆；脚手架高度大于 24m 时，每隔 3 跨设置一组竖向通高斜杆，斜杆必须内外对称设置。

（5）设置连墙杆，安放脚手板。连墙杆与脚手架立面及墙体应保持垂直，每层连墙杆应在同一平面，水平间距应不大于 4.5m。脚手板平放在横杆上，必须与脚手架连接牢靠。

（6）脚手架拆除应从顶层开始，逐层向下进行，严禁上下层同时拆除。连墙杆严禁提前拆除。拆除的构配件应用起重设备吊运或人工传递到地面，严禁抛掷；分类堆放，以便于运输、维护和保管。脚手架拆除时必须划分出安全区，设置警戒标志，派专人看守。

3.2.2 门式钢管脚手架

3-5 门式脚手架标准化操作视频

门式钢管脚手架是一种工厂生产、现场搭设的脚手架，是当今国际上应用最普遍的脚手架之一。它是以门架、交叉支撑、连接棒、挂扣式脚手板或水平架、锁臂等组成基本结构，再设置水平加固杆、剪刀撑、扫地杆、封口杆、托座与底座，并采用连墙杆与建筑物主体结构相连的一种标准化钢管脚手架。门式钢管脚手架不仅可作为外脚手架，也可作为内脚手架或满堂脚手架，因其几何尺寸标准化、结构合理、受力性能好、施工中装拆容易、安全可靠、经济实用等特点，广泛应用于建筑、桥梁、隧道、地铁等工程施工。若在门式钢管脚手架下部安放轮子，也可以作为机电安装、油漆粉刷、设备维修、广告制作的活动工作平台。

门式钢管脚手架搭设高度，当施工荷载标准值为 3.0～5.0kN/m² 时限制在 45m 以内，当施工荷载标准值小于 3.0kN/m² 时限制在 60m 以内。门式钢管支撑不得用于搭设满堂承重支撑架体系。

1. 基本构造

门式钢管脚手架是采用外径为 42mm（或 48mm）的普通钢管材料制成工具式标准件，在施工现场组合而成。其基本单元由一副门式框架、两副剪刀撑、一副水平梁架、四个螺旋基脚和四个不同类型的连接器（如直角连接器、旋转连接器等）组合而成。其中，连接器用于连接框架的各个部件，保证框架的整体性。若干基本单元通过连接器在竖向叠加，利用专门设计的臂扣（位于框架的特定位置，通过紧固螺栓等方式连接，确保多层框架的垂直稳定性）组成一个多层框架。在水平方向，用加固杆（加固杆设置间距应符合设计要求，一般通过焊接或螺栓连接的方式）和水平梁架（水平梁架与单元框架的连接节点位于框架的水平节点处）使相邻单元连接成整体。再加上安装在脚手架侧面（或端部等合适位置）的斜梯、符合间距要求的栏杆柱（栏杆柱间距不大于 2m）和横杆组成上下相通的外脚手架，为施工人员提供安全的作业通道和防护设施，如图 3-6 所示。

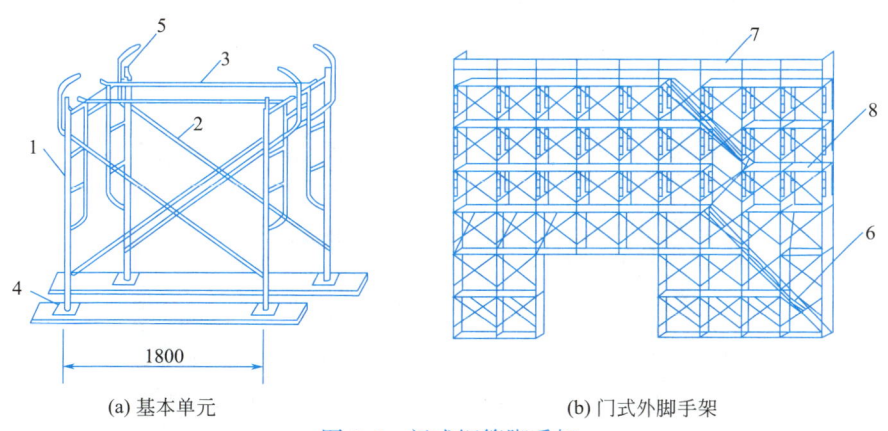

(a) 基本单元　　　　　　　　(b) 门式外脚手架

图 3-6　门式钢管脚手架

1—门式框架；2—剪刀撑；3—水平梁架；4—螺旋基脚；
5—连接器；6—梯子；7—栏杆；8—脚手板

2. 搭设和拆除要求

(1) 门式钢管脚手架一般可根据产品目录所列的使用荷载及搭设规定进行施工，而不必进行结构验算，但施工前仍必须进行施工设计。施工设计的内容应包括：脚手架的平、立、剖面图；脚手架基础做法；连墙杆的布置及构造；脚手架的转角处、通道洞口处构造；脚手架的施工荷载限值；分段搭设或分段拆卸方案的设计计算；脚手架搭设、使用、拆除等的安全措施。必要时还应进行脚手架的计算，一般包括脚手架稳定计算或搭设高度计算，以及连墙杆的计算。

（2）门架跨距应符合有关规定，并与交叉支撑规格配合。门架立杆离墙面净距不宜大于 150mm，大于 150mm 时应采取内挑架板或其他离口防护的安全措施。

（3）门架的内外两侧均应设置交叉支撑并应与门架立杆上的锁销锁牢；上、下榀门架的组装必须设置连接棒及锁臂，连接棒直径应小于立杆内径 1～2mm。在脚手架的操作层上应连续满铺与门架配套的挂扣式脚手板，并扣紧挡板，防止脚手板脱落和松动。

（4）当脚手架搭设高度 $H \leqslant 45m$ 时，沿脚手架高度，水平架应至少两步一设；当脚手架搭设高度 $H > 45m$ 时，水平架应一步一设；不论脚手架多高，水平架均应在脚手架的转角处、端部及间断处的一个跨距范围内每步一设，水平架在其设置层面内应连续设置；当脚手架高度超过 20m 时，应在脚手架外侧每隔四步设置一道水平加固杆，并宜在有连墙杆的水平层设置；纵向水平加固杆应连续设置，并形成水平闭合圈；在脚手架的底部门架下端应加封口杆，门架的内、外两侧应设通长扫地杆；水平加固杆应采用扣件与门架立杆扣牢。

（5）施工中应注意不配套的门架与配件不得混合使用于同一脚手架。门架安装时应自一端向另一端延伸，并逐层改变搭设方向，不得相对进行。搭完一步架后，应检查并调整其水平度与垂直度。脚手架应沿建筑物周围连续、同步搭设升高，在建筑物周围形成封闭结构；如不能封闭时，在脚手架两端应增设连墙杆。

3.2.3 满堂脚手架

满堂扣件式钢管脚手架，是指在纵、横方向由不少于三排立杆与水平杆、水平剪刀撑、竖向剪刀撑、扣件等构成的脚手架，简称满堂脚手架，如图 3-7 所示。该架体顶部施工荷载通过水平杆传递给立杆，立杆呈偏心受压状态。满堂脚手架主要用于单层厂房、展览大厅、体育馆等层高、开间较大的建筑顶部的装饰施工。

3-6 满堂式脚手架标准化操作视频

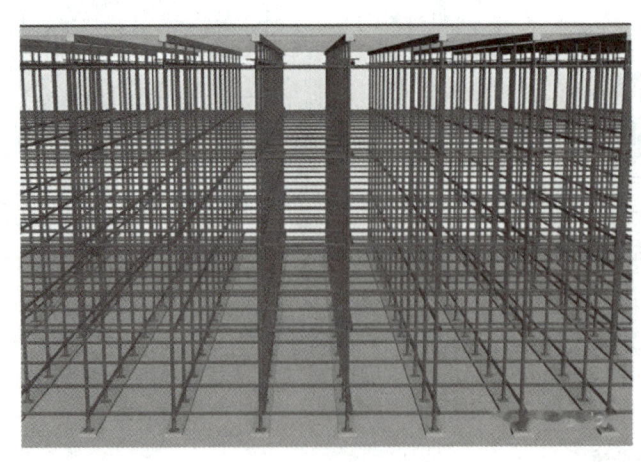

图 3-7 满堂脚手架

1. 满堂脚手架基本构造

当满堂脚手架立杆间距不大于 1.5m×1.5m，架体四周及中间与建筑物结构进行刚性连接，并且刚性连接点的水平间距不大于 4.5m、竖向间距不大于 3.6m 时，按双排脚手架计算。

双排脚手架连墙件布置能基本满足满堂脚手架连墙件的布置要求，可按双排脚手架要求计算。建筑物形状为凹形，在凹形内搭设外墙施工脚手架会出现 2 跨或 3 跨的满堂脚手架，这类脚手架可以按双排脚手架布置连墙件。

2. 满堂脚手架搭设和拆除要求

（1）满堂脚手架搭设高度不宜超过 36m，施工层不得超过一层。满堂脚手架应在架体外侧四周及内部纵横向每隔 6～8m 由底至顶设置连续竖向剪刀撑；当架体高度在 8m 及以下时，应在架体底部、顶部设置连续水平剪刀撑；8m 以上时，除以上要求外，还应在竖向间隔不超过 8m 处分别设置水平连续剪刀撑。水平剪刀撑宜在竖向剪刀撑斜杆相交的平面设置，宽度宜为 6～8m。

（2）满堂脚手架高宽比不宜大于 3，当高宽比大于 2 时，应在架体外侧四周和内部水平间隔 6～9m、竖向间隔 4～6m 设置连墙件与建筑结构拉结。满堂脚手架应设爬梯。

（3）满堂脚手架立杆间距为 (1.2m×1.2m)～(1.3m×1.3m)，施工荷载标准值不小于 $3kN/m^2$ 时，水平杆通过扣件传至立杆的竖向力为 8～11kN，所以立杆上应增设防滑扣件。

（4）满堂脚手架的搭设可采用逐列逐排和逐层搭设的方法，并应随搭随设剪刀撑、水平纵横加固杆、抛撑（或缆风绳）和通道板等安全防护构件。搭设、拆除满堂脚手架时，施工操作层应铺设脚手板，工人应系安全带。

3.2.4 升降式脚手架

扣件式钢管脚手架、碗扣式钢管脚手架及门式钢管脚手架一般都是沿结构外表面满搭的脚手架，在结构和装修工程施工中应用较为方便，但费料耗工，一次性投资大，工期长。因此近年来在高层建筑施工中发展了多种形式的外挂脚手架，其中应用较为广泛的是升降式脚手架，包括自升降式、互升降式、整体升降式三种类型。

3-7 升降式脚手架施工

升降式脚手架主要特点是：脚手架不需满搭，只搭设满足施工操作及各项安全要求的高度；地面不需做支承脚手架的坚实地基，也不占施工场地；脚手架荷载及其上承担的荷载传给与之相连的结构，对这部分结构的强度有一定要求；脚手架可随施工进程沿外墙升降，结构施工时由下往上逐层提升，装修施工时由上往下逐层下降。

3-8 附着式升降脚手架标准化操作视频

1. 自升降式脚手架

自升降式脚手架的升降运动是通过手动或电动捯链交错对活动架和固定架进行升降来实现的。从自升降式脚手架的构造来看，活动架和固定架之间能够进行上下相对运动。

（1）自升降式脚手架工作原理

自升降式脚手架由活动架和固定架组成。在工作状态下，活动架和固定架均通过附墙螺栓与墙体锚固，两架之间保持相对静止。当需要升降脚手架时，其中一个架体（如活动架）保持锚固状态，而另一个架体（如固定架）通过释放附墙螺栓并使用电动捯链进行升降操作，从而实现两架之间的相对运动。自升降式脚手架自升过程如图 3-8 所示。

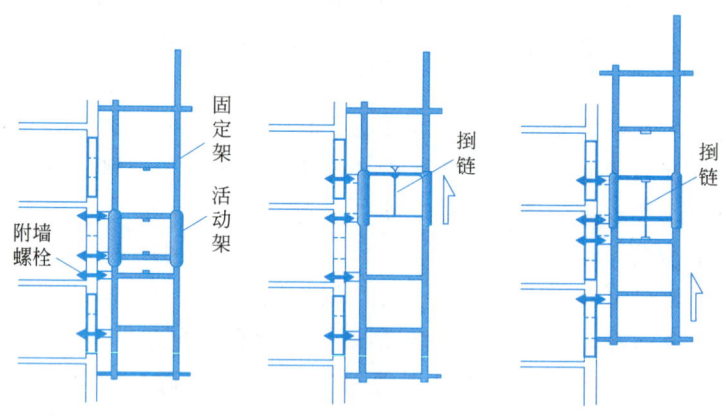

图 3-8　自升降式脚手架自升过程

（2）自升降式脚手架搭设要求

施工前按照脚手架的平面布置图和升降架附墙支座的位置，在混凝土墙体上设置预留孔。为使升降顺利进行，预留孔中心必须在一条直线上，并检查墙上预留孔位置是否正确，如有偏差，应预先修正。

脚手架的安装一般在起重机配合下按脚手架平面图进行。爬升可分段进行，视设备、劳动力和施工进度而定，每个爬升过程提升 1.5~2m，分两步进行，即爬升活动架和爬升固定架。脚手架完成了一个爬升过程后，重新设置上部连接杆，脚手架进入工作状态。以后按此循环操作，脚手架即可不断爬升，直至结构顶。

在结构施工完成后，脚手架顺着墙体预留孔倒行，其操作顺序与爬升时相反，逐层下降，最后返回地面进行拆除。

2. 互升降式脚手架

（1）互升降式脚手架工作原理

互升降式脚手架将脚手架分为甲、乙两种单元，通过捯链交替对甲、乙两单元进行升降。当脚手架需要工作时，甲单元与乙单元均用附墙螺栓与墙体锚固，两架之间无相对运动；当脚手架需要升降时，一个单元仍然锚固在墙体上，使用捯链对相邻一个架子进行升降，两架之间便产生相对运动，如图 3-9 所示。通过甲、乙两单元交替附墙，相互升降，

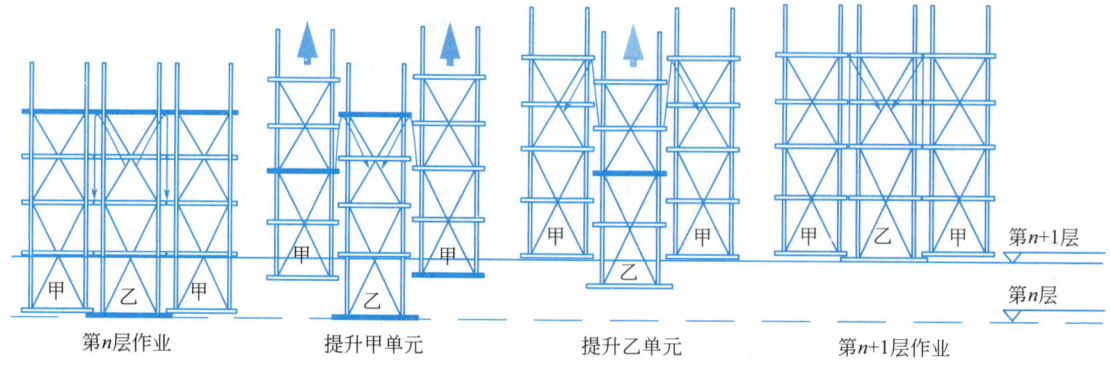

图 3-9　互升降式脚手架自升过程

脚手架即可沿着墙体上的预留孔逐层升降。互升降式脚手架的性能特点是：结构简单，易于操作控制；架子搭设高度低，用料省；操作人员不在被升降的架体上，增加了安全性；脚手架结构刚度较大，附墙的跨度大。它适用于框架-剪力墙结构的高层建筑、水坝、筒体等的施工。

（2）互升降式脚手架搭设要求

互升降式脚手架施工前的准备与自升降式类似。其组装有两种方式：在地面组装好单元脚手架，再用塔式起重机吊装就位；或是在设计爬升位置搭设操作平台，在平台上逐层安装。

脚手架爬升前应进行全面检查，确认组装工序都符合要求后方可进行爬升，提升到位后，应及时将架子同结构固定；然后用同样的方法对与之相邻的单元脚手架进行爬升操作，待相邻的单元脚手架升至预定位置后，将两单元脚手架连接起来，并在两单元操作层之间铺设脚手板。与爬升操作顺序相反，利用固定在墙体上的架子对相邻的单元脚手架进行下降操作，可让脚手架返回地面。

3. 整体升降式脚手架

在超高层建筑的主体施工中，整体升降式脚手架有明显的优越性，它结构整体性好、升降快捷方便、机械化程度高、经济效益显著，是一种很有推广使用价值的超高建（构）筑物外脚手架，被住房和城乡建设部列入重点推广的建筑业十项新技术之一。

（1）整体升降式脚手架基本构造

整体升降式外脚手架以电动捯链为提升机，使整个外脚手架沿建筑物外墙或柱整体向上爬升，如图3-10所示。搭设高度依建筑物施工层的层高而定，一般取四个建筑物标准

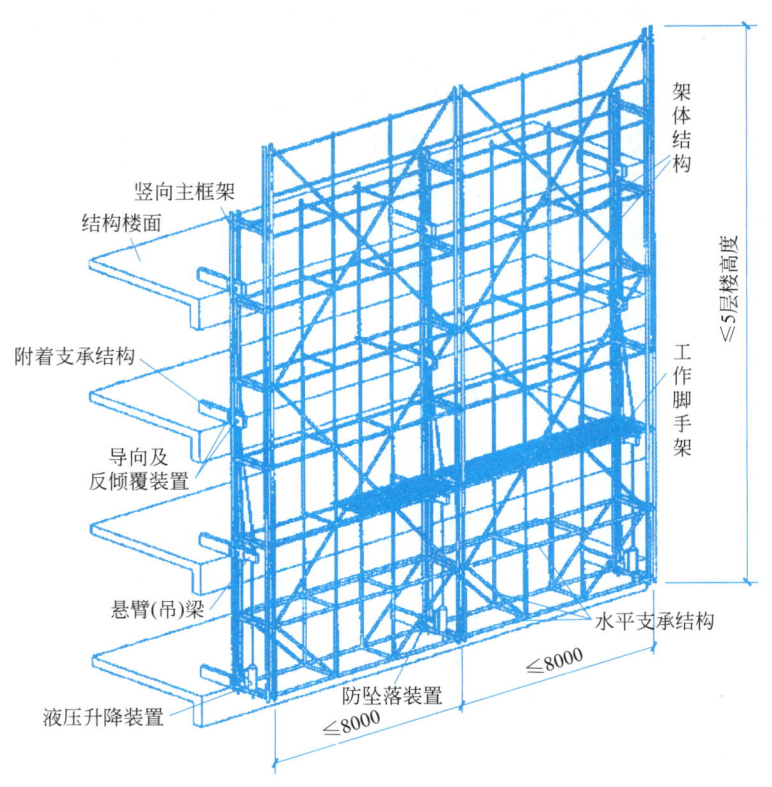

图 3-10 整体升降式脚手架

层层高加一步安全栏的高度为架体的总高度。脚手架为双排，宽以 0.8～1m 为宜，里排杆离建筑物净距 0.4～0.6m。脚手架的横杆和立杆间距都不宜超过 1.8m。可将一个标准层高分为两步架，以此步距为基数确定架体横、立杆的间距。架体设计时可将架子沿建筑物外围分成若干单元，每个单元的宽度参考建筑物的开间而定，一般为 5～9m。

（2）整体升降式脚手架搭设要求

1）施工前的准备：按平面图先确定承力架及电动捯链挑梁安装的位置和个数，在相应位置上的混凝土墙或梁内预埋螺栓或预留螺栓孔，各层的预留螺栓或预留螺栓孔位置要求上下一致，误差不超过 10mm。加工制作型钢承力架、挑梁、斜拉杆，准备电动捯链、钢丝绳、脚手管、扣件、安全网、木板等材料。

因整体升降式脚手架的高度一般为四个标准层层高，在建筑物施工时，由于建筑物的底部数层层高通常与标准层不一致，且平面形状也往往与标准层不同，所以一般在建筑物主体施工到 3～5 层时开始安装整体升降式脚手架，下面几层施工时往往要先搭设落地外脚手架。

2）安装：先安装承力架，承力架内侧用 M25～M30 的螺栓与混凝土边梁固定，承力架外侧用斜拉杆与上层边梁拉结固定，用斜拉杆中部的花篮螺栓将承力架调平；再在承力架上面搭设架子，安装承力架上的立杆；然后搭设下面的承力桁架。再逐步搭设整个架体，随搭随设置拉结点，并设斜撑。在比承力架高两层的位置安装工字钢挑梁，挑梁与混凝土边梁的连接方法与承力架相同。电动捯链挂在挑梁下，并将电动捯链的吊钩挂在承力架的花篮挑梁上。在架体上每个层高满铺厚木板，架体外面挂安全网。

3）爬升：短暂开动电动捯链，将电动捯链与承力架之间的吊链拉紧，使其处在初始受力状态。松开架体与建筑物的固定拉结点，松开承力架与建筑物相连的螺栓和斜拉杆，开动电动捯链开始爬升，爬升过程中应随时观察架子的同步情况，如发现不同步，应及时停机进行调整。爬升到位后，先安装承力架与混凝土边梁的紧固螺栓，并将承力架的斜拉杆与上层边梁固定，然后安装架体上部与建筑物的各拉结点。待检查符合安全要求后，脚手架可开始使用，进行上一层的主体施工。在新一层主体施工期间，将电动捯链及其挑梁摘下，用滑轮或手动捯链转至上一层重新安装，为下一层爬升做准备。

4）下降：与爬升操作顺序相反，利用电动捯链顺着爬升用的墙体预留螺栓孔倒行，脚手架即可逐层下降，同时把留在墙面上的预留螺栓孔修补完毕，最后脚手架返回地面拆除。

3-9 悬挑式脚手架标准化操作视频

3-10 垂直运输设备

任务 3.3　垂直运输设备

垂直运输设备是指担负垂直输送材料和施工人员上下的机械设备和设施。在建筑施工过程中，垂直运输量较大，需要用垂直运输机具来完成。目前，建筑施工中常用的垂直运输设备有井架、龙门架、建筑施工升降机、塔式起重机等。

3.3.1 井架

井架是一种垂直运输设备，主要用于建筑施工中物料的提升。它通常由型钢等材料制成，有一定的高度，可以将建筑材料如砖、砂浆、小型预制构件等从地面运输到建筑物的较高楼层。在多层建筑施工中应用较为广泛，例如在一些六七层的住宅建设中，井架能够有效地解决物料垂直运输的问题。井架构造示意如图 3-11 所示。

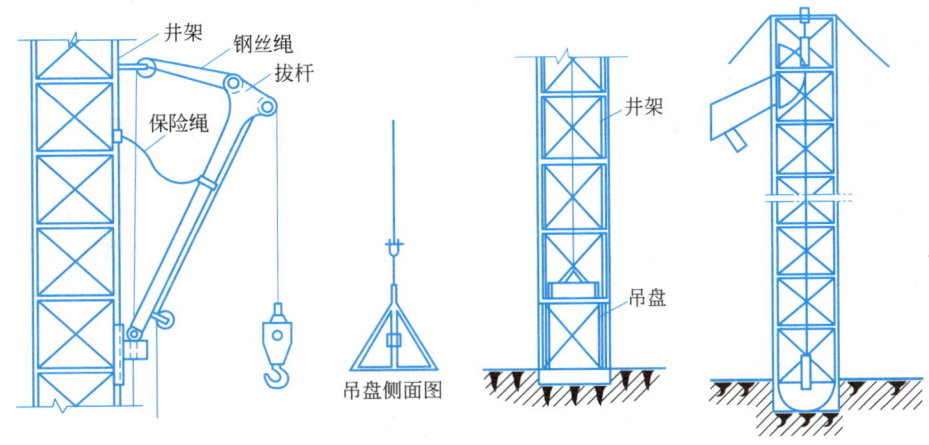

图 3-11　井架构造示意图

它的特点是稳定性好、运输量大，可以搭设较大的高度；井架可分为单孔、两孔和多孔，常用单孔，井架内设吊盘；井架上可根据需要设置拔杆，供吊运长度较大的构件，其起重量为 5～15kN，工作幅度可达 10m。除用型钢或钢管加工的定型井架外，井架也可用脚手架材料搭设而成，搭设高度可达 50m 以上。

1. 结构组成

（1）架体：是井架的主体部分，一般为方形或矩形的空间桁架结构。它由立杆、横杆和斜杆组成，通过螺栓或焊接的方式连接在一起。立杆是主要的竖向支撑构件，承受整个井架的重量和物料提升时的荷载；横杆用于连接立杆，增强架体的横向稳定性；斜杆则起到加强架体整体刚度的作用，防止架体变形。

（2）吊篮（吊笼）：是用于装载物料的部分，通常为钢制的笼子形状。吊篮的底部一般有滚轮，方便在井架的导轨内上下滑动。吊篮四周设有防护栏，高度一般不低于 1m，以防止物料在运输过程中掉落。并且在吊篮顶部也会有防护措施，防止高处物体坠落砸坏吊篮内的物料。

（3）导轨：安装在架体内部，与吊篮上的滚轮相配合，引导吊篮上下垂直运动。导轨必须保证垂直和平直，其垂直度偏差一般不超过千分之一，以确保吊篮运行的平稳和安全。导轨通常采用槽钢或工字钢制作，与架体的连接要牢固可靠。

（4）卷扬机：这是井架的动力设备，用于提升和降落吊篮。卷扬机一般由电动机、减速器、卷筒和制动器等部分组成。电动机提供动力，通过减速器降低转速、增大扭矩后传递给卷筒，卷筒上缠绕的钢丝绳与吊篮相连。制动器用于控制吊篮的停止和保持在某一位置，其制动性能必须可靠，以防止吊篮意外坠落。

(5) 天梁：位于井架的顶部，是用来支承钢丝绳并改变其方向的构件。天梁一般采用型钢制作，其结构形式有单根型钢和组合型钢两种。天梁的设计和安装要确保其能够承受钢丝绳的拉力，并且在工作过程中不会发生变形或损坏。

(6) 附墙装置：为了增强井架的稳定性，特别是在较高的井架中，需要安装附墙装置。附墙装置将井架与建筑物的墙体连接起来，把井架的部分荷载传递到建筑物上。附墙装置一般由附墙杆和预埋件组成，附墙杆一端与井架连接，另一端与建筑物墙体上的预埋件连接，其间距和连接方式要根据井架的高度、建筑物的结构等因素确定。

2. 安装要点

(1) 基础施工：井架基础的质量直接影响井架的稳定性。基础一般采用混凝土浇筑，其尺寸要根据井架的型号和高度确定。基础应平整、坚实，在浇筑混凝土前要进行夯实处理。同时，要在基础内设置预埋件，用于连接井架的立杆，预埋件的位置和尺寸要准确无误。

(2) 架体安装：首先安装底部的立杆，使用水平仪调整其水平度，确保立杆垂直于基础。然后安装横杆和斜杆，连接方式要符合设计要求，一般采用螺栓连接时，螺栓要拧紧，采用焊接时，焊缝要饱满、无缺陷。在安装过程中，要边安装边检查架体的垂直度和方正度，偏差应及时纠正。

(3) 导轨和吊篮安装：导轨安装在架体内部，要保证其垂直度和平直度。安装完成后，要对导轨进行检查和调整，确保与吊篮上的滚轮配合良好。吊篮安装时，要检查其滚轮转动是否灵活，防护栏是否牢固。吊篮与钢丝绳的连接要安全可靠，钢丝绳的规格和长度要符合要求。

(4) 卷扬机和天梁安装：卷扬机应安装在平整、坚实的地面上，并且要与井架保持一定的距离，以防止在工作过程中发生碰撞。卷扬机的卷筒中心与井架的中心线要在同一垂直平面内。天梁安装在井架顶部，要保证其水平度，并且与井架的连接要牢固，能够承受钢丝绳的拉力。

(5) 附墙装置安装：当井架安装到规定的高度时，要及时安装附墙装置。附墙装置与井架和建筑物墙体的连接要牢固可靠，附墙杆的间距和角度要符合设计要求。在安装附墙装置时，要注意建筑物墙体上预埋件的位置和质量，确保能够有效地传递荷载。

3. 安全使用和日常维护

(1) 安全使用：井架应由经过培训的专人操作，操作人员要熟悉设备的性能和操作规程。在使用前，要对井架进行全面检查，包括架体、吊篮、导轨、卷扬机、附墙装置等，确保设备正常运行。在使用过程中，要严格遵守额定载重量的规定，严禁超载。同时，要注意物料的堆放，应均匀分布在吊篮内，避免重心偏移。

(2) 日常维护：要建立井架的日常维护制度。每天使用前要检查设备的外观、连接部位、钢丝绳等是否正常。定期对设备进行润滑，如卷扬机的轴承、滑轮等部位。对架体、吊篮、导轨等部件要定期检查是否有变形、损坏等情况，发现问题要及时维修或更换。同时，要定期检查附墙装置的连接情况，确保其牢固可靠。此外，还要对设备的电气系统进行检查和维护，包括电动机、限位开关等，确保电气安全。

3.3.2 龙门架

龙门架是由两根立柱及天轮梁（横梁）组成的门式架，如图 3-12 所示。龙门架上装设滑轮、导轨、吊盘、缆风绳等，进行材料、机具、小型预制构件的垂直运输。龙门架构造简单，制作容易，用材少，装拆方便，起升高度为 15～30m，起重量为 0.6～1.2t，不得用于 25m 以上的建筑工程，适用于中小型工程。

3.3.3 建筑施工升降机

建筑施工升降机是一种用于建筑施工过程中人员和物料垂直运输的设备，如图 3-13 所示。它主要解决建筑施工中人员上下楼层以及小型物料运输的问题，尤其在高层建筑施工中发挥着不可或缺的作用。例如在一个 30 层的住宅建筑施工中，施工人员通过建筑施工升降机可以快速、安全地到达各个施工楼层；同时像一些小型工具、构配件等物料也能方便地运输上去。

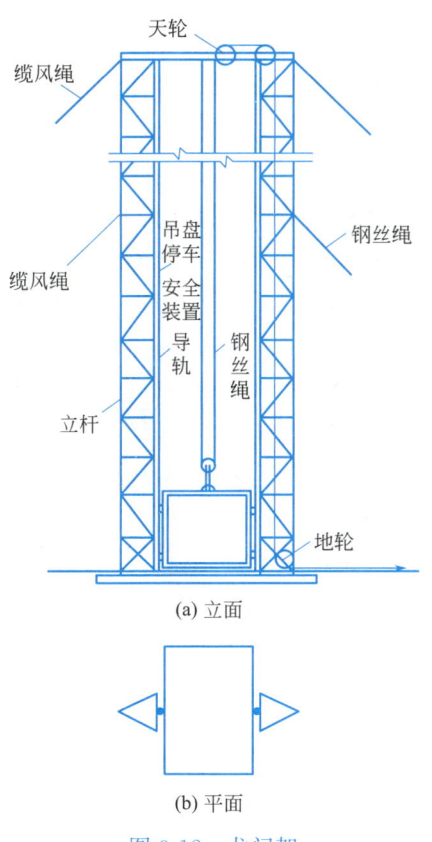

图 3-12 龙门架

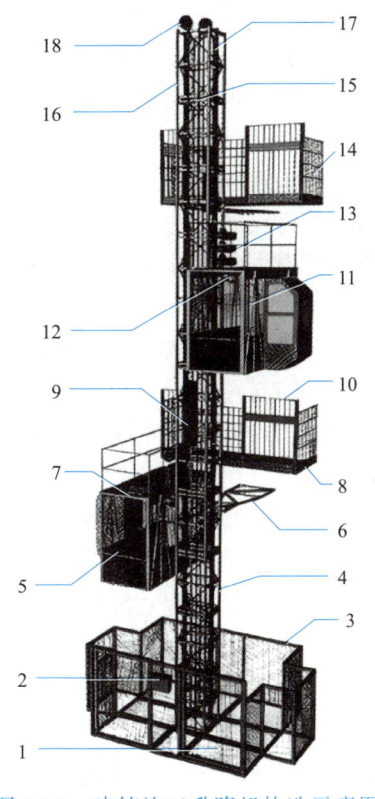

3-11 施工升降机标准化操作视频

图 3-13 建筑施工升降机构造示意图

1—地面防护围栏门；2—开关箱；3—地面防护围栏；
4—导轨架标准节；5—吊笼门；6—附墙架；7—紧急逃离门；
8—层站；9—对重；10—层门；11—吊笼；12—防坠安全器；
13—传动系统；14—层站栏杆；15—对重导轨；16—导轨；
17—齿条；18—天轮

1. 分类

（1）按驱动方式分类

1）齿轮齿条式建筑施工升降机：这种升降机通过轿厢上的齿轮与导轨架上的齿条相

啮合来实现升降。它的优点是提升速度快，能适应高层建筑的施工需求。例如在超高层建筑的建设中，齿轮齿条式建筑施工升降机可以高效地将施工人员和材料运输到各个楼层。其运行过程比较平稳，而且能够提供较大的承载能力，一般载重量可以达到2~3t。

2）钢丝绳式建筑施工升降机：主要依靠钢丝绳来提升轿厢。它的结构相对简单，成本较低，比较适合多层建筑的施工。比如在一些六层左右的住宅建筑施工中，钢丝绳式建筑施工升降机就可以满足部分材料的运输要求。不过，它的提升高度有限，一般不超过100m，且提升速度相对较慢。

（2）按导轨架的结构形式分类

1）单柱式建筑施工升降机：导轨架只有一根立柱，轿厢沿着这根立柱上下运行。这种形式的建筑施工升降机结构简单，体积较小，适合在空间有限的施工现场使用。但是它的稳定性相对较差，承载能力也较低，一般用于小型建筑或者对承载能力要求不高的场合。

2）双柱式建筑施工升降机：有两根平行的导轨架立柱，轿厢在两根立柱之间运行。双柱式建筑施工升降机的稳定性比单柱式好，承载能力也有所提高，能够满足一般建筑施工中人员和材料的运输需求，是比较常见的一种结构形式。

2. 结构组成

（1）导轨架：是建筑施工升降机的主要支撑结构，一般由标准节拼接而成，沿着建筑物外墙或内部竖井垂直安装。标准节之间通过高强度螺栓连接，保证导轨架的整体性和稳定性。导轨架的高度根据建筑物的高度确定，其垂直度对于建筑施工升降机的安全运行至关重要。

（2）轿厢：是承载人员和物料的部分，通常采用钢结构制作。轿厢四周有防护栏，并且设有安全门，安全门与楼层出入口的防护门之间设有联锁装置，当轿厢到达楼层时，只有轿厢安全门和楼层防护门同时打开，才能进出轿厢，有效防止人员和物料坠落现象发生。

（3）驱动机构：主要有齿轮齿条式和钢丝绳式两种驱动方式。齿轮齿条式驱动通过安装在轿厢上的齿轮与导轨架上的齿条啮合，由电机驱动齿轮转动，实现轿厢的上下运动，这种驱动方式运行平稳、速度快，适用于高层建筑施工；钢丝绳式驱动则是利用卷扬机和钢丝绳来提升轿厢，结构相对简单，但提升高度有限，一般用于多层建筑施工。

（4）附着装置：为了保证建筑施工升降机在运行过程中的稳定性，需要将导轨架与建筑物主体结构进行连接，这就是附着装置的作用。附着装置一般由附着架和预埋件组成，附着架一端固定在导轨架上，另一端通过预埋件与建筑物墙体或柱子连接，附着点的间距根据建筑施工升降机的型号和建筑物的高度等因素确定。

3. 安装流程

（1）基础制作：基础稳定是保证建筑施工升降机安全运行的重要前提。基础一般采用钢筋混凝土结构，需要根据升降机的型号和使用说明书要求，确定基础的尺寸、配筋和混凝土强度等级等参数。基础应平整、坚实，并且要做好排水措施，防止积水影响基础的稳定性。

（2）导轨架安装：首先将第一节导轨架安装在基础上，使用水平仪和经纬仪调整其水平度和垂直度，然后逐节向上拼接标准节。在安装过程中，要定期检查导轨架的垂直度，确保偏差在允许范围内。

(3) 轿厢和驱动机构安装：在导轨架安装到一定高度后，将轿厢和驱动机构吊装到导轨架上进行安装。安装过程中要注意轿厢与导轨的配合，以及驱动机构与导轨架的连接是否牢固。

(4) 附着装置安装：当导轨架安装到附着点高度时，开始安装附着装置。要确保附着装置与导轨架和建筑物主体结构的连接牢固可靠，并且按照规定的间距进行安装。

(5) 电气系统安装和调试：安装电气控制系统，包括控制柜、电缆、限位开关等。完成安装后，要进行电气调试，检查上下行、限位等功能是否正常。

4. 安全注意事项

(1) 日常检查：建筑施工升降机在使用前，必须进行每日检查。检查内容包括轿厢的防护门是否正常、导轨架和附着装置是否牢固、驱动机构是否有异常声响等。发现问题应及时维修处理，严禁建筑施工升降机带故障运行。

(2) 超载限制：要严格遵守建筑施工升降机额定载重量，不得超载运行。一般轿厢内会有超载报警装置，当超载时会发出警报声，此时应立即减少载重量，确保建筑施工升降机运行安全。

(3) 操作人员资质：建筑施工升降机的操作人员必须经过专业培训，取得相应的操作资格证书后才能上岗操作。操作人员要熟悉电梯的性能、操作方法和应急处理措施，严格按照操作规程进行操作。

(4) 恶劣天气防护：在遇到大风、暴雨、雷电等恶劣天气时，应停止使用建筑施工升降机，并将轿厢停放在底层，切断电源，做好防护措施。因为恶劣天气可能会影响建筑施工升降机的稳定性和电气系统的安全性。

3.3.4 塔式起重机

塔式起重机简称塔机，是一种在建筑施工、港口装卸、电站建设等众多领域广泛应用的起重设备，如图 3-14 所示。塔式起重机的起重臂安装在

3-12 塔式起重机标准化操作视频

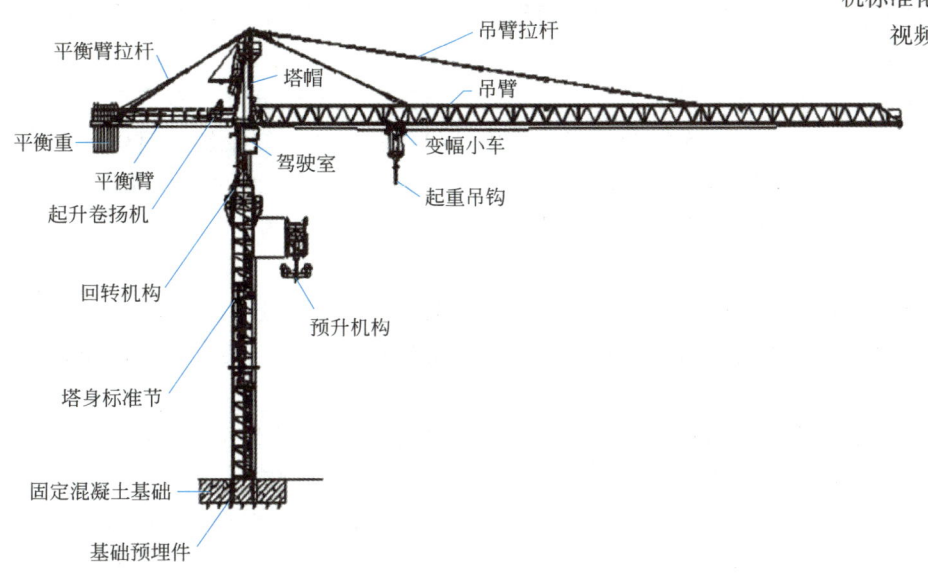

图 3-14 塔式起重机主体结构示意图

塔身顶部，且可作360°回转。它具有较高的起重高度、较大的工作幅度和较强的起重能力，提升材料速度快、生产效率高，且机械运转安全可靠，使用和装拆方便，因此广泛用于多层和高层工业与民用建筑的结构安装工程中。

1. 组成结构

（1）工作机构：回转机构，由电动机和齿轮轴承组成，实现塔式起重机的圆周运动；起升机构，由电动机、联轴器、减速器、钢丝绳和吊钩等构成，实现货物上升或下降；变幅机构，由卷扬机、导向滑轮和变幅小车等组成，用于调整吊钩位置；行走机构，包括支承运行装置及驱动装置，使塔式起重机沿轨道移动。

（2）金属结构：由塔身、转台、底座、起重臂、平衡臂等部分组成，作为骨架对整机起结构支撑作用。塔身是主体结构之一，由基础节和标准节搭建而成。

（3）电气部分：主要包括电气控制箱、电动机、各种电器元件、电缆电线以及保护系统等，用于控制塔式起重机的各项动作，实现自动化操作和安全保护功能。

2. 分类方式

（1）按回转方式：可分为上回转式塔式起重机与下回转式塔式起重机。

（2）按变幅方式：可分为小车变幅式塔式起重机和动臂变幅式塔式起重机。小车变幅式塔式起重机通过变幅小车在起重臂上移动来改变幅度；动臂变幅式塔式起重机通过起重臂俯仰运动改变幅度。

（3）按行走机构：有轨道式塔式起重机，沿铺设的轨道行走；固定式塔式起重机，固定在基础上不能移动；附着式塔式起重机，通过附着装置附着在建筑物上；内爬式塔式起重机，安装在建筑物内部，依靠建筑物向上爬升。

3. 工作原理

（1）起升原理

起升机构是塔式起重机实现垂直方向物料运输的关键部分。它主要由电动机、联轴器、减速器、钢丝绳和吊钩等组成。电动机通过联轴器将动力传递给减速器，减速器的作用是降低转速、增大扭矩，然后驱动卷筒旋转。卷筒上缠绕着钢丝绳，当卷筒转动时，钢丝绳会被收卷或放出。

例如，当需要吊起物料时，电动机正转，通过上述传动部件带动卷筒正转，钢丝绳被收卷，吊钩就会上升，从而提起物料；当电动机反转时，卷筒反转，钢丝绳放出，吊钩下降，放下物料。起升机构一般还配备有制动器，用于控制吊钩的停止和保持在某一位置，确保在吊运过程中物料能够稳定地停留在所需高度。

（2）回转原理

回转机构主要负责使起重臂和平衡臂等部件围绕塔身做圆周运动，从而改变吊运方向。回转机构通常由电动机、齿轮、回转支承等部件构成。电动机驱动齿轮转动，齿轮与回转支承的齿圈相啮合。

当电动机工作时，齿轮在回转支承的齿圈上滚动，带动整个上部结构（包括起重臂、平衡臂等）相对于塔身进行回转。这样，起重机就可以将物料吊运到以塔身底部为中心的圆周范围内的任何位置。例如，在建筑工地的不同施工区域之间吊运物料时，通过回转机构可以灵活地调整吊运方向。

(3) 变幅原理

1) 小车变幅式：这种方式的塔式起重机起重臂是水平的，上面有轨道，变幅小车安装在轨道上。变幅机构主要包括卷扬机、导向滑轮和变幅小车等。卷扬机通过钢丝绳牵引变幅小车在起重臂上移动。当卷扬机收卷钢丝绳时，变幅小车向起重臂前端移动，从而增大吊运幅度；当放出钢丝绳时，变幅小车向起重臂根部移动，减小吊运幅度。

2) 动臂变幅式：其起重臂可以俯仰运动。变幅机构一般通过改变起重臂拉杆的长度或者起重臂根部的铰点位置来实现起重臂的俯仰。例如，当缩短拉杆长度或者调整铰点使起重臂仰起时，吊运幅度减小；当拉长拉杆或者改变铰点使起重臂俯下时，吊运幅度增大。通过变幅，可以使起重机适应不同距离的吊运作业。

(4) 行走原理（针对行走式塔式起重机）

行走机构主要由支承运行装置（如行走轮）和驱动装置（如电动机、减速机等）组成。驱动装置驱动行走轮转动，行走轮沿着铺设好的轨道滚动。

当需要移动塔式起重机的工作位置时，行走机构的电动机工作，通过减速机带动行走轮转动，起重机就可以沿着轨道移动到新的位置。这样可以扩大起重机的作业覆盖范围，尤其适用于大型建筑工地或者需要频繁调整吊运位置的场合。不过，行走式塔式起重机需要有合适的轨道铺设场地，并且在移动过程中要确保轨道的平整度和承载能力。

4. 安装流程

(1) 安装前准备工作。包括场地清理与基础施工、设备检查与工具准备、人员组织与技术交底等。

(2) 塔式起重机部件安装。安装底架和基础节→安装爬升套架（针对自升式塔式起重机）→安装回转支承及回转机构→安装塔帽和平衡臂→安装起重臂。

(3) 电气系统与安全装置安装

1) 电气系统安装。安装塔式起重机的电气系统，包括敷设电缆、安装配电箱、连接电机和各种电器元件等。

2) 安全装置安装。安装塔式起重机的安全装置，如起重量限制器、起重力矩限制器、高度限位器、幅度限位器、回转限位器等。这些安全装置的安装位置和精度要符合规定要求。

(4) 安装后的检查与调试

1) 检查内容

安装完成后，要对塔式起重机进行全面检查。检查塔身的垂直度，一般使用经纬仪进行测量，其允许偏差不超过千分之四。检查各部件的连接是否牢固，如螺栓是否拧紧、销轴是否安装到位等。检查各工作机构（如起升、回转、变幅等）的运行是否正常，有无异常声响和振动。检查电气系统和安全装置是否正常工作。

2) 调试工作

进行塔式起重机的调试工作，包括空载调试和负载调试。在调试过程中，要密切观察起重机的各项参数和状态，发现问题及时处理。调试合格后，出具安装验收报告，塔式起重机方可投入使用。

5. 安全注意事项

(1) 安装阶段安全注意事项

1) 资质与人员要求。塔式起重机的安装单位必须具备相应的起重设备安装工程专业承包资质。安装人员应持有建筑施工特种作业操作资格证书，包括塔式起重机安装拆卸工等相关工种。

2）基础施工。基础是塔式起重机安全的根基。基础的尺寸、配筋和混凝土强度等级等参数必须严格按照起重机的使用说明书和设计要求进行施工。基础应位于坚实的地基上，同时，要做好基础的排水措施，防止积水导致基础不均匀沉降。

3）部件安装与连接

在安装过程中，要确保各部件的安装位置准确。

4）电气系统安装

电气系统的安装要符合电气安全规范。电线的敷设应整齐、有序，避免电线外露或被挤压。各电气元件（如接触器、继电器等）的安装位置要正确，并且要做好接地保护。在安装完成后，要进行电气调试，检查各电机的转向是否正确、各限位开关是否正常工作等。

（2）使用阶段安全注意事项

1）操作人员资质与培训

塔式起重机的操作人员必须经过专业培训，取得建筑施工特种作业操作资格证书。操作人员要熟悉起重机的操作规程、性能特点和应急处理措施。在操作前，要对起重机进行检查，包括各仪表是否正常、各操作手柄是否灵活等。

2）操作过程规范

操作人员在操作过程中要严格遵守操作规程。例如，在起吊物料时，要先将吊钩调整到合适的位置，确保吊钩垂直于被吊物体的重心。起吊时要缓慢平稳地提升，避免突然起吊导致物体晃动或起重机失衡。在吊运过程中，要保持物料的平稳，避免大幅度摆动。同时，要注意起重机的工作参数，如起重量、幅度、起升高度等，不得超过额定值。

3）安全装置检查

要定期检查起重机的安全装置。高度限位器应能准确控制吊钩上升的最高位置，防止吊钩冲顶；幅度限位器要确保变幅小车或起重臂在规定的幅度范围内运行；起重量限制器能对起重量进行限制，当起重量超过额定值一定范围时，应能自动报警并停止起吊。此外，还有力矩限制器，用于监控起重机的起重力矩，防止起重机因超载而发生倾覆。

4）恶劣天气应对

在遇到大风、暴雨、雷电等恶劣天气时，要停止使用塔式起重机。如果预报有大风，对于独立高度的塔式起重机，当风速超过规定值（一般为6级风左右）时，应将起重臂转至顺风方向，并将吊钩升起，吊钩上的钢丝绳要收紧，关闭电源，对起重机进行固定。在暴雨后，要检查起重机的基础是否有积水、电气系统是否受潮等情况。

5）多塔作业安全措施

当施工现场有多台塔式起重机同时作业时，要制定详细的多塔作业方案。各起重机之间要保持安全距离，包括垂直方向和水平方向。例如，在水平方向，两台起重机的起重臂端部之间的距离一般不应小于2m；在垂直方向，低位起重机的起重臂端部与高位起重机的塔身之间的距离一般不应小于2m。同时，要合理安排各起重机的工作区域和吊运时间，避免相互干扰和碰撞。

（3）拆卸阶段安全注意事项

1）拆卸方案制定

拆卸单位要制定详细的拆卸方案，方案应包括拆卸步骤、安全措施、人员分工、所需的起重设备和工具等内容。拆卸方案要根据塔式起重机的型号、安装位置和现场实际情况等因素进行制定。

2）拆卸顺序与操作

拆卸应按照与安装相反的顺序进行。在拆卸过程中，要注意对各部件的保护，防止损坏。对于塔身标准节的拆卸，要边拆卸边检查塔身的稳定性，防止塔身倾倒。

3）部件运输与存放

拆卸后的部件要妥善运输和存放。对于易损坏的部件（如电气元件、精密部件等）要采取防护措施。部件的存放要整齐、有序，并且要做好标识，方便下次安装使用。同时，要对拆卸现场进行清理，清除所有的杂物和废弃部件。

3-13 物料提升机标准化操作视频

【勤练入心】

一、单选题

1. 脚手架的基本要求中不包括（　　）。

A. 有足够的宽度

B. 有足够的强度和刚度

C. 与垂直运输设备和楼层作业面高度相互适应

D. 必须每次施工后更换

2. 扣件式钢管脚手架的立杆底部应设置（　　）。

A. 底座　　　　B. 垫板　　　　C. 底座或垫板　　　　D. 脚手板

3. 扣件式钢管脚手架的立杆接长除顶层顶步可采用搭接外，其余各层各步接头必须采用（　　）连接。

A. 对接扣件　　　B. 旋转扣件　　　C. 搭接扣件　　　D. 直角扣件

4. 关于脚手架脚手板说法错误的是（　　）。

A. 作业层脚手板应铺满、铺稳，离开墙面 100mm

B. 冲压钢脚手板等，应设置在三根横向水平杆上

C. 脚手板搭接铺设时，接头必须支在横向水平杆上，搭接长度应大于 200mm，其伸出横向水平杆的长度不应小于 100mm，不得出现探头板

D. 作业层端部脚手板探头长度应取 150mm，其板长两端均应与支承杆可靠地固定

5. 下列关于扣件式钢管脚手架拆除要求说法正确的是（　　）。

A. 先支设的后拆　　　　　　　　B. 后支设的后拆

C. 由下而上逐层进行　　　　　　D. 先支设的先拆

二、填空题

1. 扣件式钢管脚手架由（　　）、（　　）、（　　）、（　　）等组成。

2. 钢管与钢管间的连接件，其基本形式有（　　）、（　　）、（　　）。

3. 垂直运输设备在雨天、雾天、（　　　　）级风以上的天气，不得进行安装与拆卸。

4. 扣件式钢管脚手架的立杆上的对接扣件应（　　　　）布置。

5. 碗扣式钢管脚手架的碗扣接头是该脚手架系统的核心部件，由（　　　　）、下碗扣、横杆接头和上碗扣的限位销等结构组成。

三、判断题

1. 脚手架的基本要求之一是有足够的宽度、步架高度、离墙距离，以满足工人操作和材料堆放的需要。（　　）

2. 扣件式钢管脚手架不属于多立杆式脚手架。（　　）

3. 门式钢管脚手架不能作为内脚手架或满堂脚手架使用。（　　）

4. 满堂脚手架主要用于单层厂房、展览大厅、体育馆等层高较高、开间较大的建筑顶部的装饰施工。（　　）

5. 自升降式脚手架的升降运动是通过手动或电动捯链交替对活动架和固定架进行升降来实现的。（　　）

四、简答题

1. 脚手架有哪些种类？
2. 连墙杆有哪些作用？布置要求及连墙方法有哪些？
3. 扣件式钢管脚手架扣件的基本形式有哪几种？

【思政入神】

揭秘超级起重机 XGC88000：中国制造的崛起与自豪

在工程机械领域，有一款被誉为"世界第一吊"的超级起重机——XGC88000，它不仅在技术参数上傲视群雄，更在全球各大建设项目中屡创佳绩，彰显了中国制造的非凡实力。

XGC88000 的最大起重量惊人地达到 4000t，相当于 800 辆轿车的重量，其主臂长超过 200m，副臂长 108m，总臂长突破 300m，刷新了起重臂架长度的世界纪录。其臂架和回转系统设计精妙，如同工地上的"变形金刚"，能灵活应对狭小空间和复杂角度的吊装任务，精确无误地将巨型设备送达指定位置。

这款起重机的卓越性能得益于创新技术和专利的支撑。XGC88000 融合了 3 项国际首创、6 项国际领先技术，并拥有 80 余项国家专利。其采用的大直径强韧钢丝绳，直径达 140mm，抗拉强度超 1960MPa，体现了其顶尖的技术实力。独创的超起配重小车技术，则使臂架受力平衡，大幅提升了起重性能。

XGC88000 的诞生，是中国机械工程师智慧与汗水的结晶。近百人攻关团队，历经三年，攻克了协调控制、稳定性等关键技术难题，绘制了上万张设计图纸，终于打造出这一"钢铁巨人"。

在国内，XGC88000 于 2013 年在烟台万华项目中首次亮相，仅用 4 个多小时便将 1680t 的丙烯塔稳稳吊起，创下世界纪录。此后，它在国内多个项目中不断刷新纪录，成为建设领域的明星。在国际舞台上，XGC88000 同样大放异彩，2019 年在沙特石化项目中，轻松应对沙漠严酷环境，5小时内将1926t洗涤塔吊装就位；2021年，在盛虹炼化项目中，又将2600t反应器精准吊装，再次刷新世界纪录。

XGC88000的诞生，打破了国外企业在超大吨位起重机市场的垄断，填补了中国在这一领域的空白。它不仅展现了中国制造的崛起，更赢得了国际同行的尊重，为中国制造赢得了更多话语权。

XGC88000不仅是一台起重机，更是中国工程师智慧与决心的象征。面对国外的技术封锁和市场竞争，中国企业坚持自主创新，不断提升技术水平，为全球工程机械技术的发展贡献了中国智慧。它用铁一般的事实告诉世界：在追求卓越的道路上，中国从未停下脚步，并将继续坚定前行，为全球工程技术的繁荣贡献中国力量。

【案例入魂】

某工程脚手架坍塌事故：安全责任与职业操守的警示

一、事故情况介绍

2024年6月21日，某工程楼东面外立面装修改造施工现场，部分脚手架突发坍塌。当时共有9名作业人员在脚手架上作业，1名在地面作业。事故导致6名作业人员不同程度受伤，直接经济损失约103万元。

3-14　脚手架规范搭设教育视频

二、事故分析

1. 直接原因

坍塌脚手架搭设未按规范进行，结构不合理，投入使用后施工过程也未规范操作。其违规搭设与违规施工相互作用，致使部分架体不稳，最终突发坍塌。

2. 间接原因

（1）违规搭设方面

1）搭设高度为31.5m却未编制专项施工方案。

2）连墙件数量远未达三步三跨要求，步距、实际搭设高度等均超出规范范围。钢管及扣件等原材料未抽样送检，无法保证材质和力学性能合格。

3）立杆纵向间距不均，平均接近2m，超出规范要求的1.2～1.5m。

4）连墙件设置数量严重不足且间距、位置存在问题，剪刀撑设置不规范，转角处未按要求设斜撑，东面右侧脚手架落在花坛软土上且扫地杆过高，导致架体不稳定。

（2）违规使用方面

1）利用脚手架架体做支撑设3台简易起重机起吊物料，物料提升集中荷载反复作用破坏架体稳定性。

2）建筑垃圾和施工材料堆载在架体上增加临时荷载，且未定期检查记录，未能及时发现并消除安全隐患。

（3）资质问题方面

1）蔡某以公司名义个人承接项目并分包给无资质的贺某，两人均无相关资质承包项目，不具备安全生产条件。

2）人员资质方面。贺某安排的作业人员中仅1人有建筑架子工操作资格证书，其余在脚手架搭设完成后才取得证书，属于无证上岗作业。

(4) 安全生产主体责任方面

1) 主要负责人蔡某未建立健全安全生产责任制度、未制定规章制度、未落实隐患排查治理制度、安排不合格人员担任安全管理人员。

2) 安全员张某未经考核合格上岗，履职不到位，未能排查制止违规行为和隐患。

三、事故处理

蔡某作为涉事工程实际承包人，对事故发生负有重要责任，涉嫌构成重大事故责任罪，建议移送区公安分局依法处理，若不构成犯罪则由区应急管理局进行行政处罚。

贺某作为脚手架搭设施工承包人，同样涉嫌构成重大事故责任罪，处理方式同蔡某。

张某作为安全员，对事故负有重要管理责任，涉嫌构成重大事故责任罪，建议移送区公安分局，若不构成犯罪建议蔡某与其解除劳动关系。

四、事故教训

1. 安全意识

在任何工程建设中，安全必须放在首位。施工现场的每一个细节，如脚手架的搭设、使用等环节，都关乎生命安全。工作中始终要保持高度的安全警觉性，无论是在施工一线还是参与项目管理，都要时刻关注安全问题，避免事故发生。

2. 责任担当

从主要负责人蔡某未履行职责导致事故发生来看，作为项目领导者，对安全生产负有不可推卸的责任。要建立健全管理制度，确保各项安全措施落实到位，不能只追求经济效益而忽视安全管理。从安全员张某履职不力来看，在未来工作岗位上，必须具备专业能力并认真履行职责。对于自己负责的工作内容，要严格按照规定执行，不能敷衍塞责，否则将对他人和社会造成严重伤害，自己也将面临法律责任。

3. 法律法规教育

建筑行业相关法律法规是保障工程安全、规范行业行为的准则，我们要严格遵守法律法规，依法依规进行工程建设和管理活动，不触碰法律红线，维护行业秩序和公共安全。

4. 职业道德教育

蔡某和贺某无资质承接项目、违规分包等行为，反映出他们缺乏基本的职业道德。因此，我们要坚守职业操守，不弄虚作假、不违规操作，靠自身的专业能力和诚信立足行业。只有秉持良好的职业道德，才能确保工程质量和安全，赢得社会信任，促进建筑行业健康发展。

【实践入行】

钢管脚手架实训任务指导书

一、实训目的

1. 使学生熟悉钢管脚手架的基本构造、组成部件及其作用。

2. 掌握钢管脚手架的搭建、拆除工艺和操作要点，培养学生的实际动手能力和团队协作精神。

3. 了解钢管脚手架在施工过程中的安全注意事项，增强学生的安全意识，确保实训过程安全无事故。

二、实训设备与材料

1. 脚手架钢管：采用标准规格的焊接钢管，配备多种长度规格，如1.5m、3m、6m等，以满足不同搭建部位的需求。

2. 扣件：包括直角扣件（用于连接两根垂直相交的钢管）、旋转扣件（用于连接两根任意角度相交的钢管）和对接扣件（用于两根钢管的对接连接），数量根据搭建规模而定，确保扣件与钢管配套且质量合格。

3. 脚手板：可选用竹脚手板或钢脚手板，规格应符合安全要求，保证其有足够的承载能力和防滑性能。

4. 安全网：包括立网和平网。立网用于封闭脚手架的外立面，防止人员和物体坠落；平网用于在脚手架底部或高处作业层下方设置防护，减轻坠落物的冲击力。安全网应具有足够的强度和耐冲击性，且网目尺寸符合规定。

5. 其他辅助工具：如扳手、锤子、卷尺、水准仪、经纬仪等，用于脚手架的搭建测量和扣件的紧固操作。

三、实训地点

校内实训工场。

四、实训内容与步骤

（一）施工准备

1. 技术交底

（1）指导教师向学生详细讲解本次实训的任务、目标、施工工艺和安全注意事项，发放相关的技术资料和图纸，使学生对实训内容有全面的了解。

（2）组织学生进行技术讨论，解答学生的疑问，确保学生在实训前掌握必要的理论知识。

2. 材料与工具检查

（1）学生分组对脚手架钢管、扣件、脚手板、安全网等材料进行外观检查，检查内容包括：钢管是否有弯曲、变形、锈蚀；扣件是否有裂纹、砂眼、变形，活动部位是否灵活；脚手板是否有破损、腐朽；安全网是否有破损、老化等缺陷。

（2）对扳手、锤子等工具进行检查，确保工具能正常使用，数量满足实训需求。

3. 场地清理与测量放线

（1）清理实训场地内的杂物和障碍物，平整场地，为脚手架的搭建创造良好的条件。

（2）根据实训任务要求，使用经纬仪和水准仪对脚手架的搭建位置进行测量放线，确定脚手架的基础位置和立杆的定位点，并做好标记。

（二）脚手架基础处理

1. 基础夯实

在立杆定位点处，使用夯实机械或人工对基础进行夯实，确保基础土层的密实度达到要求。对于松软的地基，应采取换填、加固等措施进行处理。如基础满足相关要求，此步骤可略过。

2. 垫板铺设

在夯实的基础上，铺设厚度不小于50mm的木垫板或钢垫板，垫板的长度应不小于2跨立杆间距，宽度应不小于200mm。垫板应平整，不得有翘曲、变形等缺陷，且垫板与基础之间应接触紧密。

（三）立杆搭建

1. 立杆定位与安装

根据测量放线确定的立杆定位点，将立杆垂直插入垫板上的定位套中，或采用直角扣件将立杆与垫板上预先固定的短钢管连接牢固。立杆的间距应根据脚手架的设计高度、荷载大小和使用要求确定，一般情况下，立杆纵向间距不大于2m，横向间距不大于1.05m。

2. 立杆垂直度调整

安装完第一排立杆后，使用经纬仪对立杆的垂直度进行检查和调整，使立杆的垂直度偏差不大于架高的1/300，且最大偏差不超过50mm。调整时可通过在立杆底部加减垫板或微调扣件的紧固程度来实现。

（四）扫地杆与横杆安装

1. 扫地杆安装

在立杆底部距地面高度不大于200mm处，设置纵向扫地杆和横向扫地杆。纵向扫地杆采用直角扣件固定在立杆上，横向扫地杆采用直角扣件固定在纵向扫地杆下方的立杆上。扫地杆的设置可增强脚手架底部的稳定性，防止立杆底部发生位移。

2. 横杆安装

按照设计要求的步距，从扫地杆向上依次安装横杆。横杆应采用直角扣件与立杆连接牢固，横杆的步距一般为1.5～1.8m。在安装过程中，应确保横杆水平，相邻横杆的高差不超过5mm。同时，应注意横杆在立杆两侧的伸出长度应基本一致，且不得小于100mm。

（五）剪刀撑设置

1. 剪刀撑布置

在脚手架的外侧立面，从两端开始，每隔15m设置一道剪刀撑，剪刀撑应连续设置，斜杆与地面的倾角应在40°～60°。

2. 剪刀撑搭设

剪刀撑采用旋转扣件与立杆和横杆连接。搭设时，先将一根斜杆的下端固定在立杆上，然后将另一根斜杆的下端固定在相邻立杆上，两斜杆的上端在交叉点处采用旋转扣件连接牢固，旋转扣件中心线至主节点的距离不宜大于150mm。剪刀撑的搭接长度不应小于1m，应采用不少于2个旋转扣件固定，端部扣件盖板的边缘至杆端距离不应小于100mm。

（六）连墙件设置

1. 连墙件布置

连墙件应按照"两步三跨"或"三步三跨"的原则设置。连墙件应靠近主节点设置，偏离主节点的距离不应大于300mm。连墙件应优先采用菱形布置，也可采用方形、矩形布置。

2. 连墙件安装

连墙件可采用刚性连墙件或柔性连墙件。刚性连墙件可采用钢管、扣件与建筑物主体结构连接，柔性连墙件可采用钢丝绳、花篮螺栓与建筑物主体结构连接。在安装连墙件时，应确保连墙件与脚手架立杆和建筑物主体结构连接牢固，不得有松动、滑移等现象。连墙件的设置可增强脚手架与建筑物之间的连接，提高脚手架的整体稳定性。

（七）脚手板铺设

1. 脚手板铺设位置

脚手板应铺设在横杆上，铺满、铺稳，不得有探头板。作业层脚手板应铺满、铺稳，离开墙面 120～150mm。

2. 脚手板固定

脚手板采用对接平铺时，接头处必须设两根横向水平杆，脚手板外伸长应取 130～150mm，两块脚手板外伸长度的和不应大于 300mm；采用搭接铺设时，接头必须支在横向水平杆上，搭接长度应大于 200mm，其伸出横向水平杆的长度不应小于 100mm。脚手板应采用铁丝与横杆绑扎牢固，防止脚手板滑动。

（八）安全网挂设

1. 立网挂设

在脚手架的外侧立面，从第二步横杆开始，向上全高挂设密目式安全立网。安全立网应采用专用的系绳与脚手架横杆绑扎牢固，系绳的间距不应大于 450mm，安全立网应绷紧、平整，不得有破损、漏洞等缺陷。

2. 平网挂设

在脚手架底部，距离地面高度 2m 处，设置首层安全平网，向上每隔 10m 设置一道水平安全平网。安全平网应采用锦纶、维纶、涤纶或其他材料制成，其网目数不得低于 2000 目/100cm^2，平网的宽度不应小于 3m，网绳不得有破损、断裂等缺陷。平网应采用钢管或钢丝绳支撑，与脚手架和建筑物主体结构连接牢固，确保平网能有效承接坠落物。

（九）脚手架自检与验收

1. 自检

脚手架搭建完成后，各小组应首先进行自检。自检内容包括脚手架的构造是否符合设计要求，立杆、横杆、剪刀撑、连墙件等部件的连接是否牢固，脚手板、安全网的铺设和挂设是否符合规范要求，脚手架的垂直度、水平度是否在允许偏差范围内等。自检过程中应做好记录，对发现的问题及时进行整改。

2. 验收

在自检合格的基础上，由指导教师组织验收。验收小组应由指导教师、学生代表和相关技术人员组成。验收时，验收小组应按照相关的脚手架验收标准和规范，对脚手架的各项指标进行检查和测试，如脚手架的承载能力、稳定性、安全性等。验收合格后，填写验收报告，方可投入使用。

（十）脚手架拆除

1. 拆除准备

（1）拆除脚手架前，应制定详细的拆除方案，明确拆除顺序、拆除方法和安全注意事项。拆除方案应向参与拆除的人员进行交底，确保拆除过程安全有序。

（2）拆除现场应设置警戒区域，禁止无关人员进入。拆除人员应佩戴安全帽、安全带、防滑鞋等个人防护用品，工具应准备齐全，如扳手、锤子、钳子等。

2. 拆除顺序

（1）拆除脚手架应遵循由上而下、先搭后拆、后搭先拆的原则。具体拆除顺序为：安全网→脚手板→横杆→剪刀撑→立杆→连墙件。在拆除过程中，严禁上下同时作业，拆除的部件应及时吊运至地面，不得随意抛掷。

（2）连墙件拆除。连墙件的拆除应随脚手架的拆除进度逐层进行，严禁先将连墙件整层或数层拆除后再拆脚手架。在拆除连墙件时，应采取临时加固措施，防止脚手架在拆除过程中发生失稳倒塌。

（3）材料整理与堆放。拆除下来的脚手架钢管、扣件、脚手板、安全网等材料应及时进行整理、分类和检查，对损坏、变形、锈蚀的材料应进行修复或报废处理。整理后的材料应按照规格、型号分类堆放整齐，妥善保管，以便后续使用。

五、实训时间安排

实训总时长为 1 天，具体时间安排如下：施工准备与脚手架搭建 0.5 天，检查验收与脚手架拆除 0.5 天。

六、实训考核与评价

1. 考核方式

实训考核采用过程考核与结果考核相结合的方式。过程考核主要考查学生在实训过程中的表现，包括出勤情况、团队协作能力、操作技能、安全意识等方面；结果考核主要考查学生搭建的脚手架是否符合设计要求和规范标准，以及拆除过程是否安全有序、材料整理是否规范等。

2. 评价标准

（1）过程考核占总成绩的 60%，具体评价标准如下。

1) 出勤情况（10%）：全勤得 10 分，缺勤一次扣 2 分。

2) 团队协作能力（20%）：小组内成员分工明确、协作良好得 16～20 分；协作一般得 11～15 分；协作较差得 6～10 分。

3) 操作技能（20%）：能熟练掌握脚手架的搭建和拆除工艺，操作规范、准确得 16～20 分；操作基本熟练，有少量错误得 11～15 分；操作不熟练，错误较多得 6～10 分。

4) 安全意识（10%）：在实训过程中严格遵守安全规定，佩戴个人防护用品，无安全事故隐患得 8～10 分；有轻微安全违规行为得 5～7 分；存在较大安全隐患得 0～4 分。

（2）结果考核占总成绩的 40%，具体评价标准如下。

1) 脚手架搭建质量（20%）：脚手架的构造、立杆间距、横杆步距、剪刀撑设置、连墙件设置、脚手板铺设、安全网挂设等符合设计要求和规范标准得 16～20 分；有少量不符合要求但不影响安全使用得 11～15 分；存在较多不符合要求且影响安全使用得 6～10 分。

2) 脚手架拆除过程（10%）：拆除顺序正确，操作规范，无安全事故得 8～10 分；拆除顺序基本正确，有少量违规操作但未造成事故得 5～7 分；拆除顺序混乱，存在较大安全隐患或发生事故得 0～4 分。

3) 材料整理与堆放（10%）：拆除下来的材料整理分类清晰，堆放整齐得 8～10 分；整理分类一般，堆放较整齐得 5～7 分；整理分类混乱，堆放杂乱无章得 0～4 分。

七、安全注意事项

1. 所有参与实训的学生必须严格遵守实训场地的安全管理制度，听从指导教师的指挥，不得擅自行动。

2. 在脚手架搭建和拆除过程中，学生必须佩戴安全帽、安全带、防滑鞋等个人防护用品，安全带应高挂低用。

3. 脚手架材料在搬运和传递过程中，应注意防止材料滑落伤人。严禁从高处抛掷材料和工具。

项目4

砌筑工程

教学目标

一、知识目标

1. 了解砌筑工程中常用材料的类别、特性与用途。
2. 了解砌筑使用的工具和设备。
3. 掌握砖砌体、砌块砌体、石砌体施工技术要点和质量要求。
4. 掌握砌体工程冬期、雨期施工的一般要求和施工方法。
5. 熟悉砌筑工程安全管理的要点与措施。

二、能力目标

1. 材料应用与处理能力：能够根据建筑设计图纸和工程实际需求，计算各类砌筑材料（砖、砌块、石材、砂浆等）的用量；熟练掌握砌筑材料的现场检验方法，包括外观检查、尺寸测量、抽样送检等操作；具备对砌筑材料进行妥善存储和保管的能力。

2. 工具与设备操作能力：熟练且正确地使用各种砌筑工具；能够独立操作常用的砌筑机械设备。

3. 砌筑工艺实施能力：能按照不同的砌体组砌方式（一顺一丁、三顺一丁、梅花丁等）进行墙体砌筑操作；完整且规范地完成砌筑施工工艺流程。

4. 质量控制与问题解决能力：运用各种质量检测工具对砌筑工程质量进行全面检查；发现砌筑质量问题时，能够分析问题产生的原因。

三、素质目标

1. 职业精神与道德素养：塑造学生诚实守信的职业道德品质，在砌筑操作中严格遵循材料使用规范、工艺标准和质量要求；培养学生的敬业精神和吃苦耐劳的品质，通过课程实践和项目作业，锻炼学生在困难条件下坚持完成任务的毅力和耐心。

2. 安全与环保素养：强化学生的安全意识，使其深入了解砌筑施工现场存在的各类安全隐患。培养学生的环保理念，引导他们认识砌筑工程对环境的影响，鼓励学生在实践中采用环保节能的材料和工艺，积极推动绿色砌筑工程的发展。

3. 团队协作与沟通素养：通过小组项目作业、模拟施工现场等方式，培养学生的团队协作能力；提升学生的沟通能力，在团队协作过程中，学生需要学会清晰表达自己的意见和想法，倾听他人的建议和反馈。

4. 审美与创新素养：培养学生的审美素养，使他们能够欣赏和理解建筑美学在砌筑工程中的体现。激发学生的创新思维和创新能力，鼓励他们在遵循砌筑工程基本原理和规范的基础上，勇于尝试新的材料、工艺和设计理念。

【思维导图】

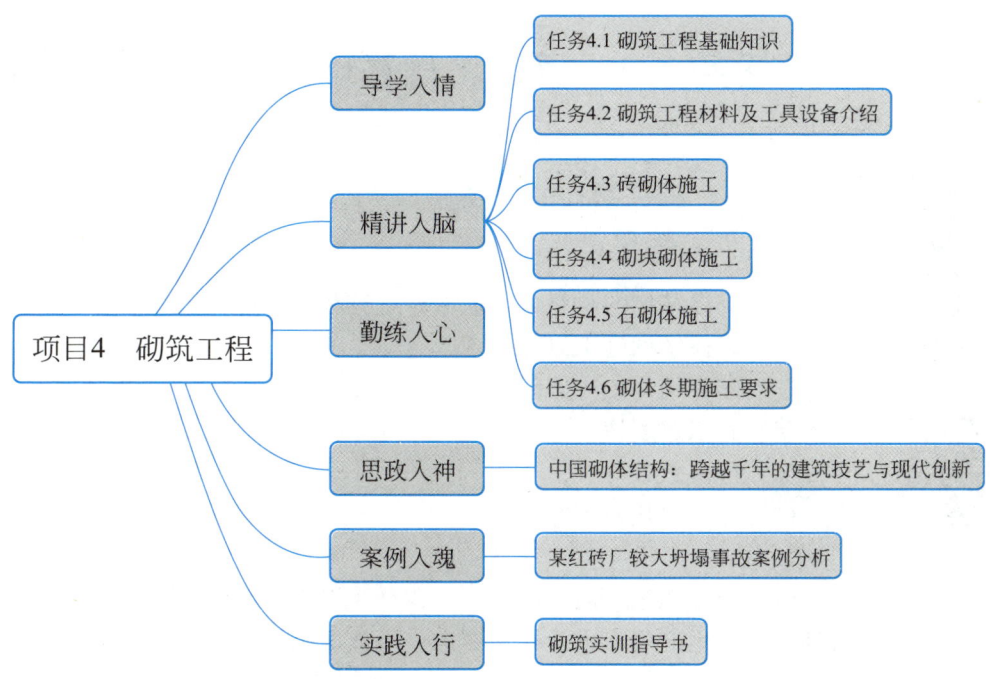

【导学入情】

砌筑工程是人类文明发展长河中一颗璀璨的明珠。追溯历史，从古埃及的金字塔到古希腊的帕提农神庙，从中国的故宫到印度的泰姬陵，这些举世闻名的建筑瑰宝都是砌筑工程的伟大杰作。它们不仅是建筑艺术的巅峰，更是不同文化、不同时代的历史见证者。

从古老的万里长城到现代的高楼大厦，砌筑工程承载着历史的重量，也引领着未来的方向。在建筑的浩瀚海洋里，砌筑工程宛如坚实的船锚，牢牢地固定着每一座建筑的根基与框架。无论是住宅的温馨角落，还是商业大厦的宽敞空间，砌筑工程都在默默地发挥着作用，决定着建筑的质量、舒适度和耐久性。

现在，让我们深入学习砌筑工程，去理解它为何是建筑领域不可或缺的环节，去掌握那能够化平凡砖石为不朽建筑的神奇技艺。

【精讲入脑】

砌筑工程又叫砌体工程，是指使用各类砌筑材料（如砖、石、砌块等），借助特定的工具与设备，并依据一定的设计方案、施工工艺和质量标准，将砌筑材料通过粘结材料（如砂浆）有序地组合、堆砌成各种建筑结构构件（如墙体、基础、柱、拱等）的建筑施工过程。

任务 4.1 砌筑工程基础知识

4-1 砌体工程基础知识

4-2 高处作业标准化视频

4.1.1 砌体结构的优缺点

1. 优点

（1）砌体结构的材料可就地取材且有利于环境保护。

（2）砌体结构施工方便。

（3）砌体结构使用年限长。

（4）施工进度快。

（5）抗震效果好。

（6）保温隔热效果好。

2. 缺点

（1）施工工艺落后，需改进。砌体结构砌筑施工基本采用手工方式，劳动量大，生产效率也低，需要进一步推广砌块、振动砖墙板等工业化施工方法。

（2）砌体结构截面尺寸一般较大，材料用量较多。

（3）砌体结构强度不高。砌体结构自重大，抗拉、抗剪及抗弯强度都比较低。

（4）砌体结构延性差。砂浆和砖、石、砌块之间的粘结力较弱，结构延性差，必要时可采用配筋砌体或高黏性砂浆来提高结构的承载力和延性。

4.1.2 砌体结构的类型

1. 根据块体材料分类

根据块体材料的不同，砌体结构可分为砖砌体、砌块砌体、石材砌体、配筋砌体等。

（1）砖砌体。在房屋建筑中，砖砌体用于内外承重墙或围护墙及隔墙。

（2）砌块砌体。砌块砌体是用中小型混凝土砌块或硅酸盐砌块与砂浆砌筑而成的砌体，可用于定型设计的民用房屋及工业厂房的墙体。

（3）石材砌体。采用天然料石或毛石与砂浆砌筑的砌体称为石材砌体，主要用作受压构件，可作为一般民用房屋的承重墙、柱和基础。

（4）配筋砌体。配筋砌体是指在砌体水平灰缝中配置钢筋网片或在砌体外部预留沟槽，槽内设置竖向粗钢筋并灌注细石混凝土（或水泥砂浆）的组合砌体。

2. 按使用特点和工作状态分类

按使用特点和工作状态分类，可分为一般砌体结构、特殊用途的构筑物和特殊工作状态的建筑物。

（1）一般砌体结构。一般砌体结构用于正常使用状况下的工业与民用建筑，如住宅、宿舍、一般工业生产服务的单层厂房等。

（2）特殊用途的构筑物。特殊用途的构筑物，通常称为特殊结构或特种结构构筑物，如烟囱、水塔等。

（3）特殊工作状态的建筑物，有以下三种。

1）处于特殊环境和介质中的建筑物。如长期在酸性腐蚀环境下的建筑。

2）处于特殊作用下工作的建筑物。如有抗震设防要求的建筑。

3）具有特殊工作空间要求的建筑物。如多层内框架砖房。

3．现代砌体结构的形式

（1）配筋砌体。我国配筋砌体应用研究起步较晚，20世纪60年代，衡阳和株洲一些房屋的部分墙、柱采用网状配筋砌体承重，可以节省钢材和水泥。

（2）预应力砌体。预应力砌体的原理同预应力混凝土，能明显地改善砌体的受力性能和抗震能力。

4.1.3 砌体组砌形式

砖墙砌体组砌要求：横平竖直、灰浆饱满、内外搭接、上下错缝，以保证砌体的整体性；同时组砌要有规律，少砍砖，以提高砌筑效率，节约材料。

1．普通砖墙的组砌形式

普通砖墙的组砌形式主要有全顺、两平一侧、全丁、一顺一丁、梅花丁和三顺一丁，如图4-1所示。

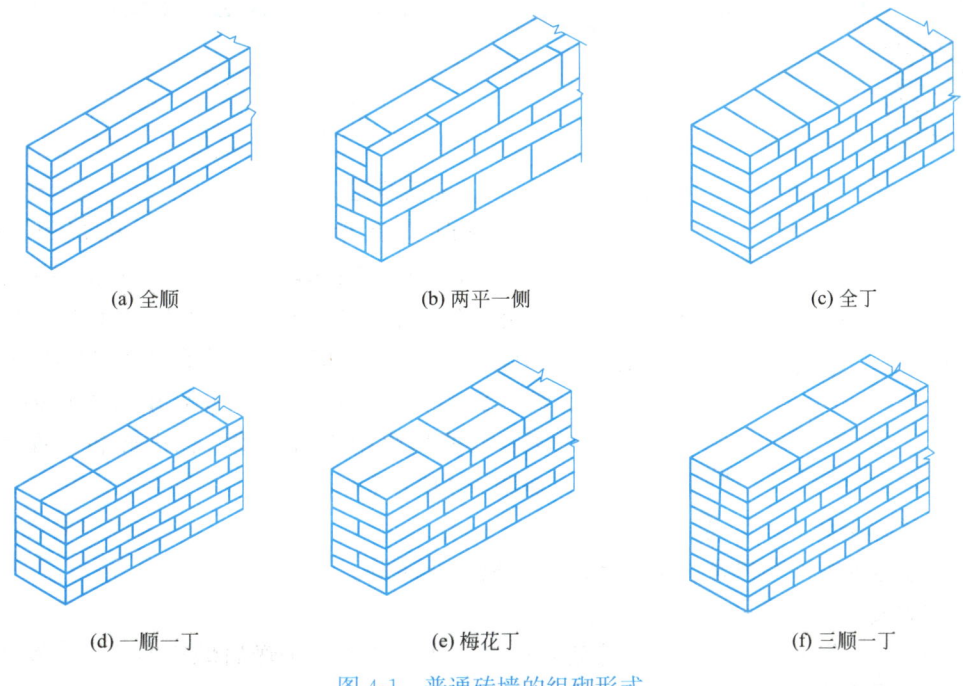

图4-1 普通砖墙的组砌形式

2. 砖基础组砌形式

砖基础由墙基和大放脚两部分组成。墙基与墙身同厚，砌筑形式相同。基础下部的扩大部分称为大放脚。砖基础组砌形式有等高式大放脚和不等高式大放脚两种，如图 4-2 所示。

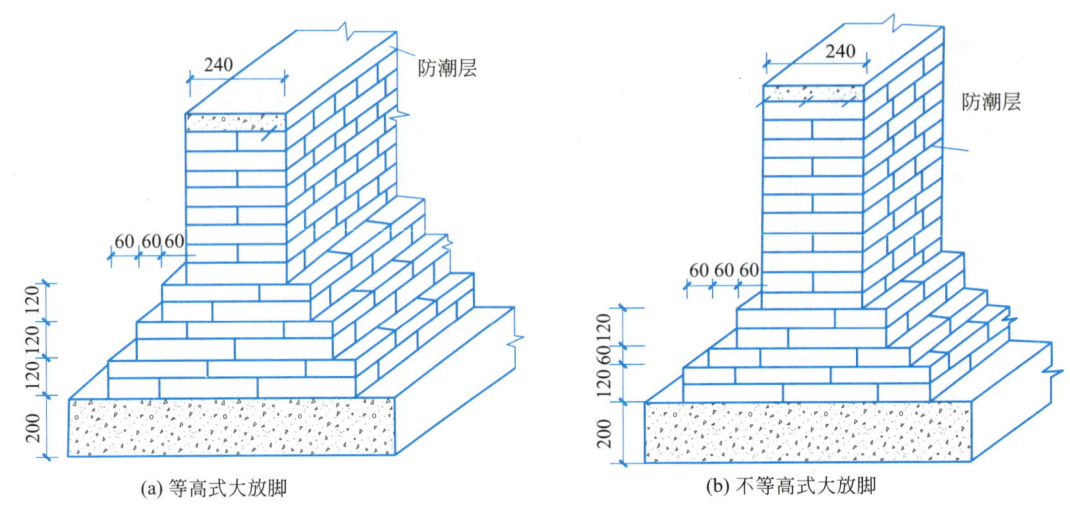

图 4-2 砖基础组砌形式

等高式大放脚是两皮一收，每收一次两边各收进 1/4 砖长；不等高式大放脚是两皮一收与一皮一收相间隔，每收一次两边各收进 1/4 砖长。

任务 4.2 砌筑工程材料及工具设备介绍

4-3 砌筑材料及工具设备

4.2.1 砌筑用砖

1. 普通烧结砖

外形为直角六面体，其公称尺寸为：长 240mm，宽 115mm，高 53mm。主要用于建筑物承重部位，按抗压强度分为 MU30、MU25、MU20、MU15、MU10。目前我国禁用实心黏土砖。砖的优等品可用于清水墙和墙体装饰，一等品、合格品可用于清水墙。标准砖各个面的叫法如图 4-3 所示。

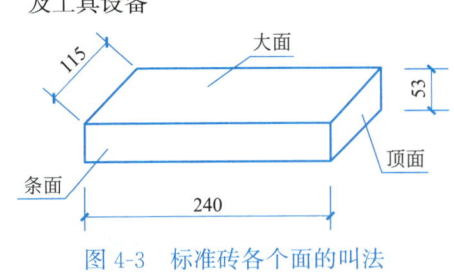

图 4-3 标准砖各个面的叫法

2. 硅酸盐类砖

硅酸盐类砖的种类包含：蒸压灰砂砖、粉煤灰砖等。

3. 耐火砖

耐火砖是用耐火黏土掺入熟料后进行搅拌，压制成型、干燥后煅烧而成，主要用于耐高温的建筑部件的内衬，如炉灶、烟道等。

4.2.2 砌筑用砌块

1. 普通混凝土空心砌块

普通混凝土空心砌块是由水泥、粗骨料石子、细骨料砂、水为主要原材料，必要时加入外加剂，按一定比例（重量比）计量配料、搅拌、成型、养护而成的建筑砌块。主要规格尺寸为 390mm×190mm×190mm，其他规格尺寸可由供需双方商定。按抗压强度分为 MU20、MU15、MU10、MU7.5、MU5 等。

2. 轻骨料混凝土砌块

轻骨料混凝土砌块以水泥、轻骨料、水为主要原材料，必要时加入普通砂、掺合料和外加剂，按一定比例计量配料、搅拌、成型、养护而成的混凝土小型空心砌块。轻骨料混凝土小型空心砌块具有质轻、高强、热工性能好、抗震性能好、利用工业废渣为原料等特点，被广泛应用于建筑结构的内外墙体，尤其是热工性能要求较高的围护结构上。

3. 蒸压加气混凝土砌块

蒸压加气混凝土砌块是以水泥、矿渣、砂、石灰等为主要原料，加入发气剂，经搅拌成型、蒸压养护而成的实心砌块。蒸压加气混凝土砌块具有表观密度小、保温效果好、吸声好、规格可变以及可锯可割等优点。常用蒸压加气混凝土砌块按抗压强度分为：A1.5、A2.0、A2.5、A3.5、A5.0。

砌筑用砌块如图 4-4 所示。

(a) 普通混凝土空心砌块　　　(b) 轻骨料混凝土砌块　　　(c) 蒸压加气混凝土砌块

图 4-4　砌筑用砌块

4.2.3 砌筑用石材

砌筑用石材分为毛石和料石两种。

1. 毛石

（1）特点

形状：形状不规则，没有固定的外形尺寸，但通常有两个大致平行的面，其他面则较为粗糙且形状各异。

质地：质地坚硬，具有较好的抗压强度，能承受较大的压力。

取材：一般直接从采石场开采获得，无需经过复杂的加工处理，保留了石材的天然特性。

（2）用途

常用于基础工程，如建筑物的基础、挡土墙等；也用于一些对外观要求不高的砌体工程，如护坡、堤岸等；还可用于一些传统建筑的墙体砌筑，营造出自然古朴的风格。

2. 料石

（1）特点

形状：经过人工加工或机械加工，形状规则，有一定的几何形状和尺寸规格，如矩形、方形、梯形等。

表面：表面相对平整光滑，加工精度较高，根据不同的加工要求，可以达到不同的光洁度。

强度：由于经过加工筛选，料石的质地更加均匀，强度也更稳定，能更好地满足建筑结构的要求。

（2）用途

适用于对建筑外观和质量要求较高的部位，如建筑物的勒脚、门窗洞口的边框、柱墩等；也常用于一些具有装饰性的建筑构件，如栏杆、台阶等；在一些古建筑修复和仿古建筑建设中，料石更是不可或缺的材料，能体现出建筑的精致与庄重。

4.2.4 砌筑砂浆

1. 砌筑砂浆分类

砌筑砂浆一般分为普通砌筑砂浆和专用砌筑砂浆，普通砌筑砂浆可分为水泥砂浆、水泥混合砂浆和非水泥砂浆三类。常用的普通砌筑砂浆强度等级有 M5、M7.5、M10、M15、M20 等。专用砌筑砂浆是指由水泥、砂、水以及根据需要掺入的掺合料和外加剂等，按一定比例采用机械拌合而成，与某种块材相适应，能提高砌体强度及改善砌筑工作性能的砂浆。

对于烧结类块材一般采用普通砌筑砂浆，对于非烧结类块材宜采用配套的专用砂浆。

2. 砂浆拌制

砂浆宜采用机械搅拌，拌合时间自投料完算起应符合下列规定。

（1）水泥砂浆和水泥混合砂浆不得少于 2min。

（2）水泥粉煤灰砂浆和掺用外加剂的砂浆不得少于 3min。

（3）掺用有机塑化剂的砂浆拌合时间应为 3~5min。

3. 砂浆使用

现场拌制的砂浆应随拌随用，拌制的砂浆应在 3h 内使用完毕；当施工期间最高气温超过 30℃时，应在 2h 内使用完毕。预拌砂浆及蒸压加气混凝土砌块专用砌筑砂浆的使用时间应按照厂方提供的说明书确定。

4.2.5 砌筑的手工工具

砌体工程施工时，主要的手工砌筑工具包括瓦刀、大铲、灰斗、溜子、砖夹等（图 4-5）。

1. 瓦刀，用于摊铺砂浆、砍削砖块、打灰条等。

2. 大铲，用于铲灰、铺灰和刮浆。

3. 灰斗，又称灰盆，现在常用的灰斗有塑料灰斗、橡皮灰斗，也可以用 1~2mm 厚

项目4 砌筑工程

(a) 瓦刀

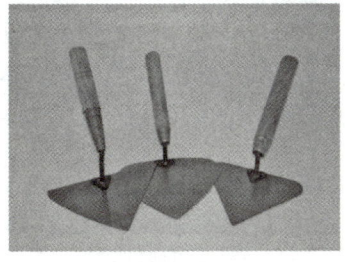
(b) 大铲

(c) 灰斗

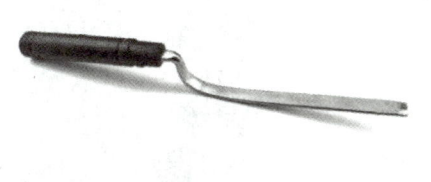
(d) 溜子

(e) 砖夹

图 4-5 砌筑的主要手工工具

的黑铁皮制成,供存放砂浆使用。

4. 溜子,又叫灰匙、勾缝刀,一般以 $\phi 8$ 钢筋打扁制成,并装上木柄,通常用于清水墙勾缝;用 0.5～1mm 厚薄钢板制成较宽的溜子,则用于毛石墙勾缝。

5. 砖夹,用于装卸砖块,施工单位可用 $\phi 16$ 的钢筋自制砖夹,一次可以夹起 4 块标准砖。

4.2.6 砌筑的质量检测工具

砌体工程质量检测工具主要有钢卷尺、托线板、线坠等。

1. 钢卷尺。主要用来量测轴线尺寸、位置及墙长、留洞位置尺寸等。
2. 托线板,又称靠尺板。用于检查墙面垂直度和平整度。
3. 线坠。主要与托线板配合使用。
4. 塞尺。测定墙、柱的垂直度、平整度的偏差。
5. 水平尺。用来检查砌体对于水平位置的偏差。
6. 准线。是砌墙时拉的细线。用于砌体砌筑时拉水平用;也用来检查水平缝的平直度。
7. 百格网。用于检查砌体水平缝砂浆饱满度。
8. 方尺。有阴角和阳角两种。分别用于检查砌体转角的方正程度。

砌筑的主要质量检测工具,如图 4-6 所示。

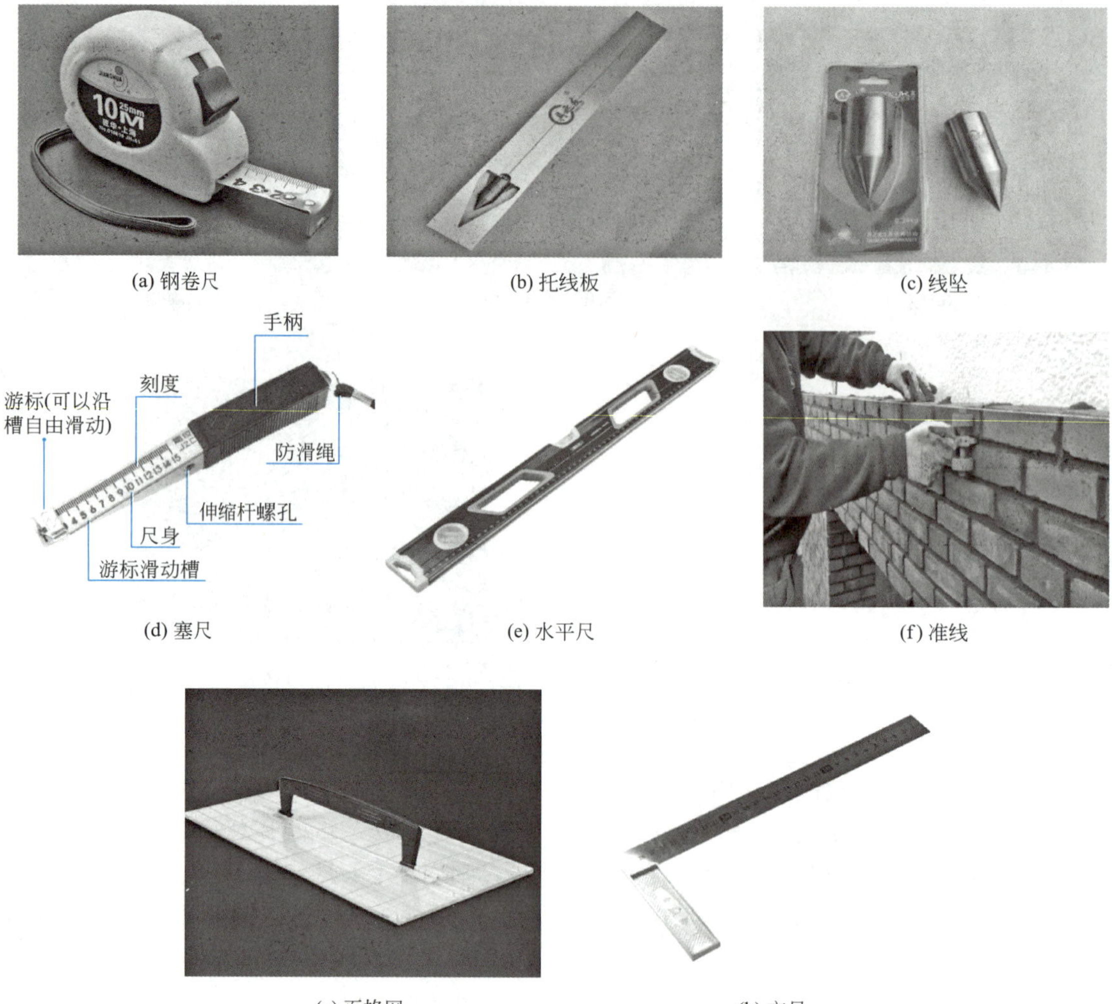

图 4-6　砌筑的主要质量检测工具

任务 4.3　砖砌体施工

4.3.1　砖砌体施工工艺

砖砌筑工序包括：抄平、放线→摆砖样→立皮数杆→盘角及挂线→砌筑→勾缝与清理。

1. 抄平、放线

砌墙前应在基面上定出各层标高；并采用水泥砂浆或细石混凝土找平。根据施工图纸要求，弹出墙身轴线、墙身边线及门窗洞口位置线。

2. 摆砖样

在放线的基准面上按选定的组砌方式进行干砖试摆，目的是在砌筑时确定砖的模数，并能准确地按照放线的位置咬槎搭砌，尽可能减少砍砖。

3. 立皮数杆

皮数杆包括砖皮数和砖缝厚度。目的就是保证砌体的皮数、砖缝厚度一致。当砌筑墙体过长时，每隔10～15m再立一根皮数杆。

4. 盘角、挂线

砖砌通常先在墙角以皮数杆进行盘角，然后将准线挂在墙侧，作为墙身砌筑的依据，每砌一皮或两皮，准线向上移动一次。

5. 铺灰砌砖

宜采用一铲灰、一块砖、一挤揉的"三一"砌砖法，即满铺、满挤操作法。砌砖时砖要放平，砌砖一定"上跟线，下跟棱，左右相邻要对平"。

砌筑墙体的操作方法各地不一，但为保证砌筑质量一般采用"三一"砌砖法。砌筑过程中要注意以下事项。

（1）砌体砌筑时，混凝土多孔砖、混凝土实心砖、蒸压灰砂砖、蒸压粉煤灰砖等块体的产品龄期不应小于28d。

（2）有冻胀环境和条件的地区，地面以下或防潮层以下的砌体，不应采用多孔砖。

（3）不同品种的砖不得在同一楼层混砌。

（4）砌筑烧结普通砖、烧结多孔砖、蒸压灰砂砖、蒸压粉煤灰砖砌体时，砖应提前1～2d适度湿润，严禁采用干砖或处于吸水饱和状态的砖砌筑，块体湿润程度宜符合下列规定。

1）烧结类块体的相对含水率宜为60%～70%。

2）混凝土多孔砖及混凝土实心砖不需浇水湿润，但在气候干燥炎热的情况下，宜在砌筑前对其喷水湿润。其他非烧结类块体的相对含水率宜为40%～50%。

（5）砌体灰缝砂浆应密实饱满，砖墙水平灰缝的砂浆饱满度不得低于80%；砖柱水平灰缝和竖向灰缝砂浆饱满度不得低于90%。竖向灰缝不应出现瞎缝、透明缝和假缝。

（6）砖砌体的转角处和交接处应同时砌筑，严禁无可靠措施的内外墙分砌施工。在抗震设防烈度为8度及8度以上地区，对不能同时砌筑而又必须留置的临时间断处应砌成斜槎，如图4-7所示。普通砖砌体斜槎水平投影长度不应小于高度的2/3，多孔砖砌体的斜槎长高比不应小于1/2。斜槎高度不得超过一步脚手架的高度。

（7）非抗震设防及抗震设防烈度为6度、7度地区的临时间断处，当不能留斜槎时，除转角处外，可留直槎，但直槎必须做成凸槎，且应加设拉结钢筋，如图4-7所示。

拉结钢筋应符合下列规定。

1）每120mm墙厚放置1φ6拉结钢筋，当墙厚为120mm时应放置2φ6拉结钢筋。

2）间距沿墙高不应超过500mm，且竖向间距偏差不应超过100mm。

3）埋入长度从留槎处算起每边均不应小于500mm，对抗震设防烈度6度、7度的地区，不应小于1000mm。

4）末端应有90°弯钩。

（8）砖砌体的灰缝应横平竖直，厚薄均匀，水平灰缝厚度及竖向灰缝宽度宜为10mm，但不应小于8mm，也不应大于12mm。

（9）设计要求的洞口、沟槽、管道应于砌筑时正确留出或预埋，未经设计同意，不得

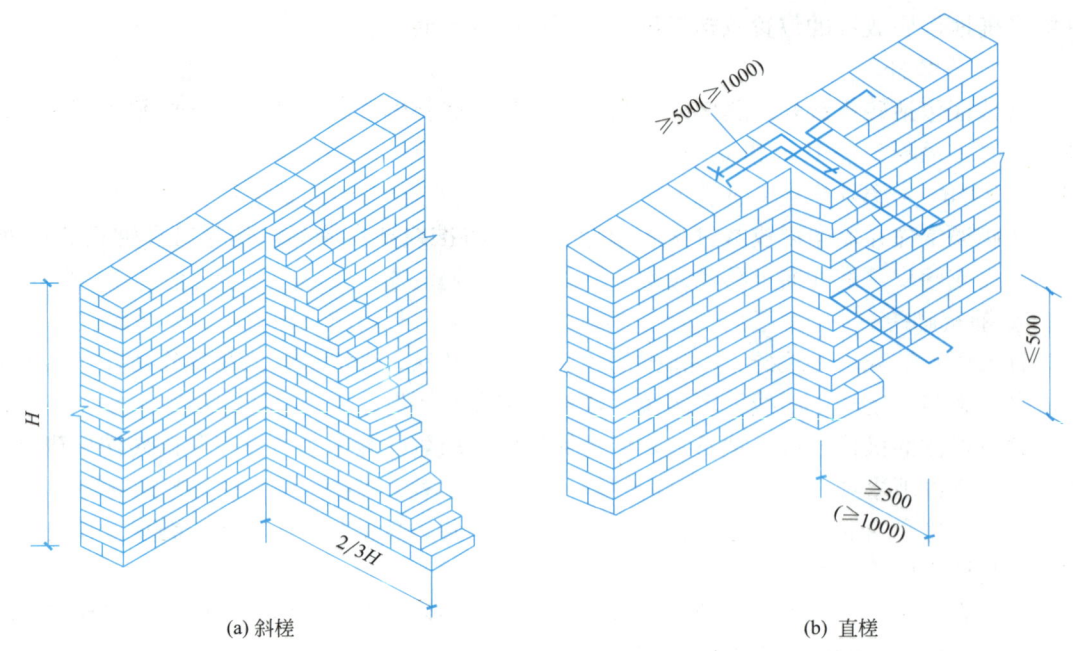

图 4-7 砖砌体斜槎与直槎

打凿墙体和在墙体上开凿水平沟槽。宽度超过 300mm 的洞口上部，应设置钢筋混凝土过梁。不应在截面长边小于 500mm 的承重墙体、独立柱内埋设管线。

（10）应该按照设计要求进行构造柱砌体的施工。砖墙与构造柱的连接处应砌成马牙槎，每个马牙槎沿高度方向的尺寸不宜超过 300mm，每个马牙槎退进应不小于 60mm，从每层柱脚开始，先退后进。砌筑时，砌体与构造柱间应沿墙高每 500mm 设拉结钢筋，钢筋数量及伸入墙内长度应满足设计要求。拉结钢筋布置及马牙槎设置要求如图 4-8 所示。

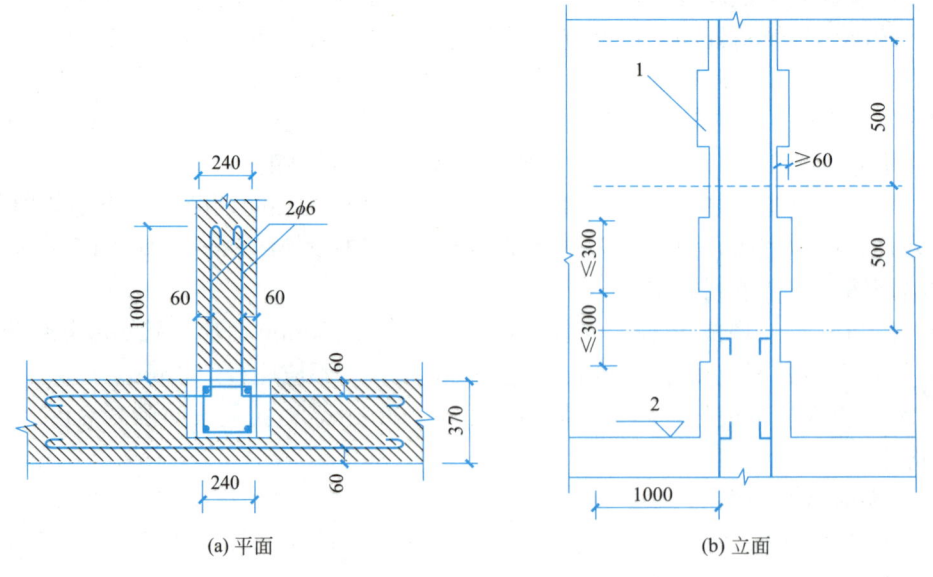

图 4-8 拉结钢筋布置及马牙槎

1—马牙槎；2—楼层面

6. 勾缝与清理

勾缝对于清水墙至关重要，它不仅关乎墙体的外观美感，还对墙体的耐久性有重要影响，应及时将灰缝划出深为10mm的沟槽，以便于勾缝时能使勾缝砂浆与灰缝更好地结合，增强粘结力，确保勾缝质量。

在勾缝前，需先清理灰缝内的杂物和灰尘，并洒水湿润，让灰缝具有一定的湿度，避免吸收勾缝砂浆中的水分而影响砂浆的强度和粘结效果。

勾缝的材料一般采用与墙体砌筑砂浆成分相近的水泥砂浆，可根据需要添加颜料以调整颜色，使其与墙体颜色相协调，达到更好的装饰效果。勾缝时，应使用专用的勾缝工具，如勾缝刀、溜子等，将砂浆均匀地填充到灰缝中，并压实抹光，确保灰缝表面平整、光滑、密实，无孔洞、裂缝等缺陷。

勾缝的形式有多种，常见的有平缝、凹缝、凸缝等。平缝外观平整，施工简单；凹缝能使墙体显得更加古朴、自然，且雨水不易积存；凸缝则具有较强的立体感，能增加墙体的装饰性。可根据建筑的风格和设计要求选择合适的勾缝形式。

完成勾缝后，要对墙面进行清理，去除残留的砂浆和杂物，并进行养护。养护期间要保持墙面湿润，避免阳光直射和风吹，一般养护时间不少于7d，以保证勾缝砂浆的强度和耐久性，使清水墙能够长期保持美观、坚固的状态。

4.3.2 砖砌体工程质量验收

砖砌体工程的质量验收包含主控项目和一般项目。

1. 主控项目

（1）砖和砂浆的强度等级

砖和砂浆的强度等级必须符合设计要求。

抽检数量：每一生产厂家，烧结普通砖、混凝土实心砖每15万块各为一验收批，烧结多孔砖、混凝土多孔砖、蒸压灰砂砖及蒸压粉煤灰砖每10万块各为一验收批，不足上述数量时按1批计，抽检数量为1组。砂浆试块的抽检数量应符合相关规定，同一类型、强度等级的砂浆试块应不少于3组。

检验方法：查砖和砂浆试验报告。

（2）砌体灰缝砂浆饱满度

砖墙水平灰缝的砂浆饱满度不得低于80%；砖柱水平灰缝和竖向灰缝的砂浆饱满度不得低于90%。

抽检数量：每检验批抽查不应少于5处。

检验方法：用百格网检查砖底面与砂浆的粘结痕迹面积，每处检测3块砖，取其平均值。

（3）轴线位移和垂直度

砖砌体的轴线位移不得超过10mm。砖砌体的垂直度偏差，每层不应超过5mm，全高小于或等于10m时，垂直度偏差不应超过10mm；全高大于10m时，垂直度偏差不应超过20mm。

抽检数量：轴线偏移，每检验批抽10%的承重墙柱，且不应少于3处。垂直度，每层检测不应少于3处，全高垂直度检测应根据建筑物总高度确定抽检数量。

检验方法：用经纬仪和尺检查或用其他测量仪器检查轴线位移；用 2m 托线板检查每层垂直度，用经纬仪或吊线和尺检查全高垂直度。

（4）留槎

抽检数量：每检验批抽 20% 接槎，每检验批抽查不应少于 5 处。

检验方法：观察检查。

2. 一般项目

（1）组砌方法

砖砌体组砌方法应正确，内外搭砌，上下错缝。清水墙、窗间墙无通缝；混水墙中不得有长度大于 300mm 的通缝，长度 200~300mm 的通缝每间不超过 3 处，且不得位于同一面墙体上。砖柱不得采用包心砌法。

抽检数量：每检验批抽查不应少于 5 处。

检验方法：观察检查。砌体组砌方法抽检每处应为 3~5m。

（2）灰缝厚度

砖砌体的灰缝应横平竖直，厚薄均匀，水平灰缝厚度及竖向灰缝宽度宜为 10mm，不应小于 8mm，也不应大于 12mm。

抽检数量：每检验批抽查不应少于 5 处。

检验方法：水平灰缝厚度用尺量 10 皮砖砌体高度折算；竖向灰缝宽度用尺量 2m 砌体长度折算。

（3）表面平整度

清水墙、柱表面平整度允许偏差为 5mm，混水墙、柱表面平整度允许偏差为 8mm。

抽检数量：每检验批抽查 10% 的墙面，且不应少于 3 处。

检验方法：用 2m 靠尺和楔形塞尺检查。

（4）门窗洞口高、宽

门窗洞口高、宽（后塞口）的允许偏差为 ±5mm。

抽检数量：按检验批抽检 10%，且不应少于 5 处。

检验方法：用尺检查。

任务 4.4　砌块砌体施工

4-5　砌块砌体工程

4.4.1　砌块砌体的施工工艺

砌块砌体的施工工艺流程：基层清理→墙体放线→立皮数杆→设置拉结筋→砌块砌筑→质量验收。

1. 基层清理

将楼地面和混凝土柱（墙）面的灰渣清理干净，基层高出的部分应剔除平整，基层凹陷部分用水泥砂浆或细石混凝土填补平整，基层应验收合格。

2. 墙体放线

根据设计图纸的要求进行弹线，弹好墙体轴线、墙身边线及门窗洞口位置线。

3. 立皮数杆

在皮数杆上或柱、墙上排出砖的皮数以及灰缝的厚度,并标出窗台、洞口、圈梁等的标高,以保证砌体的尺寸。

4. 设置拉结筋

按设计要求,在墙体与结构柱、墙的连接处精准设置拉结筋,拉结筋的数量、直径、间距、长度等参数务必符合规定。一般采用植筋或预留的方式设置,确保墙体与主体结构连接牢固,协同受力。

5. 砌块砌筑

以蒸压加气混凝土砌块为例,通常采用铺浆法砌筑,砌筑时注意以下方面。

(1) 砌筑填充墙时,蒸压加气混凝土砌块的产品龄期不应小于28d。

(2) 采用薄灰砌筑法(水平灰缝厚度和竖向灰缝宽度为2~4mm)施工的蒸压加气混凝土砌块,砌筑前不应对其浇(喷)水湿润;蒸压加气混凝土砌块采用专用砂浆或普通砂浆砌筑时,应在砌筑当天对砌块砌筑面喷水湿润。

(3) 在厨房、卫生间、浴室等处采用蒸压加气混凝土砌块砌筑墙体时,墙底部宜现浇混凝土坎台,其高度宜为150mm。

(4) 当墙长度大于5m或墙长大于2倍墙高时,在墙中部设构造柱,墙顶部与结构顶板或梁进行拉结。

(5) 蒸压加气混凝土砌块不应与其他块体混砌,不同强度等级的同类块体也不得混砌。

(6) 砌筑填充墙时应错缝搭砌,蒸压加气混凝土砌块搭砌长度不应小于砌块长度的1/3;竖向通缝不应大于2皮。

(7) 填充墙的水平灰缝厚度和竖向灰缝宽度应符合要求。蒸压加气混凝土砌块砌体当采用水泥砂浆、水泥混合砂浆或蒸压加气混凝土砌块砌筑砂浆时,水平灰缝厚度和竖向灰缝宽度不应超过15mm;当蒸压加气混凝土砌块砌体采用蒸压加气混凝土砌块粘结砂浆时,水平灰缝厚度和竖向灰缝宽度宜为3~4mm。

4.4.2 砌块砌体施工质量验收要求

砌块砌体施工质量验收包括主控项目和一般项目。

1. 主控项目

(1) 砌块和砂浆的强度等级

砌块和砂浆的强度等级必须符合设计要求。

抽检数量:每一生产厂家,每1万块小砌块为一验收批,不足1万块按一批计,抽检数量为1组。砂浆试块的抽检数量应符合相关规定,每一检验批且不超过250m³砌体的各类、各强度等级的普通砌筑砂浆,每台搅拌机应至少抽检一次。

检验方法:检查砌块和砂浆的试块试验报告。

(2) 砂浆饱满度

砌体水平灰缝的砂浆饱满度,应按净面积计算不得低于90%;竖向灰缝的砂浆饱满度不得小于80%,竖缝凹槽部位应用砌筑砂浆填实;不得出现瞎缝、透明缝。

抽检数量:每检验批抽查不应少于5处。

检验方法：用百格网检查砖底面与砂浆的粘结痕迹面积。每处检测3块砖，取其平均值。

（3）墙体转角处和交接处砌筑

墙体转角处和纵横墙交接处应同时砌筑。临时间断处应砌成斜槎，斜槎水平投影长度不应小于高度的2/3。

抽检数量：每检验批抽20%数量的接槎，且不应少于5处。

检验方法：观察检查。

（4）拉结筋设置

填充墙砌体应与主体结构可靠连接，其连接构造应符合设计要求，未经设计同意，不得随意改变连接构造方法。每一填充墙与柱的拉结筋的位置超过一皮块体高度的数量不得多于一处。

抽检数量：每检验批抽查不应少于5处。

检验方法：观察和尺量检查。

2. 一般项目

（1）轴线位移和垂直度

轴线位移允许偏差为10mm；垂直度每层允许偏差为5mm，全高小于或等于10m时允许偏差为10mm，全高大于10m时允许偏差为20mm。

抽检数量：轴线位移每检验批抽查不应少于5处；垂直度每层不少于3处，全高垂直度检查不少于3处。

检验方法：轴线位移用经纬仪和尺检查或用其他测量仪器检查；垂直度每层用2m托线板检查。

（2）表面平整度

表面平整度允许偏差为8mm。

抽检数量：每检验批抽查不应少于5处。

检验方法：用2m靠尺和楔形塞尺检查。

（3）水平灰缝厚度和竖向灰缝宽度

水平灰缝厚度和竖向灰缝宽度宜为10mm，但不应小于8mm，也不应大于12mm。

抽检数量：每检验批抽查不应少于5处，每处连续量10皮砌体高度，取其平均值。

检验方法：用尺量5皮砌块的高度和2m砌体长度折算。

（4）门窗洞口高、宽及外墙上下窗口偏移

门窗洞口高、宽允许偏差为±5mm，外墙上下窗口偏移允许偏差为20mm。

抽检数量：门窗洞口每检验批抽查不应少于5处；外墙上下窗口偏移按楼层抽查10%，且不应少于5处。

检验方法：门窗洞口高、宽用尺检查；外墙上下窗口偏移以底层窗口为准，用经纬仪或吊线检查。

（5）拉结筋外观及位置

拉结筋位置应正确，外露长度符合设计要求，无漏放、锈蚀等现象。

抽检数量：每检验批抽查不应少于5处。

检验方法：观察和尺量检查。

任务 4.5 石砌体施工

砌石工程按其坐浆与否分为浆砌石与干砌石。干砌石是不用任何灰浆把石块砌筑起来，浆砌石是采用坐浆砌筑的方法。砌筑用石材分为毛石和料石两种。

4-6 石砌体工程

4.5.1 石砌体施工工艺流程

石砌体施工工艺流程如下：砌筑面准备→选料→铺浆→砌石料→捣实→清除石面浮浆→检查砌筑质量→勾缝→养护。

特别注意，砌筑面准备时，要剔除表面松散的岩块，表面光滑的岩石要凿毛。

4.5.2 毛石砌体砌筑

1. 毛石基础的砌筑要点

第一皮应选大平面石块，大面朝下，坐浆砌筑；石块间较大的缝隙应先填塞砂浆，后用碎石嵌实，顺序不得反；毛石基础最上一皮应选较大的毛石砌筑。

阶梯形毛石基础，上阶的石块应至少压砌下阶石块面积的 1/2。

转角处与交接处应同时砌筑，不能同时砌筑而又必须留置的临时间断处，应砌成斜槎。

2. 毛石墙的砌筑要点

（1）毛石墙转角处与交接处应同时砌筑，不能同时砌筑而又必须留置的临时间断处，应砌成踏步槎。

（2）毛石墙每日砌筑高度不应超过 1.2m。

（3）毛石与普通烧结砖的组合墙，应同时砌筑，并每隔 4～6 皮砖用 2～3 皮丁砖与毛石砌体拉结砌合，两种砌体间的空隙用砂浆填塞。

毛石与普通烧结砖的组合墙，如图 4-9 所示。

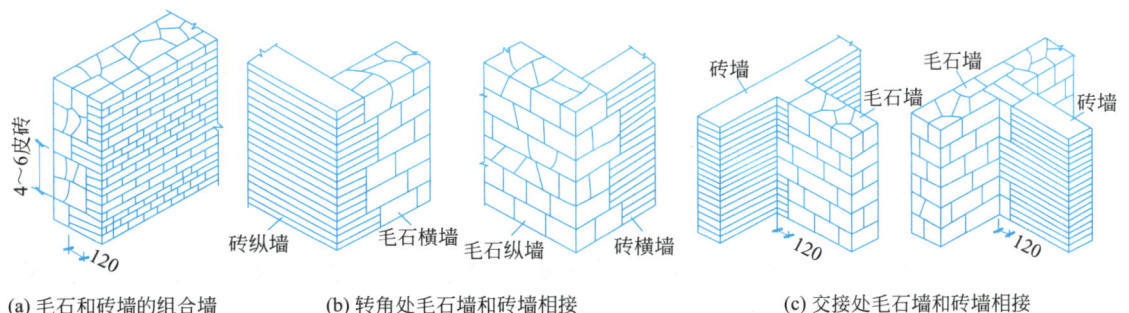

(a) 毛石和砖墙的组合墙　　(b) 转角处毛石墙和砖墙相接　　(c) 交接处毛石墙和砖墙相接

图 4-9　毛石与普通烧结砖的组合墙

4.5.3 料石砌体砌筑

1. 料石基础的砌筑要点

（1）竖向灰缝应错开，错开长度不小于料石宽度的 1/2。

（2）第一皮石块应坐浆砌筑。

（3）阶梯形料石基础，上阶的料石至少压砌下阶料石面积的 1/3。

（4）料石基础应先砌转角处或交接处，再依准线砌中间部分，临时间断处应砌成斜槎。

2. 料石墙的砌筑要点

（1）料石与毛石的组合墙，料石在外，毛石在里；料石与砖的组合墙，里外材料没有严格限制。

（2）料石墙先砌转角处和交接处，再砌筑中间部分。

任务 4.6　砌体冬期施工要求

4-7　砌体工程冬期施工

砌体砂浆会在负温下冻结，影响砂浆后期强度和粘结力，使砌体结构遭受破坏。因此，当日最低气温低于 0℃时或室外日平均气温连续 5d 稳定低于 5℃时，应采取有效的措施尽可能减少冻害程度。

4.6.1　砌筑工程冬期施工常用方法

砌筑工程冬期施工常用方法有掺盐砂浆法、暖棚法。

1. 掺盐砂浆法

掺盐砂浆法是在砂浆中掺入一定数量的氯化钠（单盐）或氯化钠加氯化钙（双盐），以降低冰点，使砂浆中的水分在低于 0℃一定范围内不冻结。这种施工方法简便经济、可靠，是砌筑工程冬期施工广泛采用的方法。掺盐砂浆法的掺盐量应符合规定。

2. 暖棚法

暖棚法是利用简易结构和廉价的保温材料，将需要砌筑的砌体和工作面临时封闭起来，棚内加热，使之在正温条件下砌筑和养护。暖棚法费用高、热效低、劳动效率不高，因此宜少采用。一般而言，地下工程、基础工程以及量小又急需使用的砌体，可考虑采用暖棚法施工。

4.6.2　砌筑工程冬期施工技术措施

1. 冬期施工所用材料应符合下列规定。

（1）石灰膏等胶结材料应采取保温措施防止受冻。若已冻结，应经完全融化并重新拌合均匀后方可使用。

（2）拌制砂浆所用砂不得含有冰块和直径大于 10mm 的冻结块。投料时砂的温度不得超过 40℃，且需保证级配符合设计要求。

（3）砌体用砖、砌块等块材在砌筑前应清除表面冰雪及冻结物，不得采用遭水浸冻或表面结冰的块体。

2. 冬期施工砂浆试块的留置，除应按常温规定要求外，尚应增加 1 组与砌体同条件养护的试块，用于检验转入常温 28d 的强度。如有特殊需要，可另外增加相应龄期的同条件养护的试块。

3. 地基土有冻胀性时，应在未冻的地基上砌筑，并应防止在施工期间和回填土前地基受冻。

4. 冬期施工中砖、小砌块浇（喷）水湿润应符合下列规定。

（1）烧结普通砖、蒸压灰砂砖、吸水率较大的轻骨料混凝土小型空心砌块在气温高于0℃条件下砌筑时，应浇水湿润；在气温低于或等于0℃条件下砌筑时，可不浇水，但必须增大砂浆稠度。

（2）普通混凝土小型空心砌块、混凝土多孔砖及采用薄灰砌筑法的蒸压加气混凝土砌块施工时，不应对其浇（喷）水湿润。

（3）抗震设防烈度为9度的建筑物，当烧结普通砖、烧结多孔砖、蒸压粉煤灰砖、烧结空心砖无法浇水湿润时，如无特殊措施，不得砌筑。

5. 拌合砂浆时水的温度不得超过80℃，砂的温度不得超过40℃。

6. 采用砂浆掺外加剂法、暖棚法施工时，砂浆使用温度不应低于5℃。

7. 采用暖棚法施工，块体在砌筑时的温度不应低于5℃，距离所砌的结构底面0.5m处的棚内温度也不应低于5℃。

8. 采用外加剂法配制的砌筑砂浆，当设计无要求，且最低气温低于或等于－15℃时，砂浆强度等级应较常温施工提高一级。

9. 配筋砌体不得采用掺氯盐的砂浆施工。

【勤练入心】

一、单选题

1. 基础下部的扩大部分称为（　　）。
A. 大放脚　　　B. 墙基　　　C. 墙脚　　　D. 垫层

2. （　　）是以水泥、矿渣、砂、石灰等为主要原料，加入发气剂，经搅拌成型、蒸压养护而成的实心砌块。
A. 轻骨料混凝土砌块　　　　　B. 普通混凝土空心砌块
C. 粉煤灰空心砌块　　　　　　D. 蒸压加气混凝土砌块

3. （　　）可用来测定墙、柱的垂直、平整度的偏差。
A. 准线　　　B. 水平尺　　　C. 线坠　　　D. 塞尺

4. （　　）操作口诀是："一铲（刀）灰、一块砖、一挤揉"。
A. 挤浆法　　　B. 刮浆法　　　C. 三一砌砖法　　　D. 满口灰法

5. 填充墙砌体应与主体结构可靠连接，其连接构造应符合设计要求，未经设计同意，不得随意改变连接构造方法，每检验批抽查不应少于（　　）处。
A. 3　　　B. 4　　　C. 5　　　D. 6

二、填空题

1. 砖基础组砌形式有（　　）和（　　）两种。

2. 砌体砌筑时，混凝土多孔砖、混凝土实心砖、蒸压灰砂砖、蒸压粉煤灰砖等块体的产品龄期不应小于（　　）d。

3. 砖砌体的灰缝应横平竖直，厚薄均匀，水平灰缝厚度及竖向灰缝宽度宜为（　　）。

4. 砌筑用石材分为（　　）和（　　）两种。

5. 砌筑工程冬期施工常用方法有（　　　　）、（　　　　）。

三、判断题

1. 砖的一等品可用于清水墙和墙体装饰。（　　）
2. 砌筑毛石基础的第一皮石块应坐浆，并将石块的大面向下。（　　）
3. 普通烧结砖外形为直角六面体，其公称尺寸为240mm×120mm×60mm。（　　）
4. 砌筑填充墙时应错缝搭砌，蒸压加气混凝土砌块搭砌长度不应小于砌块长度的1/3；竖向通缝不应大于3皮。（　　）
5. 砌筑工程冬期施工常用方法有掺盐砂浆法、暖棚法。（　　）

四、简答题

1. 砖砌体的勾缝的形式主要有哪几种？
2. 砖砌体质量检验主控项目有哪些？
3. 毛石墙的砌筑要点有哪些？

【思政入神】

中国砌体结构：跨越千年的建筑技艺与现代创新

中国砌体结构，这一跨越千年的建筑技艺，见证了中华民族在建筑领域的卓越成就。从远古时期的简单住所到秦汉时期的辉煌长城，再到明清时期的精致城墙与皇家园林，砌体结构始终是中国古建筑的重要组成部分。

早期，远古人民利用石块、泥土等自然材料，构建了砌体结构的雏形。新石器时代，技术的进步使得建筑更加复杂，石砌祭坛、围墙等应运而生。秦汉时期，秦长城是中国古代砌体结构建筑的杰出代表，同时汉代制砖技术的快速发展，为后世砌体结构奠定了基础。唐宋时期，砖的装饰性得到显著提升，西安大雁塔、开封铁塔等建筑，展示了砌体结构的艺术魅力。

明清时期，制砖技术达到巅峰，万里长城的一部分墙身改为用砖包砌，北京城、南京城等各大城市的城墙也大多用砖包砌。此外，还出现了无梁殿形式的砖结构建筑和众多精美的砖塔，这些建筑都体现了古代工匠的高超技艺。

一些代表性的古建筑也都展示了中国砌体结构的发展历程和精湛技艺。嵩岳寺塔作为中国现存最早的砖塔，展示了砌体结构的历史深度。赵州桥，作为世界上最早的开敞式石拱桥，其独特设计体现了古代中国人民的智慧。都江堰水利工程，则展示了砌体结构在水利工程中的杰出应用。

进入现代，中国砌体结构在继承传统的基础上，不断创新与发展。新型砖块材料，如气泡陶粒砌块、新型钢筋混凝土异形砖等，提高了结构性能和耐久性。数字化设计与建造技术、智能化管理技术的应用，提升了建造效率与安全性。同时，差异化设计与个性化需求的满足，以及绿色建筑理念的推广，使得砌体结构更加符合现代社会的需求。

在城市更新、农村危房改造以及公共建筑等领域，砌体结构因其高耐久性、防火性和抗震性得到了广泛应用。公共建筑，如图书馆、博物馆、剧院等，因对高度和质量的高要求，使得砌体结构成为不可或缺的选择。

中国砌体结构在历经千年的发展中，积累了丰富的经验与技艺，并在不断创新中展现出新的活力。它不仅承载着历史的厚重与文化的积淀，更体现了中国建筑人对技术不断追求与进步的精神。在保持传统优势的基础上，砌体结构与现代建筑技术相融合，为现代建筑提供了更多可能性，推动建筑行业的创新与发展。借鉴古代智慧，我们可以创造出更多具有时代特色和民族特色的建筑作品，为中华民族的文化繁荣做出贡献。

【案例入魂】

某红砖厂较大坍塌事故案例分析

一、事故概况

2017年2月11日，某市某红砖厂在将砖砌拱形砖窑改为平顶砖窑施工中，发生较大坍塌事故，造成4人死亡，1人受伤，直接经济损失约257万元。

二、事故经过

2017年1月16日，陈某按照张某要求组织工人对红砖厂进行技改。2月11日8时许，陈某组织23名工人进行技改；16时30分，陈某安排5名工人清理最外面一条焙烧窑道内的渣子和拆除内侧窑墙；17时左右，外侧窑墙中间段向内发生坍塌，致使5名现场工人被掩埋。

4-8 高处坠落警示教育

三、事故原因分析

1. 直接原因：拆除原有砖砌隧道拱形结构，并用砖加高隧道平顶砖窑的窑墙，平顶结构尚未形成，改变了原有砖砌隧道拱形砖窑的受力形式。且事故窑墙未设任何内支撑连接，加之加高的隧道平顶砖窑的窑墙墙背用胶皮水管冲水回填，降低了窑墙砌体强度。

2. 间接原因：

（1）安全生产主体责任落实不到位：技术管理措施缺失，技改施工前未编制施工设计图、施工组织设计及施工方案，施工过程中未对作业人员进行安全技术交底，全凭经验施工，缺乏技术支撑及组织措施保障。

（2）现场施工管理混乱：新旧窑墙之间未做任何连接处理，仅对原有窑墙镶砌部位进行了清理和湿润处理。分仓砖墙与窑墙间连接不规范，多数未见有效的马牙槎连接。

（3）安全意识淡薄：企业负责人及相关管理人员对安全生产工作不够重视，对技改施工过程中的安全风险认识不足，未采取有效的安全防范措施。

（4）监管不到位：相关监管部门对企业的安全生产监管存在薄弱环节，未能及时发现和纠正企业在技改施工过程中的违法违规行为。

四、事故处理

1. 处理建议：事故调查组建议追究刑事责任的人员2人；其他处理9人。

2. 关键人员：对于技改施工的实际负责人张某，根据相关法律规定，建议由司法机关依法追究刑事责任。

五、警示意义

1. 安全意识的重要性。施工方要严格按照施工质量要求规范施工，严明法纪，严格管理，有责任担当。

2. 工程人员要有严谨求实的工作作风。工程人员对本职专业时刻保持敬畏之心，恪守本专业的严谨性，不能有丝毫放松。

3. 工程人员要有强烈的责任感，只有具备正确的价值观和职业观，才能走出广阔天地。

【实践入行】

砌筑实训指导书

一、实训目的

通过训练，可提高对施工工艺的实际动手能力，积累施工经验，将所学的砌体工程等有关的理论转化为实操能力；学生能看懂图、能按照砌体施工工艺流程进行砌筑。让学生掌握基本砌筑方法、施工工艺及质量控制要点，培养学生的动手能力和团队协作精神。

二、任务描述

1. 实训任务

完成砖砌体三顺一丁墙体的砌筑。

2. 实训内容

（1）砖墙类型选择：提供不同类型的砖墙砌筑任务，如240mm厚的实心砖墙、120mm厚的半砖墙、370mm厚的一砖半墙等，让学生根据给定的图纸和要求进行选择。

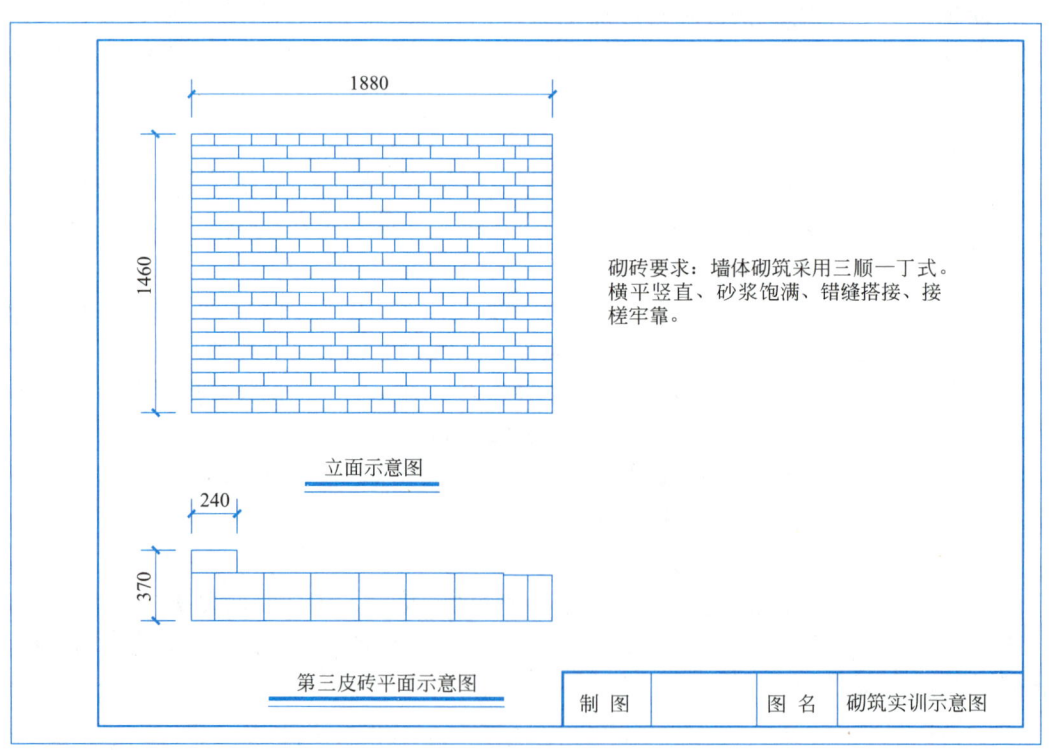

（2）排砖摆底：根据砖墙的长度、高度和门窗洞口位置等，进行排砖摆底，确定砖的摆放方式和灰缝的大小，使砖墙的砌筑更加美观和牢固。

(3) 墙体砌筑：使用合适的砌筑方法，如满刀灰法、挤浆法等，进行砖墙的砌筑。在砌筑过程中，要注意砖的错缝搭接、内外墙的拉结筋设置、过梁和圈梁的位置等。同时，要控制好墙体的垂直度、平整度和灰缝的质量。

(4) 质量验收与整改：完成砖墙砌筑后，按照相关标准进行质量验收，包括墙面垂直度、平整度、水平灰缝厚度、砂浆饱满度等指标的检查。对存在的质量问题进行分析和整改，直至达到验收标准。

三、实施条件

(1) 场地：实训基地。
(2) 材料：灰砂砖、中砂、熟石灰。
(3) 工具：斗车、皮数杆、手套、卷尺、瓦刀、铁铲、安全帽、灰桶、水平尺等。
(4) 操作人数：每组四人一个工位。

四、实训时间

实训总时长为 2 天。

五、评分细则

实训总成绩由职业素养与操作规范得分和作品得分两部分组成。考核项目的评价包括职业素养与操作规范、作品两个方面，总分为 100 分。其中，职业素养与操作规范占该项目总分的 20%，作品占该项目总分的 80%。职业素养与操作规范、作品两项考核均需合格，总成绩才能评定为合格。

评分总表

职业素养与操作规范得分 （权重系数 0.2）	作品得分 （权重系数 0.8）	总分

职业素养与操作规范评分表

考核内容	评分标准	扣分标准	标准分	得分
职业素养与操作规范	施工前检查给定的图纸、资料是否齐全，施工材料、工具、记录表格等是否到位，戴好安全帽，做好施工前的准备工作	没有检查记零分，少检查一项扣 5 分，没有戴安全帽扣 10 分	20	
	文字、图表作业应字迹工整、填写规范	文字潦草扣 5 分，表格填写不规范扣 5 分	15	
	严格遵守纪律，遵守安全操作规程、有良好的环境保护意识，文明施工	有违反纪律行为扣 10 分，没有环境保护意识，乱扔纸屑扣 10 分，不遵守安全操作规程扣 5 分	25	
	不浪费材料，不损坏考试仪器、工具及设施	浪费材料扣 5 分，损坏考试仪器、工具及设施扣 10 分	20	
	任务完成后，整齐摆放图纸、资料、工具、凳子等，整理工作台面，工完场清	任务完成后，没有整齐摆放资料、工具扣 10 分，没有清理场地，没有摆好凳子、整理工作台面扣 10 分	20	
总分				

作品评分表

评分日期： 年 月 日　　实训班级：　　组号：　　考评员签名：

项目	水平度	垂直度	平整度	长度	高度	灰缝厚度	组砌方式	文明施工	总分
容许偏差	10mm	10mm	5mm	10mm	10mm	1mm	—	—	
分值	15	15	15	15	15	10	5	10	
测量方法	测量顶皮砖平整度	测量左侧垂直度	左下至右上	测量正立面全长	测量左立面高度	抽取2处	目测	整洁无污染	
扣分标准	每超过1mm扣1分	每超过1mm扣1分	每超过1mm扣1分	每超过1mm扣1分	每超过1mm扣1分	每超过1mm扣1分	错误不得分	每处扣2分	
分项得分									

项目5

钢筋混凝土工程

教学目标

一、知识目标

1. 了解模板工程中模板的种类、构造组成、设计要求和安装拆除工艺流程。
2. 了解钢筋的加工工艺及相应的技术参数和质量标准。
3. 熟悉钢筋的连接方式及其适用范围、连接工艺要求和质量检验方法。
4. 理解混凝土的搅拌、运输、浇筑、振捣和养护等施工工艺及技术要点。
5. 熟悉混凝土施工过程中的质量控制指标和常见质量问题的防治措施。

二、能力目标

1. 施工操作能力：在老师的指导下，能够使用钢筋加工设备进行钢筋的简单加工和连接操作；能够正确操作混凝土搅拌、运输、浇筑和振捣设备；能够安全地进行模板的安装和拆除工作。
2. 质量检测与控制能力：能够运用各种检测工具对钢筋的加工质量、混凝土的原材料质量和施工过程中的质量指标进行现场检测和检验。
3. 安全防护能力：能够正确佩戴和使用个人安全防护用品；能够识别施工现场存在的安全隐患；能够在发生安全事故时，迅速做出正确的应急反应。
4. 问题解决能力：能够运用所学的专业知识和实践经验进行分析和判断，针对钢筋混凝土工程施工中出现的常见技术问题提出初步可行的解决方案。

三、素质目标

1. 职业道德素养：培养学生严谨、认真、负责的工作态度和敬业精神，引导学生树立团队合作意识和协作精神；培养学生的成本意识和节约观念，做到文明施工。
2. 安全与环保素养：培养学生的安全风险识别和防范能力，提高应对突发事件的能力。培养学生在钢筋混凝土工程施工中尽量减少资源浪费、降低环境污染的环保意识和社会责任感。
3. 创新与实践素养：培养学生的创新思维和实践能力，鼓励学生积极参加各类技能竞赛和实践活动，提高学习兴趣和学习积极性。

【思维导图】

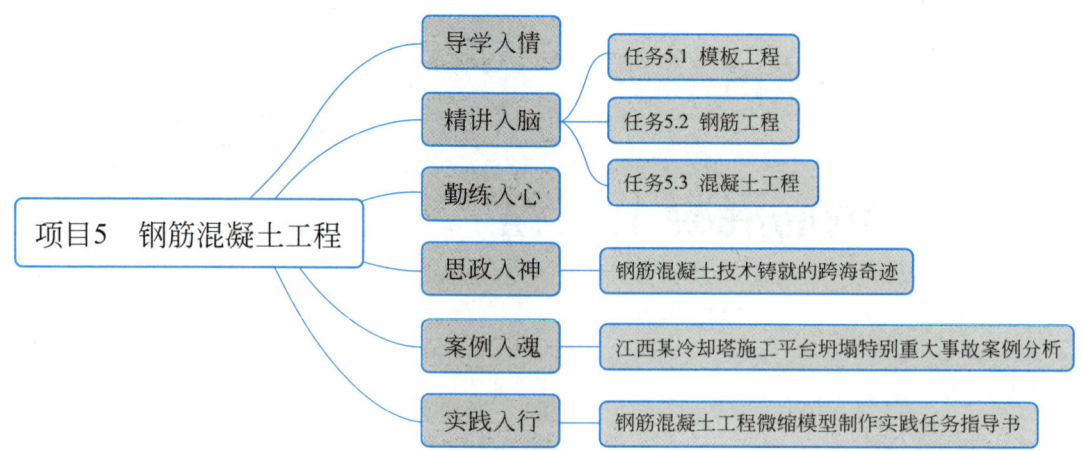

【导学入情】

19世纪法国园艺师约瑟夫·莫尼尔在制作花盆时,为了防止花盆破裂,尝试在混凝土中加入铁丝网,结果发现花盆变得更加坚固耐用。这一偶然的发现引起了建筑领域的重大变革,并逐渐发展形成了现代的钢筋混凝土结构。

5-1 钢筋混凝土工程概述

在现代建筑中,如住宅、商业建筑、工业厂房等,钢筋混凝土是主要的结构材料之一。钢筋混凝土同时也是建造水坝的主要材料之一,它能够承受巨大的水压和水荷载,保证水坝的稳定性和安全性。通过合理配置钢筋和控制混凝土的质量,可以有效地防止水坝出现裂缝和渗漏等问题,确保水利工程的正常运行。

我国大型水利枢纽工程三峡大坝是混凝土重力坝,其主体结构大量采用钢筋混凝土。在大坝的坝体、坝基以及各类水工建筑物的建设中,如电站厂房、船闸等,通过合理配置钢筋和浇筑混凝土,形成坚固的结构体,以承受巨大的水压力、土压力以及其他荷载。例如,大坝的坝体通过分层浇筑钢筋混凝土,保证了坝体的整体性和稳定性,使其能够有效阻挡长江江水,发挥防洪、发电等功能。

那么,钢筋混凝土是如何形成的呢?通过本项目的学习,我们将会找到答案。

项目 5　钢筋混凝土工程

【精讲入脑】

钢筋混凝土工程是指按设计要求，将钢筋和混凝土两种材料利用模板浇筑而成的各种形状和大小的构件或结构。混凝土是由胶结料、骨料、水、掺合料和外加剂按一定比例拌合而成的混合物，经硬化后所形成的一种人造石。混凝土的抗压强度大，但抗拉强度却很低，受拉时容易产生断裂现象。为了弥补这一缺陷，则在构件受拉区配上抗拉强度很强的钢筋与混凝土共同工作，各自发挥其受力特性，从而使构件既能受压，亦能受拉。这种配有钢筋的混凝土，称为钢筋混凝土。

钢筋混凝土工程由模板、钢筋、混凝土等多个分项工程组成。

任务 5.1　模板工程

模板是使新拌混凝土在浇筑过程中保持设计要求的位置尺寸和几何形状，使之硬化成为钢筋混凝土结构或构件的模型。

模板工程的施工包括模板的选材、选型、设计、制作、安装、拆除和修整等过程，是钢筋混凝土工程的一个十分重要的组成部分，占其总价的 20%～30%，劳动量的 30%～40%，工期的 50% 左右，决定着钢筋混凝土工程的施工方法和施工机械的选择，直接影响工期和造价。

因此应积极推广应用新型模板体系，促进施工技术进步，达到节约施工成本和提高模板利用率的双重目标。

5-2　模板工程

5-3　模板支撑架标准化操作视频

5.1.1　模板分类

1. 按材料分类

模板按所用的材料不同，分为木模板、钢木模板、钢模板、钢竹模板、胶合板模板、塑料模板、玻璃钢模板、铝合金模板等，如图 5-1 所示。

(a) 木模板　　(b) 钢木模板　　(c) 胶合板模板　　(d) 钢模板　　(e) 塑料模板

图 5-1　按材料分类

（1）木模板的树种可按各地区实际情况选用，一般多为松木和杉木。由于木模板木材消耗量大，重复使用率低，为节约木材，在现浇钢筋混凝土结构中应尽量少用或不用木模板。

（2）钢木模板是以角钢为边框，以木板作面板的定型模板，其优点是可以充分利用木料并能多次周转使用。

（3）胶合板模板是以胶合板为面板，角钢为边框的定型模板。以胶合板为面板，克服了木材的不等方向性的缺点，受力性能好。这种模板具有强度高、自重小、不翘曲、不开裂、板幅大、接缝少的优点。

（4）钢竹模板是以角钢为边框，以竹编胶合板为面板的定型板。这种模板刚度较大、不易变形、重量轻、操作方便。

（5）钢模板一般均做成定型模板，用连接构件拼装成各种形状和尺寸，适用于多种结构形式，在现浇钢筋混凝土结构施工中广泛应用。钢模板一次投资量大，但周转率高，在使用过程中应注意保管和维护，防止生锈以延长钢模板的使用寿命。

（6）塑料模板、玻璃钢模板、铝合金模板具有重量轻、刚度大、拼装方便、周转率高的特点，但造价较高。

2. 按结构类型分类

在建筑施工中，各种现浇钢筋混凝土结构构件因其独特的形状、尺寸和构造要求，其模板的构造和组装方法也呈现出多样化的特点。这些模板不仅需要满足结构的强度和稳定性要求，还要考虑施工的便捷性和经济性。

按结构的类型，模板分为：基础模板、柱模板、梁模板、楼板模板、楼梯模板、墙模板、壳模板、烟囱模板等多种，如图 5-2 所示。

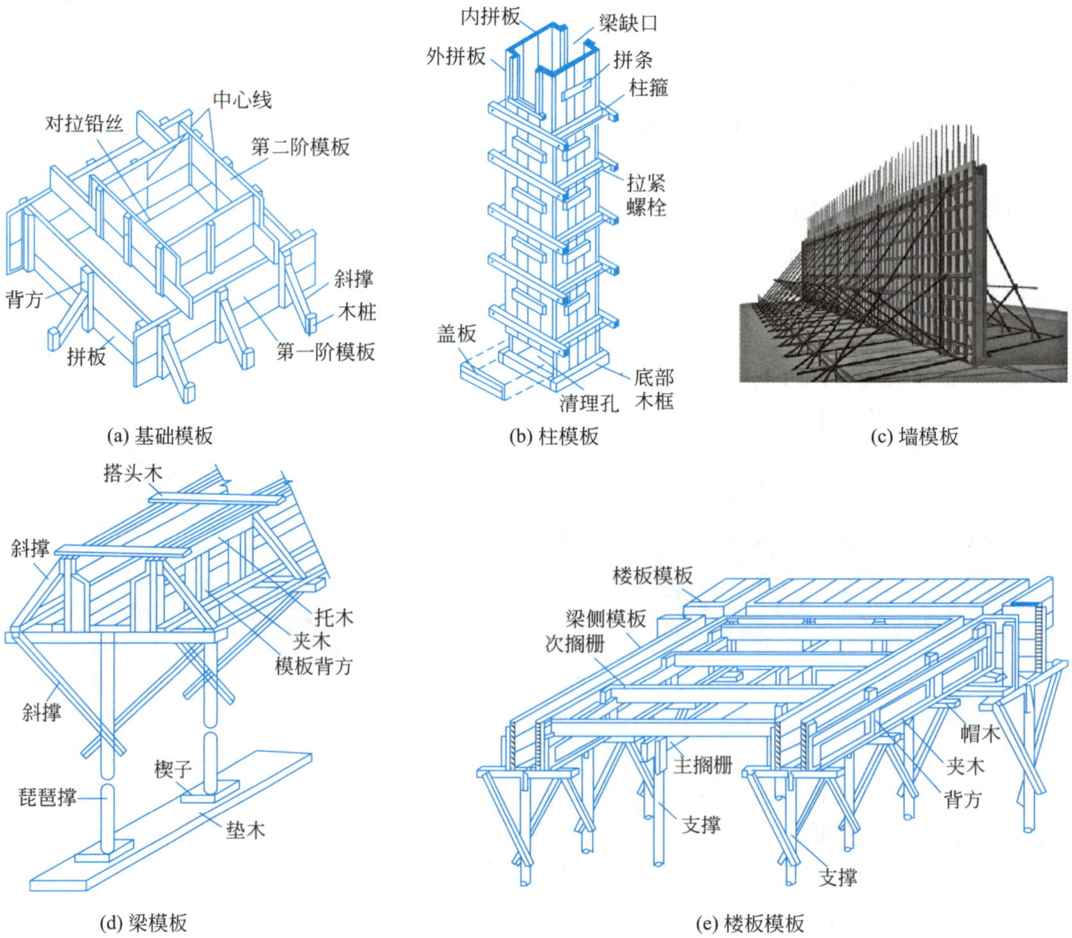

(a) 基础模板　(b) 柱模板　(c) 墙模板

(d) 梁模板　(e) 楼板模板

图 5-2　按结构类型分类

3. 按施工方法分类

（1）现场装拆式模板

在施工现场按照设计要求的结构形状、尺寸及空间位置现场组装的模板，当混凝土达到拆模强度后拆除模板。现场装拆式模板多用定型模板和工具式支撑。

（2）固定式模板

制作预制构件用的模板。按照构件的形状、尺寸在现场或预制厂制作模板。各种胎模（土胎模、砖胎模、混凝土胎模）即属固定式模板。

（3）移动式模板

随着混凝土的浇筑，模板可沿垂直方向或水平方向移动，称为移动式模板。如烟囱、水塔、墙柱混凝土浇筑时采用的滑升模板、提升模板和筒壳浇筑混凝土时采用的水平移动式模板等。

4. 按形式分类

按形式不同分为整体式模板、定型模板、工具式模板、滑升模板和胎模。

5. 按工艺分类

按工艺不同分为组合式模板、大模板、滑升模板、爬升模板、永久性模板以及飞模、模壳、隧道模等。

5.1.2 模板构造

1. 定型组合钢模板

定型组合钢模板是一种工具式定型模板，又称小钢模，由钢模板和配件组成，配件包括连接件和支承件。钢模板可通过各种连接件和支承件组合成多种尺寸、结构和几何形状，以适应各种类型建筑物的梁、柱、板、墙、基础和设备等施工的需要，也可用其拼装成大模板、滑模、隧道模和台模等。

施工时可在现场直接组装，亦可预拼装成大块模板或构件模板用起重机吊运安装。其特点有：组装灵活，通用性强，拆装方便；周转次数多，每套钢模可重复使用50～100次，但一次投资费用大；加工精度高，浇筑混凝土的质量好；成型后的混凝土尺寸准确，棱角整齐，表面光滑，可以节省装修用工。

（1）钢模板

钢模板包括平面模板（P）、阴角模板（E）、阳角模板（Y）和连接角模（J），如图5-3所示。钢模板采用模数制设计，宽度模数以50mm进级，长度为150mm进级，可以适应横竖拼装成以50mm进级的任何尺寸。组合钢模板配板设计中，遇有不以50mm进级的模数尺寸，空隙部分可用木模填补。

（2）连接件

定型组合钢模板的连接件包括U形卡、L形插销、钩头螺栓、紧固螺栓、扣件等，如图5-4所示。

1）U形卡。它用于钢模板之间的连接与锁定，使钢模板拼装紧密。U形卡安装间距一般不大于300mm，即每隔一孔插一个，安装方向一顺一倒相互交错。

2）L形插销。它插入模板两端边框的插销孔内，用于增强钢模板纵向拼接的刚度和保证接头处板面平整。

3）钩头螺栓。它用于钢模板与内、外钢楞之间的连接固定，使之成为整体，安装间距一般不大于600mm，长度应与采用的钢楞尺寸相适应。

4）对拉螺栓。它用来保持模板与模板之间的设计厚度并承受混凝土侧压力及水平荷载，使模板不致变形。

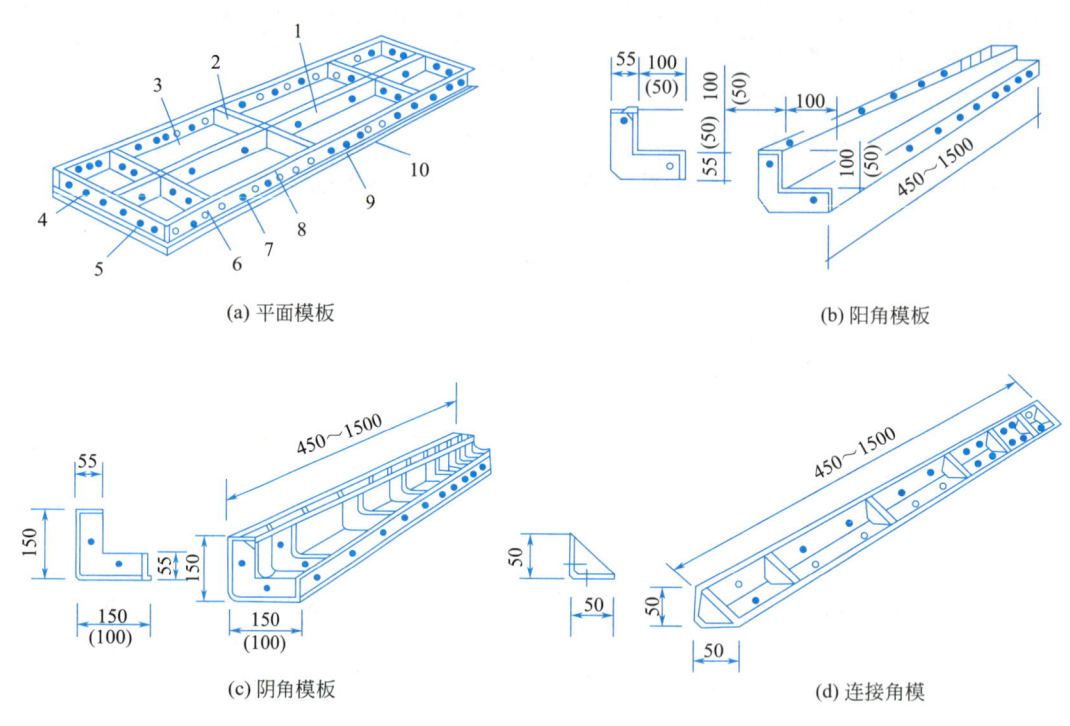

图 5-3　钢模板的类型

1—中纵肋；2—中横肋；3—面板；4—横肋；5—插销孔；
6—纵肋；7—凸棱；8—凸鼓；9—U形卡孔；10—钉子孔

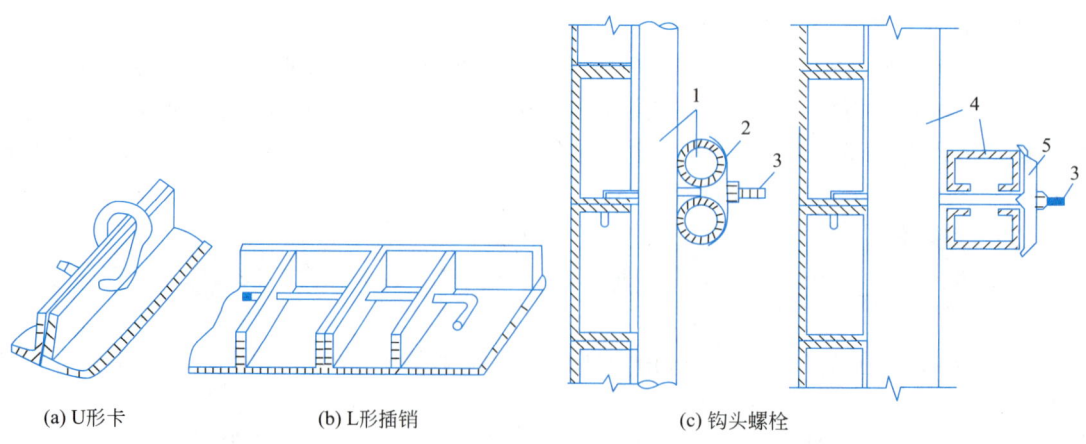

(a) U形卡　　　(b) L形插销　　　(c) 钩头螺栓

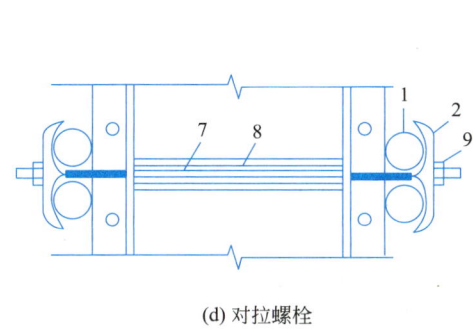
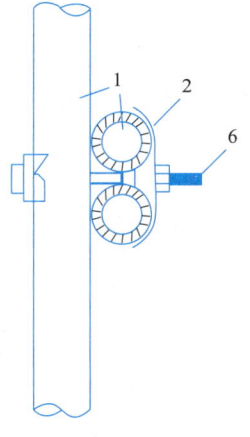

(d) 对拉螺栓 (e) 紧固螺栓

图 5-4 定型组合钢模板连接件

1—圆钢管楞；2—"3"形扣件；3—钩头螺栓；4—内卷边槽钢钢楞；
5—蝶形扣件；6—紧固螺栓；7—对拉螺栓；8—塑料套管；9—螺母

5）紧固螺栓。它用于紧固钢模板内外钢楞，增强组合模板的整体刚度，长度与采用的钢楞尺寸相适应。

6）扣件。它用于将钢模板与钢楞紧固，与其他的配件一起将钢模板拼装成整体。按钢楞的不同形状尺寸，分别采用蝶形扣件和"3"形扣件，其规格分为大、小两种。

（3）支承件

支承件包括钢楞、柱箍、梁卡具、钢支架、斜撑、组合支柱、平面可调桁架和曲面可变桁架等。

（4）组合钢模板的装配原则

1）保证构件的形状尺寸及相互位置的正确。

2）使模板具有足够的强度、刚度和稳定性。

3）配置的模板应优先选用通用、大块模板。

4）应使支撑件布置简单，受力合理。

5）模板长向拼接宜采用错开布置，以增加模板的整体稳定性。

6）模板的支承系统应根据模板的荷载和部件的刚度进行布置。

7）对钢模板，尽量采用横排和竖排，尽量不用横排兼竖排的方式。

2．木模板

木模板的木材主要采用松木和杉木，其含水率不宜过低，以免干裂，材质不宜低于三等材。

木模板的基本元件是拼板，它由板条和拼条组成。拼板的构造如图 5-5 所示。板条厚 25～50mm，宽度不宜超过 200mm，以保证在干缩时，缝隙均匀，浇水后缝隙要严密且板条不翘曲，但梁底板的板条宽度不受限制，以免漏浆。

3．胶合板模板

胶合板模板用的胶合板通常由 5、7、9、11 层等奇数层单板经热压固化而胶合成形，一般采用竹胶合板模板。相邻层的纹理方向相互垂直，通常最外层表板的纹理方向和胶合板板面的长向平行，因此，整张胶合板的长向为强方向，短向为弱方向，使用时必须加以注意。模板的幅面尺寸，宽度为1200mm左右，长度为2400mm左右，厚为12～18mm。胶合板模板适用于高层建筑中的水平地面、剪力墙等构件施工。

4. 滑动模板

滑动模板（简称滑模）是在混凝土连续浇筑过程中，可使模板面紧贴混凝土面滑动的模板。采用滑模施工要比常规模板施工节约木材（包括模板和脚手板等）70%左右，节约劳动力30%～50%，缩短施工周期30%～50%。而且滑模施工的结构整体性好，抗震效果好，适用于高层或超高层抗震建筑物和高耸构筑物施工。

(a) 一般拼板　　(b) 梁测板的拼板

图 5-5　拼板的构造

1—板条；2—拼条

滑模系统主要由以下三部分组成，系统构造如图 5-6 所示。

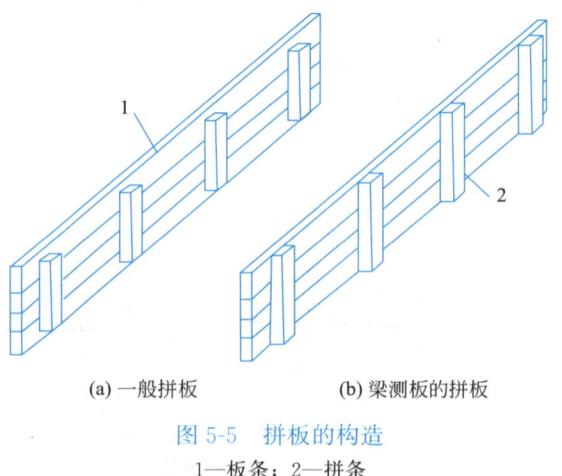

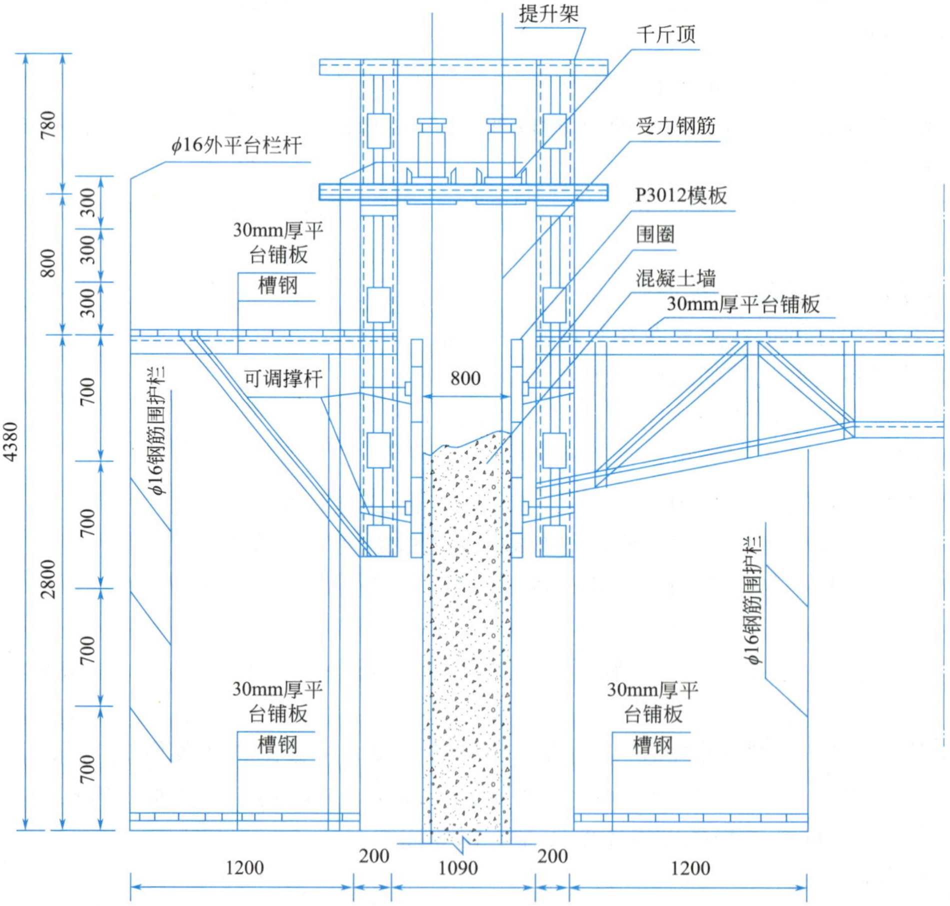

图 5-6　滑模系统构造

(1) 模板系统，包括提升架、围圈、模板及加固、连接配件。

(2) 施工平台系统，包括工作平台、外圈走道、内外脚手架。

(3) 提升系统，包括千斤顶、油管、分油器、针形阀、控制台、支承杆及测量控制装置。

5. 爬升模板

爬升模板是在混凝土墙体浇筑完毕后，利用提升装置将模板自行提升到上一个楼层来浇筑上一层墙体的垂直移动式模板。爬升模板采用整片式大平模，模板由面板及肋组成，不需要支撑系统；提升设备采用电动螺杆提升机、液压千斤顶或捯链。

爬升模板是将大模板工艺和滑动模板工艺相结合，既保持了大模板施工墙面平整的优点又保持了滑模利用自身设备使模板向上提升的优点，墙体模板能自行爬升而不依赖塔式起重机。爬升模板适用于高层建筑墙体、电梯井壁、管道间混凝土施工。爬升模板由模板、爬升架和爬升装置三部分组成。爬升模板如图 5-7 所示。

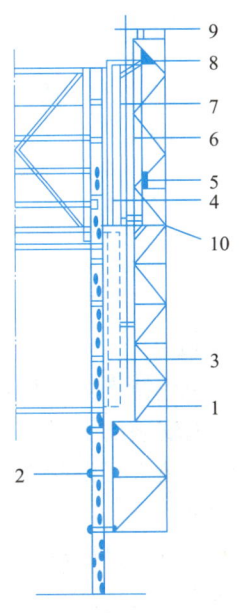

图 5-7 爬升模板

1—爬架；2—螺栓；3—预留爬架孔；
4—爬模；5—爬架千斤顶；
6—爬模千斤顶；7—爬杆；
8—模板挑横梁；9—爬架挑横梁；
10—脱模千斤顶

6. 台模

台模是浇筑钢筋混凝土楼板的一种大型工具式模板。在施工中可以整体脱模和转运，利用起重机从浇筑完的楼板吊出，转移至上一楼层，中途不再落地，所以也称"飞模"。台模按其支架结构类型分为立柱式台模、桁架式台模、悬架式台模等。

台模适用于小开间、小进深的现浇楼板，单座台模面板的面积小至 $2m^2$，大至 $60m^2$，台模整体性好，混凝土表面平整、施工进度快。

台模由台面、支架（支柱）、支腿、调节装置、行走轮等组成。台面是直接接触混凝土的部件，表面应平整光滑，具有较高的强度和刚度。目前台模中常用的台面有钢板、胶合板、铝合金板、工程塑料板及木板等，台模如图 5-8 所示。

7. 隧道模

隧道模是将楼板和墙体一次支模的一种工具式模板，相当于将台模和大模板组合起来。整体式隧道模自重大、移动困难，目前已很少应用；双拼式隧道模应用较广泛，特别在内浇外挂和内浇外砌的高层和多层建筑中应用较多。隧道模如图 5-9 所示。

5.1.3 模板安装

1. 基础模板

(1) 基础的特点是高度不大而体积较大，基础模板一般利用地基或基槽（坑）进行支撑。

(2) 安装时，要保证上下模板不发生相对位移，如为杯形基础，则还要在其中放入杯口模板。

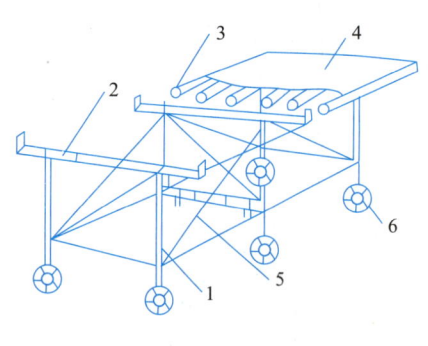

图 5-8 台模

1—支腿；2—可伸缩的横梁；
3—檩条；4—台面；5—斜撑；6—行走轮

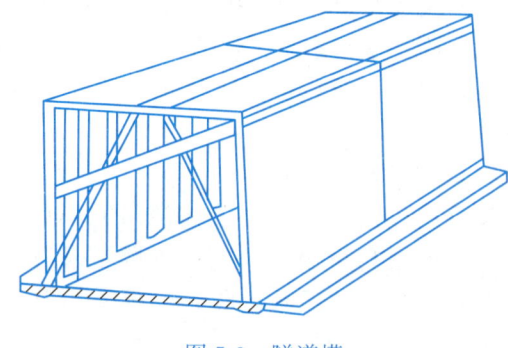

图 5-9 隧道模

2. 柱模板

(1) 柱模板特点：断面尺寸不大但高度较高，可以用木模板或钢模板安装。

(2) 柱模安装的关键要解决垂直度、施工时的侧向稳定、混凝土浇筑时的侧压力等问题，同时要方便进行混凝土浇筑、垃圾清理和钢筋绑扎等工作。

3. 梁模板

(1) 梁的特点是跨度大、宽度小而高度大，由底模板和侧模板组成。

(2) 梁跨度大于或等于 4m 时，底板应起拱，起拱高度由设计确定，如设计无规定，取全跨长度的 1/1000～3/1000；梁较高时，可先装一侧模板，待钢筋绑扎安装结束后，再封另一侧模板；上下层模板的支柱，一般应安装在一条竖向的中心线上。

4. 楼板模板

(1) 楼板模板特点：一般面积大而厚度不大；楼板模板主要承受竖向荷载。

(2) 楼板模板多用定型钢模板或胶合板模板，先搭设模板支架。楼板模板用钢楞及支架支撑，为了减少支架用量、扩大板下施工空间，宜用伸缩式桁架支撑。

5. 墙模板

(1) 墙模板特点：高度大而厚度小，主要是承受混凝土的侧向压力。

(2) 墙模板由两片模板组成，每片模板由若干块平面模板组成。这些平面模板可横拼也可竖拼，外面用横竖钢楞加固，并用斜撑保持稳定，用对拉螺栓以抵抗混凝土的侧压力和保持两片模板之间的间距（墙厚）。

5.1.4 模板拆除

1. 拆除模板时的混凝土强度

现浇结构的模板及其支架拆除时的混凝土强度应符合设计要求，当设计无具体要求时，应满足下列要求：在混凝土强度能保证其表面及棱角不因拆除模板而受损坏后，侧模方可拆除；在混凝土强度符合表 5-1 的规定后，底模方可拆除。

已拆除模板及其支架的结构，在混凝土强度符合设计要求后，方可承受全部使用荷载；当施工荷载所产生的效应比使用荷载的效应更为不利时，必须经过核算加设临时支撑。

底模拆模时所需混凝土强度　　　　　表 5-1

结构类型	结构跨度（m）	按设计的混凝土立方体抗压强度标准值的百分率（%）
板	≤2 ＞2,≤8 ＞8	≥50 ≥75 ≥100
梁、拱、壳	＞8	≥75
悬臂构件	—	≥100

2. 拆模顺序

拆模应按一定的顺序进行。一般应遵循先支后拆、后支先拆，先拆非承重部位、后拆承重部位，以及自上而下的原则。重大复杂模板的拆除，事前应编制拆除方案。

（1）柱模

单块组拼的柱模应先拆除钢楞、柱箍和对拉螺栓等连接件、支撑件，再由上而下逐步拆除；预组拼的柱模则应先拆除两个对角的卡件，并做临时支撑后，再拆除另两个对角的卡件，待吊钩挂好，拆除临时支撑，方能脱模起吊。

（2）墙模

单块组拼的墙模在拆除对拉螺栓、大小钢楞和连接件后，自上而下逐步水平拆除；预组拼的墙模应在挂好吊钩，检查所有连接件都拆除后，方能拆除临时支撑，脱模起吊。

（3）梁、楼板模板

应先拆梁侧模，再拆楼板底模，最后拆除梁底模，拆除跨度较大的梁下支柱时，应先从跨中开始分别拆向两端；多层楼板模板支柱的拆除，应按下列要求进行：上层楼板正在浇筑混凝土时，下一层楼板的模板支柱不得拆除，再下一层楼板模板的支柱仅可拆除一部分；跨度 4m 及 4m 以下的梁下均应保留支柱，其间距不得大于 3m。

3. 拆模注意事项

（1）在拆模作业中，操作人员必须确保自身处于安全位置，以预防任何潜在的安全事故发生。

（2）在进行拆模时，应避免使用过大的力量或过于急促的动作。严禁使用大锤或撬棍进行粗暴的敲击或撬动，以防止对混凝土表面或模板造成损害。

（3）拆卸下来的模板及其配件严禁随意抛掷。应由专人负责接应和传递，并按照指定位置妥善堆放。及时进行清理、维修，并重新涂刷隔离剂，以便再次使用。

（4）在拆模过程中，若发现混凝土存在可能影响结构安全的质量问题，应立即停止拆除作业，并在问题得到妥善处理后，方可继续进行。

任务 5.2　钢筋工程

在钢筋混凝土结构中钢筋起着关键性的作用。由于在混凝土浇筑后，钢筋质量难以检查，因此钢筋工程属于隐蔽工程，需要在施工过程中进行

5-4　钢筋工程

严格的质量控制，并建立起必要的检查和验收制度。

钢筋工程主要包括：钢筋的进场检验、加工、成型和绑扎安装，以及钢筋的冷加工和连接等施工过程。

5.2.1 钢筋分类

1. 按化学成分分类

（1）碳素钢筋：由碳素钢轧制而成，根据含碳量的不同，可分为低碳钢钢筋、中碳钢钢筋和高碳钢钢筋。低碳钢钢筋强度较低，但塑性和韧性较好；高碳钢钢筋强度较高，但塑性和韧性较差。

（2）合金钢筋：在碳素钢中加入一种或几种合金元素制成，如锰、硅、钒、钛等，可提高钢筋的强度、韧性、耐腐蚀性等性能。

2. 按生产工艺分类

（1）热轧钢筋：用低碳钢或低合金钢在高温下轧制而成，是最常见的钢筋类型。根据强度标准值的不同，可分为 HPB300、HRB400、HRB500 等级别，其中 HRB400 是当前建筑工程中最主要的钢筋品种。

（2）冷轧钢筋：在常温下，将光圆的普通低碳钢筋或低合金钢筋经过轧制，使其直径减小，并且表面带肋的钢筋，包括冷轧带肋钢筋、冷轧扭钢筋等。冷轧钢筋的强度比热轧钢筋高，但塑性和韧性相对较差。

（3）冷拉钢筋：在常温下对钢筋进行拉伸，使其产生一定的塑性变形，从而提高钢筋的屈服强度，但会降低其塑性和韧性。

（4）热处理钢筋：将热轧的带肋钢筋经淬火和高温回火调质处理而成，强度比热轧钢筋更高，主要用于预应力混凝土结构中。

3. 按轧制外形分类

（1）光面钢筋：HPB300 钢筋均轧制为光面圆形截面，直径不大于 10mm，长度为 6～12m。光面钢筋与混凝土的粘结力相对较小。

（2）带肋钢筋：有螺旋形、人字形和月牙形三种，带肋钢筋与混凝土的粘结力较强，能更好地共同工作，提高结构的承载能力。

（3）钢丝及钢绞线：钢丝分低碳钢丝和碳素钢丝两种，钢绞线则是由多根钢丝绞合而成，主要用于预应力混凝土结构中，具有强度高、柔性好等特点。

4. 按直径大小分类

（1）钢丝：直径 3～5mm，强度高，但直径较小，主要用于一些特殊的结构或部位，如预应力混凝土构件中的预应力筋。

（2）细钢筋：直径 6～10mm，常用于一般的混凝土结构中，如小型构件、薄板等。

（3）粗钢筋：直径大于 22mm，主要用于大型混凝土结构的重要部位，如高层建筑的基础、大梁等。

5. 按在结构中的作用分类

（1）受力筋：承受拉、压应力的钢筋，是钢筋混凝土结构中主要的受力构件，如梁、板中的纵向钢筋，柱中的纵筋等。

（2）箍筋：承受一部分斜拉应力，并固定受力筋的位置，多用于梁和柱内，以满足斜截面的抗剪强度，分单肢箍筋、封闭矩形箍筋、开口矩形箍筋、多边形箍筋、菱形箍筋、圆形箍筋以及井字形箍筋等。

（3）架立筋：用以固定梁内钢筋的位置，构成梁内的钢筋骨架。当梁的支座处上方出现负弯矩钢筋的情况时，架立筋可只布置在梁上的跨中部分，两端与负弯矩钢筋进行搭接或者焊接。

（4）分布筋：用于屋面板、楼板内，与板的受力筋垂直布置，将承受的重量均匀地传给受力筋，并固定受力筋的位置，以及抵抗热胀冷缩所引起的温度变形。

（5）负筋：用来承受负弯矩的钢筋，通常在梁靠近支座的上部位置或板的上部靠近支座的部位。

（6）弯起筋：一般用在支座处的梁上部位置，能够承受负弯矩；用在梁中间时位于梁的下方，用来承受梁的正弯矩。

5.2.2 钢筋验收与贮存

1. 钢筋验收

钢筋运到工地时，应有出厂质量合格证明书、试验报告单，并按品种、批号及直径分批验收，每批重量为热轧钢筋不超过 60t，钢绞线不超过 20t。验收内容包括钢筋牌号和外观检查并按有关规定取样进行机械性能试验，钢筋的性能包括化学成分及力学性能（屈服点、抗拉强度、延伸率及冷弯指标）。

（1）热轧钢筋机械性能的抽样检验以同规格、同炉罐（批）号不多于 60t 为一批，取样时，在每批钢筋中任意抽出两根试样钢筋，一根试件做拉力试验，测定其屈服点、抗拉强度及延伸率；另一根试件做冷弯试验。四个指标中如有一项经试验不合格，则加倍另取样，对不合格项目做第二次试验，如仍有一个试件不合格，则该批钢筋为不合格品，应重新分级。

（2）应对钢筋的外观进行检查，表面不得有裂缝、结疤和折叠，并不得有超出螺纹高度的凸块。钢筋的外形尺寸应符合有关规定。钢筋外观检查每捆（盘）均应进行。

（3）钢丝的外观检查以 3t 钢丝为一批，逐盘检查外观和尺寸。钢丝表面不应有裂缝、毛刺劈裂、机械损伤、氧化皮和油污。

（4）预应力钢丝机械性能的抽样检验以同规格、同钢号和同交货条件的钢丝为一批，从每批中选取 10%（不少于 15 盘）的钢丝，从每盘钢丝的两端各截取一个试样，一个做拉力试验；另一个做反复弯曲试验。

2. 钢筋的贮存

钢筋进场后，必须严格按批分等级、牌号、直径、长度挂牌存放，不得混淆。钢筋应尽量堆入仓库或料棚内。条件不具备时，应选择地势较高，土质坚硬的场地存放。堆放时，钢筋下部应垫高，离地至少 20cm，以防钢筋锈蚀。在堆场周围应挖排水沟，以利排水。

5.2.3 钢筋性能

1. 钢筋工艺性能

钢筋工艺性能包括许多项目，针对不同产品的特点可提出不同的要求，如普通钢筋要求进行弯曲和反向弯曲（反弯）试验，某些预应力钢材则要求进行反复弯曲、扭转、缠绕试验。

所有这些试验的形式不同程度地模拟了材料在实际使用时可能涉及的工艺加工方式，如普通钢筋需要设置弯钩或弯曲成型，预应力钢丝有时需缠绕等，而其目的就是考核材料对这些特定塑性变形的极限承受能力，因而工艺性能也是对材料的塑性要求，且与延性（延伸率）要求是相通的。一般来说延伸率大的钢材，其工艺性能好。

2. 机械性能

钢筋的机械性能通过试验来测定，测量钢筋质量的机械性能有屈服点、抗拉强度、延伸率、冷弯性能等指标。

屈服点是钢筋开始产生明显塑性变形时对应的应力值，它是结构设计中确定钢筋强度取值的关键依据。一旦钢筋受力达到屈服点，即使荷载不再增加，其塑性变形也会持续发展，这将极大影响结构构件的变形特性。

抗拉强度指钢筋在拉断前所能承受的最大应力，该指标直观反映了钢筋抵抗拉断的极限能力。较高的抗拉强度意味着钢筋在承受拉力时具备更强的韧性，不易断裂，为结构提供更可靠的安全储备。设计规范通常对钢筋的抗拉强度与屈服强度之比，即强屈比，设定合理范围，确保钢筋在屈服后仍保有一定强度冗余，有效抵抗极端荷载冲击，防止结构发生脆性破坏。

延伸率用于表征钢筋的塑性变形潜能，延伸率越大，表明钢筋塑性越好，在受力过程中，能够凭借自身良好的塑性变形适应性，有效缓冲结构局部应力集中，降低脆性断裂风险。在抗震设计领域，对钢筋延伸率要求更为严苛，凭借其出色的塑性变形能力，钢筋可在地震等强烈作用下吸收、耗散大量能量，切实保障建筑结构的抗震韧性。

冷弯性能则是检验钢筋常温下承受弯曲变形而不发生断裂的能力。通过规定的冷弯试验，观察钢筋弯曲部位外侧有无裂纹、断裂等缺陷，以此评判钢筋的加工性能优劣以及内部质量状况。良好的冷弯性能不仅为施工现场钢筋的弯曲加工，如箍筋成形、弯钩制作等提供便利，更是钢筋内在质量可靠的间接体现，确保钢筋在复杂受力工况下依然稳定可靠，为建筑结构的稳固性保驾护航。

5.2.4 钢筋加工

钢筋加工的形状、尺寸必须符合设计要求。钢筋表面应洁净、无损伤，油、漆污和铁锈等应在使用前消除干净，带有颗粒状或片状老锈的钢筋不得使用。钢筋加工程序为：钢筋调直→钢筋除锈→钢筋下料→钢筋弯曲→成品筋码放。

1. 钢筋调直

钢筋在使用前必须经过调直，否则会影响钢筋的受力情况，甚至会使混凝土提前产生裂缝，如未调直直接下料，则会影响钢筋的下料长度，并影响后续工序的质量。

（1）机械调直：直径较小的盘圆钢筋一般用卷扬机、钢筋调直机等进行调直。钢筋调直机能自动控制钢筋的调直长度和拉伸程度，效率较高且调直效果好。例如，在一些小型建筑构件的钢筋加工中，常用钢筋调直机对直径 6～10mm 的盘圆钢筋进行调直。

（2）冷拉调直：采用冷拉方法调直时，HPB300 光圆钢筋的冷拉率不宜大于 4%；HRB400、HRB500、HRBF400、HRBF500 及 RRB400 带肋钢筋的冷拉率不宜大于 1%。

冷拉调直不仅可以使钢筋变直，还能在一定程度上提高钢筋的强度，但需注意控制冷拉率，防止钢筋过度拉伸导致性能下降。

钢筋在调直过程中，若发现脆断、裂纹、力学性能不正常等现象，应停止加工，及时上报技术负责人。

2. 钢筋除锈

检查钢筋外观，浮锈用除锈机清除干净，除锈后钢筋表面有麻坑、孔的严禁使用，隔离存放。

钢筋除锈可采用机械除锈和手工除锈两种方法。

（1）机械除锈可采用钢筋除锈机或在钢筋冷拉、调直过程中除锈。对直径较小的盘条钢筋，通过冷抗和调直过程自动去锈；粗钢筋采用钢筋除锈机除锈。

（2）手工除锈可采用钢丝刷、砂盘、砂等除锈或酸洗除锈。工作量不大或在工地设置的临时工棚中操作时，可用麻袋布擦或用钢刷子刷来除锈；对于较粗的钢筋，采用砂盘除锈法，即制作钢槽或木槽，槽内放置干燥的粗砂和细石子，将有锈的钢筋穿进砂盘中来回抽动。对于有起层锈片的钢筋，应先用小锤敲击，使锈片剥落干净，再用砂盘或除锈机除锈；对于因麻坑、斑点以及锈皮去层而使钢筋截面损伤的钢筋，使用前应鉴定是否降级使用或另做其他处置。

3. 钢筋下料

钢筋下料应根据结构施工图，先绘出各种形状和规格的单根钢筋简图并加以编号，然后分别计算钢筋下料长度、根数及质量，填写配料单，申请加工。

钢筋下料可采用钢筋剪切机或手动剪切直径小于12mm的钢筋。直径大于40mm的钢筋需要切断的，宜采用电弧割切。HPB300级钢筋在调直阶段，利用钢筋冷拉机定尺断筋下料，在钢筋冷拉机上定尺要准确并及时消除偏差。

HRB400级钢筋利用钢筋切断机断筋下料，断筋时，切断机两侧要搭设平台，钢筋放平，与刀口成90°。采取直螺纹连接的底板筋、暗柱框支柱、框支梁筋均采用砂轮锯断筋下料，以保证端头平整无坡口或弯曲。钢筋端头的卷边必须打磨，封锁毛边飞刺。用钢筋切断机、砂轮锯下料的钢筋端部必须平整，弯曲处应用手锤调直，机械设备必须按时维修。

4. 钢筋弯曲

钢筋弯曲宜用钢筋弯曲机或弯箍机进行，弯曲形状复杂的钢筋应画线、放样后进行。由于钢筋弯曲时，外皮伸长而内皮缩短，只是轴线长度不变，而量得的外皮尺寸总和要大于钢筋轴线长度，弯曲钢筋的外皮尺寸和轴线长度之间存在的差值称量度差值。量度差值在计算下料长度时必须扣除，否则加工后的钢筋尺寸要大于设计要求的外包尺寸，可能无法放入模板内，造成质量问题并浪费钢材。

5. 成品筋码放

箍筋按标识牌码放在对应区域，长向钢筋按使用部位及标识牌存放。钢筋底部用85mm×85mm木方垫起300mm，码放整齐有序。箍筋放置于操作棚内，长向钢筋码放于存放区内。如遇下雨情况，用塑料布及时覆盖钢筋。

5.2.5 钢筋连接

1. 绑扎连接

绑扎连接由于需要较长的搭接长度，浪费钢筋，且连接不可靠，故宜限制使用。钢筋绑扎安装前，应先熟悉施工图纸，核对钢筋配料单和料牌，研究钢筋安装和与有关工种配合的顺序，准备绑扎用的铁丝、绑扎工具、绑扎架等。

钢筋绑扎一般用18～22号铁丝，其中22号铁丝只用于绑扎直径12mm以下的钢筋。

钢筋的交叉点应用铁丝扎牢。柱、梁的箍筋，除设计有特殊要求外，应与受力钢筋垂直。箍筋弯钩叠合处，应沿受力钢筋方向错开设置。板、次梁与主梁交叉处，板的钢筋在上，次梁的钢筋居中，主梁的钢筋在下。当有圈梁或垫梁时，主梁的钢筋应放在圈梁上，主筋两端的搁置长度应保持均匀一致。受拉钢筋和受压钢筋的搭接长度及接头位置要符合相关规范规定。

2. 焊缝连接

采用焊接代替钢筋绑扎，可改善结构受力性能，提高工作效率，节约钢材，降低成本。结构的某些部位，如轴心受拉和小偏心受拉构件中的钢筋接头应焊接。普通混凝土中直径大于22mm的钢筋、直径大于25mm的HRB400级钢筋，均宜采用焊接接头。

钢筋的焊接，主要有闪光对焊、电弧焊、电渣压力焊和电阻点焊等方法。操作方法及其适用范围如下。

（1）闪光对焊

操作方法：用对焊机使两段被焊钢筋接触，通过低电压的强电流，钢筋被加热到一定温度变软后，轴向加压顶锻，形成对焊接头，可将钢筋沿轴向接长。根据对焊工艺，闪光对焊分为连续闪光焊和预热闪光焊，后者用于焊接大直径钢筋。

适用范围：适用于较大直径的钢筋连接，常用于预应力钢筋的焊接。连续闪光焊宜用于焊接直径25mm以内的HPB300级、HRB400级钢筋；预热闪光焊适合焊接直径大于25mm且端部较平坦的钢筋；闪光-预热-闪光焊适宜焊接直径大于25mm且端部不平整的钢筋。

（2）电弧焊

操作方法：用弧焊机使焊条与焊件间产生高温电弧，使焊条和电弧燃烧范围内的焊件熔化，凝固后便形成接头或焊缝。其接头形式有搭接接头（单面焊缝或双面焊缝）、帮条接头（单面焊缝或双面焊缝）、剖口接头（平焊或立焊）。

适用范围：可用于竖向、水平等不同位置的钢筋连接，在现场施工中应用较广泛，常用于钢筋接头焊接、钢筋骨架焊接、装配式结构接头的焊接、钢筋与钢板的焊接及各种钢结构的焊接。帮条焊宜采用对接钢筋为同级别、同直径的钢筋制作，两主筋端面之间的间隙应为2～5mm；搭接焊时，两连接钢筋轴线应一致，双面焊缝长度不得小于5d，单面焊缝长度不小于10d（d为钢筋直径）。

（3）电渣压力焊

操作方法：在上、下被焊钢筋间放一小块导电剂，装上药盒并填满焊药，用交流电焊机接通电路引弧燃烧，待形成渣池，钢筋熔化并稳弧一定时间后，在断电的同时，用手动加压机构进行加压顶锻，排除夹渣、气泡，形成接头。

适用范围：多用于现浇钢筋混凝土结构构件内竖向钢筋的接长，也可用于斜向钢筋的连接，其倾斜度在 4∶1 范围内。一般适用于直径 14～40mm 的钢筋。

（4）电阻点焊

操作方法：点焊机的上、下电极接触交叉的钢筋而接通电流，交叉钢筋的接触点处电阻较大，电流产生的热量将钢筋熔化，同时电极加压使钢筋焊合。

适用范围：主要用于焊接钢筋网片、钢筋骨架等钢筋的交叉连接处，一般适用于焊接直径 6～16mm 的钢筋。

（5）钢筋气压焊

操作方法：由一定比例的氧气火焰将钢筋端部加热到塑性状态，边加热边加压，最终施加 300MPa 以上的压力，将钢筋焊接在一起。

适用范围：可用于钢筋在垂直位置、水平位置或倾斜位置的对接焊接，不同直径钢筋焊接时直径差不得超过 7mm。

钢筋的焊接质量与钢筋的可焊性、焊接工艺有关。在相同的焊接工艺条件下，能获得良好焊接质量的钢筋，称其在这种条件下的可焊性好，相反则称其在这种工艺条件下的可焊性差。钢筋的可焊性与其含碳及含合金元素的量有关。含碳、锰量增加，则可焊性差；加入适量的钛，可改善焊接性能。焊接参数和操作水平也影响焊接质量，即使可焊性差的钢筋，若焊接工艺合适，也可获得良好的焊接质量。

3. 机械连接

钢筋机械连接是一项新型钢筋连接工艺，被称为继绑扎、焊接之后的"第三代钢筋接头"，具有接头强度高于钢筋母材、速度比焊接快 5 倍、无污染、节省钢材 20％等优点，机械连接方式如图 5-10 所示。

 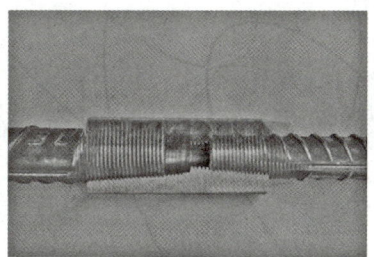 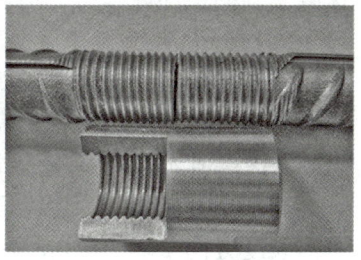

(a) 套筒挤压连接　　　　　　　(b) 锥螺纹连接　　　　　　　(c) 直螺纹连接

图 5-10　钢筋机械连接方式

（1）套筒挤压连接接头。通过挤压力使连接件钢套筒发生塑性变形与带肋钢筋紧密咬合形成的接头。套筒挤压连接有两种形式，径向挤压连接和轴向挤压连接。由于轴向挤压连接现场施工不方便且接头质量不够稳定，没有得到推广；而径向挤压连接技术得到了大面积推广使用。工程中使用的套筒挤压连接接头，都是径向挤压连接。

（2）锥螺纹连接接头。通过钢筋端头特制的锥形螺纹和连接件锥形螺纹咬合形成的接头。锥螺纹连接技术的诞生克服了套筒挤压连接技术存在的不足。锥螺纹丝头完全提前预制，现场连接占用工期短，只需用力矩扳手操作，不需搬动设备和拉扯电线，深受各施工单位的好评。但是锥螺纹连接接头质量不够稳定。加工螺纹的小径减小了母材的横截面积，从而降低了接头强度，一般只能达到母材实际抗拉强度的 85％～95％。

（3）直螺纹连接接头。等强度直螺纹连接接头是20世纪90年代钢筋连接的国际最新方法，接头质量稳定可靠，连接强度高，可与套筒挤压连接接头相媲美，而且又具有锥螺纹连接接头施工方便、速度快的特点，因此直螺纹连接技术的出现给钢筋连接技术带来了质的飞跃。目前我国直螺纹连接技术呈现出百花齐放的景象，出现了多种直螺纹连接形式。直螺纹连接接头主要有镦粗直螺纹连接接头和滚压直螺纹连接接头。国内常见的滚压直螺纹连接接头有三种类型：直接滚压螺纹、挤（碾）压肋滚压螺纹、剥肋滚压螺纹。

5.2.6 钢筋的安装与布置

钢筋的安装与布置是钢筋混凝土工程中的关键环节，其精准实施直接关系到整个结构的承载能力、稳定性以及耐久性，需严格遵循设计要求与施工规范。

1. 基础钢筋安装

（1）独立基础

在独立基础施工起始阶段，精准的定位放线是第一步。依据设计图纸，于垫层上清晰弹线，明确钢筋的横竖走向与分布范围，为后续钢筋铺设锚定基准。先铺设底层钢筋，双向交叉布置时，遵循长向钢筋在下、短向钢筋在上的原则，确保受力合理，交叉点用铁丝紧密绑扎，固定钢筋相对位置，形成稳固的底层钢筋网。对于抗震设防的独立基础，钢筋弯钩审慎处理，朝上或朝内设置，增强基础在地震作用下的耗能与稳固性能。

上层钢筋安装时，鉴于其悬空状态，需借助马凳筋支撑。马凳筋的选型与布置绝非随意，要综合考量上层钢筋的自重、施工荷载以及基础尺寸等因素，科学计算间距、合理确定高度，确保上层钢筋在混凝土浇筑全过程中位置恒定，不发生下沉、移位等偏差，进而保障基础的整体性与受力均匀性。

（2）条形基础

条形基础钢筋安装同样始于垫层弹线定位，为后续施工导航。纵向受力钢筋沿基础底部通长铺设，作为主要受力部件承受拉力与压力；横向分布钢筋垂直于纵向钢筋均匀分布，与之绑扎成网，协同工作，增强基础的侧向约束能力。

若条形基础超长，混凝土浇筑时的侧压力与温度应力易导致钢筋位移，为防患未然，需沿长度方向每隔2～3m设置一道钢筋支架。该支架不仅要具备足够的强度与刚度，还应与垫层、模板妥善连接，切实固定钢筋，保障基础在不同工况下的结构稳定性。对于有梁式条形基础，梁部位的钢筋配置更为复杂精细，纵筋、箍筋、腰筋等严格按设计规范精确安装，纵筋锚固深入基础板内的长度务必达标，箍筋加密区范围精准契合抗震要求，全方位提升基础承载能力，确保结构安全。

2. 柱钢筋安装

（1）施工准备

柱钢筋安装前，全面检查柱基础或下层柱顶预留钢筋的状况，重点核查钢筋的位置、数量、长度及直径是否与设计相符，若存在偏差及时调整，确保上下层钢筋的顺畅连接。同时，清理柱根部杂物，为钢筋安装营造清洁环境，避免杂物夹杂影响钢筋与混凝土的粘结效果。

（2）纵筋安装

依据设计要求的纵筋规格与数量，将钢筋逐根竖起，与下层预留钢筋采用焊接、机械连接或绑扎连接等方式稳固对接,焊接需确保焊缝质量,机械连接关注接头强度与稳定性,绑扎连接则严格控制绑扎间距与牢固程度。纵筋安装过程中,用临时支撑固定,保证其垂直度,防止倾斜,为后续箍筋绑扎奠定基础。

(3) 箍筋安装

箍筋依据设计间距在纵筋外围螺旋式或封闭式布置,弯钩角度、长度严格遵循规范要求,确保对纵筋形成有效约束。有抗震设计要求的柱,箍筋弯钩135°,平直段长度不小于 $10d$(d 为箍筋直径),且在柱端、梁柱节点等关键部位按抗震等级加密箍筋,强化柱的抗震能力,使柱在地震作用下能维持结构稳定,有效耗散能量。

3. 梁钢筋安装

(1) 底模铺设后操作

梁钢筋安装在梁底模铺设完毕并验收合格后方可启动。首先,依据设计图纸在底模上准确弹线,标定主筋、箍筋的位置,为钢筋铺设提供精确蓝图。

(2) 主筋安装

按弹线位置摆放梁的纵向受力主筋,多跨连续梁需注意钢筋的通长布置与连接节点处理,确保主筋在梁跨内连续传力。主筋与支座的锚固长度严格符合设计标准,尤其在边跨与中间跨支座处,锚固方式因受力特性差异而不同,要能充分发挥钢筋的抗拉能力,保障梁的承载功能。

(3) 箍筋安装

箍筋垂直于主筋逐个安装,间距均匀,与主筋交叉点用铁丝牢固绑扎。对于有抗震要求的梁,箍筋加密区设置在梁端及跨中受剪承载力较大部位,加密间距依抗震等级精细调整,强化梁在地震、风荷载等作用下的抗剪性能,防止发生脆性破坏,保障结构安全。

4. 楼板钢筋安装

(1) 模板体系支撑基础

楼板钢筋依托于稳固的模板体系,模板安装完成并经检查平整度、标高无误后,方可进行钢筋施工。满堂支架或其他支撑形式需提供均匀、可靠的支撑力,确保楼板在钢筋与混凝土施工全过程中不发生过大变形,维持设计的几何形状。

(2) 底层钢筋铺设

先铺设楼板底层钢筋,双向钢筋交叉点全部绑扎牢固,确保钢筋网片整体性。板底钢筋的保护层厚度通过设置塑料或水泥砂浆垫块控制,垫块间距均匀,避免钢筋直接接触模板导致锈蚀,同时保障楼板的耐久性与防火性能。

(3) 上层钢筋安装

上层钢筋安装时,鉴于其位于板厚上部,为防其下沉,采用马凳筋或支架支撑。马凳筋间距依据板厚、钢筋直径与间距合理确定,保证上层钢筋在混凝土浇筑时稳定悬浮,位置准确。对于有负弯矩钢筋的楼板,如悬挑板、连续板的支座部位,负弯矩钢筋的长度、位置及锚固严格按设计执行,防止板顶开裂,确保楼板在使用阶段的正常受力。

5. 注意事项

(1) 钢筋间距与保护层控制

在钢筋安装全过程,严格监控钢筋间距,无论是柱、梁、板还是基础部位,均需用钢尺频繁测量,确保符合设计值,避免因间距不当影响结构受力均匀性。同时,精心设置保护层垫块，其材质、厚度与间距适配结构部位与环境条件，防止钢筋过早锈蚀，延长结构使用寿命。

（2）钢筋连接质量保障

不同部位、不同直径钢筋的连接方式审慎选择。焊接、机械连接严格遵循工艺标准，操作人员持证上岗，确保接头质量；绑扎连接注重绑扎牢固程度与间距合规性。对连接部位按规定进行抽检，如焊接接头的探伤检测、机械连接的拉力试验，以保证连接可靠，结构稳固。

（3）施工过程中的成品保护

钢筋安装完成后，后续工序施工时，如模板安装、混凝土浇筑，需采取有效措施保护钢筋成品。严禁随意踩踏、撬动钢筋，模板支设与拆除过程避免碰撞钢筋，混凝土振捣棒不得直接触击钢筋，全方位保护钢筋的位置与完整性，保障钢筋混凝土结构最终质量。

任务 5.3 混凝土工程

5-5 混凝土工程

5-6 建筑施工机具标准化操作视频

混凝土，是一种由胶凝材料将骨料粘结成整体的工程复合材料。通常所指的混凝土，是以水泥作为胶凝材料，砂石作为骨料，并与水（可能包含外加剂和掺合料）按特定比例混合搅拌而成的水泥混凝土，亦称普通混凝土，广泛应用于土木工程领域。

混凝土结构是当前建筑中广泛使用的主要工程结构形式之一，因此，充分认识混凝土的特性，对于建造高质量的混凝土结构至关重要。混凝土工程涵盖了配料、搅拌、运输、浇筑、振捣和养护等多个施工环节。这些环节既相互联系又相互影响，任何环节的处理不当都可能影响混凝土的最终质量。因此，如何在施工过程中有效控制混凝土质量，是混凝土工程研究的重要课题。

5.3.1 混凝土的分类

1. 根据骨料的密度分类，混凝土可分为特重混凝土（采用钢或重晶石作为骨料，其密度超过 2700kg/m³）、普通混凝土（使用普通砂石作为骨料，密度介于 1900～2500kg/m³）、轻混凝土（以普通砂或人造砂作为骨料，密度在 1000～1900kg/m³），以及特轻混凝土（例如泡沫混凝土、加气混凝土等，密度低于 1000kg/m³）。

2. 按照所使用的胶凝材料，混凝土可分为水泥混凝土、石膏混凝土、碱-矿渣混凝土、沥青混凝土、聚合物混凝土等多种类型。

3. 依据施工工艺的不同，混凝土可分为普通浇筑混凝土、离心成型混凝土、喷射混凝土、泵送混凝土等。

4. 根据拌合物的流动性，混凝土可分为干硬性混凝土、半干硬性混凝土、塑性混凝土、流动性混凝土、大流动性混凝土等。

5. 按照配筋情况，混凝土可分为素混凝土、钢筋混凝土、劲性钢筋混凝土、钢管混凝土、钢丝网水泥纤维混凝土、预应力混凝土等。

5.3.2 混凝土的配料

混凝土制备技术主要包括计算混凝土的配合比以及混凝土的搅拌,属于混凝土工程中的一个重要环节,而施工前的准备工作又是混凝土制备能否成功的重要因素。

1. 混凝土施工配合比及施工配料

混凝土的配合比是在实验室根据混凝土的配制强度经过试配和调整而确定的,称为实验室配合比。实验室配合比所用的粗、细骨料都是不含水分的。而施工现场的粗、细骨料都有一定的含水率,且含水率的大小随温度等条件不断变化。为保证混凝土的质量,施工中应按粗、细骨料的实际含水率对原配合比进行调整。混凝土施工配合比是指根据施工现场骨料含水情况,对以干燥骨料为基准的实验室配合比进行修正后得出的配合比。

设实验室配合比为水泥︰砂︰石 = 1︰X︰Y,水灰比 W/C,现场砂、石含水率分别为 W_X、W_Y,则施工配合比为:

水泥︰砂︰石 = 1︰$X(1+W_X)$︰$Y(1+W_Y)$,水灰比 W/C 不变,但加水量应扣除砂、石中的含水量。

施工配料是确定每拌一次需要用的各种原材料量,它根据施工配合比和搅拌机的出料容量计算。

【例 5-1】已知 C20 混凝土的实验室配合比为 1︰2.55︰5.12,水灰比 W/C 为 0.65,经测定砂的含水率为 3%,石子的含水率为 1%,每立方米混凝土的水泥用量 310kg,求施工配合比及每立方米混凝土材料用量。

解:施工配合比为:1︰2.55(1+3%)︰5.12(1+1%) = 1︰2.63︰5.17

每立方米混凝土材料用量为:

水泥:310kg

砂子:310×2.63 = 815.3kg

石子:310×5.17 = 1602.7kg

水:310×0.65 − 310×2.55×3% − 310×5.12×1% = 162.9kg

2. 材料称量

施工配合比确定以后,就需对材料进行称量,称量是否准确将直接影响混凝土的强度。为严格控制混凝土的配合比,搅拌混凝土时应根据计算出的各组成材料的一次投料量,采用质量准确投料。其质量是偏差不得超过以下规定:胶凝材料、外掺混合材料为±2%;粗、细骨料为±3%;水、外加剂溶液为±2%。

5.3.3 混凝土的搅拌

1. 搅拌方法

混凝土搅拌方法有人工搅拌和机械搅拌两种。

(1) 人工搅拌

人工搅拌一般采用"三干三湿"法,即先将水泥加入砂中干拌两遍,再加入石子翻拌一遍,搅拌均匀后,边缓慢加水,边反复湿拌三遍,以达到石子与水泥浆无分离现象为准。同等条件下人工搅拌要比机械搅拌多消耗 10%~15% 的水泥,且拌合质量差,只有在混凝土用量不大,而又缺乏机械设备时采用。

（2）机械搅拌

目前普遍使用的搅拌机根据其搅拌机理，可分为自落式搅拌机和强制式搅拌机两大类。

1）自落式搅拌机。自落式搅拌机的搅拌鼓筒内壁装有叶片，随着鼓筒的转动，叶片不断将混凝土拌合料提高，然后利用物料的重力自由下落，达到均匀拌合的目的。自落式搅拌机筒体和叶片磨损较小，易于清理，但搅拌力小、动力消耗大、效率低，主要用于搅拌流动性和低流动性混凝土。

2）强制式搅拌机。强制式搅拌机是利用搅拌筒内运动着的叶片强迫物料朝着各个方向运动，由于各物料颗粒的运动方向、速度各不相同，相互之间产生剪切滑移而相互穿插、扩散，从而在很短的时间内使物料拌合均匀，其搅拌机理被称为剪切搅拌机理。

强制式搅拌机具有搅拌质量好、速度快、生产效率高、操作简便、安全等优点，但机件磨损严重，适用于搅拌干硬性或低流动性混凝土和轻骨料混凝土。

2. 搅拌制度

为了获得均匀、优质的混凝土拌合物，除合理选择搅拌机的型号外，还必须正确地确定搅拌制度，包括搅拌时间、进料容量及投料顺序。

（1）搅拌时间

搅拌时间是指从全部材料投入搅拌筒中起，到开始卸料为止所经历的时间。它与搅拌质量密切相关。搅拌时间过短，混凝土不均匀，强度及和易性将下降；搅拌时间过长，不但降低搅拌的生产效率，同时会使不坚硬的粗骨料在大容量搅拌机中因脱角、破碎而影响混凝土的质量。对于加气混凝土，也会因搅拌时间过长而使所含气泡减少。混凝土搅拌的最短时间见表5-2，当搅拌高强度混凝土时，搅拌时间应适当延长；采用自落式搅拌机时，搅拌时间宜延长30s。

混凝土搅拌的最短时间（单位：s）　　表5-2

序号	混凝土坍落度(mm)	搅拌机型	搅拌机出料量(L)		
			<250	250~500	>500
1	≤40	强制式	60	90	120
2	>40且<100	强制式	60	60	90
3	≥100	强制式	60	60	60

（2）进料容量

进料容量是搅拌前各种材料的体积累积起来的容量，又称为干料容量。进料容量为出料容量的1.4~1.8倍（通常取1.5倍）。如进料容量超过规定容量的10%，就会使材料在搅拌筒内无充分的空间进行搅拌，影响混凝土拌合物的均匀性；反之，则不能充分发挥搅拌机的效能。

（3）投料顺序

在确定混凝土各种原材料的投料顺序时，应考虑如何保证混凝土的搅拌质量，减少机械磨损和水泥飞扬，减少混凝土的粘罐现象，降低能耗和提高劳动生产率等。目前，采用的投料方法有一次投料法、二次投料法。

1）一次投料法。这是目前广泛使用的一种方法，也就是砂、石、水泥依次进入料斗后再和水一起进入搅拌筒被搅拌。这种方法工艺简单、操作方便。当采用自落式搅拌机时，常用的加料顺序是先倒石子，再加水泥，最后加砂。这种投料顺序的优点是水泥位于砂石之间，进入搅拌筒时可减少水泥飞扬，同时砂和水泥先进入搅拌筒形成砂浆，可缩短包裹石子的时间，也避免了水向石子表面聚集产生的不良影响，可提高搅拌质量。

2) 二次投料法。可分为预拌水泥砂浆法和预拌水泥净浆法。

预拌水泥砂浆法是指先将水泥、砂和水投入搅拌筒搅拌 1~1.5min 后，加入石子再搅拌 1~1.5min。

预拌水泥净浆法是先将水和水泥投入搅拌筒搅拌 1/2 搅拌时间，再加入砂、石搅拌到规定时间。

由于预拌水泥砂浆或水泥净浆对水泥有一种活化作用，因而搅拌质量明显高于一次投料法。若水泥用量不变，混凝土强度可提高 15% 左右，或在混凝土强度相同的情况下，可减少 15%~20% 的水泥用量。

当采用强制式搅拌机搅拌轻骨料混凝土时，若轻骨料在搅拌前已经预湿，则合理的加料顺序应是：先加粗、细骨料和水泥搅拌 30s，再加水继续搅拌到规定时间；若在搅拌前轻骨料未经预湿，则合理的加料顺序是：先加粗、细骨料和总用水量的 1/2 搅拌 60s 后，再加水泥和剩余 1/2 总用水量搅拌到规定时间。

5.3.4 混凝土的运输

混凝土运输是整个混凝土施工中的一个重要环节，对工程质量和施工进度影响较大。由于混凝土拌合后不能久存，而且在运输过程中对外界的影响敏感，运输方法不当或疏忽大意，都会降低混凝土质量，甚至造成废品。因此要解决好混凝土搅拌、浇筑、水平运输和垂直运输之间的协调配合问题就必须采取适当的措施，保证运输混凝土的质量。

1. 混凝土拌合物运输的要求

运输过程中，应保持混凝土的均匀性，避免产生分层离析现象，混凝土运至浇筑地点，应符合浇筑时所规定的坍落度（表 5-3）；混凝土应以最少的中转次数、最短的时间，从搅拌地点运至浇筑地点，保证混凝土从搅拌机卸出后到浇筑完毕的延续时间不超过相关规定（表 5-4）。运输工作应保证混凝土的浇筑工作连续进行，运送混凝土的容器应严密，其内壁应平整光洁，不吸水，不挂浆，混凝土残渣应经常清除。

混凝土浇筑时的坍落度　　　　表 5-3

项次	结构种类	坍落度(mm)
1	基础或地面等的垫层、无配筋的厚大结构(挡土墙、基础或厚大的块体)或钢筋稀疏的结构	10~30
2	板、梁和大型及中型截面的柱子等	30~50
3	配筋密集的结构(薄壁、斗仓、筒仓、细柱等)	50~70
4	配筋特密的结构	70~90

注：1. 本表是指采用机械振捣的坍落度，采用人工捣实时可适当增大。
2. 需要配置大坍落度混凝土时，应掺用外加剂。
3. 曲面或斜面结构的混凝土，其坍落度应根据实际需要另行选定。
4. 轻骨料混凝土的坍落度，宜比表中数值减少 10~20mm。
5. 自密实混凝土的坍落度另行规定。

混凝土从搅拌机中卸出后到浇筑完毕的延续时间　　　表 5-4

混凝土强度等级	混凝土从搅拌机中卸出后到浇筑完毕的延续时间	
	≤25℃	>25℃
C30 及 C30 以下	120min	90min
C30 以上	90min	60min

注：1. 掺外加剂或采用快硬水泥拌制混凝土时，延续时间应按试验确定。
　　2. 轻骨料混凝土的运输、浇筑时间应适当缩短。

2. 运输方式

混凝土运输工作分为地面运输、垂直运输和楼面运输三个阶段。

(1) 地面运输

常用的运输方式有人工、机动翻斗车、混凝土搅拌运输车、自卸汽车、混凝土泵、传送带等，应根据工程规模、施工场地宽窄和设备供应情况选用。

1) 人工。人工运输混凝土常使用手推车、架子车等。

2) 机动翻斗车。机动翻斗车是混凝土工程中使用较多的地面运输机械。它轻便灵活、转弯半径小、速度快且能自动卸料，适用于短途运输混凝土或砂石料。

3) 混凝土搅拌运输车，如图 5-11 所示。混凝土搅拌运输车是运送混凝土的专用设备。它的特点是在运量大、运距远的情况下，能保证混凝土的质量均匀，一般用于混凝土制备点（商品混凝土站）与浇筑点距离较远时使用。

图 5-11　混凝土搅拌运输车

(2) 垂直运输

1) 起重机吊运

缆索式起重机：适用于大型工程，特别是高山峡谷地区的水利水电工程等。它由缆索、塔架等组成，可吊运较大重量的混凝土吊罐，控制范围大，效率较高，但设备的安装和拆卸较为复杂，且需要较大的场地和前期投资。

门式起重机：具有起重量大、工作空间大、运行灵活等优点，可在较大范围内进行混凝土的吊运作业，常用于水利枢纽、港口等工程。其缺点是自身体积较大，需要一定的安装场地和轨道基础，且在起重臂外伸较大时，起重量会有所降低。

塔式起重机：适用于高层建筑、桥梁等施工场地相对狭窄的工程。它的塔身较高，起重臂可回转，能覆盖较大的工作面积，吊运精度较高。但其起重量一般相对较小，且随着高度的增加，起吊能力会逐渐减弱，对基础的要求也较高。

履带式起重机：具有机动灵活、转场方便等特点，可在不同的施工地点快速转移和作业。它能适应较为复杂的地形条件，但起重量相对较小，稳定性不如其他固定式起重机，且对地面的压力较大，在使用时需要注意场地的承载能力。

2) 混凝土泵送

固定式混凝土泵：具有输送能力大、输送距离远、效率高的特点，适用于大型建筑工程、混凝土坝等需要大量混凝土垂直输送的项目。它可以将混凝土通过管道直接输送到浇筑部位，但设备的购置和维护成本较高，且对混凝土的坍落度和骨料粒径等有一定的要求。

移动式混凝土泵：机动性强，可根据施工需要灵活移动位置，适用于施工现场较为分散或需要频繁转移作业地点的工程，如图5-12所示。其输送能力相对固定式混凝土泵较小，但操作简单，使用方便，能够满足中小规模混凝土浇筑的垂直运输需求。

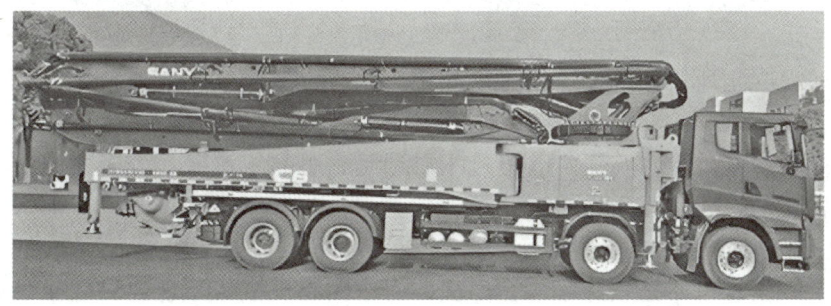

图5-12　移动式混凝土泵

3) 溜槽、溜筒及溜管运输

溜槽：一般用钢板或木板制成，适用于小落差、短距离的混凝土垂直运输，如小型建筑物的基础、地面等部位的混凝土浇筑。它的结构简单，成本低廉，但在使用时需要控制混凝土的坍落度和流速，防止混凝土在溜槽内堵塞或离析。

溜筒：通常为圆形的钢管或塑料管，可用于较大落差的混凝土垂直运输，如竖井、深基础等部位的混凝土浇筑。溜筒的直径一般根据混凝土的最大骨料粒径和输送量来确定，使用时需保证溜筒的垂直度和接口的密封性，防止混凝土泄漏。

溜管：与溜筒类似，但长度和直径可根据实际需要进行调整，更具灵活性。在一些大型水利工程中，常采用溜管将混凝土从高处的储料斗输送到低处的浇筑部位，其输送效率较高，但安装和拆卸相对较为麻烦。

(3) 楼面运输

混凝土布料机：可将混凝土均匀地铺在楼面上，布料范围广，能提高混凝土的浇筑效率和质量。一般安装在施工层的下面两层，通过管道与地面的混凝土输送设备相连，将混凝土输送到楼面的各个部位。

手推车或小型翻斗车：在楼面面积较小或布料机无法覆盖的区域，可使用手推车或小型翻斗车进行混凝土的短距离运输和局部布料。这种方式灵活性高，但运输效率相对较低。

5.3.5 混凝土的成型

混凝土浇筑指的是将混凝土浇筑入模直至塑化的过程，混凝土浇筑时，混凝土的自由高度不宜超过2m，当超过3m时应采取相应措施。

1. 混凝土浇筑要求

（1）浇筑混凝土前必须先检查模板支撑的稳定情况，特别要注意检查用斜撑支撑的悬臂构件的模板的稳定情况。浇筑混凝土过程中，要注意观察模板、支撑情况，发现异常，及时报告。

（2）水平运输通道旁预留洞口、电梯井口必须检查，完善盖板、围护栏杆。

（3）垂直运输采用井架、龙门架运输时，推车车把不准超出吊盘外，车轮前后应挡牢，卸料时待吊盘停稳、制动可靠后方可上盘。

（4）振捣棒电源线必须完好无损，供电电缆不得有接头，混凝土振捣棒作业转移时，供电电缆应有足够的长度。严禁用供电电缆拖拉振捣棒。作业人员必须穿绝缘胶鞋，戴绝缘手套。

（5）浇筑混凝土所使用的桶、槽必须固定牢固，串筒活节间应连接牢靠，操作部位设防护栏杆。

（6）用泵输送混凝土时，输送管道接头必须紧密可靠不漏浆、安全阀完好，管道架子牢固，正式输送前，先试送，检修时必须卸压。

2. 混凝土振捣成型

混凝土浇入模板以后是较疏松的，里面含有空洞与气泡，不能达到要求的密度。而混凝土的密度直接影响强度，因此，混凝土入模后，还需经振捣密实成型。目前主要是用人工或机械捣实混凝土。人工捣实是用人力的冲击来使混凝土密实成型，只在缺乏机械、工程量不大或机械不便工作的部位采用。

（1）机械振捣

1）插入式振捣棒：是最常用的机械振捣设备之一。操作时，振捣棒可垂直插入振捣或与混凝土表面成一定角度斜向振捣，一般角度为40°～45°。振捣棒应遵循"快插慢拔"的原则，快插是为了避免先将上层混凝土振实而导致下层混凝土产生离析现象；慢拔则是为了使混凝土能够填满振捣棒抽出时留下的空洞，并通过上下抽动确保振捣均匀。插入式振捣棒的振捣时间一般为20～30s，以混凝土不再显著下沉、不出现气泡、开始泛浆时为准。振捣时，振捣棒的插入点应均匀排列，可采用"行列式"或"交错式"的次序进行移动，每次移动的距离不应大于振捣棒作用半径的1.5倍，且振捣棒应插入下层混凝土50～100mm，以加强上下层混凝土的结合。

2）平板式振动器：适用于屋面、地面等薄层结构混凝土的振捣。在每一位置上应连续振动25～40s，并以混凝土表面出现浆液为准。移动时应成排依次振捣前进，前后位置和排与排之间应相互搭接30～50mm，防止漏振。其有效作用深度在无筋或单筋混凝土平板中约为20cm，双筋平板中约为12cm。

3）附着式振动器：通常附着于模板上，用于钢筋密集、厚度较小的墙、薄腹梁等构件预制。通过模板将振动传递给混凝土,使混凝土密实。

(2) 人工振捣

一般适用于小面积混凝土结构或机械设备难以到达的部位。人工振捣时,需将工具插入混凝土中,进行反复地插捣和压实,直至混凝土表面平实、不再有明显的气泡冒出为止,但人工振捣效率较低。

5.3.6 混凝土的养护

混凝土浇筑后应及时进行保湿养护,保湿养护可采用洒水、覆盖、涂养护剂方式。选择养护方式应考虑现场条件、环境温湿度、构件特点、技术要求、施工操作等因素。

1. 混凝土洒水养护

洒水养护应符合下列规定。

(1) 洒水养护宜在混凝土裸露表面覆盖麻袋或草帘后进行,也可采用直接洒水、蓄水等养护方式;洒水养护应保证混凝土处于湿润状态。

(2) 洒水养护用水应符合相关规范的规定。

(3) 当日最低温度低于5℃时,不应采用洒水养护。

2. 混凝土覆盖养护

覆盖养护应符合下列规定。

(1) 覆盖养护宜在混凝土裸露表面覆盖塑料薄膜、塑料薄膜加麻袋、塑料薄膜加草帘进行。

(2) 塑料薄膜应紧贴混凝土裸露表面,塑料薄膜内应保持有凝结水,保证混凝土处于湿润状态。

(3) 覆盖应严密,覆盖物的层数应按施工方案确定。

3. 混凝土喷涂养护剂养护

混凝土喷涂养护剂养护是将可成膜的溶液喷洒在混凝土表面,溶液挥发后在混凝土表面形成一层薄膜,使混凝土表面与空气隔绝,封闭混凝土中的水分不再被蒸发,而完成水化作用。混凝土喷涂养护剂养护应符合下列规定。

(1) 应在混凝土裸露表面喷涂覆盖致密的养护剂进行养护。

(2) 养护剂应均匀喷涂在结构构件表面,不得漏喷。养护剂应具有可靠的保湿效果,保湿效果可通过试验检验。

(3) 养护剂使用方法应符合产品说明书的有关要求。

(4) 墙、柱等竖向混凝土结构在混凝土的表面不便浇水或使用塑料薄膜养护时,可采用涂刷或喷洒养护剂进行养护,以防止混凝土内部水分的蒸发。

(5) 涂刷(喷洒)养护剂的时间应根据混凝土水分蒸发情况,在不见浮水、混凝土表面以手指轻按无指印时进行涂刷或喷洒。过早会影响油膜与混凝土表面结合,容易脱落,过迟会影响混凝土强度。

(6) 养护剂涂刷(喷洒)量以 2.5m²/kg 为宜,厚度要求均匀一致。

(7) 养护剂涂刷(喷洒)后很快就形成薄膜,为达到养护目的,必须加强保护完整性,要求不得有损坏破裂,发现有损坏时及时补刷(补喷)养护剂。

4. 混凝土蒸汽养护

混凝土蒸汽养护就是将构件放置在有饱和蒸汽或蒸汽、空气混合物的养护室内，在较高的温度和相对湿度的环境中进行养护，以加速混凝土的硬化，使混凝土在较短的时间内达到规定的强度标准值。蒸汽养护过程分为静停、升温、恒温、降温4个阶段。

（1）静停阶段。混凝土构件成型后在室温下停放养护，时间为2～6h，以防止构件表面产生裂缝和疏松现象。

（2）升温阶段。此阶段是构件的吸热阶段。升温速度不宜过快，以免构件表面和内部产生过大温差而出现裂纹。对于薄壁构件（如多肋楼板、多孔楼板等），每小时升温不得超过25℃；其他构件不得超过20℃；用干硬性混凝土制作的构件，不得超过40℃。

（3）恒温阶段。此阶段是升温后温度保持不变的阶段。此时混凝土强度增长最快，这个阶段应保持90%～100%的相对湿度；最高温度不得大于95℃，时间为3～5h。

（4）降温阶段。此阶段是构件散热的阶段。降温速度不宜过快，每小时降温不得超过10℃，出池后，构件表面与外界温差不得大于20℃。

5.3.7 混凝土的质量检查

1. 质量检查

（1）施工过程中的质量检查，即在混凝土制备和浇筑过程中对原材料质量、配合比、坍落度等的检查，每一工作班至少检查两次，如遇特殊情况还应及时进行抽查。混土的搅拌时间应随时检查。

（2）混凝土养护后的质量检查，主要指混凝土的立方体抗压强度检查。混凝土的抗压强度应以标准立方体试件（边长150mm）的检测结果为准，即在标准条件下，温度（20±3）℃和相对湿度90%以上的湿润环境，养护28d后测得的具有95%保证率的抗压强度。

（3）混凝土结构的强度等级必须符合设计要求。

（4）现浇混凝土结构的允许偏差，应符合规范规定；当有专门规定时，尚应符合相应的规定。

（5）混凝土表面外观质量要求：不应有蜂窝、麻面、露筋、孔洞、缝隙及薄夹层、缺棱掉角和裂缝等。

2. 现浇混凝土结构的质量缺陷及产生原因

（1）现浇混凝土结构的外观质量缺陷的确定

现浇混凝土结构的外观质量缺陷，应由监理（建设）单位、施工单位等各方根据其对结构性能和使用功能影响的严重程度，按规范确定。

（2）现浇混凝土常见质量缺陷及其产生的原因

1）蜂窝。混凝土表面因砂浆缺失，使得石子外露，形成类似蜂窝的外观。主要原因是混凝土配合比不当，如石子级配不好、砂率过小，施工时振捣不实、漏振，混凝土不密实，模板缝隙未堵严，水泥浆流失等。

2）麻面。构件表面呈现出许多小凹坑、麻点，无钢筋外露现象。通常是由于模板表面粗糙、未清理干净、漏刷隔离剂，混凝土振捣不充分、气泡未完全排出，拆模后在混凝土表面形成麻面。

3）露筋。混凝土没有完全包裹钢筋，导致钢筋外露。主要是由于钢筋垫块位移、间距过大、漏放，使钢筋紧贴模板，梁、板底部振捣不实以及混凝土保护层厚度不足等原因造成。

4）孔洞。混凝土中存在孔穴，其深度和长度均超过保护层厚度。多因混凝土浇筑时，钢筋较密部位混凝土被卡住，未经振捣就继续浇筑上层混凝土；混凝土离析，砂浆分离，石子集中，导致局部混凝土无法密实。

5）裂缝。裂缝从混凝土表面延伸至内部，其产生原因较为复杂。可能是由于混凝土收缩，如干缩、自收缩等；温度变化，如大体积混凝土因水泥水化热导致内外温差过大；结构受力不均，如基础不均匀沉降；混凝土配合比不合理，水灰比过大等造成。

6）缺棱掉角。是指混凝土结构或构件的边角处出现混凝土局部掉落、不规整，棱角有缺陷的现象。构件制作时受到剧烈振动，混凝土浇筑后模板变形或沉陷，混凝土表面水分蒸发过快，养护不及时，构件堆放、运输、吊装时位置不当或受到碰撞等均可能造成缺棱掉角。

3. 混凝土强度不足的原因

（1）配合比设计方面，有时不能及时测定水泥的实际强度，影响了混凝土配合比设计的正确性。另外，套用混凝土配合比时选用配合比不当或外加剂用量控制不准等，都有可能导致混凝土强度不足。

（2）搅拌方面，任意增加用水量，配合比称料不准，搅拌时颠倒加料顺序及搅拌时间过短等，都有可能导致混凝土强度降低。

（3）现场浇捣方面，施工中振捣不实，发现混凝土有离析现象时，未能及时采取有效措施调整。

（4）养护方面，不按规定的方法、时间对混凝土进行妥善的养护，造成混凝土强度降低。

4. 混凝土质量缺陷的防治与处理

（1）表面抹浆修补。对数量不多的小蜂窝、麻面、露筋、露石的混凝土表面，主要是保护钢筋和混凝土不受侵蚀，可用（1∶2）～（1∶2.5）水泥砂浆抹面修整。

（2）细石混凝土填补。当蜂窝比较严重或露筋较深时，应去掉不密实的混凝土，用水洗净并充分湿润后，再用比原强度等级高一级的细石混凝土填补并仔细捣实。

（3）水泥灌浆与化学灌浆。对于宽度大于0.5mm的裂缝，宜采用水泥灌浆；对于宽度小于0.5mm的裂缝，宜采用化学灌浆。

【勤练入心】

一、单选题

1.（　　）是使新拌混凝土在浇筑过程中保持设计要求的位置尺寸和几何形状，使之硬化成为钢筋混凝土结构或构件的模型。

A. 模板工程　　　B. 钢筋工程　　　C. 混凝土工程　　　D. 预应力工程

2. 梁跨度大于或等于4m时，底板应起拱，起拱高度由设计确定，如设计无规定，取全跨长度的（　　）。

A. 1/100～3/100　　　　　　　　B. 1/1000～3/1000

C. 1/100～2/100　　　　　　　　D. 1/1000～2/1000

3. 钢筋的加工步骤（　　）。
A. 钢筋调直→钢筋除锈→钢筋下料→钢筋弯曲→成品筋码放
B. 钢筋调直→钢筋下料→钢筋除锈→钢筋弯曲→成品筋码放
C. 钢筋调直→钢筋弯曲→钢筋除锈→钢筋下料→成品筋码放
D. 钢筋调直→钢筋弯曲→钢筋下料→钢筋除锈→成品筋码放
4. 混凝土自高处倾落的自由高度不应超过（　　）m。
A. 1　　　　　B. 2　　　　　C. 3　　　　　D. 4
5. 所谓混凝土的自然养护，是指在平均气温不低于（　　）条件下，在规定时间内使混凝土保持足够的湿润状态。
A. 0℃　　　　B. 3℃　　　　C. 5℃　　　　D. 10℃

二、填空题

1. 模板的种类很多，按材料分为（　　）、（　　）、（　　）、（　　）。
2. 模板应具有足够的（　　）、（　　）、（　　），能可靠地承受施工过程中产生的荷载。
3. 钢筋按直径划分有（　　）、（　　）、（　　）。
4. 钢筋的连接方法有（　　）、（　　）、（　　）。
5. 混凝土成型过程包括（　　）、（　　），是混凝土工程施工的关键工序，直接影响混凝土的质量和整体性。

三、判断题

1. 梁模板的特点是跨度大、宽度小而高度大，由底模板和侧模板组成。（　　）
2. 拆模应按一定的顺序进行。一般应遵循先支先拆、后支后拆、先拆非承重部位、后拆承重部位以及自上而下的原则。（　　）
3. 钢筋进场后，必须严格按批分等级、牌号、直径、长度挂牌存放，不得混淆，钢筋应尽量堆入仓库或料棚内。（　　）
4. 钢筋在使用前必须经过调直，否则会影响钢筋的受力情况，甚至会使混凝土提前产生裂缝，如未调直直接下料，则会影响钢筋的下料长度，并影响后续工序的质量。（　　）
5. 混凝土搅拌同等条件下人工搅拌要比机械搅拌少耗 10%～15% 的水泥，但拌合质量差，只有在混凝土用量不大，而又缺乏机械设备时采用。（　　）

四、简答题

1. 组合钢模板的装配原则有哪些？
2. 混凝土的养护方式有哪些？
3. 在混凝土施工中为什么要对其试验室配合比进行调整？

【思政入神】

钢筋混凝土技术铸就的跨海奇迹

港珠澳大桥的建设，堪称人类工程史上的壮丽篇章，其难度与技术复杂性前所未有。在这项宏伟工程中，钢筋混凝土技术发挥了核心作用，成为连接三地的关键。

人工岛的建设是港珠澳大桥工程的亮点之一。120个巨型钢圆筒,每个高达50m、直径22m、重550t,通过钢筋混凝土结构加固,确保了人工岛的稳定性。独特的"副格"结构,同样采用钢筋混凝土制成,实现了钢圆筒间的紧密连接与密封止水,为大桥的稳固基础奠定了基石。

海底隧道部分,由33节重达8万t的钢筋混凝土沉管连接而成。沉管的预制过程中,钢筋绑扎、混凝土浇筑等工序均遵循高标准,确保了沉管的强度和耐久性。在海底安装沉管时,钢筋混凝土结构在对接处发挥了关键作用,通过特殊接头设计和混凝土浇灌工艺,实现了沉管间的无缝连接,展现了钢筋混凝土技术在深海施工中的卓越性能。

桥梁主体部分,钢筋混凝土同样扮演了重要角色。桥墩、桥面等关键部位均通过钢筋混凝土加固支撑,确保了桥梁的稳定性和安全性。在抗震设计中,合理的钢筋布置和混凝土配比,使得桥梁在遭遇地震等自然灾害时能够保持较好的稳定性和完整性。

港珠澳大桥的建设难度极大,工程规模巨大,技术难度高,环境复杂多变,施工条件艰苦。面对这些挑战,中国工程师们凭借智慧和勇气,成功克服了重重困难。他们勇于挑战未知,敢于创新,严谨对待工程质量,团结协作,共克难题。在E15管节安装过程中,面对泥沙回淤的难题,工程师们果断决定重新铺设基床,体现了中国工程师对工程质量极致追求的精神。

在港珠澳大桥的建设过程中,工程师们不断学习和掌握新技术、新方法,并勇于将其应用于实践中。他们通过反复试验和总结经验教训,不断完善和优化施工方案和技术措施,展现了不断学习和勇于实践的精神。面对困难和挫折,他们坚韧不拔,永不言败,迎难而上,攻坚克难,最终创造了这一人类工程史上的奇迹。

港珠澳大桥的建成,不仅是中国工程师们智慧、勇气和坚韧精神的集中体现,更是中国工程技术水平的集中展示。这座世界最长的跨海大桥,不仅连接了三地,更连接了人心,成为中华民族伟大复兴之路上的重要里程碑。

【案例入魂】

江西某冷却塔施工平台坍塌特别重大事故案例分析

2016年某月某日,江西某扩建工程发生冷却塔施工平台坍塌特别重大事故,造成73人死亡、2人受伤,直接经济损失10197.2万元。

一、事故直接原因

施工单位在7号冷却塔第50节筒壁混凝土强度不足的情况下,违规拆除第50节模板,致使第50节筒壁混凝土失去模板支护,不足以承受上部荷载,从底部最薄弱处开始坍塌,造成第50节及以上筒壁混凝土和模板体系连续倾塌坠落,坠落物冲击与筒壁内侧连接的平桥附着拉索,导致平桥也整体倒塌。

二、事故间接原因

1. 赶工期问题严重。为完成工期目标,施工进度不断加快,导致拆模前混凝土养护时间减少,混凝土强度发展不足。

2. 施工方案缺陷。筒壁工程施工方案存在严重缺陷,未制定针对性的拆模作业管理控制措施,对试块送检、拆模的管理失控,在实际施工过程中,劳务作业队伍自行决定拆模。

3. 工程总承包单位管理问题。工程总承包单位对施工方案审查不严，对分包施工单位缺乏有效管控，未发觉和阻止施工单位项目部违规拆模等行为。

4. 监理单位失职。监理单位未按照要求细化监理措施，对拆模工序等风险控制点失管失控，未纠正施工单位违规拆模行为。

5. 建设单位及相关部门问题。建设单位未按要求组织对工期调整的安全影响进行论证和评估，项目建设组织管理混乱。

三、事故处理结果

1. 追究刑事责任。司法机关拟追究刑事责任人员 31 人，其中工程总承包方 3 人、施工单位 6 人、监理单位 3 人和劳务公司 1 人，其他人员 18 人。

2. 单位及人员处罚。工程总承包方某电力设计院被罚停业整顿 1 年；施工单位某工程有限公司被吊销建筑工程施工总承包一级资质，项目经理孟某被吊销一级建造师注册证书，终身不予注册。该事故所涉其他 28 名被告人和 1 个被告单位依法判处刑罚。

四、事故教训总结

1. 安全意识与理念方面。企业应牢固树立安全发展理念，坚决克服"重生产、轻安全"的思想，始终将员工的生命安全放在首位，不能为了追求进度和经济效益而忽视安全管理。

2. 施工管理方面。施工单位要加强对施工现场的管理，规范施工流程，确保各项施工操作符合标准和要求。工程总承包单位要加强对分包施工单位的管控，严格审查施工方案，及时发现和纠正施工过程中的违规行为。监理单位要认真履行监理职责，按照要求细化监理措施，加强对关键工序和风险控制点的监督管理，确保施工质量和安全。

3. 工期安排与控制方面。合理安排工期，充分考虑各种因素对工程进度和质量的影响。

4. 质量监督与监管方面。政府相关部门和质量监督机构要加强对建设工程的质量监督和监管力度，严格审查工程建设项目的合法性和合规性，严厉打击违法违规建设行为。

【实践入行】

钢筋混凝土工程微缩模型制作实践任务指导书

一、实践目的

通过制作钢筋混凝土工程微缩模型，使学生深入理解钢筋混凝土结构的构造原理、施工工艺，提高学生的动手能力、空间想象力以及对工程图纸的识读能力，培养学生的团队协作精神和解决实际问题的能力。

二、实践材料与工具准备

（一）材料准备

1. 钢筋：可选用细铁丝或铝丝来模拟钢筋，根据模型比例确定其直径，如 1～3mm，用于制作梁、柱的纵筋和箍筋。

2. 混凝土材料：可使用石膏、水泥与沙子的混合物等，按照一定比例加水搅拌均匀制成模拟混凝土，用于浇筑梁、柱、板等构件。

3. 模板材料：可采用塑料板、木板、卡纸等，按照构件尺寸切割制作成梁、柱、板的模板，厚度一般为 2～5mm。

4. 其他材料：还需准备一些辅助材料，如用于固定钢筋的细钢丝、胶水、颜料等。

（二）工具准备

1. 切割工具：如剪刀、美工刀、钢锯等，用于切割钢筋、模板等材料。
2. 绑扎工具：如尖嘴钳、镊子等，用于绑扎钢筋。
3. 测量工具：如钢尺、卡尺等，用于测量材料尺寸和构件间距。
4. 搅拌工具：如小型搅拌器、铲子等，用于搅拌混凝土材料。
5. 辅助工具：如铅笔、橡皮、绘图工具等，用于绘制图纸和标记。

三、实践内容与步骤

（一）模型设计

根据实际工程中的钢筋混凝土结构，选择具有代表性的梁、柱、板等构件进行微缩模型设计，确定模型的比例，如 1∶10、1∶20 等，绘制出各构件的详细图纸，包括平面图、立面图、剖面图及配筋图等，标注出尺寸、钢筋规格、间距等技术参数。

考虑模型的整体稳定性和可操作性，设计模型的支撑结构和连接方式，确保各构件能够准确组装在一起，形成一个完整的钢筋混凝土结构体系。

（二）钢筋加工与绑扎

按照配筋图要求，使用切割工具将铁丝或铝丝裁剪成所需的长度，作为纵筋和箍筋。注意在裁剪过程中要保证钢筋的长度准确，误差控制在±2mm。

使用尖嘴钳等工具对箍筋进行弯曲加工，使其达到符合设计要求的形状和尺寸，如矩形、圆形等，弯曲角度应准确，保证箍筋能够紧密地套在纵筋上。

在模板内按照设计要求布置纵筋，并使用细钢丝将箍筋绑扎在纵筋上，绑扎要牢固，防止在后续施工过程中钢筋移位，绑扎点应均匀分布，间距符合设计要求。

（三）模板制作与安装

根据构件的尺寸，使用塑料板、木板或卡纸等材料，使用切割工具裁剪出梁、柱、板的模板，模板的尺寸应准确，误差控制在±1mm，以保证构件的几何尺寸符合设计要求。

在模板的内侧涂抹一层薄薄的脱模剂，如凡士林、润滑油等，以便于混凝土成型后顺利脱模。

将制作好的钢筋骨架放入相应的模板内，并使用夹具或胶水等固定好模板，确保模板与钢筋骨架的位置准确，防止在浇筑混凝土时发生移位。

（四）混凝土浇筑与养护

按照设计的配合比，使用小型搅拌器将水泥、砂子、水等材料搅拌均匀，制成模拟混凝土，搅拌时间一般为 3～5min，以保证混凝土的和易性良好。

将搅拌好的混凝土缓慢倒入安装好钢筋骨架和模板的构件内，使用铲子或振捣棒等工具进行振捣，使混凝土密实，排除其中的气泡，振捣时间不宜过长，以混凝土表面不再出现气泡为宜。

浇筑完成后，对混凝土表面进行平整处理，使其与模板上口平齐，然后将模型放置在通风良好、干燥的地方进行养护，养护时间根据材料的特性而定，一般为 1～3d，期间要注意保持混凝土表面的湿润，可以使用湿布或喷雾器进行喷水养护。

四、质量控制与检查

1. 在钢筋加工过程中,要检查钢筋的长度、直径、弯曲角度等是否符合设计要求,发现问题及时调整或更换。

2. 钢筋绑扎完成后,检查钢筋的间距、绑扎点的牢固程度以及钢筋骨架的整体稳定性,如有松动或不符合要求的地方,应进行加固处理。

3. 模板安装完成后,检查模板的尺寸、平整度、垂直度以及与钢筋骨架的贴合程度,如有偏差应及时进行调整,保证模板的安装质量。

4. 混凝土浇筑过程中,要检查混凝土振捣是否密实,表面是否平整,发现问题及时采取措施进行处理。

5. 养护完成后,检查混凝土构件的外观质量,是否有裂缝、麻面、蜂窝等缺陷,如有缺陷应根据其严重程度进行修补或重新制作。

五、成果展示与评价

1. 学生以小组为单位,对制作完成的钢筋混凝土工程微缩模型进行展示,介绍模型的设计思路、制作过程以及在实践中所遇到的问题和解决方法。

2. 教师根据学生的实践操作过程、模型的制作质量、团队协作能力以及问题解决能力等方面进行综合评价,给出相应的成绩和评语,评价指标包括模型的准确性、工艺规范性、创新性、完整性等。

3. 组织学生对各小组的模型进行相互观摩和交流,分享实践经验和心得体会,促进学生之间的学习和进步。

项目6

预应力混凝土工程

教学目标

一、知识目标

1. 理解预应力混凝土的基本概念、原理和作用，理解预应力施加的目的以及与普通混凝土结构的区别。
2. 了解预应力混凝土工程中使用的主要材料特性。
3. 熟悉预应力混凝土工程施工的工艺流程和关键技术环节。
4. 熟悉预应力施工过程中的质量控制要点和检验标准。
5. 了解预应力混凝土结构在建筑工程中的应用范围和发展趋势。

二、能力目标

1. 施工操作能力：能够在模拟施工环境中操作先张法和后张法的施工设备，完成预应力筋的张拉、锚固以及孔道压浆等关键工序的操作。
2. 质量检测与控制能力：能够根据工程实际需求，对预应力钢筋、混凝土原材料进行质量检验；能够运用相关检测仪器和工具，对预应力筋的张拉应力、混凝土的强度、构件的尺寸偏差以及结构的抗裂性能等关键质量指标进行检测和评估。
3. 安全防护能力：能够正确佩戴和使用个人安全防护用品（如安全帽、安全带、防护眼镜、耳塞等）；能够识别施工现场存在的安全隐患（如张拉设备的高压油泄漏、预应力筋的弹击伤人、高处作业的坠落风险等）；能够在发生安全事故时，迅速做出正确的应急反应。
4. 问题解决能力：能够运用所学的专业知识分析和判断常见技术问题（如预应力损失过大、混凝土裂缝、孔道堵塞等）和实际困难（如施工场地狭窄、设备故障、恶劣天气条件等）。

三、素养目标

1. 职业道德素养：培养学生树立对预应力工程质量高度负责的态度，培养学生在职业生涯中，始终将社会的整体利益放在首位，避免因个人利益或短期利益而做出有损工程质量和社会安全的行为。
2. 团队协作与沟通能力：培养学生分工协作，共同解决问题的团队协作精神。培养学生清晰、准确、及时地表达自己的想法、观点和需求，同时学会倾听他人的意见和建议。

3. 创新与实践能力：通过施工现场实习、模型制作等实践活动，培养学生创新意识和思维能力。

4. 安全与环保素养：培养学生安全第一的底线思维，使学生充分认识预应力混凝土工程施工中存在的各种安全风险。培养学生在预应力混凝土工程建设中的环保意识，例如，在材料选择上，考虑使用环保型的外加剂和可再生材料。

【思维导图】

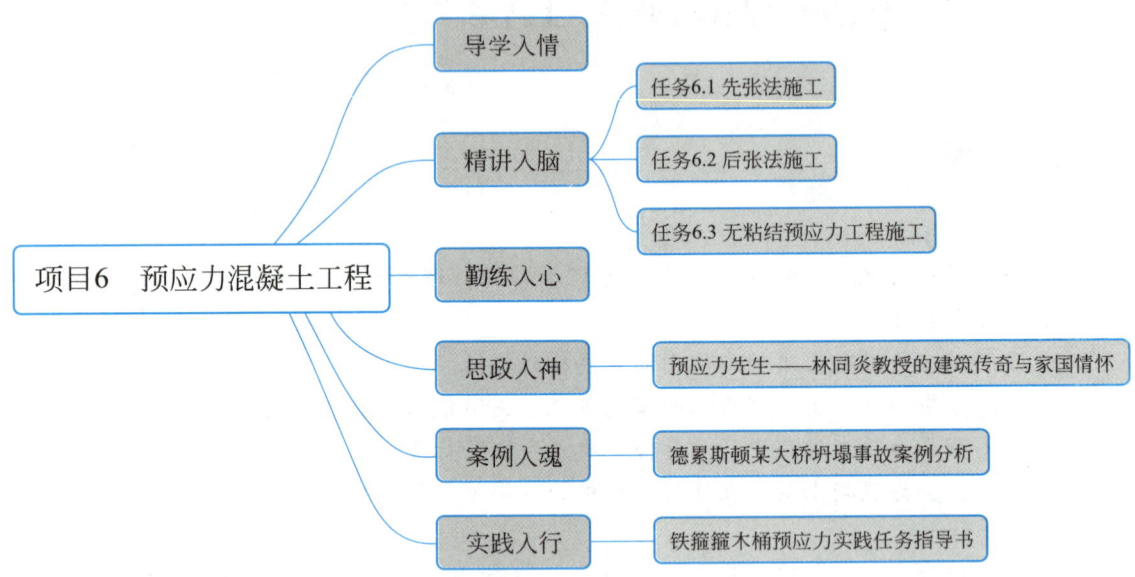

【导学入情】

某现代化的体育场馆拥有一个跨度巨大的屋顶，其设计和建造充分运用了预应力混凝土技术。在传统的混凝土结构中，由于跨度较大，自重和荷载作用下容易产生过大的挠度和裂缝，影响结构的安全性和使用功能。而预应力混凝土通过在混凝土构件中预先施加压力，可以有效地抵消外部荷载产生的拉应力，从而提高结构的承载能力和抗裂性能。

在这个体育场馆的屋顶结构中，预应力钢绞线被布置在混凝土梁和板中。在施工过程中，先将钢绞线张拉到设计的预应力值，然后浇筑混凝土。当混凝土达到一定强度后，放松钢绞线，使其对混凝土产生预压应力。这样一来，屋顶结构在承受风、雨等荷载时，能够保持较小的变形和不开裂，为观众提供了一个安全舒适的环境。

预应力混凝土在建筑工程中的应用案例充分展示了其在提高结构性能、降低成本、增加使用空间等方面的显著优势。在未来的建筑领域，预应力混凝土技术将继续发挥重要作用，为我们带来更多高质量、高性能的建筑作品。

接下来，让我们一起开启预应力混凝土工程施工的学习之旅。

项目 6 预应力混凝土工程

【精讲入脑】

普通混凝土的一个缺点是过早开裂，构件带裂缝工作，因而影响构件的耐久性；另一个缺点是自重大，使构件的跨度受到限制。预应力混凝土是针对普通混凝土的缺点研究开发的新形式，若给混凝土的受拉区预先施加上压应力，使构件在工作时，首先抵消这个预压应力，然后才有可能开裂，进而提高构件的抗裂性能；若构件使用高强钢丝和高强度等级混凝土来制作，就可以减小构件的截面面积，减轻结构自重，增加结构的跨度。我们祖先用木板和桶箍造水桶，就是利用桶箍给拼接起来的木板施加预压应力，使其成为能装水的木桶。现代预应力技术，已经发展成为一门实用技术。

图 6-1 为普通混凝土梁的 3 种不同状况，图 6-2 为预应力混凝土梁的实际工况。

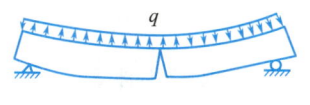
(a) 无筋混凝土梁承载力很小

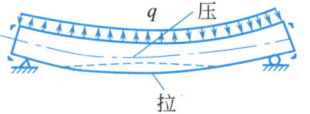
(b) 受拉区加入钢筋承载力增加

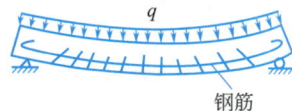
(c) 受拉区加入钢筋承载力增加，但受拉区仍容易开裂

图 6-1　普通混凝土梁的 3 种不同状况

(a) 在梁的受拉区施加预压应力

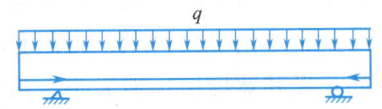
(b) 梁的承载力增加还不容易开裂

图 6-2　预应力混凝土梁的实际工况

任务 6.1　先张法施工

先张法的主要施工工序为：在台座上张拉预应力筋至预定长度后，将预应力筋固定在台座的传力架上；然后在张拉好的预应力筋周围浇筑混凝土；待混凝土达到一定的强度后（约为混凝土设计强度的 75%）放松预应力筋。由于预应力筋的弹性回缩，使得与预应力筋粘结在一起的混凝土受到预压作用。因此，先张法是靠预应力筋与混凝土之间粘结力来传递预应力的。先张法施工过程如图 6-3 所示。

先张法预应力施工内容包括预应力筋铺设、张拉与放张。

6.1.1　张拉设备

1. 台座

台座在先张法构件生产中是主要的承力构件，在生产预应力混凝土构件时，预应力筋锚固在台座横梁上，台座承受全部预应力的拉力。因此，台座应有足够的承载能力、刚度和稳定性，以避免台座变形、倾覆和滑移而引起的预应力损失，从而确保先张法生产构件

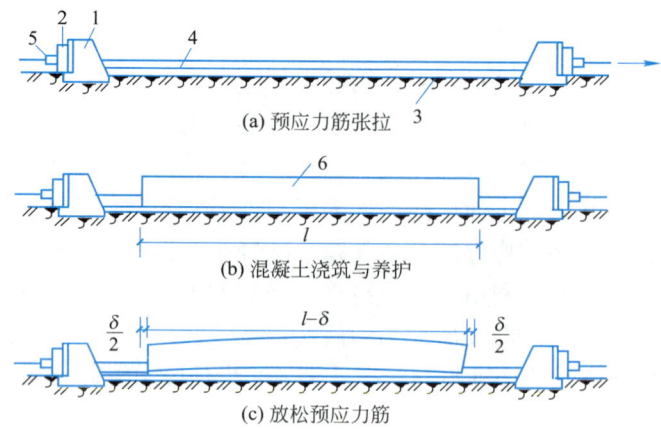

图 6-3 先张法施工过程

1—台座承力结构；2—横梁；3—台面；4—预应力筋；5—锚固夹具；6—混凝土构件

的质量。根据构造形式的不同，台座可分为墩式台座、槽式台座等。选用时应根据构件种类、张拉力大小和施工条件确定。

（1）墩式台座

以混凝土墩作承力结构的台座称为墩式台座，一般用于生产中小型构件，如空心板和平板等。墩式台座由承力台墩、台面和横梁三部分组成，如图 6-4 和图 6-5 所示。

台座的长度和宽度由场地大小、构件类型和产量决定，一般长度宜为 100～150m，宽度宜为 2～4m，这样既可利用钢筋长的特点，张拉一次就可生产多根构件，又可减少因钢筋滑动或台座横梁变形而引起的预应力损失。

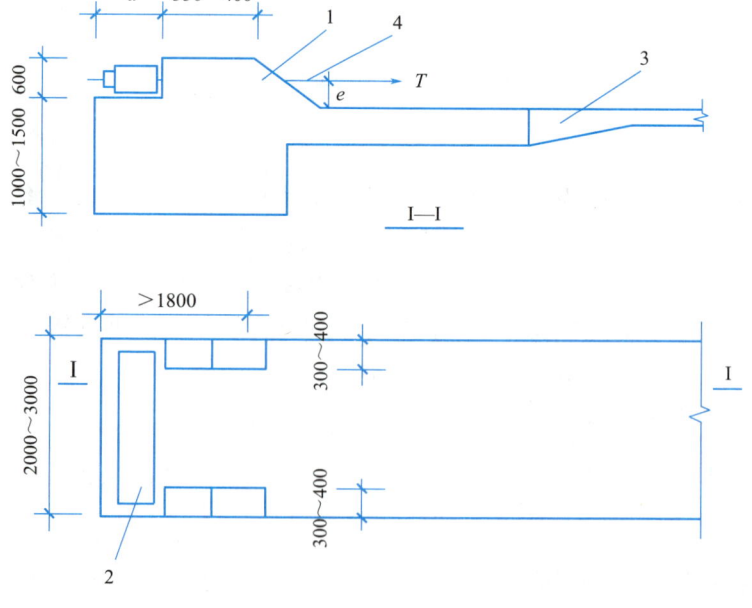

图 6-4 墩式台座结构图

1—台墩；2—横梁；3—台面；4—预应力筋

图 6-5 墩式台座实景图

（2）槽式台座

槽式台座是由钢筋混凝土压杆，上、下横梁及台面组成，如图 6-6 所示。它既可承受张拉力，又可作蒸汽养护槽，适用于生产屋架、箱梁等预应力混凝土构件。

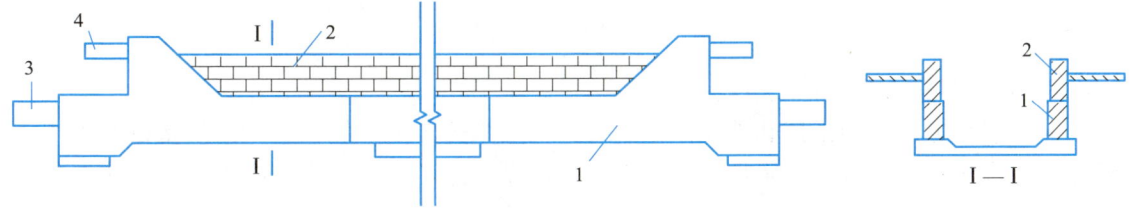

图 6-6 槽式台座

1—钢筋混凝土压杆；2—台面；3—下横梁；4—上横梁

2. 夹具

夹具是预应力筋张拉和临时固定的锚固装置。夹具应加工方便、成本低并能多次重复使用。按其用途不同分为锚固夹具和张拉夹具。

（1）锚固夹具

1）钢质锥形夹具

钢质锥形夹具主要用来锚固直径为 3～5mm 的单根钢丝，如图 6-7 所示。

2）墩头夹具

墩头夹具适用于预应力钢丝固定端的锚固，如图 6-8 所示。

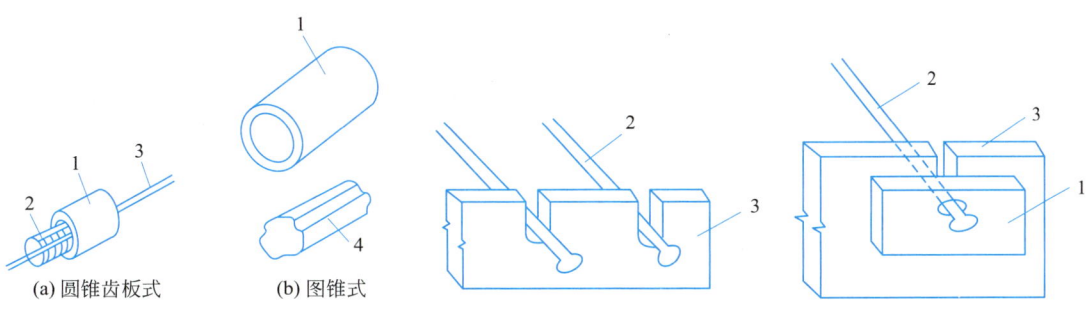

图 6-7 钢质锥形夹具　　　　　　　　图 6-8 固定端墩头夹具

1—套筒；2—齿板；3—钢丝；4—锥塞　　　　1—垫片；2—墩头钢丝；3—承力板

(2) 张拉夹具

张拉夹具是将预应力筋与张拉机械连接起来进行预应力张拉的工具，常用的张拉夹具有月牙形夹具、偏心式夹具和楔形夹具等，如图6-9所示。

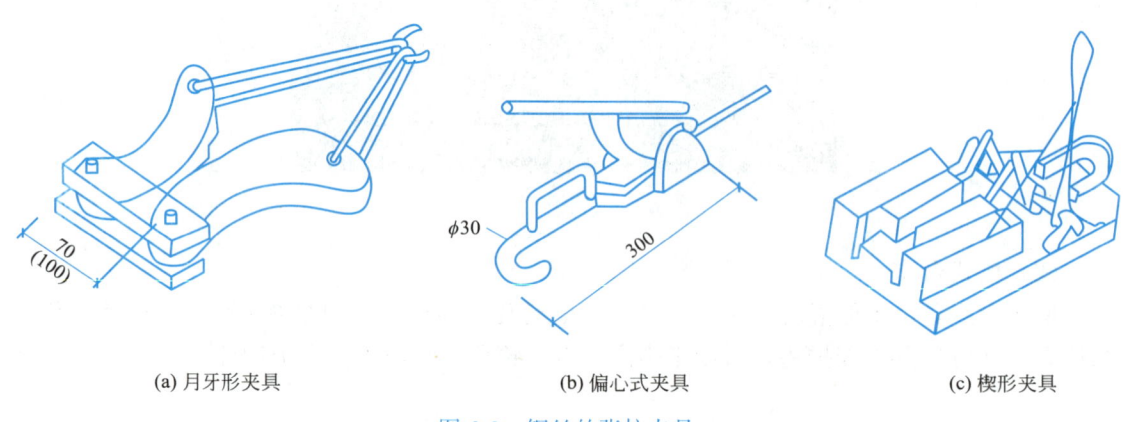

(a) 月牙形夹具　　(b) 偏心式夹具　　(c) 楔形夹具

图6-9　钢丝的张拉夹具

3. 张拉机械

张拉机械分为电动张拉和液压张拉两类，电动张拉多用于先张法，液压张拉既可用于先张法，也可用于后张法。张拉机械要求工作可靠，控制应力准确，能以稳定的速率加大拉力。

(1) 穿心式千斤顶

张拉直径12～20mm的单根钢筋、钢绞线或小型钢丝束，可用YC-20型穿心式千斤顶，如图6-10所示。

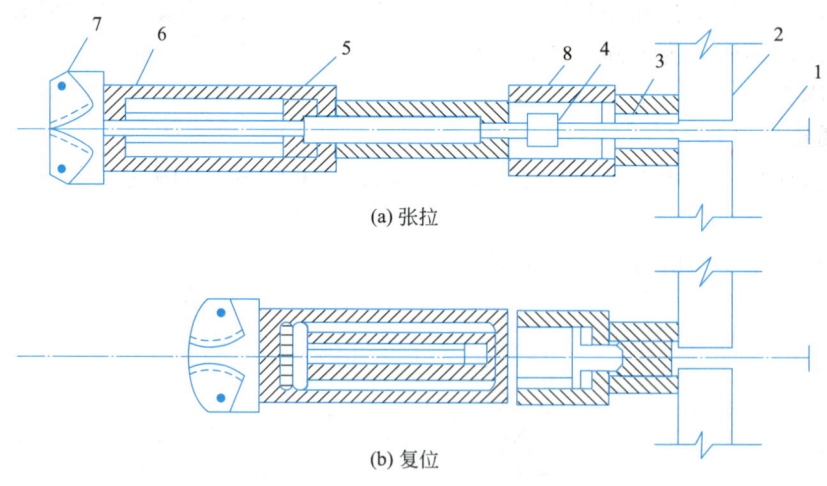

图6-10　YC-20型穿心式千斤顶

1—钢筋；2—台座；3—穿心式夹具；4—弹性顶压头；5、6—油嘴；7—心式夹具；8—弹簧

(2) 电动螺杆张拉机

电动螺杆张拉机主要用于预制厂长线台座上张拉钢丝。DL-1型电动螺杆张拉机的构造如图6-11所示。

项目 6 预应力混凝土工程

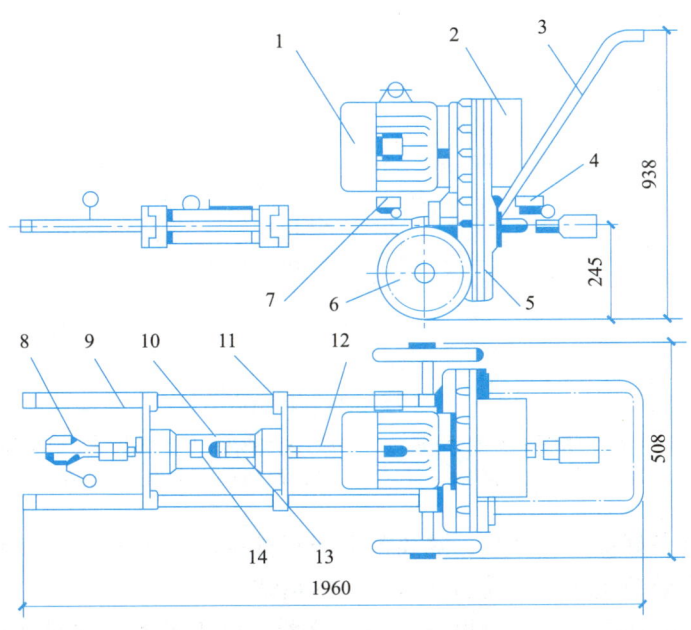

图 6-11 DL-1 型电动螺杆张拉机

1—电动机；2—配电箱；3—手柄；4—前限位开关；5—减速箱；6—胶轮；7—后限位开关；
8—钢丝钳；9—支撑杆；10—测力计；11—滑动架；12—梯形螺杆；13—计量标尺；14—微动开关

其工作原理是：电动机正向或反向转动时通过减速箱带动螺母旋转，螺母即推动螺杆沿轴向作往复直线运动。测力计上装有计量标尺和微动开关，当张拉力达到要求数值时，电动机能够自动停止转动。

电动螺杆张拉机操作时，按张拉力数值调整测力计标尺，将钢丝插入钢丝钳中央夹住，开动电动机，螺杆向后运动，钢丝即被张拉。当达到张拉力数值时，电动机自动停止转动。张拉好钢丝后，使电动机反向旋转，此时，螺杆向前运动，放松钢丝，完成一次张拉操作。

（3）卷扬机

由电动卷扬机、杠杆测力装置及张拉夹具等组成，测力时，宜设行程开关，在张拉到规定的应力时，能自行停机，如图 6-12 所示。

6.1.2 预应力筋铺设

1. 施工准备

（1）场地与台座

场地应平整、开阔，具备良好的排水条件，以便于预应力筋的铺设和后续施工操作。

台座是先张法施工的基础，必须具有足够的强度、刚度和稳定性，以承受预应力筋的张拉力。

（2）材料与设备

预应力筋：检查预应力筋的品种、规格、数量和质量，确保其符合设计及相关标准要求，如无损伤、锈蚀等缺陷。

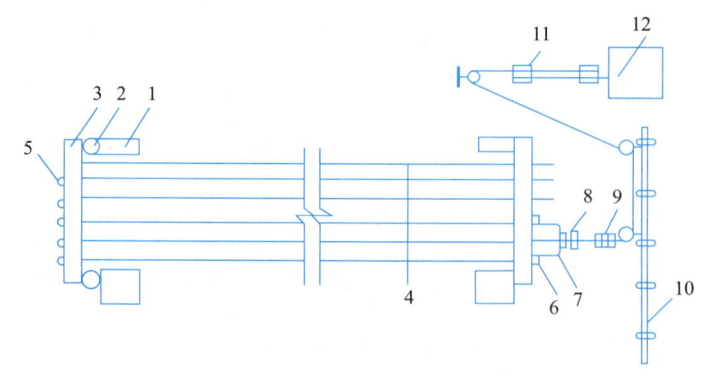

图 6-12 用卷扬机张拉预应力筋

1—台座；2—放松装置；3—横梁；4—钢筋；5—墩头；6—垫块；7—销片夹具；
8—张拉夹具；9—弹簧测力计；10—固定梁；11—滑轮组；12—卷扬机

配套材料：准备好锚具、夹具、隔离剂等配套材料，锚具和夹具应具有可靠的锚固性能，隔离剂应能有效防止预应力筋与台座之间的粘结。

施工设备：配备放线架、张拉设备、测力仪器等施工设备，并对其进行调试和校验，确保设备性能良好，测量数据准确。

2. 铺设流程

(1) 预应力筋放线

将成盘的预应力筋放置在放线架上，缓慢、均匀地放出预应力筋，使其保持顺直状态，避免出现扭曲、弯折等现象。

对于长度较长的预应力筋，可采用多盘同时放线的方式，并在放线过程中设置导向装置，引导预应力筋顺利铺设。

(2) 预应力筋定位

根据设计要求，在台座上准确标记出预应力筋的位置和间距。一般可采用在台座上弹出墨线或设置定位筋等方法，确保预应力筋的铺设位置准确无误。

将放出的预应力筋按照标记位置放置在台座上，使用夹具或定位装置将预应力筋临时固定，防止其在后续操作中发生移位。

(3) 预应力筋连接

当预应力筋的长度不足时，需要进行连接。连接方式应符合设计和规范要求，常用的连接方法有机械连接、焊接等。

在进行焊接时，要注意控制焊接温度和时间，避免过热导致预应力筋性能下降。焊接完成后，应对焊接接头进行外观检查和力学性能检验，确保接头质量合格。

3. 铺设质量检查

预应力筋铺设完成后，对其铺设质量进行全面检查。检查内容包括预应力筋的品种、规格、数量是否符合设计要求，铺设位置是否准确，间距偏差是否在允许范围内，预应力筋是否有损伤、变形等情况。

采用钢直尺或卡尺等工具测量预应力筋的间距和位置偏差，偏差应符合相关规范要求。如发现问题，及时进行调整和整改，确保预应力筋铺设质量符合标准。

6.1.3 预应力筋张拉

预应力筋张拉的工艺流程一般为：施工准备→预应力筋铺设→安装张拉设备→单根或多根预应力筋张拉→调整初应力→正式张拉→持荷→锚固→检查验收。

1. 施工准备

（1）材料及设备检查：对预应力筋、锚具、夹具等材料的质量进行严格检查，确保其符合设计和规范要求。同时检查张拉设备，如千斤顶、油泵等，保证其能正常工作，并进行标定，确定张拉力与压力表读数的关系。

（2）台座准备：检查台座的强度、刚度和稳定性，清理台座表面，确保台面平整光滑，无杂物、油污等影响预应力筋铺设和张拉的因素。

2. 预应力筋铺设

（1）定位与固定：按照设计要求，在台座上准确标出预应力筋的位置线，将预应力筋按线铺设，注意保持预应力筋的顺直，避免扭曲、交叉。在预应力筋的两端及中间适当位置，用定位筋或夹具将其临时固定，防止其在张拉过程中移位。

（2）隔离措施：为防止预应力筋与台座或其他非预应力结构粘结，影响预应力的传递，在预应力筋与台座之间应采取隔离措施，如铺设隔离纸、塑料薄膜等。

3. 安装张拉设备

（1）千斤顶安装：根据预应力筋的张拉吨位和张拉方式，选择合适的千斤顶，并将其准确安装在台座的张拉端，使千斤顶的轴线与预应力筋的轴线重合，确保张拉时力的传递顺畅。

（2）配套设备连接：将油泵与千斤顶用高压油管连接好，检查油管的密封性和连接牢固性，确保在张拉过程中无漏油等故障。同时安装好压力表等测量仪表，以便准确控制张拉力。

4. 张拉工艺

（1）单根或多根预应力筋张拉

单根预应力筋张拉：对于直径较小、数量较少的预应力筋，可采用单根张拉的方式。使用小型千斤顶或卷扬机等设备，逐根对预应力筋进行张拉，这种方式便于控制每根预应力筋的张拉力，但效率较低。

多根预应力筋张拉：当预应力筋数量较多时，通常采用多根成组张拉的方法。通过梳筋板等装置使预应力筋排列整齐，然后使用较大吨位的千斤顶对一组预应力筋同时进行张拉，以提高张拉效率，但要保证每组预应力筋受力均匀。

（2）调整初应力

在正式张拉前，先对预应力筋施加一定的初应力，一般为张拉控制应力的10%～15%，目的是使预应力筋拉直，消除其松弛、弯曲等因素的影响，同时便于测量预应力筋的伸长值。

（3）正式张拉

按照设计要求的张拉控制应力和张拉程序，缓慢均匀地施加张拉力，使预应力筋达到设计控制应力值。在张拉过程中，密切观察预应力筋、锚具、夹具和台座的情况，如有异常应立即停止张拉，查明原因并采取措施后再继续。

(4) 持荷

当预应力筋张拉到设计控制应力后,应持荷一定时间,一般为 2~5min,以减少预应力筋的松弛损失,使预应力筋内的应力充分传递和分布。

(5) 锚固

持荷结束后,在保持张拉力的情况下,迅速拧紧锚具或夹具的螺母、楔块等,将预应力筋锚固在台座上。锚固后,检查锚具和预应力筋的锚固情况,确保锚固可靠,无滑移、松动等现象。

(6) 检查验收

张拉力检查:检查张拉记录,确认张拉力是否达到设计要求,实际张拉力与设计张拉力的偏差是否在允许范围内。

伸长值检查:测量预应力筋的实际伸长值,与理论伸长值进行对比,其偏差应控制在 ±6% 。若偏差超出范围,应分析原因,如预应力筋的弹性模量是否符合要求、张拉设备是否正常工作等,并采取相应的处理措施。

外观检查:检查预应力筋、锚具和夹具的外观,看是否有破损、裂缝、变形等异常情况,如有问题应及时处理或更换。

5. 质量控制与安全措施

(1) 质量控制

严格进行材料检验:所有用于预应力张拉的材料,如预应力筋、锚具、夹具等,必须具有质量合格证明文件,并按规定进行抽样检验,确保材料质量符合要求。

张拉设备标定:张拉设备应定期进行标定,标定周期一般不超过半年或 200 次张拉作业。在使用过程中,如发现设备有异常情况,应及时重新标定。

规范操作流程:操作人员应严格按照操作规程进行施工,确保预应力筋的铺设、张拉、锚固等环节符合设计和规范要求,保证施工质量。

(2) 安全措施

设置防护设施:在张拉作业区域周围设置防护栏杆、防护网等防护设施,防止无关人员进入作业区。

佩戴防护用品:操作人员必须佩戴安全帽、防护眼镜等个人防护用品,避免在张拉过程中受到意外伤害。

安全检查与维护:定期对张拉设备、台座等进行安全检查和维护,确保其安全性能良好,发现问题及时处理,严禁设备带故障运行。

6.1.4 混凝土的浇筑与养护

为了减少混凝土的收缩和徐变引起的预应力损失,在确定混凝土配合比时,应优先选用干缩性小的水泥,采用低水灰比,控制水泥用量,采取良好的骨料级配。预应力筋张拉、绑扎、预埋件安装及立模工作完成后,应立即浇筑混凝土,每条生产线应一次连续浇筑完成。采用机械振捣密实时,要避免碰撞钢筋(丝)。混凝土未达到一定强度前,不允许碰撞或踩踏钢筋(丝)。预应力混凝土可采用自然养护或湿热养护,自然养护不得少于 14d。干硬性混凝土浇筑完毕后,应立即覆盖进行养护。当预应力混凝土采用湿热养护时,要尽量减少由于温度升高而引起的预应力损失,在混凝土未达到一定强度前,温差不要太大，一般不超过 20℃。

6.1.5 预应力筋的放张

1. 放张条件

（1）混凝土强度要求。预应力筋放张时，混凝土强度必须符合设计要求。当设计无具体要求时，不应低于设计的混凝土立方体抗压强度标准值的 75%。只有达到这一强度，混凝土才能有足够的能力承受预应力筋放张后产生的预应力，防止构件出现裂缝、变形等质量问题。

（2）时间要求。除了混凝土强度，还需考虑混凝土的龄期等时间因素。一般情况下，在混凝土浇筑完成后，需要经过一定的养护时间，确保混凝土强度增长到规定值。通常养护时间不少于 7d，但还需根据具体的混凝土配合比、养护条件等因素来确定。

2. 放张顺序

（1）轴心受预压构件。对于轴心受预压的构件，如预应力混凝土桩等，预应力筋应同时放张，使构件均匀受压，避免放张顺序不当导致构件出现不均匀变形或应力集中现象。

（2）偏心受预压构件。像预应力混凝土梁等偏心受预压的构件，应先同时放张预压力较小区域的预应力筋，再放张预压力较大区域的预应力筋。这样可以使构件在放张过程中逐渐适应预应力的变化，减少因放张顺序不合理而产生的附加应力和变形。

（3）其他情况。当构件中存在多排预应力筋时，可采用从内向外、对称放张的顺序。对于有特殊要求的复杂构件，放张顺序应根据设计要求和计算分析结果确定，确保构件在放张过程中的安全性和稳定性。

3. 放张方法

（1）千斤顶放张。采用与张拉时相同的千斤顶，将千斤顶重新安装在预应力筋的张拉端，逐渐回油卸载，使预应力筋缓慢放松。这种方法放张速度可控，放张过程平稳，能准确控制放张应力，适用于各种类型的先张法构件，尤其是对放张精度要求较高的构件。

（2）砂箱放张。在台座与横梁之间设置砂箱，内装石英砂或铁砂。张拉前，砂箱内的砂被压实，承受预应力筋的张拉力。放张时，打开砂箱的出砂口，让砂缓慢流出，使砂箱内的压力逐渐减小，从而实现预应力筋的均匀放张。该方法放张比较均匀、缓慢，但砂箱的制作和安装相对复杂，且需要一定的空间放置砂箱。

（3）楔块放张。在台座的张拉端设置楔块装置，预应力筋张拉时，楔块被挤紧固定。放张时，通过松动楔块，使预应力筋逐渐放松。这种方法构造简单、操作方便，但放张精度相对较低，适用于小型构件或对放张精度要求不高的场合。

（4）预热熔割放张。对于采用钢丝配筋的先张法构件，可采用氧炔焰等对钢丝进行预热，使钢丝受热伸长，然后迅速将其切断，实现放张。该方法操作简单，但放张过程中钢丝的温度变化不易控制，可能会对钢丝的性能产生一定影响，且存在一定的安全风险，需要操作人员具备较高的技能水平和安全意识。

4. 放张注意事项

（1）放张前检查。在放张预应力筋之前，要对构件的外观、尺寸、混凝土质量等进行全面检查，确保构件无裂缝、变形等异常情况。同时，检查放张设备和装置是否正常，连接是否牢固，安全防护措施是否到位。

（2）缓慢均匀放张。无论采用哪种放张方法，都应遵循缓慢、均匀的原则，避免预应力筋突然放松，对构件造成过大的冲击和损伤。放张过程中要密切观察构件的变形情况，如有异常应立即停止放张，查明原因并采取相应措施。

（3）安全防护。放张作业时，操作人员应站在安全位置，防止预应力筋断裂或锚具弹出伤人。在放张区域周围设置明显的警示标志，严禁无关人员进入。

（4）放张后的检查与处理。放张完成后，再次对构件进行检查，测量构件的变形、裂缝等情况，对出现的问题及时进行处理。同时，对预应力筋、锚具等进行整理和回收，对可重复使用的材料进行妥善保管。

任务 6.2　后张法施工

后张法施工工艺是一种在混凝土构件浇筑完成后，通过在预留孔道中穿入预应力筋并进行张拉锚固，从而使混凝土构件获得预应力的施工方法。后张法施工示意图如图 6-13 所示。

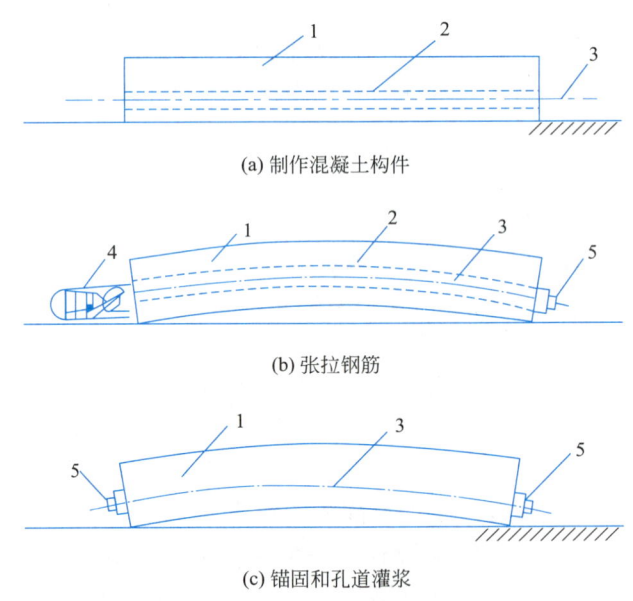

图 6-13　后张法施工示意图
1—混凝土构件；2—预留孔道；3—预应力钢筋；4—千斤顶；5—锚具

后张法施工工艺与预应力施工有关的是孔道留设、预应力筋张拉和孔道灌浆部分。

6.2.1　孔道留设

构件中留设孔道主要为穿预应力钢筋（束）及张拉锚固后灌浆用。

孔道留设要求：孔道直径应保证预应力筋（束）能顺利穿过；孔道应按设计要求的位置、尺寸埋设准确、牢固，浇筑混凝土时不应出现移位和变形；在设计规定位置上留设灌

项目 6　预应力混凝土工程

浆孔；在曲线孔道的波峰部位应设置排气兼泌水管，必要时可在最低点设置排水管；灌浆孔及泌水管的孔径应能保证浆液畅通。

预留孔道形状有直线、曲线和折线形，孔道留设方法有钢管抽芯法、胶管抽芯法和预埋管法等。

1. 钢管抽芯法。预先将钢管埋在模板内孔道位置，浇筑中及浇筑后定时转动钢管，混凝土凝固后抽出钢管形成孔道，适用于直线孔道。钢管要平直光滑、除锈刷油，用钢筋井字架固定，间距不大于 1000mm；钢管长度不大于 15m。在混凝土初凝后、终凝前，常温 3～6h 后抽管，抽管顺序先上后下，边抽边转且与孔道成直线。

2. 胶管抽芯法。采用 5～7 层帆布夹层橡胶管，管内充 0.8～1.0MPa 压力空气或水，用钢筋井字架固定，间距不大于 500mm。混凝土浇筑后放掉管内空气或水抽出胶管，适用于直线、折线或曲线孔道。

3. 预埋管法。波纹管由镀锌薄钢带制成并预埋在构件中，用间距不大于 600mm 的钢筋井字架固定。波纹管连接采用大一号同型波纹管进行，接头长 200～300mm，用塑料热塑管或密封带封口。

6.2.2　预应力筋张拉

1. 施工准备

（1）材料检验

1）预应力筋：检查其品种、规格、数量是否符合设计要求，有质量证明文件，并按规定进行力学性能检验。

2）锚具、夹具和连接器：应具有可靠的锚固性能、足够的承载能力和良好的适用性，按要求进行外观检查、硬度检验和静载锚固性能试验。

（2）设备校验

张拉设备包括千斤顶、油泵等，应定期进行校验，以确保张拉力的准确性。千斤顶与压力表应配套校验，配套使用，校验期限不宜超过半年且不超过 200 次张拉作业。

（3）混凝土强度检测

张拉前需确保混凝土强度达到设计规定值，当设计无具体要求时，不应低于设计混凝土立方体抗压强度标准值的 75%。

（4）技术准备

熟悉施工图纸和相关规范，掌握预应力筋的张拉顺序、张拉力、伸长值等技术参数。对施工人员进行技术交底，明确施工工艺和质量要求。

2. 张拉流程

（1）清理孔道与穿束

1）清理孔道。用高压水或压缩空气清理孔道内的杂物和积水。

2）穿束。将预应力筋穿入孔道，可采用人工穿束或机械穿束。穿束前应检查预应力筋的外观质量，确保无损伤、锈蚀等缺陷。

（2）安装锚具和千斤顶

在预应力筋的两端安装锚具，确保锚具与预应力筋、垫板紧密贴合。将千斤顶安装在锚具上，使千斤顶的张拉力作用线与预应力筋的轴线重合。

(3) 张拉作业

1) 确定张拉程序。常见的张拉程序有 $0\to105\%\sigma_{con}$（持荷 2min）$\to\sigma_{con}$ 和 $0\to103\%\sigma_{con}$ 等，其中 σ_{con} 为张拉控制应力，应符合设计要求。

2) 分级张拉。一般分阶段、分级进行张拉，每级张拉后应测量预应力筋的伸长值，并做好记录。张拉过程中应保持张拉力的均匀变化，避免突然加载或卸载。

3) 伸长值校核。在张拉过程中，同时测量预应力筋的实际伸长值，并与理论伸长值进行对比。实际伸长值与理论伸长值的差值应控制在±6%，如超出范围，应暂停张拉，查明原因并采取相应措施后再继续张拉。

(4) 锚固

当张拉到设计张拉力后，持荷一定时间（如 2min），以消除预应力筋的松弛影响，然后进行锚固。锚固时应检查锚具的锚固性能，确保预应力筋可靠锚固。

(5) 张拉记录

详细记录张拉过程中的各项数据，包括张拉力、伸长值、张拉时间、油表读数等，作为质量控制和验收的依据。

3. 注意事项

(1) 安全操作

1) 张拉作业区域应设置明显的安全警示标志，非操作人员不得进入。操作人员应佩戴好个人安全防护用品，如安全帽、安全带等。

2) 在张拉过程中，严禁站在预应力筋的两端和千斤顶的后面，防止预应力筋断裂或锚具飞出伤人。

(2) 环境保护

1) 张拉设备的油料等应妥善保管，防止泄漏污染环境。对废弃的锚具、夹具等应进行分类回收处理。

2) 特殊情况处理

如遇到预应力筋断裂、滑丝等情况，应立即停止张拉，查明原因并采取相应的处理措施。一般可采用更换预应力筋、重新锚固等方法进行处理。

6.2.3 孔道灌浆

为了防止预应力钢筋生锈，增强预应力钢筋与结构的整体性和耐久性，要对孔道进行灌浆。用 M20、水灰比为 0.4 的水泥砂浆，可掺入不含氯的减水剂；用压力灌浆器往孔道内灌浆，为保证密实，分两次灌浆；可以从一端灌浆，也可以从两端同时灌浆，但要增加通气孔；灌浆完成后要塞孔。

1. 材料要求

(1) 水泥：应采用强度等级不低于 42.5 级的普通硅酸盐水泥或矿渣硅酸盐水泥。

(2) 砂：宜选用中砂，含泥量不超过 3%，且应过筛，保证颗粒均匀，不含杂质，以确保砂浆的和易性和强度。

(3) 水：应使用清洁、无杂质的饮用水，不得含有对水泥性能有不利影响的成分，如酸、碱、盐等。

2. 配置要点

（1）严格计量。根据设计要求的水灰比 0.4 和 M20 的强度等级，准确称量水泥、水和砂的用量。可采用质量比或体积比进行计量，但要确保计量器具的准确性和可靠性。

（2）搅拌顺序。先将水泥和砂倒入搅拌机中，干拌均匀，然后再加入适量的水，继续搅拌。搅拌时间应根据搅拌机的类型和砂浆的稠度要求确定，一般不少于 2min，以保证砂浆搅拌均匀，具有良好的和易性和流动性。

（3）添加外加剂。为了改善砂浆的性能，可根据需要适量添加外加剂，如减水剂、膨胀剂等。减水剂可以减少水的用量，提高砂浆的强度和耐久性；膨胀剂可以补偿砂浆在硬化过程中的收缩，提高孔道灌浆的密实性。但外加剂的品种和用量应通过试验确定，且不得掺入氯化物或其他对预应力筋有腐蚀作用的外加剂。

3. 灌浆施工

（1）准备工作。灌浆前，应检查孔道是否畅通，有无堵塞或漏浆现象。同时，用压力水冲洗孔道，清除孔内的杂物和积水，然后用空压机将孔道内的积水吹干。

（2）灌浆操作。将拌制好的水泥砂浆倒入灌浆泵中，启动灌浆泵，从孔道的一端开始灌浆，使浆液缓慢、均匀地流入孔道。灌浆压力一般控制在 0.4～0.6MPa，当浆液从孔道的另一端溢出时，应暂停灌浆，用木塞或其他封堵材料将溢出端的孔口封堵，然后继续灌浆，使灌浆压力达到规定值，并保持 1～2min，以确保孔道内的浆液密实。

（3）排气和泌水。在灌浆过程中，应注意观察孔道内的排气情况，及时排出孔道内的空气。同时，要控制好砂浆的泌水率，搅拌后 3h 泌水率宜控制在 0.2% 左右，最大不超过 0.3%。

（4）灌浆顺序。对于较长的孔道或有多个孔道的构件，应按照先下后上、先近后远的顺序进行灌浆，确保每个孔道都能灌满浆液。

4. 质量控制

（1）试块制作。在灌浆过程中，应按规定制作砂浆试块，每工作班不少于一组，每组 3 块。试块应在标准养护条件下养护 28d，然后进行抗压强度试验，检验砂浆的强度是否达到 M20 的设计要求。

（2）外观检查。灌浆完成后，应及时检查构件表面是否有漏浆现象，如有漏浆，应及时进行修补。同时，观察孔道两端的封堵情况，确保封堵严密，防止浆液流出。

（3）密实性检测。可采用超声波检测、射线检测等方法，对孔道内的灌浆密实性进行检测。如发现有不密实的部位，应采取补灌等措施进行处理。

任务 6.3　无粘结预应力工程施工

在后张法预应力混凝土中，预应力可分为有粘结和无粘结两种。预应力钢筋张拉后对预留孔道进行压力灌浆，使预应力钢筋与构件混凝土紧密粘结，称为有粘结预应力；若预应力钢筋张拉后，不对预留孔道进行压力灌浆，预应力钢筋与其周围的混凝土没有粘结，可以发生相对滑动，称为无粘结预应力。

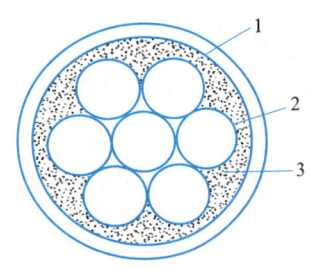

图 6-14 无粘结预应力钢绞线断面
1—塑料外套；2—钢绞线；3—防腐润滑油脂

后张自锚无粘结预应力混凝土，是近年发展起来的一项新技术。其技术关键为先在预应力钢绞线外刷涂油脂，加塑料或薄钢波纹管外套制成商品（无粘结预应力钢绞线，其断面如图 6-14 所示），然后像铺设普通钢筋那样，将其铺在支好的模板内，再浇筑混凝土；待混凝土达到一定强度后，进行预应力钢筋张拉和锚固。这种方法属于后张法，无需预留灌浆孔，只靠两端的锚具来传递预应力，施工过程比有粘结预应力工程简便，预应力钢筋可以沿受拉区弯成多个波浪形的曲线，适用于大柱网、大跨度的现浇结构；但对锚具和张拉技术要求较高，对两个锚固端要进行密封处理。

无粘结预应力工程施工工艺主要包括施工准备、无粘结预应力筋制作与运输、铺设与定位、混凝土浇筑、张拉、封锚等步骤。

6.3.1 施工准备

1. 技术准备。组织施工人员熟悉施工图纸，掌握无粘结预应力筋的布置、张拉控制应力、伸长值等技术参数。编制专项施工方案，明确施工工艺、质量标准和安全注意事项，并对施工人员进行技术交底。

2. 材料准备。对无粘结预应力筋、锚具、夹具等材料进行严格检验，检查其规格、型号、质量证明文件等是否符合设计和规范要求。同时，准备好水泥、砂、石等混凝土原材料，并进行检验和配合比设计。

3. 机具准备。配备齐全的施工机具，如张拉千斤顶、油泵、电焊机等，并对其进行调试和校验，确保性能良好、精度符合要求。

4. 现场准备。清理施工现场，搭设脚手架和模板，确保施工场地平整、坚实。在模板上弹出无粘结预应力筋的位置线和控制点，为后续施工做好准备。

6.3.2 无粘结预应力筋制作与运输

1. 下料。根据设计要求的长度，使用砂轮切割机等设备对无粘结预应力筋进行下料，下料长度应考虑张拉设备的工作长度、锚具厚度等因素。

2. 编束。将下料后的无粘结预应力筋进行编束，每隔一定距离用铅丝绑扎牢固，防止预应力筋相互缠绕。编束时应注意预应力筋的排列顺序，确保其在孔道内顺畅通过。

3. 运输。在运输过程中，要采取措施防止无粘结预应力筋受到损伤、污染和变形。可采用专用的运输工具，如平板车、托架等，并对预应力筋进行固定和保护。

6.3.3 铺设与定位

1. 定位支架安装。按照设计要求在模板上安装定位支架，定位支架的间距应根据预应力筋的直径、曲线形状和混凝土的浇筑方法等因素确定，一般不宜大于 1m。定位支架应具有足够的强度和刚度，能够承受预应力筋的重量和施工荷载。

2. 预应力筋铺设。将编束好的无粘结预应力筋按照设计位置和曲线形状铺设在定位支架上，注意避免预应力筋与模板、钢筋等发生碰撞和摩擦。在铺设过程中，应随时检查预应力筋的位置和曲线形状，如有偏差应及时调整。

3. 端部处理。无粘结预应力筋的端部应按照设计要求进行处理，如安装锚垫板、螺旋筋等。锚垫板应与预应力筋垂直，其中心线应与预应力筋的轴线重合，螺旋筋应环绕在锚垫板周围，以增强端部混凝土的局部承压能力。

6.3.4　混凝土浇筑

1. 浇筑前检查。在混凝土浇筑前，应对无粘结预应力筋的铺设质量、定位支架的安装情况、锚具和夹具的固定情况等进行全面检查，确保符合设计和规范要求。同时，检查模板的尺寸、平整度和垂直度，以及钢筋的品种、规格、数量和间距等。

2. 浇筑过程控制。混凝土浇筑时，应采用分层浇筑、振捣密实的方法，避免振捣棒直接触碰无粘结预应力筋，以免损坏其外包层。在预应力筋的曲线部位和端部，应特别注意混凝土的浇筑质量，确保混凝土充满孔道，无蜂窝、麻面等缺陷。

3. 养护。混凝土浇筑完成后，应及时进行养护，保持混凝土表面湿润，防止混凝土出现裂缝。养护时间应根据环境温度和混凝土的强度等级确定，一般不少于 7d。

6.3.5　张拉

1. 设备校验。张拉前应对张拉设备进行校验，确保张拉力的准确性。校验期限不宜超过半年且不超过 200 次张拉作业。

2. 混凝土强度检测。待混凝土达到设计规定的强度后（一般不低于设计强度的 75%），方可进行张拉作业。

3. 张拉操作。按照设计规定的张拉程序和张拉力进行张拉，一般采用双控法，即同时控制张拉力和伸长值。张拉过程中应缓慢、均匀地加载，避免突然加载。

4. 伸长值校核。在张拉过程中，测量预应力筋的实际伸长值，并与理论伸长值进行对比。实际伸长值与理论伸长值的差值应控制在 ±6%，如超出范围，应暂停张拉，查明原因并采取相应措施后再继续张拉。

5. 锚固。当张拉到设计张拉力后，持荷一定时间（如 2min），以消除预应力筋的松弛影响，然后进行锚固。锚固时应检查锚具的锚固性能，确保预应力筋可靠锚固。

6.3.6　封锚

1. 切割多余预应力筋。张拉锚固后，用砂轮切割机将多余的预应力筋切除，预留长度不宜小于 30mm。

2. 清理锚具。清理锚具表面的油污、杂物等，确保封锚混凝土与锚具之间有良好的粘结。

3. 浇筑封锚混凝土。采用与结构混凝土强度等级相同或提高一级的细石混凝土进行封锚，浇筑时应振捣密实，确保封锚混凝土的质量。封锚混凝土浇筑完成后，应进行养护，防止出现裂缝。

【勤练入心】

一、单选题

1. 先张法预应力筋（　　）。

A. 不可单根张拉　　　　　　　　B. 不可多根张拉
C. 不能单根张拉，可多根张拉　　D. 可单根张拉也可多根同时张拉

2. 为了防止预应力钢筋生锈，增强预应力钢筋与结构的整体性和耐久性，要对孔道进行灌浆。用M（　　）、水灰比为（　　）的水泥砂浆，用压力灌浆器往孔道内灌浆。

A. 20，0.5　　　　　　　　　　B. 10，0.3
C. 20，0.4　　　　　　　　　　D. 10，0.4

3. 若预应力钢筋张拉后，不对预留孔道进行压力灌浆，预应力钢筋与其周围的混凝土没有粘结可以发生相对滑动，称为（　　）。

A. 无粘结预应力　　　　　　　　B. 有粘结预应力
C. 先张法　　　　　　　　　　　D. 后张法

4. 无粘结预应力混凝土强度等级通常不低于（　　）。

A. C20　　　　　　　　　　　　B. C30
C. C40　　　　　　　　　　　　D. C50

5. 无粘结预应力筋张拉锚固后，用砂轮切割机将多余的预应力筋切除，预留长度不宜小于（　　）。

A. 30mm　　　　　　　　　　　B. 40mm
C. 50mm　　　　　　　　　　　D. 60mm

二、填空题

1. 台座在先张法构件生产中是主要的承力构件，根据构造形式的不同，台座可分为（　　）、（　　）等。

2. 夹具是预应力筋张拉和临时固定的锚固装置，按其用途不同分为（　　）和（　　）。

3. 预应力混凝土可采用自然养护或湿热养护，自然养护不得少于（　　）d。

4. 构件中留设孔道主要为穿预应力钢筋（束）及张拉锚固后灌浆用，孔道留设方法有等（　　）（　　）和（　　）。

5. 在后张法预应力混凝土中，预应力可分为（　　）和（　　）两种。

三、判断题

1. 台座在先张法构件生产中是主要的承力构件，在生产预应力混凝土构件时，预应力筋锚固在台座横梁上，台座承受全部预应力的拉力。（　　）

2. 对于中小型预应力混凝土构件，预应力筋的放张宜从两端处开始，以减少回弹量且有利于脱模。（　　）

3. 为了防止预应力钢筋生锈，增强预应力钢筋与结构的整体性和耐久性，要对孔道进行灌浆。（　　）

4. 由于无粘结预应力筋一般为曲线筋，故采用一端张拉法。（　　）

5. 预应力筋张拉锚固后，实际建立的预应力值与工程设计规定检验值的允许偏差为±5%。（　　）

四、简答题

1. 预应力钢筋张拉后为什么要及时进行孔道灌浆？
2. 什么是有粘结预应力？什么是无粘结预应力？

3. 简述后张法预应力筋张拉流程。

【思政入神】

预应力先生——林同炎教授的建筑传奇与家国情怀

林同炎（1912—2003），原名林同棪，福建福州人，他是土木工程界的传奇人物，被誉为"预应力先生"，也是首位亚裔美国国家工程院院士。他的一生，是对预应力工程理论的探索与实践，更对全球建筑设计与工程技术产生深远影响。

自幼才智出众的林同炎，在唐山交大接受了茅以升、罗忠忱等大师的启蒙，后赴美深造，以《力矩分配法》的硕士论文震惊学界，从此"林氏法"成为预应力工程的经典。他的《预应力混凝土结构设计》一书，奠定了预应力学术界的权威地位，被译成多国语言，成为教科书典范。他首创的"荷载平衡法"设计理论，更是预应力混凝土设计的一次革新，并广泛应用于实际工程，成效显著。

林同炎的设计作品，如克拉巧起大桥、南宁大桥等，不仅技术先进，更在美学上独树一帜。克拉巧起大桥作为世界上第一座半面弧形桥梁，其优雅的线条与轻盈的姿态，展现了预应力技术的魅力。南宁大桥的"不对称拱形桥"设计，解决了复杂地形与交通流量问题，成为预应力混凝土桥梁的经典之作。他的设计，将现实条件与力学之美完美融合，展现了前所未有的创造力。

尽管身处海外，林同炎始终心系祖国。改革开放后，他多次回国，为浦东开发、长江大桥建设等重大项目献计献策。他的《开发浦东——建设现代化的大上海》计划被誉为浦东开发的先声，提出了开发浦东的构想，并为此倾注了大量心血，为浦东的开发建设提供了宝贵的建议与指导。同时，他还担任国内多所高校的荣誉教授，鼓励学子们勇于创新，为培养土木工程人才贡献力量。

林同炎强调工程师应具备创新精神，不受常规束缚，要在实践中不断探索。他的这种精神，不仅体现在个人成就上，更对整个工程界产生了深远影响。全美顾问工程师最高奖对他的评价，不仅是对他个人贡献的认可，更是对他创新精神的高度赞扬。

林同炎的一生，是追求科学、勇于创新、心系祖国的一生。他的科学精神、创新精神、爱国情怀以及对教育事业的热爱，为我们树立了光辉榜样。他的故事激励着土木工程领域的后来者不断前行，为人类的建筑事业贡献力量。他的精神遗产，将永远激励着我们为祖国的繁荣富强而努力奋斗。

【案例入魂】

德累斯顿某大桥坍塌事故案例分析

一、事故概况

2024年9月11日凌晨，德国德累斯顿市的某大桥的C段长达100m的路段突然坍塌，坍塌路段包括电车轨道、人行道和自行车道，所幸未造成人员伤亡。

二、原因分析

氢致应力腐蚀开裂：在桥梁建造阶段，湿气渗入引发了氢致应力腐蚀开裂现象，并随

建筑工程施工技术

时间逐渐恶化。这一过程在桥梁内部隐匿发生，从外部难以察觉，且基本不受表面损伤形态的影响。

预应力钢材疲劳：长期的交通荷载导致预应力钢材疲劳，进一步加剧了腐蚀损伤，最终造成预应力钢筋大面积失效。随着钢筋功能的逐渐丧失，C段桥梁的荷载转移至横梁和相邻桥段，致使横梁过载断裂，最终导致整个桥梁坍塌。

检测技术的局限性：德累斯顿市政府及相关检测机构虽严格遵守法律规范，依据国家标准对该大桥进行了定期检查和专项检测，也落实了联邦关于预应力混凝土桥梁的管理建议，但现有检测技术存在局限性，未能发现桥梁内部隐蔽性损伤，从而埋下了事故隐患。

三、影响分析

交通受阻：该大桥是连接德累斯顿南部与老城区的重要交通枢纽，其坍塌致使老城区与新城区之间的往来被迫中断，有轨电车系统、驾车者、行人及骑行者的日常出行均受到严重影响。

供暖中断：作为城市供暖系统重要组成部分的管道在事故中受损，导致整个德累斯顿市的热水供应突然中断，给市民生活带来极大不便。

航运受限：该桥横跨易北河的航运路线，坍塌事故发生后，河上的船只交通全面停止，货船与观光船均受到波及，对当地的航运业产生了负面影响。

四、后续处理

安全评估与加固：事故发生后，相关部门立即开展了初步的安全评估工作，并对德累斯顿新城一侧的下部结构进行了加固，以支撑通往市区的桥梁部分，防止事故影响进一步扩大。

拆除计划：专家报告显示，由于A段和B段桥梁也检测到了与C段相似的损伤模式，存在裂纹扩展和突然失效的高风险，已无法重新投入使用，因此整座大桥都需拆除。

五、经验教训总结

此次事故引发了德国社会对桥梁安全的深刻反思，强调了基础设施维护和投资的重要性，也促使相关部门重新审视和改进桥梁检测技术及管理策略，以避免类似事故再次发生。

【实践入行】

轮胎和车轴之间依靠几根细细的铁丝（辐条）连着，为什么它们没有被压弯呢？原因就是先把辐条进行张拉，大概几十公斤的预张拉力，这样有人骑上自行车，辐条内部的力（也就是这些预张拉力）减掉人的体重，最终还是处于受拉的状态，便不会被压弯。

在还没装水之前采用铁箍或竹箍套紧桶壁，便对木桶壁产生一个环向的压应力，若施加的压应力超过水压力引起的拉应力，木桶就不会开裂漏水。

下面，我们通过亲手制作铁箍木桶，感受预应力的神奇所在。

铁箍箍木桶预应力实践任务指导书

一、任务背景与目标

传统木桶依靠铁箍来维持其形状与结构强度。在本实践任务中，我们将引入预应力概念，通过对铁箍施加预应力，进一步提升木桶的稳定性与承载能力。同学们将在实践过程

项目 6　预应力混凝土工程

中深入理解预应力原理,并掌握相关的手工制作与测量技能,体会传统工艺与现代工程理念的融合。

二、材料与工具准备

1. 材料

(1) 优质木桶木板若干,厚度 1.5~2cm,宽度 8~10cm,长度根据设计的木桶大小确定,确保木板经过干燥处理,无明显裂缝与变形。

(2) 铁条,宽度 2~3cm,厚度 3~4mm,用于制作铁箍,材质应具有一定的韧性与强度。

(3) 螺栓与垫片若干,规格与铁条相匹配,用于连接铁箍接头并调节预应力。

(4) 木工胶,具有较强的粘结力。

2. 工具

(1) 卷尺,精度 1mm,用于测量木板与铁箍尺寸。

(2) 直角尺,确保制作过程中的角度精准。

(3) 手锯或电锯,用于切割木板与铁条(使用电锯时需严格遵守安全操作规程)。

(4) 锤子、钳子、扳手,分别用于敲击、夹持与拧紧操作。

(5) 铁砧、台虎钳,辅助铁箍的加工与成型。

(6) 弹簧测力计,量程 0~500N,精度 0.5N,用于精确测量预应力大小。

(7) 砂纸、锉刀等打磨工具,用于木板与铁箍的表面处理。

三、实践步骤

(一) 木板预处理 (30min)

领取木板后,仔细检查每块木板的质量,剔除有明显瑕疵的木板。

使用砂纸,顺着木板纹理方向,依次从粗砂纸到细砂纸对木板表面进行打磨,去除毛刺、不平整处以及可能影响拼接和密封的杂质,使木板表面光滑平整,边缘契合度高。打磨过程中需注意均匀施力,避免木板表面凹凸不平。

用锉刀对木板边缘进行修整,确保边缘笔直且角度准确,以便后续拼接紧密。

(二) 桶身初步搭建 (45min)

1. 将处理好的木板在宽敞、平坦的工作台上依次排列成圆形,可使用辅助工具如圆形模具确保排列的准确性。

2. 沿木板拼接面均匀涂抹木工胶,涂抹的量适中,避免过多导致溢出污染桶身或过少影响粘结效果。

3. 缓慢将木板拼接在一起,形成桶身的雏形,使用绳子或临时夹具将桶身固定,确保木板之间的缝隙均匀且紧密。固定过程中可使用直角尺检查桶身的圆度和垂直度,如有偏差及时微调木板位置。

(三) 铁箍制作与预安装 (120min)

1. 根据桶身的周长和直径,精确裁剪合适长度的铁条作为铁箍。铁箍长度应预留 5~10cm 的调节余量,以便后续施加预应力。计算公式:铁箍长度=π×(桶身外径+铁箍厚度)+余量。

2. 将铁箍的一端在铁砧上用锤子敲弯成合适的连接形状,如直角或弧形弯钩,确保连接牢固且便于后续操作。

179

3. 将铁箍套在桶身预定位置（一般为桶身的中上部和底部），调整好铁箍与桶身的同心度和垂直度，使铁箍均匀分布在桶身上，不出现歪斜或偏移。

4. 使用螺栓和垫片将铁箍接头连接起来，但此时不要拧紧，使铁箍能够在桶身上自由转动一定角度，为施加预应力做准备。螺栓拧紧程度以铁箍不掉落且可灵活转动为宜。

（四）预应力施加（90min）

1. 将弹簧测力计一端钩在铁箍上，另一端固定在一个稳定的支撑点上，如工作台上的挂钩或牢固的立柱。

2. 使用扳手缓慢拧紧螺母，对铁箍施加拉力，同时密切观察弹簧测力计的读数。按照预定的预应力值（例如200N）逐步施加预应力，在施加过程中要均匀、缓慢地转动螺母，每次转动幅度不宜过大，避免应力集中对桶身或铁箍造成损坏。

3. 当达到预定预应力值后，停止拧紧螺母，保持5～10min，观察弹簧测力计读数是否稳定，如有下降则适当补充预应力，补充过程同样需缓慢进行，直至读数稳定在预定值。

4. 使用扳手将螺母拧紧固定，确保预应力稳定保持在设定值。在每个铁箍上重复以上步骤，施加相同大小的预应力，且在操作过程中需记录每个铁箍的预应力施加数据，以便后续分析与总结。

（五）桶底安装与整体修整（60min）

1. 根据桶身内径裁剪合适的桶底木板，将桶底边缘打磨光滑，确保与桶身底部边缘贴合紧密。

2. 在桶身底部涂抹木工胶，将桶底嵌入桶身底部，使用锤子和木块轻轻敲打，使桶底与桶身紧密结合。在桶底与桶身结合处可适当增加一些小铁条或木楔进行加固，增强连接的稳定性。

3. 再次检查木桶的整体外观，包括桶身的圆度、铁箍的安装位置和预应力保持情况、桶底与桶身的连接密封性等。对发现的问题及时进行修整，如调整铁箍位置、补充木工胶、拧紧螺栓等。检查过程需细致认真，不放过任何一个可能影响木桶质量的细节。

（六）性能测试与评估（60min）

1. 密封性测试：将木桶放置在平稳的地面上，装满水，观察桶身是否有渗漏现象，特别是木板拼接处、桶底与桶身结合处以及铁箍周围。如有渗漏，标记渗漏位置并分析原因，如木板缝隙过大、铁箍预应力不足等，然后进行修复和重新测试。测试时间不少于30min，确保木桶在长时间承受水压下仍能保持良好的密封性。

2. 强度测试：在木桶内放置一定重量的重物（如沙袋），逐渐增加重量，每次增加重量不宜过多，观察木桶的变形情况。使用百分表或直尺测量桶身的径向变形和轴向变形，评估木桶在承受荷载时的强度和稳定性。同时，检查铁箍是否有松动或变形现象，根据测试结果分析预应力对木桶强度的提升效果。测试过程中需记录不同荷载下木桶的变形数据，绘制荷载-变形曲线，以便直观地展示木桶的力学性能。

四、数据记录与分析

1. 记录每个铁箍在施加预应力过程中的初始长度、最终长度、施加的拉力大小（即预应力值）以及对应的弹簧测力计读数。

2. 记录密封性测试和强度测试中的相关数据，如渗漏位置、渗漏时间、承受的最大荷载、桶身变形量等。

3. 根据记录的数据，分析预应力大小与木桶密封性、强度之间的关系，探讨如何优化预应力的施加方式以提高木桶的综合性能。例如，绘制预应力值与桶身变形量的关系曲线，观察两者之间的变化趋势，找出最佳的预应力取值范围。

五、注意事项

1. 在使用工具过程中，务必严格遵守安全操作规程，如使用电锯时需佩戴护目镜、手套等防护装备，防止意外伤害。

2. 施加预应力时，要注意控制力度和方向，避免因铁箍突然弹出或工具使用不当造成身体损伤。同时，需确保弹簧测力计的正确使用与读数准确。

3. 木工胶使用过程中，注意通风，避免吸入过多挥发气体。木工胶涂抹后，要防止接触皮肤和眼睛，如不慎接触，应立即用大量清水冲洗，并及时就医。

4. 在整个实践过程中，保持工作区域的整洁与有序，及时清理工具和材料，避免混乱导致的安全隐患或操作失误。

六、总结与反思

实践任务完成后，每位同学需撰写一份总结报告，内容包括实践过程中遇到的问题、解决方法、对预应力原理的理解与应用体会、对木桶性能测试结果的分析以及对本次实践任务的改进建议等。

组织小组讨论与交流，分享各自的实践经验与心得，共同探讨如何进一步优化铁箍箍木桶预应力工艺，提高木桶的质量与性能，培养团队合作精神与创新思维能力。

项目7

装配式建筑工程

> **教学目标**

一、知识目标

1. 了解装配式建筑的概念、特点、类型及其适用范围，了解装配式建筑与传统现浇建筑的区别与优势；了解配式建筑的发展历程、现状及未来趋势。

2. 了解预制构件的分类与标识方法，熟悉不同类型预制构件的结构特点、尺寸规格及性能参数，熟悉预制构件的生产工艺流程。

3. 掌握预制构件的运输与吊装技术，以及吊装过程中的安全注意事项。

4. 熟悉预制构件的连接技术原理与方法；熟悉装配式建筑施工安全管理的特点与要求。

5. 了解钢结构及木结构安装施工技术要点。

二、能力目标

1. 施工技术操作能力：能够根据构件的重量、形状、尺寸及安装位置，选择合适的运输车辆与吊装设备。能够模拟完成预制构件连接节点的施工操作。

2. 质量检测与问题解决能力：能够运用各种质量检测工具与仪器，对装配式建筑施工过程中的各个环节进行质量检测与验收。能够分析与解决装配式建筑施工常见问题，如预制构件生产缺陷、施工工艺不当、材料质量问题等。

三、素养目标

1. 职业素养：培养学生严谨认真、一丝不苟的工作态度和工匠精神，树立学生的团队合作意识与协作精神。

2. 安全与环保素养：强化学生的安全意识，培养学生的环保意识与可持续发展理念，了解装配式建筑在节能减排、资源循环利用等方面的优势。

3. 创新与学习素养：培养学生的自主学习能力与终身学习意识，随着装配式建筑技术的不断发展与更新换代，让学生明白只有不断学习新知识、新技能，才能适应行业发展的需求，实现个人的可持续发展。

【思维导图】

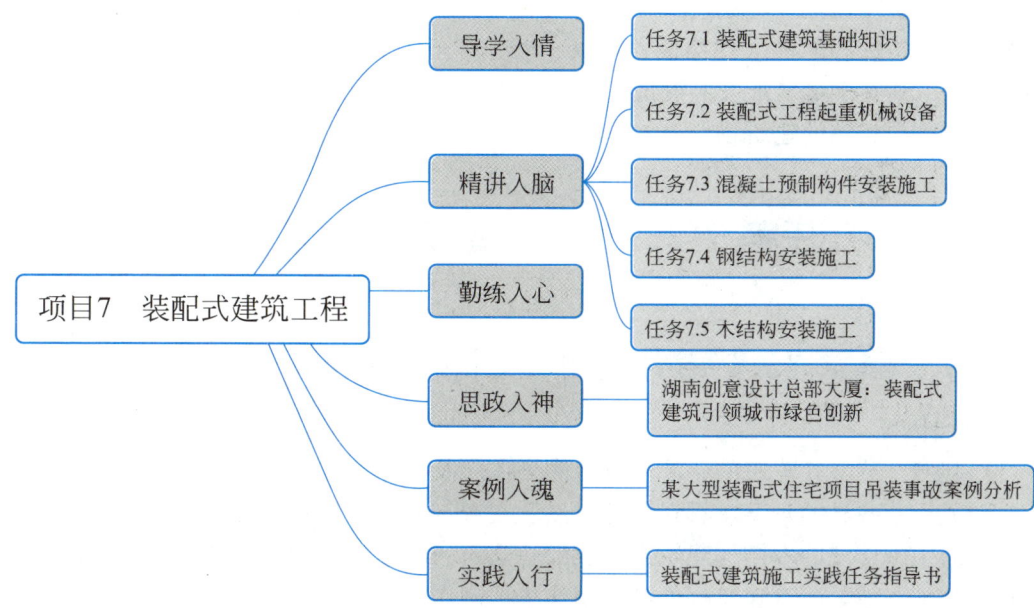

【导学入情】

2015年，湖南某公司取得了一项令人惊叹的成就——在短短12天内，建成了高达57层的高楼大厦。

在建筑领域的常规进程中，建造57层这样规模宏大的高楼大厦，往往需要耗费至少2年的漫长工期。这一漫长周期涵盖了从建筑规划设计的精心雕琢，到基础工程的扎实奠基；从钢筋骨架的逐步搭建，到混凝土的层层浇筑；再从建筑内部结构的逐步完善，到外部装饰装修的精雕细琢，每一个环节都紧密相扣且耗时良久，凝聚着无数建筑工作者的心血与汗水，也体现着传统建筑施工方式的复杂与艰辛。

然而，该公司所采用的装配式施工技术，却如同一股革新的浪潮，彻底打破了这种传统的时间桎梏。在那12天的施工周期里，我们看到的是犹如一场高效而精密的建筑"交响乐"。预先在工厂中精心生产制作的各类建筑构件，被运输至施工现场后，如同积木一般，以惊人的速度和精准度被快速组装、拼接在一起。从基础部分的快速搭建，到楼层主体结构的节节攀升，再到整体建筑框架的迅速成型，每一个步骤都有条不紊且高效流畅，最终在极短的时间内，一座雄伟壮丽的57层高楼大厦便傲然矗立在人们眼前。

这种装配式建筑施工所展现出的超乎想象的速度与卓越非凡的效率，无疑给我们带来了强烈的视觉冲击与心灵震撼。它不仅仅是一个建筑奇迹，更是现代建筑技术创新发展的生动例证。

接下来，让我们进入装配式施工技术的探索之旅。

【精讲入脑】

装配式建筑是指把传统建造方式中的大量现场作业工作转移到工厂进行，在工厂加工制作好建筑用构件和配件（如楼板、墙板、楼梯、阳台等），运输到建筑施工现场，通过可靠的连接方式在现场装配安装而成的建筑。它就像是搭积木一样，将预先制作好的各个部件组合成一个完整的建筑物。

任务 7.1 装配式建筑基础知识

7.1.1 装配式建筑发展历程、现状及未来发展趋势

1. 发展历程

（1）起源。装配式建筑的起源可以追溯到古埃及的金字塔，当时人们将石料经过人工加工，制成尺寸各异的金字塔石料构件，然后在选定的地方进行装配，最终形成了宏伟的金字塔。而中国传统的木结构建筑也是装配式建筑的起源之一，其建造时分为构件制作场地和建筑装配场地，所有建筑构件都在制作场地制作，再运到施工现场进行装配。

7-1 住宅装配式施工

（2）探索时期。17世纪欧洲移民时期所用的木构架拼装房屋，是一种装配式建筑。1851年，在伦敦用铁骨架嵌玻璃建成的水晶宫是世界上第一座大型装配式建筑。第二次世界大战后，欧洲一些国家以及日本房荒严重，迫切要求解决住宅问题，促进了装配式建筑的发展，到20世纪60年代，装配式建筑得到了大量的推广使用。

（3）起步阶段。20世纪50年代，装配式建筑开始引起人们的兴趣并逐渐推行，英、法、苏联等国首先做了尝试。苏联在这一时期大量营建"赫鲁晓夫楼"，推动了装配式建筑的发展。

（4）缓慢发展阶段。1978年改革开放后，中国装配式建筑逐渐从停滞期进入缓慢发展期。政府制定了发展战略，推动了行业技术积累、产品研发以及应用试点等工作的开展，出现了大板建筑、砌块建筑等预制构件，但受限于技术实力，装配而成的建筑存在一些质量问题，如密封不严、隔声效果不佳等。20世纪90年代后，中国政府相关主体再次发布一系列政策文件，大力推行住宅产业化，以满足大量商品房的建设需求，促进装配式建筑的技术积累、推动行业应用，并提升行业市场化程度。

（5）快速发展阶段。自"十二五"开始，中国装配式建筑行业逐步进入快速发展期。预制构件生产技术日益成熟、建筑业环保理念的深入和建筑材料逐渐丰富均为装配式建筑的发展奠定了基础。国务院、住房和城乡建设部等继续出台扶持政策文件，全国31个省、市、区也相继出台各自的扶持政策文件，装配式建筑的占比逐渐提高，开工的装配式建筑面积持续提升。

2. 现状

（1）优势

1）质量控制。装配式建筑构件在工厂生产过程中始终处于恒温恒湿的环境中，可以

工业化大批量生产，从而保证了工程质量，大大提高了生产效率。

2）节能环保。装配式建筑能够避免一系列环境污染问题，有效促进"碳达峰、碳中和"目标的实现，符合绿色建筑的发展趋势。相对于传统现浇建筑，装配式建筑可缩短施工周期25%～30%，节水50%～60%，节约木材约80%，降低施工能耗约20%，减少建筑垃圾70%～80%，并显著减少施工粉尘和噪声污染。

3）安全隐患。专业队伍在装配式建筑安装过程中严格遵守安装流程，能最大限度减少现场作业的安全隐患。

（2）不足

1）产业链不完善。上下游产业链尚不完善，难以构建有利于其发展的市场环境，致使建设单位采用装配式建筑的积极性不高。

2）人才短缺。施工企业培育进展缓慢，管理人员与技术工人数量难以满足市场需求。

3）设计施工脱节。多数项目未采用EPC管理模式，设计与施工相互脱节，且推广理念存在偏差，装配式建筑项目规模化效应尚未形成。

4）成本较高。装配式建筑的预制构件生产、运输、安装等环节都需要一定的成本投入，导致其初始投资成本相对较高，在一定程度上影响了其市场推广。

5）技术水平有待提高。虽然装配式建筑技术已经取得了一定的进步，但在一些关键技术领域，如构件连接、防水密封等方面，仍存在技术难题需要进一步攻克，以提高装配式建筑的整体性能和质量稳定性。

3. 未来趋势

（1）技术创新。随着科技的不断进步，装配式建筑将不断融合新技术，如BIM技术、物联网技术、大数据技术等，实现从设计、生产、运输到装配的全过程信息化管理和智能化建造，提高生产效率、质量控制水平和施工安全性。同时，研发更加高效、可靠的构件连接技术和防水、保温等性能更好的建筑材料，进一步提升装配式建筑的整体性能。

（2）产业融合。装配式建筑将与上下游产业深度融合，形成更加完善的产业链条。建筑设计、构件生产、施工安装、装修装饰等企业之间的协同合作将更加紧密，实现资源共享、优势互补，共同推动装配式建筑产业的发展。此外，装配式建筑发展还将促进相关产业的发展，如建材、机械制造、物流运输等，形成产业集群效应，提高整个产业的竞争力。

（3）市场拓展。在政策的推动和市场需求的引导下，装配式建筑的应用范围将不断扩大，从住宅建筑逐步向公共建筑、工业建筑等领域拓展。同时，随着人们对建筑品质和环保要求的不断提高，装配式建筑在农村和城市更新改造等市场的需求也将逐渐释放，市场潜力巨大。

（4）人才培养。为满足装配式建筑产业快速发展对人才的需求，相关的人才培养体系将不断完善。高校、职业院校等将加强装配式建筑相关专业的设置和课程建设，培养更多的专业技术人才和管理人才。同时，企业也将加大对员工的培训力度，提高从业人员的技术水平和业务能力。

（5）绿色可持续发展。在全球绿色发展的大背景下，装配式建筑作为一种绿色建造方式，将得到更广泛的应用和推广。未来，装配式建筑将更加注重资源的循环利用和节能减排，采用可再生材料和清洁能源，实现建筑全生命周期的绿色可持续发展，为建设美丽中国做出更大贡献。

7.1.2 装配式建筑的分类

1. 按结构体系分类

（1）混凝土结构装配式建筑

这种建筑的主要构件如柱、梁、墙板、楼板等都是由预制混凝土构件组成。其特点是整体性好、防火性能佳、耐久性强。适用于多层和高层住宅、公共建筑等多种建筑类型。例如，一些城市的高层住宅采用混凝土预制墙板和预制楼板，通过可靠的连接方式形成整体结构，能够承受较大的竖向和水平荷载。

（2）钢结构装配式建筑

主要以钢构件作为建筑的主要承重结构，如钢梁、钢柱等，墙体和屋面等可以采用预制的轻质板材。钢结构装配式建筑具有自重轻、跨度大、建设速度快等特点。常用于工业厂房、大型展览馆、体育场馆等建筑。例如，大型的钢结构厂房，其钢柱和钢梁在工厂预制，运到现场后通过螺栓或焊接等方式连接，然后安装轻质墙板和屋面，能够快速建成投入使用。

（3）木结构装配式建筑

利用木材预制的构件如木柱、木梁、木墙板等来构建建筑。它具有良好的保温性能、自然美观等优点。一般适用于小型住宅、旅游度假屋等建筑。像一些山区的旅游度假村会采用木结构装配式建筑，其木构件在工厂加工好后，运到现场装配，营造出自然温馨的居住环境。

2. 按预制构件的形式分类

（1）预制墙板体系

预制墙板是装配式建筑的关键构件，包括外墙板和内墙板。外墙板可以起到围护、保温、防水等多种作用，内墙板主要用于分隔空间。根据不同的功能和构造，外墙板又可分为实心墙板、夹心保温墙板等。例如，夹心保温墙板，其内外层为混凝土，中间夹有保温材料，能够有效地提高建筑的保温性能。

（2）预制楼板体系

预制楼板主要有预应力混凝土空心楼板、叠合楼板等。叠合楼板是目前应用较广的一种，它由预制底板和后浇混凝土层组成，预制底板在工厂预制，现场安装后再浇筑上层混凝土，这样既能发挥预制构件的优势，又能保证楼板的整体性。

（3）预制楼梯体系

预制楼梯可以整体预制，在工厂制作完成后运到现场直接安装。其形状和尺寸可以根据设计要求定制，安装方便快捷，而且质量稳定，能够减少现场楼梯施工的繁琐工序和质量问题。

7.1.3 装配式建筑的主要构件

1. 预制墙板

（1）构造特点：预制墙板的厚度根据建筑的功能和结构要求而定，一般外墙板较厚，因为要考虑保温、隔热等功能。其内部的钢筋布置按照受力要求设计，对于有保温要求的外墙板，会采用夹心保温的构造，即两层混凝土板中间夹保温材料，如聚苯乙烯泡沫板、岩棉板等。

(2) 功能作用：外墙板主要用于围护建筑、抵御风雨、保温隔热、隔声降噪等；内墙板主要用于分隔室内空间，同时也有一定的隔声作用。

2. 预制楼板

(1) 构造特点：如叠合楼板，预制底板通常采用薄板，上面有粗糙的表面，以增强与后浇混凝土层的粘结力。其内部有预应力钢筋或普通钢筋，用于承受楼板的自重和使用荷载。

(2) 功能作用：主要功能是承受楼面的竖向荷载，并将荷载传递给墙体或梁柱等竖向构件。同时，为建筑物内部提供一个平整的楼面，方便后续的装修和使用。

3. 预制楼梯

(1) 构造特点：预制楼梯可以是单跑楼梯或双跑楼梯等形式，其踏步、梯段和平台等部分整体预制。楼梯的两端有预留的钢筋或连接件，用于与上下楼层的梁或平台板连接。

(2) 功能作用：提供建筑物内不同楼层之间的垂直交通通道，方便人员上下楼。

任务 7.2　装配式工程起重机械设备

装配式结构安装工程常用的起重机械有自行杆式起重机、塔式起重机和桅杆式起重机三大类型。设备包括卷扬机、滑轮组、绳索、锚碇及吊具等。

7-2　起重吊装标准化操作视频

7.2.1　自行杆式起重机

自行杆式起重机是带有起重臂杆并可在路面或场地上行走的起重机械，包括履带式、汽车式、轮胎式和全路面式四个子类。

1. 履带式起重机

履带式起重机主要由机身、起重臂以及行走机构、起重机构、回转机构等部分组成，其特点是操纵灵活，机身可 360°回转，可以负荷行驶，可在一般平整坚实的场地上进行吊装作业。目前广泛应用于装配式单层、多层房屋等的结构吊装中，也是大型工业设备及核电站穹顶吊装的常用机型。但其缺点是稳定性较差，转场较困难。履带式起重机有多种型号，国产机型最大起重量可达 4500t。

履带式起重机的技术性能参数主要包括：起重量 Q、起重半径 R 和起重高度 H。起重量指吊钩能吊起的重量；起重半径也称工作幅度，是指起重机回转中心至吊钩的水平距离；起重高度是指吊钩至停机面的垂直距离。起重机这三个参数互相制约，其数值的变化取决于起重臂的长度及其仰角的大小。起重机的臂长可通过增加或减少标准节而改变。当起重臂长度一定，随着其仰角的增加，起重半径 R 将减小，而起重高度 H 和起重量 Q 将增大；若其仰角减小，则起重半径 R 将增大，而起重高度 H 和起重量 Q 将减小。履带式起重机如图 7-1 所示。

2. 汽车式起重机

汽车式起重机是一种自行、全回转、起重机构安装在汽车底盘上的起重机。起重动力由汽车发动机供给。汽车式起重机行驶速度快，机动性能好，对路面破坏小。但吊装时必

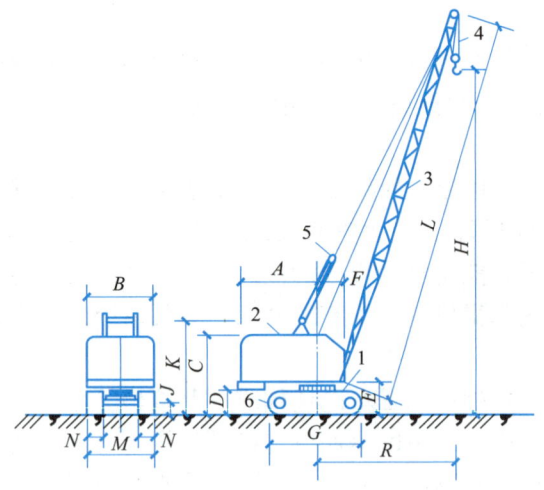

图 7-1 履带式起重机

1—底盘；2—机棚；3—起重臂；4—起重滑轮组；5—变幅滑轮组；6—履带；
A、B 等—起重机外形尺寸符号；L—起重臂长度；H—起升高度；R—起重半径

须使用支腿，因而不能负荷行驶。常用于构件的装卸和结构吊装工作。目前常用的汽车起重机有 Q 型（机械传动和操纵），QY 型（全液压传动和伸缩式起重臂），QD 型（由电机驱动各工作装置）。

汽车式起重机吊装时，应先压实场地，放好支腿；将转台调平，并在支腿内侧垫好保险枕木，以防支腿失灵时发生倾覆。并应保证吊装的构件和就位点均在起重机的回转半径之内。吊装作业时一般不允许改变臂长。

3. 轮胎式起重机

轮胎式起重机是一种自行式、全回转、起重机构安装在重型轮胎和特制底盘上的起重机，其吊装机构和行走机械均由一台发动机控制。起重量较小时可不用支腿，行驶速度较慢。目前国产常用的轮胎式起重机有机械式（QL）、液压式（QLY）和电动式（QLD）。

4. 全路面式起重机

全路面式起重机又称全地面式起重机，是一种兼有汽车式起重机和轮胎式起重机优点的新型起重设备。该种机械起重能力强、行驶速度快、离地间隙大、爬坡性能好、能实现全轮转向，可在狭小和崎岖不平或泥泞场地上作业，起重量较小时可不用支腿。目前有起重量 30～2400t，臂长 30～180m 等多种机型。

7.2.2 塔式起重机

关于塔式起重机的介绍详见本书任务 3.3 垂直运输工程。

7.2.3 桅杆式起重机

桅杆式起重机可分为独脚拔杆、人字拔杆、悬臂拔杆和牵缆式桅杆起重机等，如图 7-2 所示。这种机械的特点是制作简单，装拆方便，起重量可达 100t 以上，但起重半径小，移动较困难，需要设置较多的缆风绳。它适用于安装工程量集中，结构重量大，安装高度大以及施工现场狭窄的情况。

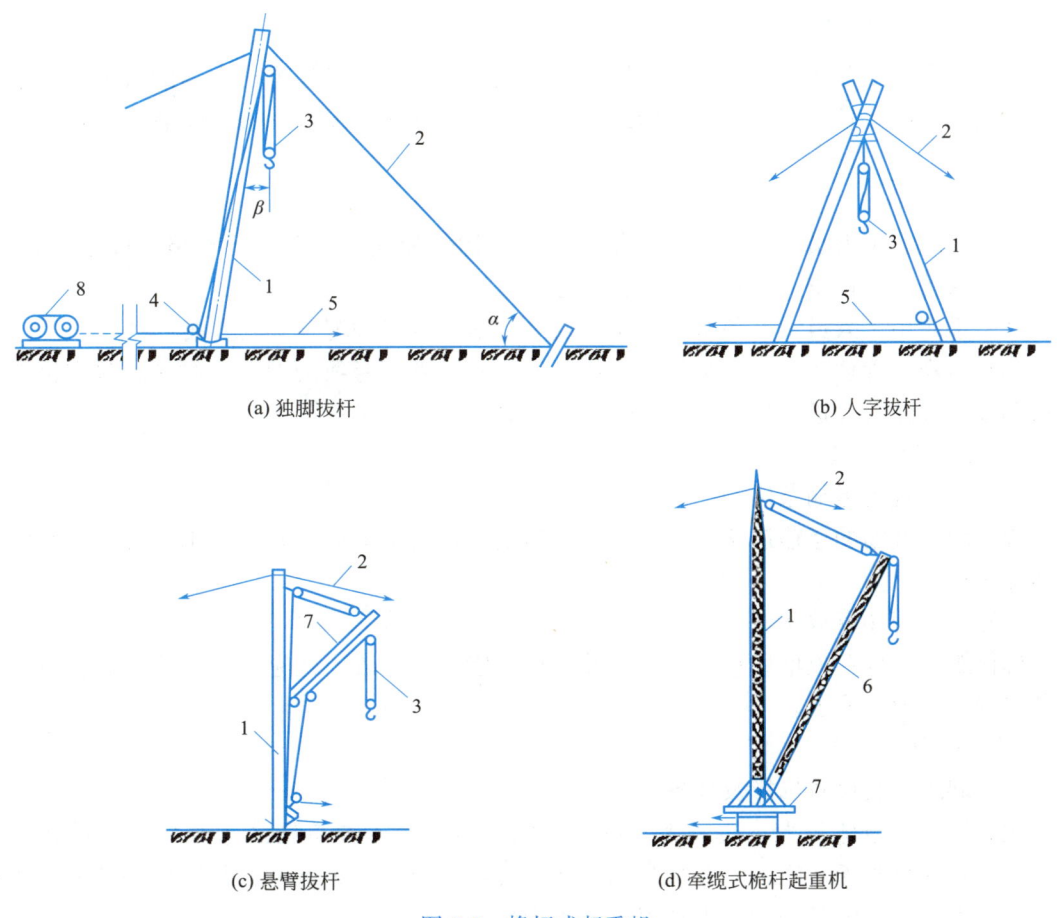

图 7-2 桅杆式起重机

1—拔杆；2—缆风绳；3—起重滑轮组；4—导向滑轮；5—拉索；
6—起重臂；7—回转盘；8—卷扬机

任务 7.3　混凝土预制构件安装施工

预制混凝土装配式建筑是将整栋建筑物的各部分分解成为单个预制构件，如柱、梁、墙、楼板、楼梯、阳台等，利用工厂工业化的生产方式，制作成各类钢筋混凝土构件，通过运输工具将成品构件运输至施工现场，再在工地现场进行装配化施工的建筑。

装配式建筑有装配整体式剪力墙结构、框架-剪力墙结构和框架结构等多种常用结构体系。在地震设防烈度为 7 度的情况下，装配整体式剪力墙结构最大适用高度达 110m，框架-剪力墙结构最大适用高度达 120m，框架结构最大适用高度达 50m。

预制装配式建筑具有将设计先行转为设计集成，将手工作业转为装配施工作业的特点；将建筑设计以标准单元为基础、产品生产以工厂制作为条件、现场施工以建造工法为核心的先进建筑建造理念。

7.3.1 施工前准备

装配式混凝土建筑构件安装是以塔式起重机为主、汽车式起重机为辅的机械化流水施工。吊装一开始,各道工序均应有施工计划,并按计划紧密配合。构件安装前准备的主要内容如下。

1. 人员准备

(1) 组织施工人员熟悉、审查图纸,对预制构件和配件的型号、规格、尺寸、数量、预埋件位置等逐一检查,准备好各种施工记录表格。

(2) 组织施工人员学习各施工方案、安全方案、各工种配合协调方案。

(3) 对现场管理人员、灌浆作业人员及安装人员进行专项培训,并对塔式起重机作业人员和施工操作人员进行吊装前的安全技术交底。

2. 场地条件准备

(1) 施工现场运输条件

确保施工现场的运输道路通畅、场地平整坚实,满足车辆承载力要求,具备车辆的环形运输条件。

(2) 施工现场存放条件

确保施工现场存放堆场平整坚实,并有排水措施,存放场地应设置在吊装设备有效起重范围内,并设置通道。

3. 材料设备准备

(1) 起重吊装设备选择及准备

预制构件一般体积大、质量大,可选用的起重设备主要有塔式起重机、履带式起重机、汽车式起重机等。施工前要结合工程项目特点、现场作业条件、预制构件种类及质量大小等,准备合适的某一种或多种起重设备进行配合施工。

(2) 吊具、支撑与模板选择及准备

预制装配式建筑施工吊具的选择必须保证被吊构件不变形、不损坏,起吊后不转动、不倾斜、不翻倒。选择施工吊具时,应根据被吊构件的结构、形状、体积、质量、预留吊点以及吊装的要求,进行设计验算或试验检验,验收合格后方可使用该吊具。施工用的支撑与模板也应根据具体工况进行设计验算,应选择具有足够的承载力、刚度及整体稳固性的材料,且宜选用与构件相匹配的工具化、标准化的支撑与模板。

(3) 施工安装专用器具准备

装配式建筑施工安装前,还需要准备一些安装专用器具,如施工安装预埋吊环吊具,注浆灌浆设备,手持式电钻搅拌机,用于计量水和注浆料的量杯和电子秤,用于向墙体注浆的注浆器,用于湿润接触面的水枪,用于流动度试验的坍落度筒和平板,用于盛水、注浆料的大小水桶,以及铁锤、铁锹、剪刀、扫帚等。

(4) 预制构件进场质量检查

预制构件进场后施工单位应会同监理单位对预制构件质量进行详细认真的现场检查验收,主要验收预制构件的观感质量、几何尺寸,预制构件的粗糙面、键槽、预埋件、预留插筋、预留孔洞、预埋管线以及预制构件的产品合格证等有关资料,并对预制构件图纸编号与实际构件的一致性进行检查。

4. 安装前检查

（1）预制构件安装前，应检查已施工完成结构、基础的外观质量和尺寸偏差，确认混凝土强度，确定预留连接钢筋等预留预埋是否符合设计要求。

（2）预制构件安装前，应进行测量放线，设置构件安装定位标识。

（3）预制构件安装前，应复核吊装设备的吊装能力。检查复核吊装设备及吊具是否处于安全使用状态。

（4）预制构件安装前，应检查外防护系统是否符合要求。

（5）预制构件安装前，宜对典型预制构件连接节点进行预拼装。

5. 构件安装类型、基本原则及安全管理

（1）构件安装类型

预制构件安装，按照装配式建筑结构体系可以分为剪力墙结构构件安装和框架结构构件安装；按照预制构件类型可以分为竖向预制构件安装和水平预制构件安装。竖向预制构件主要包括预制剪力墙、预制填充墙、预制夹心保温板、预制叠合墙、预制柱、预制外挂墙板、预制条板等；水平预制构件主要包括预制梁、预制叠合梁、预制叠合板、预制阳台板、预制空调板、预制楼梯等。

（2）基本原则

预制构件安装基本流程：准备工作→预制构件吊装→预制构件调整及固定→预制构件安装质量检查验收。

吊装过程中，剪力墙两侧会受到伸出墙板水平钢筋的影响，在同一建筑同一层既有预制剪力墙又有预制填充墙安装时，应遵循先吊装预制剪力墙后吊装预制填充墙的原则。预制墙板间的暗柱钢筋绑扎，应结合预制墙板吊装情况，在墙板吊装前或吊装后完成，避免工序颠倒造成预制墙板无法安装、钢筋无法绑扎或绑扎不到位等现象。框架结构预制梁吊装受预制梁高度、位置及伸出钢筋位置的影响，应遵循一定的安装顺序，一般先吊主梁后吊次梁。梁高相同时，以下侧主筋在下先安装、下侧主筋在上后安装为原则。

（3）安全管理

遇到雨、雪天气或者风力大于 5 级时，不得进行吊装作业。吊装过程中的悬空作业处要设置防护栏杆或其他临时可靠的防护设施。构件安装时楼面临边应设置围挡，或设置安全警示条，派安全人员监督。

吊装区域应设置隔离栏，对安装作业区进行围护并设置明显的标识，拉警戒线，严禁与安装作业无关的人员进入。吊运预制构件时，构件下方严禁站人。应待预制构件降落至距地面 1m 以内时方准作业人员靠近，就位固定后方可脱钩。

预制构件吊装宜采用标准吊具。预制构件吊装时应进行试吊。预制构件起吊时绳索与构件水平面的夹角不宜大于 60°，且不应小于 45°。预制构件提升 300mm 左右后，停稳预制构件，检查钢丝绳、吊具和预制构件状态，确认吊具安全且预制构件平稳后，可缓慢提升预制构件。

预制构件临时固定措施、临时支撑系统应具有足够的强度、刚度和整体稳固性。预制墙板外饰面不宜作为支撑面，对构件薄弱部位应采取保护措施。

7.3.2 预制剪力墙安装

1. 准备工作

预制剪力墙板吊装前应复核基层面标高，清除浮浆及过高混凝土，确保预制墙板与基层混凝土之间间隙不小于 20mm。

根据规范要求，预制墙板下接缝处面层应设置粗糙面。该处设置粗糙面对外墙防水及地震作用下水平接缝的抗剪都可起到重要的作用，实际施工中应严格执行。粗糙面设置深度不应小于 5mm，面积百分率不应小于 80%。

预制构件安装前，应认真复核预留钢筋位置和预留长度。预留钢筋位置和长度须符合设计及规范要求，保证钢筋能顺利插入灌浆套筒内，并满足钢筋插入套筒内长度不小于 8D（D 为钢筋直径）的要求。

楼层面浇捣混凝土前，应采用塑料管对预留钢筋进行保护，防止污染。构件安装前，应清除预留钢筋表面的锈渣、混凝土残渣等杂物，避免影响钢筋与灌浆料间的粘结，影响结构安全。

2. 吊装

预制剪力墙采用套筒灌浆连接时，安装前应在剪力墙构件及下层楼板面间设置垫片，并通过增减垫片数量调整预制构件的底部标高，通过在构件底部四角加塞垫片的方式调整构件安装的垂直度。由于预制剪力墙两侧有双排伸出钢筋，为避免伸出钢筋与填充墙上部梁伸出的钢筋相碰，预制剪力墙如与预制填充墙相邻，一般应先吊装预制剪力墙，后吊装预制填充墙。预制剪力墙安装就位过程中，可通过在基层面安放小镜子观察板底套筒孔位，指导墙板挪动，方便预留钢筋顺利对准套筒孔位。

预制剪力墙吊装就位后，应及时安装斜支撑。预制剪力墙施工应选用耐用、可周转及维护与拆卸方便的调节杆、限位器等临时固定和校正工具。

斜支撑不应少于两道，每道支撑均应安装上部和下部斜支撑，保证斜支撑与构件可靠连接。斜支撑等限位装置应在连接部位混凝土或灌浆料强度达到设计要求后拆除。预制剪力墙斜支撑都固定稳定后，起重设备方可脱钩。起重设备脱钩并完成两道下部斜支撑安装后，通过调节斜支撑进行预制剪力墙位置、垂直度的校正与微调。如工期有要求，应优化施工组织和流程，组织预制剪力墙吊装与校正两组作业人员流水搭接施工，加快施工进度，提高安装效率。预制剪力墙安装就位时，通过调整下部斜支撑，如转动中间固定杆调整下部斜支撑长度，配合使用撬棒等工具使墙板边线、端线与基层弹线重合，保证平面位置基本正确。安装好上部和下部斜支撑后，应先锁定钩头处外侧锁定螺母，调节斜支撑长度时，内侧锁定螺母不能锁定，以防钩头扭转损坏。

预制剪力墙安装就位后，应使用靠尺和塞尺检查预制剪力墙垂直度和相邻两板表面高低差等。在不锁定下部斜支撑内侧螺母的情况下调节斜支撑，进行墙面垂直度调整。通过靠尺或线坠观测墙面垂直度，调整斜支撑直至墙板大面垂直，垂直度偏差应控制在 5mm 以内。预制剪力墙垂直度调整完毕后，还须对预制剪力墙两侧边及预埋门窗洞口侧边垂直度进行调整。若偏差过大，则通过调整垫片高度等形式来调整侧边垂直度。

预制剪力墙垂直度调整可能会引起平面位置发生偏离，应在墙板垂直度调整完成后再次调整下部斜支撑，如此反复调整直至平面位置及垂直度都满足要求后可锁定斜支撑，并用锤子敲紧，防止松动。

7.3.3 预制柱安装

1. 准备工作

预制柱吊装前，根据楼层控制轴线弹好柱底双向轴线及柱边线，并对基层面及预埋钢筋位置进行复查。相关内容与预制剪力墙准备工作相似，如基层面标高复核、基层清洁及粗糙面要求、预埋钢筋预埋位置偏差、预留长度和外观要求等。

转换层预埋钢筋位置及标高的预埋施工质量将直接关系预制构件是否能够成功安装，以及安装的质量和钢筋套筒灌浆连接的质量是否达标，因此施工前须编制预埋钢筋专项施工方案。

预埋钢筋的允许偏差应与预制构件钢筋埋设要求相同，不应大于3mm；预埋钢筋套筒的允许偏差为2mm，所以转换层预埋钢筋的允许偏差不应大于5mm，否则预制竖向构件就无法顺利安装。

框架结构转换层一般在二层，二层柱预留钢筋从一层现浇柱直接伸上来时，柱主筋配筋时应考虑预留钢筋的留置长度。

2. 吊装

预制柱应有统一的、明确的安装方向标志，应严格按标志指导预制柱安装就位，保证预制柱安装方向正确。

预制柱吊装前，须弹出柱中心线及1m标高线；安装楼面须弹出柱安装轴线、柱中心线及柱边线，并弹出1m标高线。柱就位时，柱中心线应对准柱安装轴线，并应复核柱边线是否与四周柱边线吻合。预制柱落位后，可用杆辅助预制柱进行平面位置校正，并用水准仪复核1m标高线，出现偏差应调整垫片高度进行调节。

预制柱安装就位后，应在垂直的两个方向设置可调节临时支撑。预制柱高度较大时，采用中间调节式撑杆容易使柱子产生晃动，应采用两端调节式撑杆。用线坠或靠尺检查预制柱垂直度，通过调节临时支撑对预制柱的平面位置和垂直度进行微调，待柱子平面位置及垂直度调整完成并符合要求后，应锁定敲紧斜支撑上各锁定螺母。

预制柱安装轴线允许偏差为5mm，标高允许偏差为±5mm。预制柱吊装后，采用套筒灌浆施工时，临时支撑须在套筒灌浆料强度达到35MPa后拆除；排架搭设施工应在预制柱套筒灌浆完成，并达到设计强度要求后进行，便于灌浆施工操作，同时防止预制柱连接部位被扰动。

7.3.4 预制梁安装

1. 准备工作

预制构件结合面疏松部分的混凝土，应剔除并清理干净。预制梁与后浇混凝土叠合层之间的结合面，应设置粗糙面；预制梁端面宜设置粗糙面，粗糙面的面积不宜小于结合面的80%，凹凸深度不宜小于6mm。预制梁安装前，应进行测量放线，并在墙柱上弹出梁边控制线，保证预制梁安装位置准确。安装前，应测量并修正支撑标高，确保其与梁底标高一致。安装后，根据控制线进行精密调整。

安装前，柱梁、墙梁节点部位应清理干净，复核柱、墙钢筋与梁钢筋位置、尺寸，对柱、墙钢筋与梁钢筋位置有冲突的，应按经设计单位确认的技术方案调整。

采用叠合梁时，框架梁的后浇混凝土叠合层厚度不宜小于150mm，次梁的后浇混凝土叠合层厚度不宜小于120mm。当采用凹口截面预制梁时，凹口深度不宜小于50mm，凹口边厚度不宜小于60mm。

预制梁安装前，应采取临时支撑和固定措施。临时支撑应具有足够的强度、刚度和整体稳定性。预制梁竖向支撑宜选用可调式独立支架，并应有可靠的防倾覆措施，支撑位置与间距应根据施工验算确定。

2. 吊装

预制梁安装宜遵循先主梁后次梁、先低后高的原则。根据预制梁尺寸、吊点位置选择合适的模数化吊装梁。吊装预制梁时，每个吊点应受力均匀，并采取保证起重机械的主钩位置、吊具及构件的重心在竖直方向上重合的措施；将钢丝绳卡扣与预制梁上的预制吊环连接紧固，预制梁上固定好牵引绳，确认连接牢固后，方可缓慢起吊。

预制梁起吊时，应缓慢并略做停顿，检查确认吊点安全可靠后方可提升，缓慢靠近待安装的作业面；预制梁在距作业层上方约2m处略做停顿，施工人员应通过牵引绳，控制预制梁下落方向，使预制梁稳定下落，不得旋转；预制梁吊装至作业面上300～500mm处，略做停顿；根据预制梁安装平面位置控制线调整预制梁方向、位置，缓慢落吊。

预制梁应从上垂直向下安装就位，施工人员在保证安全操作的前提下，手扶预制梁调整方向，将预制梁的边线与墙柱上的安放位置线对准，预制梁两端钢筋与连接节点处的钢筋不得碰撞；预制梁放下时，应停稳慢放，不得快速猛放，以免造成预制梁损坏。根据平面安装位置线校核预制梁水平位置，使用撬棍等工具微调平面位置，使之精确就位；根据标高控制线校核预制梁标高位置，使用斜支撑进行微调校正，保证梁底标高符合设计要求；检查预制梁安装位置、倾斜度、标高、搁置长度，合格后，方可摘除吊钩进行下一个构件吊装。叠合构件后浇混凝土浇筑前，应清除叠合面上的杂物、浮浆和松散骨料；表面干燥时，应润湿，但不得留有积水。

预制次梁与预制主梁的连接采用后浇混凝土节点时，预制次梁吊装到位后，预制次梁底筋伸入预制主梁后浇段内，确保钢筋位置准确，再后浇混凝土形成整体连接。预制次梁与预制主梁的连接采用次梁钢筋预埋直螺纹套筒连接时，预制次梁端留出连接钢筋段后浇段；预制次梁吊装到位后，在后浇连接钢筋段内进行钢筋连接施工，再后浇混凝土形成整体连接。

预制次梁与预制主梁的连接采用次梁钢筋套筒灌浆连接时，预制主梁预留与预制次梁下部钢筋连接用的短钢筋。预制次梁吊装到位后，下部伸出钢筋与预制主梁的预留短钢筋通过灌浆套筒进行连接，再灌浆形成整体连接。

叠合层混凝土强度达到设计要求后，方可拆除底模和斜支撑；拆除模板时，不应对楼层形成冲击；拆除的模板和支架，宜分散堆放并及时清运。

7.3.5 预制叠合板安装

1. 准备工作

叠合板分为有现浇带的叠合板及密拼叠合板两种。有现浇带的叠合板侧边有现浇混凝土，板拼缝不易开裂，常用于对防裂要求较高的住宅楼。密拼叠合板侧边无现浇带，相邻板直接拼接，常用于建筑的单向楼板等。

预制叠合板安装前，须进行临时支撑搭设。临时支撑根据施工方案既可采用独立支撑体系，也可采用传统满堂支撑体系。临时支撑立杆间距，临时支撑与墙柱、梁边的净距应经计算确定。竖向连续支撑层数不应少于两层，且上下层支撑宜对准。预制叠合板底部一般不再进行粉刷，应严格控制临时支撑顶标高，相邻板底偏差不应大于3mm。

预制叠合板吊装前首先要复核预制叠合板搁置点处墙或梁的标高。为防止预制叠合板现浇混凝土漏浆，预制叠合板一般搁进墙或梁内约100mm，安装前尚应在搁置点预制叠合板现浇带模板等部位粘贴双面胶条进行密封。

有现浇带的预制叠合板须在吊装前弹出现浇带位置板的边线。密拼预制叠合板应控制第一块板的安装位置，防止累计偏差，导致最后一块板无法安装。

2. 吊装

预制叠合板吊装应严格按照板的编号及图纸要求正确吊装。每块预制叠合板侧边应清楚标注板的编号，防止相同尺寸的预制叠合板互换位置引起管线及预埋错误。预制叠合板吊装还须注意安装方向，吊装每块预制叠合板时均应根据图纸设置方向安装，防止安装方向错误引起管线及预埋错误。

预制叠合板的吊点应根据设计计算确定。设计要求预制叠合板用桁架钢筋吊装的，应采用附加钢筋进行加固，在预制叠合板上应作出清晰的吊点标记，并严格按吊点标记进行吊装。吊装时，应用小挂钩挂在桁架钢筋三角孔内。严禁用未经加固的桁架钢筋进行吊装。一般情况下，预制叠合板应采用四点吊装。为避免预制叠合板在吊装过程中因过大的扰动而发生开裂，跨度较大的预制叠合板需采用六点吊装或钢附框吊装，钢附框的应用可减少吊装吊索产生的水平剪力。

为防止预制叠合板伸出钢筋与梁上排主筋相碰导致预制叠合板无法安装，应先进行预制叠合板吊装，待预制叠合板吊装完成后再从侧边穿入梁上排主筋进行绑扎。或搁置点处梁上排主筋先穿入暂不绑扎，待预制叠合板吊装完成后再从侧边穿入绑扎。

预制叠合板吊运至安装部位后，应垂直向下安装，安装人员手扶预制叠合板协助调整方向和就位，放下时应停稳慢放，以免冲击力过大造成板面振裂或折断，预制叠合板吊装就位后，应再次检查搁置点部位的缝隙。缝隙过大处，应在现浇混凝土浇筑之前采用专用封堵料进行封堵，防止漏浆。预制叠合板搁置点处的现浇混凝土漏浆极易导致外墙渗漏，应给予足够重视。

7.3.6 预制楼梯安装

预制楼梯分为预制梁式楼梯与预制板式楼梯，装配式混凝土建筑中使用比较多的是预制板式楼梯。

预制楼梯一般为简支结构，按规范须做抗弯性能检测。上部为固定铰支座，预埋螺杆与预制楼梯预留孔间可用灌浆料灌实。下部为滑动支座，板下有油毡等滑动层，预埋丝杠与预留孔间应留有空腔，下端可滑动，预制楼梯与现浇平台间采用弹性材料填充。

1. 准备工作

预制楼梯预埋丝杠须按图纸加工丝牙，设置锚固端，并保证预埋平面位置及标高准确。

预埋丝杠应安装牢固，端部丝牙应有防污染保护措施。

预制楼梯吊装前应弹出预制楼梯平面位置边线，预制楼梯踏面一般为完成面，应按建筑标高控制，同时应特别注意标高垫块的正确垫设。

2. 吊装

预制楼梯安装时，应用长短绳索吊装，保证预制楼梯的起吊角度与就位后的角度一致。当采用两个手动葫芦代替下侧的两根钢丝绳时，吊索挂住预制楼梯上部吊点后略起升上部吊点，预制楼梯下侧再安装手动葫芦，通过调节手动葫芦来控制预制楼梯的正确安装角度。当预制楼梯端部采用伸出钢筋与现浇梁连接时，预制楼梯底部应搭设支撑架，支撑立杆通过顶托与预制楼梯底部预埋的螺孔相连，顶托应专门设计，顶部斜角与预制楼梯倾斜角度保持一致。预制楼梯安装完成后，踏步口应采用铺设木板或其他覆盖形式进行成品保护，防止预制楼梯缺棱掉角。

7.3.7 预制阳台板、空调板安装

预制阳台板分为预制梁式阳台板与预制板式阳台板。预制梁式阳台板通过阳台上悬挑梁伸出钢筋与主体墙体或梁连接；预制板式阳台板通过阳台板上部伸出锚固钢筋与主体墙板连接。预制阳台板、空调板属于悬挑构件，安装时底部需要搭设安全稳固的临时支撑。临时支撑立杆间距应经计算确定，竖向连续支撑层数不应少于两层，且上下层支撑应对准。待连接部位现浇混凝土强度达到设计强度的100%后方可拆除。

支撑架体顶端标高调整至设计要求后，可进行预制阳台板、空调板吊装。预制阳台板吊装前，应先吊装内侧预制叠合板，避免预制阳台板伸出钢筋与预制叠合板相碰，内侧梁钢筋在预制阳台板安装后绑扎。

预制空调板应在内侧预制叠合板安装后再进行安装。安装时，墙上部梁钢筋可以穿入但不能绑扎，防止预制空调板伸出钢筋与梁上排钢筋相碰。预留锚固钢筋应伸入现浇结构，并与现浇结构连成整体。

7.3.8 预制外挂墙板安装

1. 准备工作

预制外挂墙板堆放用的混凝土块竖直方向必须在同一垂线上，防止板块受剪切折断。预制外挂墙板采用水平堆放方式，每叠堆放不超过6层。预制外挂墙板堆放时，需预留出打橡胶条的空间。

一般预制外挂墙板安装在框架结构的外侧框架梁上。框架梁与预制外挂墙板间留有施工偏差间隙，外侧框架梁轴线偏差过大或外侧发生胀模，可能导致施工时预制外挂墙板与框架梁相碰无法安装。

预制外挂墙板安装前，应对主体结构、预埋件进行复测，施工前还需复核所挂框架外侧的总长度和外挂框架外侧阴阳边角角度是否符合要求。复核后发现不符合要求时，需对外框架结构进行修整，如凿除外侧梁外部分混凝土等，达到相关规范要求后方可安装预制外挂墙板。

安装预制外挂墙板前应根据定位边线及中线，确定预制外挂墙板底部槽钢位置，并应按要求将定位槽钢与底部预埋件进行电焊连接，焊缝高度须满足设计要求。

预制外挂墙板橡胶条起到密封和防水的作用。预制外挂墙板安装前,需提前一天用耐候胶条粘贴。粘贴时需将预制外挂墙板底面混凝土清理干净,并用透明胶带临时固定胶条,待第二天耐候胶干结后撕去透明胶带方可吊装。

2. 吊装

由于预制外挂墙板尺寸较大,一般采用水平运输、水平堆放。起吊时涉及翻板的过程,翻板时预制外挂墙板与底面应衬软性垫,如 EVA 橡胶板等,防止翻板过程中造成构件边角破损。

预制外挂墙板起吊通常用吊装葫芦进行,便于挂板翻板、调整水平位置。吊装葫芦与预制外挂墙板吊点间加设一段短钢丝绳,可有效防止吊装葫芦挂钩在翻板时折断,确保预制外挂墙板起吊安全。由于预制外挂墙板拼缝较小,而且拼缝内有橡胶条,若在两块已吊装的预制外挂墙板间再镶嵌预制外挂墙板,容易损坏橡胶条且安装调整困难。因此,预制外挂墙板一般是沿一个方向逐块吊装。需要特别注意外墙阴阳角处两块预制外挂墙板的吊装先后顺序和安装定位控制。

预制外挂墙板就位后,将定位圆棒套入定位垫板,然后拧入预制外挂墙板下支撑钢板螺孔内,待预制外挂墙板调节完成后再把垫板焊接在底部槽钢上侧。上部连接点在预制外挂墙板调整定位后,将连接钢板焊接在预制外挂墙板上部梁底预埋件上,通过拧入固定螺母的方式定位预制外挂墙板。

预制外挂墙板调节过程中需特别注意垂直度及相邻板偏差,偏差均不应大于5mm。预制外挂墙板拼缝应横平竖直,拼缝宽度应符合设计要求,缝宽允许偏差为±5mm。外墙免抹灰时允许偏差为±3mm。预制外挂墙板的高度及水平位置可通过下节点圆棒进行调节,预制外挂墙板平面内外进出可通过手动葫芦及千斤顶进行调节。

预制外挂墙板水平缝及竖向垂直缝线条应顺直,竖向通缝垂直度应通过外侧加设全站仪控制,水平缝通过墙上建筑1m线用水准仪或激光仪控制。

7.3.9 装配式预制构件连接技术

1. 灌浆套筒连接

(1) 原理与构造

1) 原理:灌浆套筒连接是一种钢筋连接方式,主要通过在套筒内灌注高强度灌浆料,使插入套筒的钢筋之间实现力的传递。其基本原理是利用灌浆料在套筒内凝固后与钢筋之间的粘结力,以及灌浆料自身的抗压强度,来确保钢筋连接的可靠性。

2) 构造:灌浆套筒一般为金属材质,其形状有全灌浆套筒和半灌浆套筒之分。全灌浆套筒两端的钢筋均通过灌浆方式连接,而半灌浆套筒一端通过螺纹连接等机械方式与钢筋连接,另一端则采用灌浆连接。套筒内部通常有多个灌浆孔和出浆孔,用于灌注和排出灌浆料。灌浆套筒连接构造如图 7-3 所示。

(2) 施工工艺

1) 钢筋准备:在构件预制过程中,钢筋的下料长度应考虑插入套筒的长度要求。插入套筒的钢筋端部应清理干净,不得有油污、铁锈等影响粘结效果的杂质。

2) 套筒安装:将灌浆套筒预先安装在预制构件的相应位置,通过定位措施确保套筒位置准确,其轴线与钢筋位置重合。

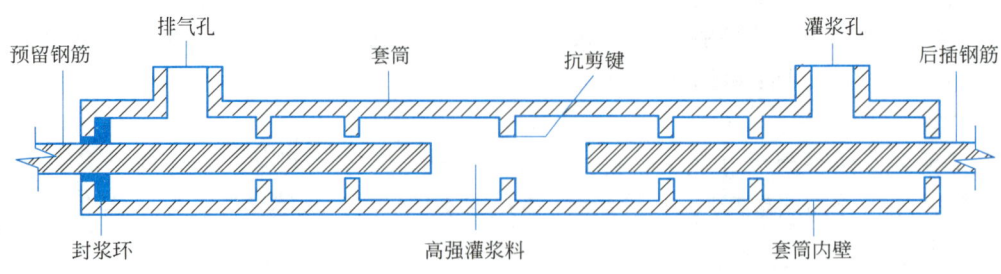

(a) 全灌浆套筒连接

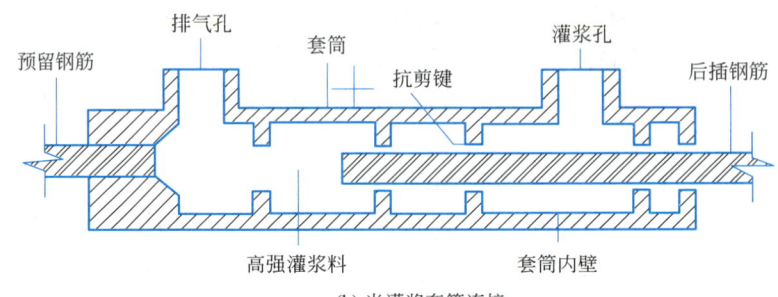

(b) 半灌浆套筒连接

图 7-3　灌浆套筒连接构造示意图

3) 钢筋插入：在构件安装时，将带肋钢筋插入灌浆套筒，插入深度应符合设计要求。插入过程中要保证钢筋垂直插入，避免损伤套筒内部结构。

4) 灌浆操作：使用专用的高强度灌浆料，按照规定的水灰比进行搅拌。将搅拌好的灌浆料通过灌浆孔注入套筒，当出浆孔流出均匀的灌浆料后，封堵出浆孔，继续灌浆，确保套筒内灌浆料饱满。灌浆过程应连续进行，避免中断。

（3）质量控制要点

1) 套筒质量检查：在使用前，应对灌浆套筒的外观、尺寸进行检查，确保无裂缝、变形等缺陷。同时，要检查套筒的材质证明和质量合格证书。

2) 钢筋插入深度检测：采用专用工具或测量方法，检查钢筋插入套筒的深度是否满足设计要求。插入深度不足会影响连接强度。

3) 灌浆质量检测：灌浆完成后，可采用超声检测等方法检查灌浆料是否密实、饱满。若发现灌浆不密实，应及时采取补救措施，如补灌等。

2. 浆锚搭接连接

（1）原理与构造

1) 原理：浆锚搭接连接是基于混凝土和钢筋之间的粘结力，通过在预留孔道内灌注灌浆料，使搭接钢筋实现力的传递。当构件受到外力作用时，力通过钢筋与灌浆料、灌浆料与预留孔壁之间的粘结作用传递到相邻构件。

2) 构造：在预制构件中预留出用于钢筋搭接的孔道，孔道形状一般为圆形或椭圆形。钢筋一端伸出构件一定长度，用于与相邻构件的钢筋搭接。在孔道和钢筋周围配置螺旋筋等加强措施，以提高连接的抗剪能力。浆锚搭接构造示意图如图 7-4 所示。

(2) 施工工艺

1) 孔道预留：在预制构件制作过程中，根据设计要求，通过预埋成孔管道或其他成孔方式预留出用于浆锚搭接的孔道。成孔管道应定位准确，保证其位置和尺寸符合要求。

2) 钢筋安装：将伸出构件的钢筋插入相邻构件预留的孔道中，插入长度应满足设计规定的搭接长度要求。同时，安装螺旋筋等加强钢筋。

3) 灌浆施工：与灌浆套筒连接类似，将搅拌好的灌浆料灌入预留孔道，确保灌浆料填满孔道。灌浆过程中要注意控制灌浆速度和压力，避免灌浆料溢出或产生空洞。

(3) 质量控制要点

1) 孔道质量检查：检查预留孔道的位置、尺寸和通畅性。如果孔道堵塞或位置偏差过大，会影响钢筋插入和灌浆质量。

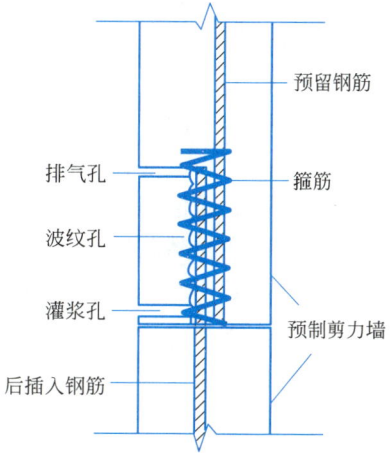

图 7-4 浆锚搭接连接构造示意图

2) 钢筋搭接长度检查：采用量具测量钢筋插入孔道后的搭接长度，确保其不小于设计要求。

3) 灌浆质量控制：同灌浆套筒连接的灌浆质量控制方法，保证灌浆料的密实性和饱满度。

任务 7.4 钢结构安装施工

钢结构是由钢构件制成的工程结构，所用钢材主要为型钢和钢板。和其他结构相比，它具有强度高、材质均匀、自重小、抗震性能好、施工速度快、工期短、密闭性好、拆迁方便等优点；但其造价较高，耐腐蚀性和耐火性较差。

目前，钢结构在工业与民用建筑中使用越来越广泛，主要用于如下结构。

(1) 大型厂房结构及受动力荷载作用的厂房结构。

(2) 大跨度结构。

(3) 多层、高层、超高层结构。

(4) 塔桅式结构。

(5) 可拆卸、装配式房屋。

(6) 容器、储罐、管道。

(7) 构筑物。

7.4.1 钢结构安装施工

1. 吊装前的准备工作

(1) 施工组织设计

在吊装前应进行钢结构工程的施工组织设计，其内容包括：计算钢结构构件和连接件数量；选择起重机械；确定构件吊装方法；确定吊装流水程序；编制进度计划；确定劳动组织；了解构件的平面布置；确定质量保证措施、安全措施等。

（2）基础的准备

钢柱基础的顶面通常设计为一平面，通过地脚螺栓将钢柱与基础连成整体。施工时应保证基础顶面标高及地脚螺栓位置准确。其允许偏差为：基础顶面高差为±2mm，倾斜度1/1000；地脚螺栓位置允许偏差在支座范围内为5mm。施工时可用角钢做成固定架，将地脚螺栓安置在与基础模板分开的固定架上。

为保证基础顶面标高的准确，施工时可采用一次浇筑法或二次浇筑法进行。

2. 构件的吊装工艺

（1）钢柱的吊装

1）钢柱的吊升

钢柱的吊升可采用自行式起重机或塔式起重机，用旋转法或滑行法吊升，如图7-5和图7-6所示。当钢柱较重时，可采用双机抬吊，用一台起重机抬柱的上吊点，一台起重机抬下吊点，采用双机并立相对旋转法进行吊装，如图7-7所示。

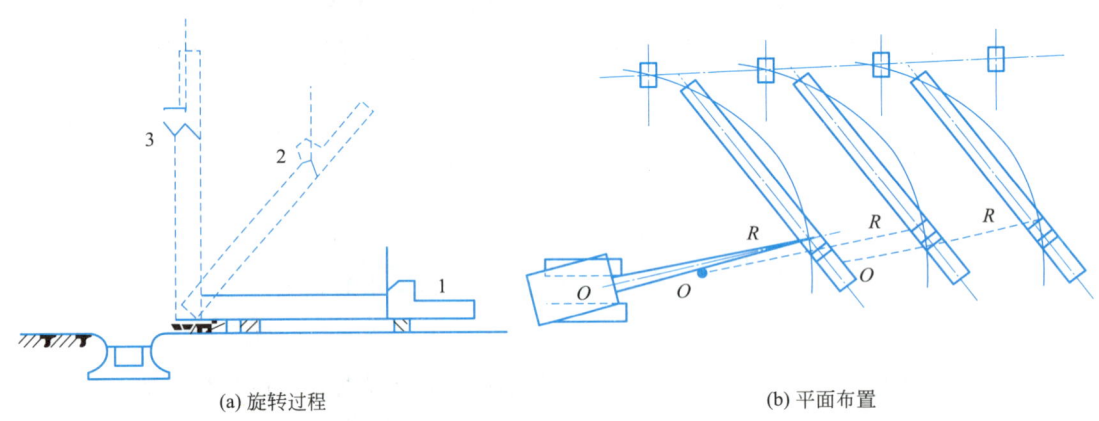

图 7-5 旋转法吊柱

1—柱子平卧时；2—起吊途中；3—直立

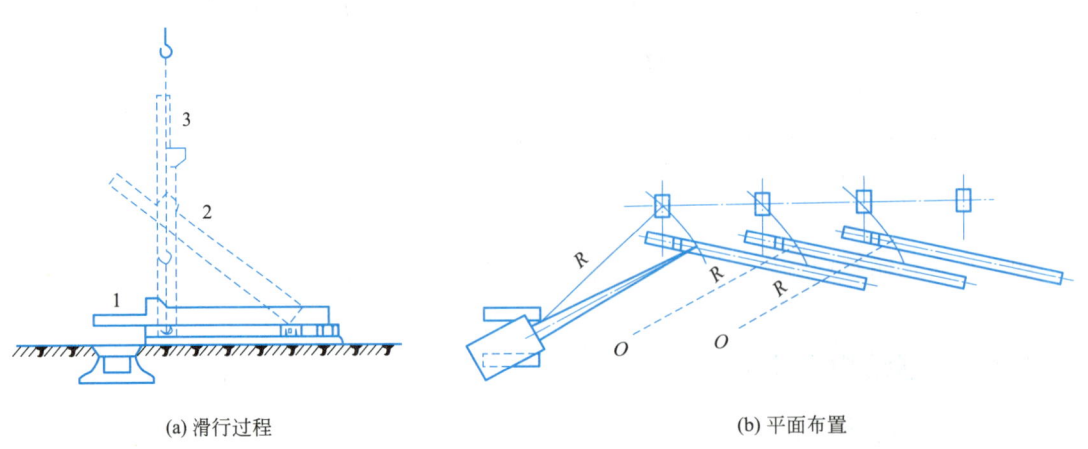

图 7-6 滑行法吊柱

1—柱子平卧时；2—起吊途中；3—直立

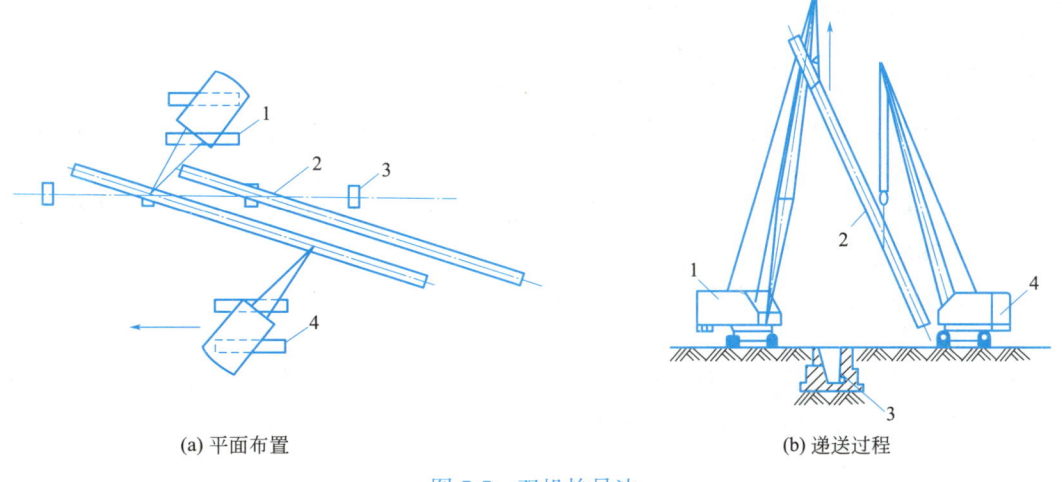

(a) 平面布置　　　　　　　　　　(b) 递送过程

图 7-7　双机抬吊法

1—主机；2—柱子；3—基础；4—副机

2) 钢柱的校正与固定

钢柱的校正包括平面位置、标高、垂直度的校正。平面位置的校正应用经纬仪从两个方向检查钢柱的安装准线。在吊升前应安放标高控制块以控制钢柱底部标高。垂直度的校正用经纬仪检验，如超过允许偏差，用千斤顶进行校正。在校正过程中，随时观察柱底部和标高控制块之间是否脱空，以防校正过程中造成水平标高的误差。

为防止钢柱校正后产生轴线位移，应在柱底板四边用 10mm 厚钢板定位，并焊接牢固。钢柱复校后，紧固地脚螺栓，并将承重垫块上下点焊固定，防止移动。

(2) 钢吊车梁的吊装

1) 钢吊车梁的吊升

钢吊车梁可用自行式起重机吊装，也可以用塔式起重机、杆式起重机等进行吊装，对重量很大的钢吊车梁，可采用双机抬吊。

钢吊车梁吊装时应注意钢柱吊装后的位移和垂直度的偏差，认真做好临时标高垫块工作，严格控制定位轴线，实测钢吊车梁搁置处梁高制作的误差。钢吊车梁均为简支梁，梁端之间应留有 10mm 左右的间隙并设钢垫板，梁和牛腿用螺栓连接，梁与制动架之间用高强度螺栓连接。

2) 钢吊车梁的校正与固定

钢吊车梁校正的内容包括标高、垂直度、轴线、跨距的校正。标高的校正可在屋盖吊装前进行，其他项目校正可在屋盖安装完成后进行，因为屋盖的吊装可能引起钢柱移位。

钢吊车梁标高的校正，用千斤顶或起重机使梁竖向移动，并垫钢板，使其偏差在允许范围内。

钢吊车梁轴线的校正可用通线法和平移轴线法，跨距的检验用钢尺测量，跨度大的车间用弹簧秤拉测（拉力一般为 100～200N），如超过允许偏差，可用撬棍、钢楔、花篮螺栓、千斤顶等纠正。

(3) 钢屋架的吊装与校正

钢屋架可采用自行式起重机、塔式起重机或桅杆式起重机等进行吊装。根据钢屋架的跨度、重量和安装高度不同，选用不同的起重机械和吊装方法。

钢屋架可用临时螺栓和冲钉临时固定。

钢屋架的侧向稳定性差，如果起重机的起重量、起重臂的长度允许时，应先拼装两榀屋架及其上部的天窗架、檩条、支撑等成为整体，然后再一次吊装。这样可以保证吊装稳定性，同时也提高吊装效率。

钢屋架的校正内容主要包括垂直度和弦杆的平直度，垂直度用垂球检验，弦杆的平直度用拉紧的测绳进行检验。

屋架的最后固定，用焊接或高强度螺栓进行固定。

3. 连接与固定

钢结构连接方法通常有三种：焊接、铆接和螺栓连接。钢构件的连接接头应经检查合格后方可紧固或焊接。焊接和高强度螺栓并用的连接，当设计无特殊要求时，应按先栓后焊的顺序施工。

结构构件主要的焊接方法有手工电弧焊、气体保护焊、自保护电弧焊、埋弧焊、电渣焊、等离子焊、激光焊、电子束焊、栓焊等。

在钢结构制作和安装领域中，广泛使用的是电弧焊。在电弧焊中又以手工电弧焊、自动埋弧焊、半自动与自动二氧化碳气体保护焊和自保护电弧焊为主。在某些特殊应用场合，则必须使用电渣焊和栓焊。

高强度螺栓从外形上可分为大六角头高强度螺栓和扭剪型高强度螺栓两种类型。按性能等级分为 8.8 级、10.9 级、12.9 级，目前我国使用的大六角头高强度螺栓有 8.8 级和 10.9 级两种，扭剪型高强度螺栓只有 10.9 级一种。

高强度螺栓连接，必须对构件摩擦面进行加工处理，在制造厂进行处理可用喷砂、喷（抛）丸、酸洗或砂轮打磨等。处理好的摩擦面应有保护措施，不得涂油或污损制造厂处理好的摩擦面，安装前应逐个复验所附试件的抗滑移系数，合格后方可安装，抗滑移系数应符合设计要求。

为了使每个螺栓的预拉力均匀相等，高强度螺栓拧紧可分为初拧和终拧。对于大型节点应分初拧，复拧和终拧，复拧扭矩应等于初拧扭矩。初拧扭矩不得小于终拧扭矩的 30%，一般为终拧扭矩的 50%～70%。

高强度螺栓的安装应按一定顺序施拧，宜由螺栓群中央顺序向外拧紧。并应在当天终拧完毕，其外露丝扣不得少于 3 扣。高强度螺栓多用电动扳手进行紧固。

7.4.2　钢结构的防腐与涂装

钢结构工程所处的工作环境不同，自然界中酸雨介质或温度、湿度的作用可能使钢结构产生不同的物理和化学作用而腐蚀破坏，严重的将影响其强度、安全性和使用年限，为了减轻并防止钢结构的腐蚀，目前国内外主要采用涂装方法进行防腐。

1. 钢构件涂装前表面处理

涂装前钢材表面的处理是保证涂料防腐效果和钢构件使用寿命的关键。因此，涂装前不但要除去钢材表面的污垢、油脂、铁锈、氧化皮、焊渣和已失效的旧漆膜，还要使钢材表面形成一定的粗糙度。

钢材的除锈是构件在施涂之前的一道关键工序，除锈可提高防锈涂料的附着力，确保构件的防腐质量。钢材表面除锈方法有：手工除锈、动力工具除锈、喷射或抛射除锈、酸洗除锈等。

2. 涂装施工

涂装施工前，钢结构制作、安装、校正已完成并验收合格。

涂装施工环境应通风良好、清洁和干燥，施工环境温度一般宜为15～30℃，具体应按涂料产品说明书的规定执行；施工环境相对湿度不宜大于85%；钢材表面的温度应高于空气露点温度3℃以上。

（1）施涂工序及方法

钢结构涂装工序主要有：刷防锈漆、局部刮腻子、涂装施工、漆膜质量检查。涂装施工方法有刷涂法、滚涂法、浸涂法、空气喷涂法、无气喷涂法。

1）刷涂法

刷涂法是一种传统施工方法，它具有工具简单、施工方法简单、施工费用少、易于掌握、适应性强、节约涂料和溶剂等优点。但劳动强度大、生产效率低、施工质量取决于操作者的技能水平等。

2）滚涂法

滚涂法是用多孔吸附材料制成的滚筒进行涂料施工的方法。该方法施工用具简单，操作方便，施工效率高，但劳动强度大，生产效率较低，只适合用于较大面积的构件。

3）浸涂法

浸涂法是将被涂物放入漆槽内浸渍，经过一段时间后取出，滴净多余涂料再晾干或烘干。其优点是效率高，操作简单，涂料损失少。适用于形状复杂构件及烘烤型涂料的涂装。

4）空气喷涂法

空气喷涂法是利用压缩空气的气流将涂料带入喷枪，经喷嘴吹散成雾状，并喷涂到物体表面上的涂装方法。其优点是可获得均匀、光滑的漆膜，施工效率高，缺点是消耗溶剂量大，污染现场，对施工人员有毒害。

5）无气喷涂法

无气喷涂法是利用特殊的液压泵，将涂料增至高压，当涂料经喷嘴喷出时，高速分散在被涂物表面上形成漆膜。其优点是喷涂效率高，对涂料适应性强，能获得涂层。缺点是如要改变喷雾幅度和喷出量必须更换喷嘴，也会损失涂料，对环境有一定污染。

（2）涂装遍数及涂层厚度

涂装遍数、涂层厚度均应符合设计要求。当设计对涂层厚度无要求时，涂层干漆膜总厚度应为：室外150μm，室内125μm；其允许偏差为－25μm。每遍涂层干漆膜厚度的合格质量偏差为－5μm。抽查数量按构件数抽查10%，且同类构件不应少于3件。

（3）钢结构防火涂料涂装施工

钢结构防火涂料按所用胶粘剂的不同分为有机类、无机类；钢结构防火涂料按涂层的厚度分为薄涂型（厚度一般为2～7mm）、厚涂型（厚度一般为8～50mm）两类；按施工环境不同分为室内、露天两类；按涂层受热后的状态分为膨胀型和非膨胀型两类。

钢结构防火涂料的生产厂家、检验机构、涂装施工单位均应具有相应的资质，并通过公安消防部门的认证。钢结构涂装时，钢构件宜安装就位完毕并经验收合格。如提前涂装，然后安装，安装后应进行补喷。钢结构防火涂料涂装前表面杂物应清理干净并应除锈，其连接处的缝隙应用防火涂料或其他防火材料填补堵平。喷涂前应检查防火涂料品名、质量是否满足要求，是否有厂方的合格证，检测机构的耐火性能检测报告和理化性能检测报告。防火涂料中的底层和面层涂料应相互配套，且底层涂料不得腐蚀钢材。涂料施工及涂层干燥前，环境温度宜在5～38℃，相对湿度不宜大于90%。当风速大于5m/s、雨天和构件表面有结露时不宜施工。

钢结构防火涂料施工前应搅拌均匀，方可施工。双组分涂料应按说明书规定的配比配制，随用随配。配制的涂料应在规定的时间内用完。

1）薄涂型钢结构防火涂料施工

底层涂料宜喷涂；面层涂料可采用刷涂、喷涂或滚涂；局部修补及小面积施工可采用抹灰刀等工具手工抹涂。

底层涂料一般喷2～3遍，每遍间隔4～24h，待前遍涂料干燥后再喷后一遍，第二、三遍每遍喷涂厚度不宜超过2.5mm；底层涂料厚度应符合设计规定，基本干燥后施工面层，面层涂料一般涂饰1～2遍，第一遍从左至右，第二遍则从右至左，保证全部覆盖底层。喷涂时，喷枪要稳，喷嘴与构件宜垂直或成70°，喷口距构件宜为40～60cm。涂层应厚薄均匀，不漏喷、不流淌，接槎平整，颜色均匀一致。喷涂过程中宜随时检测涂层厚度，保证达到实际规定要求。

2）厚涂型钢结构防火涂料施工

厚涂型钢结构防火涂料一般采用喷涂施工。

喷涂应分多次完成，第一遍以基本盖住钢结构表面即可，以后每遍喷涂厚度为5～10mm。必须在前遍涂料基本干燥或固化后再进行下一遍施工。喷涂保护方式、喷涂遍数与涂层厚度应根据设计要求确定。施工过程中应随时检测涂层厚度，直至符合设计厚度方可停止施工。

7.4.3 钢结构预制构件连接技术

1. 焊接连接

（1）原理与应用范围

1）原理：焊接连接是通过加热或加压，或两者并用，使焊件结合的一种连接方式。在装配式建筑中，主要用于钢结构构件之间的连接，如钢梁与钢柱、钢支撑与主体结构等的连接。焊接过程中，在焊件的连接处形成焊缝，通过焊缝传递内力。

2）应用范围：适用于各种形状和尺寸的钢结构构件连接，尤其在大跨度钢结构建筑、工业厂房等结构中应用广泛。但对于一些对防火、防腐要求较高的建筑，焊接后需要进行相应的防护处理。

（2）施工工艺

1）焊接准备：在焊接前，对焊件进行清洁和处理，去除油污、铁锈、水分等杂质。根据焊件的材质、厚度和焊接要求，选择合适的焊接方法（如手工电弧焊、气体保护焊等）和焊接设备，并调整焊接参数。

2）定位焊接：为了固定焊件的相对位置，在正式焊接前进行定位焊接。定位焊缝的长度、厚度和间距应符合焊接工艺要求，且定位焊缝应保证焊件在正式焊接过程中不发生位移。

3）正式焊接：按照预定的焊接顺序和焊接参数进行正式焊接。焊接过程中，要控制焊接速度、焊接电流和电弧电压等参数，确保焊缝的质量。对于多层焊接，应注意每层焊缝之间的清理和过渡。

4）焊缝清理与检验：焊接完成后，清理焊缝表面的熔渣、飞溅物等。然后对焊缝进行外观检查，检查焊缝的形状、尺寸、表面质量是否符合要求。对于重要的焊接接头，还需要进行无损检测，如超声波检测、射线检测等。

(3) 质量控制要点

1）焊接工艺评定：在焊接施工前，应进行焊接工艺评定，验证所选用的焊接工艺是否能够满足设计要求的焊接质量。焊接工艺评定报告应作为焊接施工的依据。

2）焊工资格审查：焊接作业人员必须持有相应的资格证书，确保其具备进行焊接操作的能力。

3）焊缝质量检查：通过外观检查和无损检测等方法，检查焊缝是否存在气孔、夹渣、裂纹、未熔合等缺陷。对于发现的缺陷，应根据其严重程度采取修补或返工等措施。

2. 螺栓连接

(1) 原理与类型

1）原理：螺栓连接是通过螺栓、螺母和垫圈将两个或多个构件连接在一起的方式。在装配式建筑中，当外力作用于连接部位时，力通过螺栓的剪切和承压作用在构件之间传递。

2）类型：根据螺栓受力方式的不同，可分为普通螺栓连接和高强度螺栓连接。普通螺栓连接主要依靠螺栓的抗剪和承压能力传递内力，而高强度螺栓连接是通过螺栓的预拉力使被连接构件之间产生摩擦力来传递内力。

(2) 施工工艺

1）普通螺栓连接

钻孔与清理：在连接构件上按照设计要求钻孔，钻孔的直径应略大于螺栓的直径。钻孔完成后，清理孔内的杂物和铁屑。

螺栓安装：将螺栓插入孔中，安装垫圈和螺母，然后用扳手拧紧螺母。拧紧程度应适中，避免过紧或过松。

2）高强度螺栓连接

摩擦面处理：在连接构件的摩擦面上进行处理，如喷砂、抛丸等，以提高摩擦面的抗滑移系数。处理后的摩擦面应防止油污、损伤等。

螺栓安装与初拧：将高强度螺栓插入孔中，安装垫圈和螺母。使用扭矩扳手进行初拧，初拧扭矩一般为终拧扭矩的 50%～70%。

终拧操作：在初拧完成后，按照规定的终拧扭矩进行终拧。终拧完成后，检查螺栓的拧紧情况，确保每个螺栓的拧紧扭矩都符合要求。

(3) 质量控制要点

普通螺栓连接质量控制：检查螺栓的规格、型号是否符合设计要求，螺栓的拧紧程度是否适当。同时，要检查连接构件之间的贴合情况，避免出现缝隙过大等情况。

高强度螺栓连接质量控制：重点检查摩擦面的处理效果，包括抗滑移系数的检测。在螺栓拧紧过程中，要使用经过校准的扭矩扳手，确保终拧扭矩准确。同时，检查螺栓的外露丝扣是否符合要求。

任务 7.5　木结构安装施工

木结构建筑有着悠久的历史，在古代，世界各地都广泛采用木结构建造房屋、桥梁等。例如中国古代的榫卯木结构建筑，如故宫的宫殿，其复杂而精巧的榫卯结构展现了高超的木结构技艺；在欧洲，中世纪的木结构教堂和民居也是建筑史上的重要代表。

在现代建筑中，木结构仍然占有一席之地。在一些森林资源丰富的国家和地区，如北欧、加拿大等地，木结构建筑的应用较为广泛，包括住宅、公共建筑（如学校、图书馆）和旅游建筑（如度假木屋）等。同时，随着建筑技术的发展，现代木结构建筑在结构形式、防火防腐性能等方面都有了很大的提升。

7.5.1　施工前准备

1. 材料检验

（1）对木材进行质量检查，包括木材的种类、等级是否符合设计要求。检查木材的含水率，一般不应超过当地平衡含水率的 1%～2%，例如在南方潮湿地区，木材含水率宜控制在 15%～18%，北方干燥地区宜控制在 12%～15%。查看木材有无腐朽、虫蛀、裂缝等缺陷，有缺陷的木材应根据情况进行处理或更换。

（2）检查连接五金件，如螺栓、螺母、垫圈、钉子、木螺钉等的规格、型号、质量是否合格，其强度应能满足木结构连接的受力要求。

2. 工具准备

准备常用的木结构施工工具，如锯子（手锯、电锯）、斧头、锤子、螺丝刀、扳手、水准仪、经纬仪、卷尺等。电锯应保证锯片锋利且运行平稳，测量仪器需经过校准，确保测量数据的准确性。

3. 场地清理与基础检查

清理施工现场，平整场地，便于木材的堆放和施工操作。对木结构建筑的基础进行检查，基础的平整度、标高、轴线位置等应符合设计要求，基础的强度应达到能够承载木结构自重及使用荷载的标准，如有偏差应及时进行修整。

7.5.2　木构件的运输与堆放

1. 运输保护

木构件在运输过程中应妥善保护，避免碰撞、擦伤。对于较长的木构件，如木梁等，应采用多点支撑或悬挂的方式运输，防止构件发生弯曲变形。在构件之间应垫放软质材料，如毛毡、橡胶垫等，减少运输过程中的摩擦损伤。

2. 堆放要求

木构件运至施工现场后，应按照不同的构件类型、规格进行分类堆放。堆放场地应坚实、平整、排水良好，避免积水导致木构件受潮腐朽。木构件应架空堆放，与地面的距离一般不小于 300mm，可采用枕木或砖块垫高。堆放高度应根据木构件的强度和稳定性确定，防止木构件因堆放过高发生倒塌。

7.5.3 木结构框架搭建

1. 定位放线

根据设计图纸，在基础顶面弹出木结构的轴线、边线和标高控制线，确定各个木构件的安装位置。放线时应使用经纬仪和水准仪等测量仪器，确保定位的准确性，误差应控制在允许范围内，例如轴线偏差不应超过 ±5mm，标高偏差不应超过 ±3mm。

2. 柱安装

将木柱吊运至安装位置，使柱脚对准基础上的定位线，缓慢下放。柱脚与基础的连接方式有多种，如采用预埋螺栓连接时，应先将螺栓穿过柱脚底板的预留孔，然后用螺母拧紧固定，螺母的拧紧力矩应符合设计要求；采用榫卯连接时，应保证榫头与卯眼的尺寸配合紧密，安装后可采用木楔加固。

木柱安装过程中，应使用经纬仪或全站仪检查柱子的垂直度，柱子的垂直度偏差不应超过柱高的 1/300，且最大偏差不应超过 20mm。如有偏差，可通过调整柱脚的位置或采用撑杆、拉索等工具进行校正。

3. 梁安装

梁与柱的连接通常采用榫卯连接或金属连接件连接。采用榫卯连接时，梁的榫头应准确插入柱的卯眼中，榫头与卯眼之间应涂抹适量的木材胶，增强连接的牢固性。采用金属连接件连接时，如使用角钢、钢板等，应先将连接件固定在柱和梁上相应的位置，然后用螺栓拧紧，螺栓的规格、数量和拧紧力矩应符合设计要求。

梁安装时应保证其水平度，可使用水准仪进行测量检查，梁的两端高差不应超过梁长的 1/500，且最大高差不应超过 10mm。多根梁安装时，应注意梁与梁之间的间距和平整度，相邻梁的高差不应超过 5mm。

7.5.4 墙体与屋面木结构安装

1. 墙体木结构安装

木墙骨应按照设计间距垂直安装在基础或楼面板上，墙骨与基础或楼面板的连接可采用螺栓连接等方式。墙骨之间可采用横撑、斜撑进行加固，增强墙体的稳定性。在门窗洞口处，应安装专门的门窗过梁和窗台板，过梁和窗台板的尺寸、强度应符合设计要求，安装应牢固可靠。

外墙的木面板安装时，应从下往上依次铺设，面板之间应留设适当的伸缩缝，一般为 3~5mm，以适应木材的伸缩变形。面板与墙骨的连接可采用钉子或螺钉固定，钉子或螺钉的间距应均匀，一般为 150~200mm。

2. 屋面木结构安装

首先安装屋面桁架或椽条，桁架或椽条的间距应符合设计要求，一般为 400~600mm。桁架或椽条与墙体或梁的连接应牢固可靠，可采用榫卯连接、金属连接件连接或钉连接等方式。在安装过程中，应使用水准仪检查桁架或椽条的坡度，坡度应符合设计要求，以保证屋面排水顺畅。

屋面木面板安装时，应沿屋面坡度方向铺设，面板之间的拼接应紧密，可采用企口缝、平缝等拼接方式。面板与桁架或椽条的连接可采用钉子或螺钉固定，钉子或螺钉应钉入桁架或椽条一定深度，一般不小于面板厚度的 2/3。在屋面檐口、屋脊等部位，应安装相应的封檐板、脊瓦等配件，使屋面结构完整、美观。

7.5.5 连接节点处理

1. 榫卯连接

榫卯连接是木结构传统的连接方式，在加工榫头和卯眼时，应保证尺寸精确、表面光滑。榫头插入卯眼后，应检查配合的紧密程度，如有松动应采取措施进行加固，如加楔子、涂抹木材胶等。对于承受较大荷载的榫卯连接，可在榫头和卯眼处增设金属销钉或螺栓，增强连接的强度和可靠性。常见的榫卯连接如图 7-8 所示。

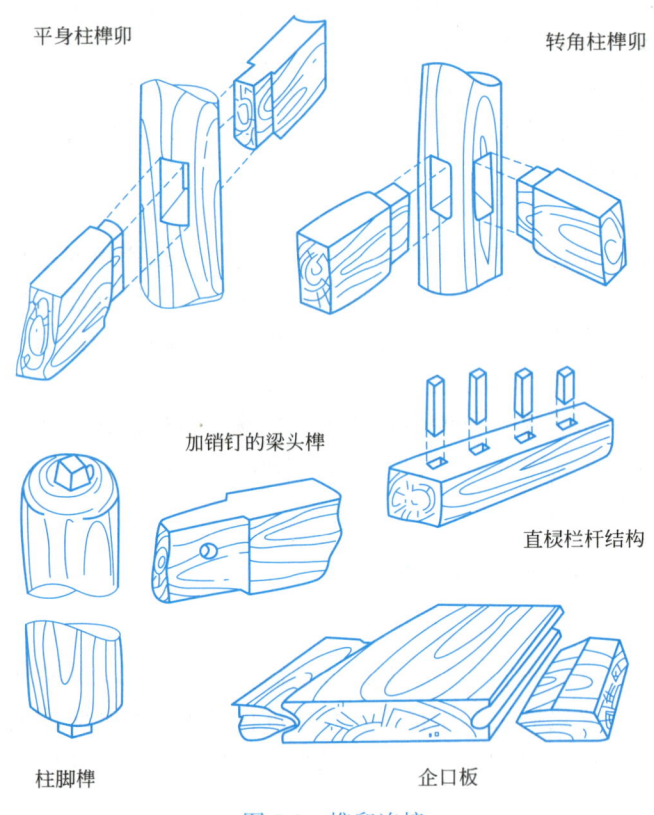

图 7-8 榫卯连接

2. 金属连接件连接

金属连接件在木结构连接中应用广泛，如角钢、钢板、螺栓、螺母等。在使用金属连接件时，应根据连接的受力情况选择合适的连接件规格和型号。连接件与木材的接触部位应进行防腐处理，如镀锌、涂刷防腐漆等，防止金属与木材之间发生电化学腐蚀。螺栓连接时，螺栓的间距、边距应符合设计要求，拧紧力矩应适中，过松会导致连接不牢固，过紧可能会使木材劈裂。

7.5.6 防火与防腐处理

1. 防火处理

对木结构进行防火处理可采用涂刷防火涂料、浸渍防火剂等方式。防火涂料应选择符合国家标准的产品，涂刷厚度应达到规定要求，一般为 0.5~3mm，根据建筑物的防火等级确定。浸渍防火剂可使木材内部具有防火性能，浸渍深度一般为 3~10mm。在一些重要的防火部位，如楼梯间、防火墙等，可采用防火板、防火卷材等材料进行包覆处理，进一步提高木结构的防火性能。

2. 防腐处理

木材的防腐处理可采用涂刷防腐剂、压力浸渍防腐剂等方法。防腐剂的种类有很多，如铜铬砷防腐剂、季铵铜防腐剂等，应根据木材的使用环境和要求选择合适的防腐剂。涂刷防腐剂时，应保证涂刷均匀，木材的各个表面都应涂刷，涂刷厚度一般为 0.2~0.5mm。压力浸渍防腐剂可使防腐剂深入木材内部，防腐效果更好，浸渍压力和时间应根据木材的种类和规格确定。在木结构安装完成后，对于外露的木材部分，应定期进行检查和维护，如发现防腐剂有脱落或失效的情况，应及时进行补涂或重新处理。

7.5.7 质量检查与验收

1. 质量检查

在木结构安装施工过程中，应进行定期的质量检查。检查内容包括木构件的尺寸、形状是否符合设计要求，连接节点是否牢固可靠，木结构的整体垂直度、水平度、平整度是否在允许范围内等。对于发现的质量问题，应及时进行整改，如调整构件位置、加固连接节点、更换有缺陷的构件等。

2. 验收标准

木结构安装工程验收应符合相关的国家标准和行业规范，如《木结构工程施工质量验收规范》GB 50206—2012 等。验收时，应提供木材质量检验报告、五金件质量证明文件、施工记录等资料。验收的主要项目包括木构件的材质、含水率、尺寸偏差、连接节点的质量、木结构的整体性能等。只有验收合格的木结构建筑才能交付使用，确保木结构建筑的质量和安全。

【勤练入心】

一、选择题

1. 塔式起重机的主要技术性能参数不包括以下哪项？（　　）
   A. 起重量 Q　　　B. 起重高度 H　　　C. 起重幅度 R　　　D. 起重速度 S

2. 预制混凝土装配式建筑的最大适用高度在地震设防烈度为 7 度的情况下，以下哪个是正确的？（　　）
   A. 装配整体式剪力墙结构最大适用高度达 110m
   B. 框架-剪力墙结构最大适用高度达 120m
   C. 框架结构最大适用高度达 50m
   D. 以上都是正确的

3. 预制构件安装前，以下哪项不是必须进行的检查？（　　）
   A. 外观质量检查　　　　　　　　B. 几何尺寸检查
   C. 粗糙面或键槽检查　　　　　　D. 材料成分分析
4. 钢结构防火涂料按涂层的厚度分为哪两类？（　　）
   A. 薄涂型和厚涂型　　　　　　　B. 有机类和无机类
   C. 室内和露天　　　　　　　　　D. 膨胀型和非膨胀型
5. 以下哪项不是钢结构安装施工前的准备工作？（　　）
   A. 施工组织设计　　　　　　　　B. 基础的准备
   C. 构件的吊装工艺　　　　　　　D. 构件的运输计划

二、填空题

1. 塔式起重机的型号"QTZ4810"中，数字表示该机型最大起重半径为（　　）m。
2. 预制构件安装前，应进行（　　）放线，设置构件安装定位标识。
3. 吊装过程中，剪力墙两侧会受到伸出墙板水平钢筋的影响，在同一建筑同一层既有预制剪力墙又有预制填充墙安装时，应遵循先吊装（　　）后吊装（　　）的原则。
4. 钢结构防火涂料按涂层受热后的状态分为（　　）型和（　　）型两类。
5. 吊车梁校正的内容包括（　　）、（　　）、（　　）、（　　）的校正。

三、判断题

1. 自行杆式起重机是带有起重臂杆并可在路面或场地上行走的起重机械，包括履带式、汽车式、轮胎式和全路面式四个子类。（　　）
2. 高强螺栓连接，不需要对构件摩擦面进行加工处理。（　　）
3. 预制梁安装宜遵循先主梁后次梁、先低后高的原则。（　　）
4. 预制外挂墙板橡胶条起到密封和防水的作用。（　　）
5. 套筒灌浆基本原理是利用灌浆料在套筒内凝固后与钢筋之间的粘结力，以及灌浆料自身的抗压强度，来确保钢筋连接的可靠性。（　　）

四、简答题

1. 预制混凝土装配式建筑在施工前需要做哪些准备工作？
2. 钢结构防腐与涂装的目的是什么？
3. 木结构安装施工前的准备工作包括哪些内容？

【思政入神】

湖南创意设计总部大厦：装配式建筑引领城市绿色创新

湖南创意设计总部大厦（图7-9）位于马栏山视频文创产业园内，凭借独特设计与高效装配式建筑技术，成为城市绿色发展和现代化创新的典范。该建筑整体装配率约80%，在绿色建筑、智慧建筑及BIM技术应用上成就显著，为装配式建筑在城市中的推广提供了宝贵经验。

在马栏山项目中，装配式建筑技术得到了广泛应用，包括混凝土装配式、钢混装配式、纯钢结构装配式和木结构装配式等多种形式，优化了建筑结构，减少建筑垃圾和噪声产生。通过"四节一环保"措施，即节能、节地、节水、节材和环境保护，实现环境友好

项目 7 装配式建筑工程

图 7-9 湖南创意设计总部大厦

目标。采用自然通风、采光及高效节能玻璃幕墙等，使建筑节能率达 73%，达国家绿色建筑三星标准。

装配式建筑推动了建筑行业绿色革命与现代化创新。湖南创意设计总部大厦通过 BIM 技术实现设计与建造的数字化、智能化，提高效率和准确性，降低成本和风险。此外，装配式建筑技术还促进装配式建筑产业链协同发展，使湖南成为装配式建筑标杆省份。

作为文化产业基地，马栏山视频文创产业园的建筑设计和建造方式对推动文化产业发展意义重大。湖南创意设计总部大厦作为产业园内的标志性建筑，通过装配式建筑技术的实践，充分展示了现代化建筑方式的魅力和潜力。它不仅外观独特，还注重内部功能性和舒适性。智慧建筑技术的应用，如智慧门禁、访客、停车等，提升智能化水平，实现建筑群与城市、设计师的交互沟通。

面对日益严峻的环境挑战与资源约束，建筑创新应紧密围绕城市可持续发展的核心目标，将环保理念、科技创新与人文关怀深度融合。建筑师不仅是空间的塑造者，更是城市可持续发展的守护者。他们致力于探索绿色建材的应用，优化建筑设计，充分利用自然光、风能等可再生能源，减少能源消耗，让建筑成为城市的"绿色肺叶"。同时，他们关注建筑的全生命周期管理，从规划、设计、施工到运维，每一环节都力求实现资源的高效利用与循环再生，减少建筑废弃物产生，为城市留下更少负担，更多福祉。

通过智能建筑与智慧城市技术的融合，提升城市管理效率，改善居民生活质量，让建筑成为推动社会进步的重要力量。在这条道路上，每一位建筑师都是探索者、实践者，更是引领者，他们共同绘制一幅幅绿色、智慧、和谐的城市画卷，为子孙后代留下一个更加宜居、可持续的世界。

【案例入魂】

某大型装配式住宅项目吊装事故案例分析

一、事故概况

在某大型装配式住宅项目施工过程中，进行预制混凝土墙板吊装作业时，墙板在起吊后移动至安装位置上方准备下落就位时，突然发生滑落。滑落的墙板砸向下方已完成部分施工的楼层结构，导致该楼层部分模板支架被砸垮，数名正在附近作业的工人被埋受伤，同时造成已浇筑的混凝土结构损坏，需要重新评估和修复，此次事故直接经济损失达数百万元，并且延误了施工进度，给项目带来了严重的负面影响。

二、原因分析

1. 人为因素

（1）起重机司机操作失误。在吊装过程中，司机未严格按照操作规程进行操作，起吊速度过快且在接近安装位置时未平稳减速，导致墙板产生较大晃动，最终失去平衡滑落。

（2）信号工指挥不当。信号工与司机之间的沟通不畅，信号工发出的指令不够清晰准确，且未能及时察觉墙板晃动异常并提醒司机采取正确措施。此外，信号工对吊装现场的安全风险预判不足，未合理安排周边工人避让。

（3）安装工人违规作业。在墙板尚未完全稳定就位时，部分安装工人急于上前进行校正和连接作业，靠近危险区域，当墙板滑落时无法及时躲避。

2. 设备与材料因素

（1）吊具存在缺陷。用于吊装墙板的吊具经过长时间使用后，部分连接部位出现磨损和变形，但其未被及时发现和更换。

（2）预制墙板质量问题。预制墙板在生产过程中，预埋的吊环位置不准确或强度不足，在起吊过程中，吊环处承受的拉力不均匀，局部应力过大，吊环从墙板中脱出，致使墙板滑落。

3. 管理因素

（1）安全管理制度不完善。施工单位对于起重机等特种设备的定期检查和维护制度落实不到位，对工人的安全教育培训不足。

（2）施工组织不合理。施工现场的平面布置混乱，不同工种之间的作业区域划分不明确，导致在吊装作业时，其他工人仍在危险区域内进行交叉作业，增加了事故发生的风险。同时，施工进度安排紧凑，使得工人在施工过程中为赶进度而忽视安全操作要求。

三、预防措施

1. 人员管理方面

（1）加强对起重机司机、信号工和安装工人等特种作业人员的专业培训和考核，确保其具备熟练的操作技能和强烈的安全意识。

（2）明确各岗位人员的职责，建立健全有效的沟通机制。

2. 设备与材料管理方面

（1）建立严格的吊具和设备检查制度，每次吊装作业前，必须对吊具、起重机等设备进行全面检查，发现磨损、变形、故障等问题及时修复或更换。对吊具的使用次数和年限进行记录和评估，达到一定标准后强制报废。

（2）加强对预制构件生产厂家的监管，要求其严格按照设计要求和质量标准生产预制构件，对吊环等关键部位进行重点质量控制，并提供详细的质量检测报告。在构件进场时，施工单位要再次进行抽检，确保构件质量合格。

3. 施工管理方面

（1）完善安全管理制度并严格执行，明确各工种的作业范围和安全操作规程，严禁交叉作业和违规操作。加强对施工现场的日常安全巡查,及时发现和纠正安全隐患。

(2) 优化施工组织设计,合理安排施工进度和现场平面布置,根据不同施工阶段的特点,科学划分作业区域,设置明显的安全警示标志,确保施工过程有序进行。同时,在制定施工进度计划时,充分考虑安全因素,避免因盲目赶工而引发事故。

通过对这一装配式施工事故案例的深入分析,可以看出,在装配式施工过程中,必须高度重视人员安排、设备材料准备和施工管理等各个环节,采取有效的预防措施,才能最大限度地降低事故发生的可能性,确保装配式建筑施工的安全与质量。

【实践入行】

装配式建筑施工实践任务指导书

一、实践任务目标

(1) 让学生深入了解装配式建筑施工的基本流程和主要工艺,包括预制构件的生产、运输、吊装、连接等环节。

(2) 培养学生在装配式建筑施工中的实际操作能力,如使用简单的施工工具、协助进行预制构件的吊装定位、进行连接节点的施工操作等。

(3) 使学生掌握装配式建筑施工过程中的质量控制要点和安全注意事项,能够进行基本的质量检查和安全隐患排查。

(4) 通过实践任务,提高学生的团队协作能力、沟通能力以及解决实际问题的能力,为今后从事装配式建筑相关工作奠定基础。

二、实践任务地点

学校装配式建筑实训基地或与学校合作的装配式建筑施工项目现场(在确保安全且不影响正常施工的前提下)。

三、实践任务时间安排

本次实践任务总时长为五天,具体时间分配如下。

第一天:预制构件生产车间参观与学习、预制构件运输及堆放场地布置学习。

第二天:塔式起重机等吊装设备操作与维护学习、预制构件吊装实践操作。

第三天:吊装过程质量控制与安全检查实践。

第四天:预制构件连接节点施工工艺学习、连接节点施工实践操作。

第五天:整体结构质量验收实践、实践任务总结与汇报。

四、实践任务内容及要求

(一) 预制构件生产车间参观与学习(第一天上午)

1. 任务内容

(1) 在指导教师带领下,进入预制构件生产企业或学校实训基地的生产车间,了解预制构件的生产工艺流程,包括原材料的准备、钢筋骨架的制作与绑扎、模具的组装与清理、混凝土的浇筑与振捣、构件的养护与脱模等环节。

(2) 观察不同类型预制构件(如预制墙板、预制楼板、预制楼梯等)的生产过程,记录其生产工艺的特点和关键技术要点。

(3) 学习预制构件生产过程中的质量控制标准和检测方法,如混凝土强度检测、钢筋保护层厚度检测等，亲自参与一些简单的质量检测操作，如使用坍落度筒检测混凝土坍落度。

2. 任务要求

（1）学生需认真观察每个生产环节，做好笔记，记录至少三种预制构件的详细生产工艺流程和质量控制要点。

（2）能够向指导教师或企业技术人员提出至少三个关于预制构件生产的问题，并得到解答。

（3）完成一份预制构件生产车间参观报告，内容包括生产工艺流程概述、质量控制要点总结、个人的疑问与收获等，报告字数不少于1000字。

（二）预制构件运输及堆放场地布置学习（第一天下午）

1. 任务内容

（1）了解预制构件从生产车间到施工现场的运输方式和要求，包括运输车辆的选择、构件的固定与防护措施等。

（2）学习施工现场预制构件堆放场地的布置原则和方法，如场地的平整度要求、排水措施、构件的分类堆放与标识等。

（3）参与预制构件的装卸和堆放的模拟操作，掌握正确的操作技巧和安全注意事项。

2. 任务要求

（1）绘制一份预制构件运输车辆的平面布置图，标注出构件的固定位置和防护措施。

（2）制定一份施工现场预制构件堆放场地的布置方案，包括场地的尺寸规划、不同类型构件的堆放区域划分、标识牌的设计等内容。

（3）进行一次预制构件装卸和堆放的模拟操作演示，操作过程符合安全规范要求，且能够准确说明每个步骤的操作要点和注意事项。

（三）塔式起重机等吊装设备操作与维护学习（第二天上午）

1. 任务内容

（1）由专业的塔式起重机操作人员或设备维护人员向学生讲解塔式起重机的基本结构、工作原理、操作方法和安全操作规程。

（2）学生在指导教师的监督下，登上塔式起重机模拟操作室，熟悉塔式起重机的各种操作手柄、仪表和控制按钮的功能，进行简单的塔式起重机起吊、回转、变幅、降落等模拟操作练习。

（3）学习塔式起重机的日常维护保养知识，包括机械部件的润滑、电气系统的检查、钢丝绳的更换等内容，参与塔式起重机的日常维护保养工作，如清洁塔身、检查螺栓紧固情况等。

2. 任务要求

（1）能够准确说出塔式起重机的主要结构组成部分和工作原理，绘制塔式起重机的结构示意图，并标注各部分名称。

（2）在模拟操作练习中，能够正确完成塔式起重机的起吊、回转、变幅、降落等基本操作动作，操作过程平稳、准确，无明显失误。

（3）编写一份塔式起重机日常维护保养手册，内容包括维护保养的项目、周期、方法和注意事项等，手册内容完整、条理清晰，具有一定的实用性。

（四）预制构件吊装实践操作（第二天下午）

1. 任务内容

（1）在施工现场或实训基地，根据实际情况，选择合适的预制构件（如小型预制墙板或楼板）进行吊装实践操作。

（2）学生分组协作，在指导教师和现场技术人员的指导下，完成吊装前的准备工作，包括检查吊装设备的性能和安全性、确定吊装方案和构件的安装位置、设置好吊装区域的警示标识等。

（3）进行预制构件的正式吊装操作，操作过程包括挂钩、起吊、吊运、就位、校正、固定等环节，每个环节都要严格按照操作规程进行，确保构件准确无误地安装到指定位置。

2. 任务要求

（1）每组学生制定一份详细的预制构件吊装方案，方案包括构件信息、吊装设备选择、人员分工、吊装步骤、安全保障措施等内容，经指导教师审核通过后方可进行吊装操作。

（2）在吊装操作过程中，学生要密切配合，听从指挥，确保操作安全、高效。构件的安装位置偏差不得超过允许范围（如墙板的垂直度偏差不超过±5mm，楼板的平整度偏差不超过±3mm）。

（3）对每次吊装操作进行记录，包括操作过程中遇到的问题、解决方法以及个人的心得体会等内容，形成吊装操作记录报告，报告字数不少于800字。

（五）吊装过程质量控制与安全检查实践（第三天）

1. 任务内容

（1）学习预制构件吊装过程中的质量控制标准和检查方法，如构件的标高、垂直度、平整度检查，连接钢筋的位置偏差检查等。

（2）在其他小组进行预制构件吊装操作时，本小组学生作为质量检查员和安全员，对吊装过程进行质量控制和安全检查。检查内容包括吊装设备的运行状况、构件的起吊点设置是否合理、吊运过程中构件是否平稳、就位后的校正是否准确等方面，发现问题及时提出整改意见。

（3）参与吊装过程中的安全隐患排查工作，如检查吊装区域是否设置了有效的警示标识，现场人员是否佩戴了安全帽和安全带等个人防护用品，吊装设备的安全保护装置是否正常等，对发现的安全隐患要及时记录并协助整改。

2. 任务要求

（1）制定一份预制构件吊装过程质量控制与安全检查清单，清单内容包括检查项目、检查标准、检查方法、合格判定依据等，在检查过程中按照清单内容进行逐一检查。

（2）对检查过程中发现的质量问题和安全隐患进行详细记录，分析问题产生的原因，并提出相应的整改措施和建议。形成质量控制与安全检查报告，报告内容包括检查情况概述、发现的问题及原因分析、整改措施和建议等，报告字数不少于600字。

（六）预制构件连接节点施工工艺学习（第四天上午）

1. 任务内容

（1）了解装配式建筑中常见的预制构件连接节点类型，如钢筋套筒灌浆连接、焊接连接、螺栓连接等，学习各种连接节点的施工工艺和技术要求。

（2）观看连接节点施工工艺的演示视频或现场示范操作，观察施工过程中的关键技术要点和质量控制要点，如钢筋套筒的清理与灌浆料的制备、焊接的工艺参数控制、螺栓的紧固力矩要求等。

（3）亲自参与连接节点施工材料和工具的准备工作，如配制灌浆料、检查焊接设备和工具、准备螺栓和螺母等，了解这些材料和工具的性能和使用方法。

2. 任务要求

（1）绘制至少三种预制构件连接节点的构造示意图，标注出各部分的名称、尺寸和连接方式，并详细说明其施工工艺和技术要求。

（2）能够正确配制一定数量的灌浆料（按照给定的配合比），并使用灌浆设备进行简单的灌浆操作，操作过程符合规范要求，灌浆密实、饱满。

（3）编写一份预制构件连接节点施工工艺学习总结报告，报告内容包括连接节点类型介绍、施工工艺和技术要求总结、个人的学习体会和收获等，报告字数不少于800字。

（七）连接节点施工实践操作（第四天下午）

1. 任务内容

（1）在实训基地或施工现场，选择合适的预制构件连接节点进行施工实践操作，如进行钢筋套筒灌浆连接或螺栓连接的实际操作。

（2）学生分组进行连接节点的施工操作，按照施工工艺要求，完成连接节点的钢筋处理、套筒安装（或螺栓安装）、灌浆（或螺栓紧固）等操作步骤，确保连接节点的施工质量符合要求。

（3）在施工过程中，对连接节点的施工质量进行实时检查，如检查钢筋的插入深度、套筒的连接紧密程度、灌浆料的密实度、螺栓的紧固力矩等，发现问题及时进行整改。

2. 任务要求

（1）每组学生制定一份连接节点施工操作方案，方案包括连接节点类型、施工步骤、质量控制要点、人员分工等内容，经指导教师审核通过后方可进行施工操作。

（2）在连接节点施工操作完成后，采用相应的检测工具和方法（如钢筋探测仪检查钢筋位置、扭矩扳手检查螺栓紧固力矩等），对施工质量进行全面检查，连接节点的各项质量指标必须符合相关标准要求（如钢筋套筒灌浆连接的抗拉强度不低于连接钢筋的抗拉强度标准值）。

（3）对连接节点施工操作过程进行记录，包括操作过程中遇到的问题、解决方法以及个人的心得体会等内容，形成连接节点施工操作记录报告，报告字数不少于800字。

（八）整体结构质量验收实践（第五天上午）

1. 任务内容

（1）学习装配式建筑整体结构质量验收的标准和方法，包括外观质量检查、尺寸偏差检查、结构性能检测等方面的内容。

（2）参与对已完成部分装配式建筑结构（如一层或一个单元的建筑结构）的质量验收实践工作，采用测量工具（如钢尺、水准仪、经纬仪等）、检测仪器（如混凝土回弹仪、钢筋保护层厚度检测仪等）对结构的各项质量指标进行检测，如检查预制构件的外观是否有裂缝、蜂窝、麻面等缺陷，测量结构的层高、跨度、轴线位移等尺寸偏差，检测混凝土的强度和钢筋的保护层厚度等。

（3）根据质量验收结果，填写质量验收报告，对结构的质量状况进行评定，判断是否符合设计要求和相关标准规范，如发现质量问题，提出整改建议和处理措施。

2. 任务要求

（1）制定一份装配式建筑整体结构质量验收方案，方案包括验收依据、验收项目、验收方法、验收人员分工等内容，经指导教师审核通过后方可进行验收工作。

（2）正确使用各种测量工具和检测仪器，对结构的各项质量指标进行认真检测，检测数据真实可靠，记录完整。质量验收报告内容完整、规范，评定结果准确合理，整改建议和处理措施具有针对性和可操作性。

（九）实践任务总结与汇报（第五天下午）

1. 任务内容

（1）每个学生对本次装配式建筑施工实践任务进行全面总结，回顾实践过程中的所学、所做、所感，包括理论知识的掌握情况、实际操作技能的提升情况、团队协作和沟通能力的锻炼情况、遇到的问题及解决方法等方面的内容。

（2）以小组为单位，制作实践任务汇报 PPT，内容包括小组实践任务的整体情况介绍、各实践环节的成果展示、实践过程中的经验教训总结、对装配式建筑施工的认识和体会等。

（3）每个小组选派代表进行实践任务汇报，汇报时间为 15~20min，汇报过程要求语言表达清晰、流畅，重点内容突出、逻辑严谨，能够充分展示小组的实践成果和学生的个人风采。

2. 任务要求

（1）学生个人总结报告字数不少于 1500 字，内容要真实、深刻，能够体现个人在实践任务中的成长和进步。

（2）小组汇报 PPT 制作精美、图文并茂，能够直观地展示实践任务的主要内容和成果。汇报结束后，将 PPT 提交给指导教师留存。

五、实践任务考核与评价

1. 考核方式

本次实践任务采用过程考核与结果考核相结合的方式。过程考核主要根据学生在各个实践环节中的表现、完成的任务成果、提交的报告等进行评价；结果考核则通过实践任务总结与汇报的形式，对学生的综合知识掌握情况、实践操作能力、团队协作能力、表达能力等进行全面评价。

2. 考核内容及权重

（1）理论知识掌握（20%）：通过提问、笔试或现场讲解等方式，考核学生对装配式建筑施工相关理论知识的理解和掌握程度，包括预制构件生产工艺、吊装技术、连接节点施工工艺、质量控制标准、安全操作规程等方面的知识。

（2）实践操作技能（40%）：根据学生在预制构件生产、运输、吊装、连接节点施工等实践操作环节中的表现，如操作的准确性、规范性、熟练程度、完成任务的质量等进行评价。重点考核学生是否能够正确使用施工工具和设备，是否能够按照施工工艺要求完成各项实践任务，以及在操作过程中是否能够及时发现和解决问题。

（3）团队协作与沟通能力（20%）：观察学生在实践任务中的团队协作情况，如小组内成员之间的分工合作是否合理、沟通是否顺畅、是否能够共同解决遇到的问题等。通过小组互评、指导教师评价等方式，对学生的团队协作与沟通能力进行考核。

（4）任务成果与报告（20%）：对学生提交的各项实践任务报告（如参观报告、操作记录报告、质量控制与安全检查报告、总结报告等）进行评价，考核报告的内容完整性、准确性、逻辑性、规范性等方面的情况。同时，对小组实践任务的成果（如预制构件的生产质量、吊装就位的准确性、连接节点的施工质量、整体结构的质量验收结果等）进行考核评价。

3. 评价标准

根据理论知识掌握情况、实践操作技能熟练程度、团队协作与沟通能力、任务成果与报告进行综合评价，分为优秀（90～100分）、良好（80～89分）、中等（70～79分）、及格（60～69分）、不及格（60分以下）五个等级。

六、注意事项

1. 安全第一

（1）在进入施工现场或实训基地前，必须接受安全教育培训，了解施工现场的安全规章制度和操作规程，严格遵守安全规定，佩戴好个人防护用品（如安全帽、安全带、安全鞋等）。

（2）在进行预制构件生产、运输、吊装、施工等实践操作过程中，要听从指导教师和现场技术人员的指挥，严禁违规操作。特别是在吊装作业时，要确保吊装区域内没有无关人员，防止发生物体打击事故。

（3）对施工设备和工具要进行定期检查和维护，确保其性能良好、安全可靠。如发现设备或工具存在安全隐患，应立即停止使用，并及时报告指导教师或现场负责人。

2. 质量为本

（1）在实践任务中，要树立质量意识，严格按照相关标准和规范要求进行各项操作。无论是预制构件的生产、运输、吊装，还是连接节点的施工，都要确保质量符合要求，不得敷衍了事。

（2）对实践过程中的质量问题要及时发现、及时处理，不得隐瞒或忽视。在进行质量检查时，要采用科学合理的检查方法和合适的工具，确保检查结果准确可靠。

项目8

防水工程

教学目标

一、知识目标

1. 了解防水工程的基本概念、重要性和分类，理解防水工程在建筑结构耐久性、室内环境质量以及建筑物整体安全性方面的关键作用。

2. 熟悉各类建筑防水材料的性能、特点、种类和应用场景。

3. 掌握屋面防水工程的构造层次、施工工艺流程和技术要点。

4. 了解地下防水工程的防水设计原则、常用防水方案和施工方法，熟悉地下室底板、侧墙、顶板等不同部位的防水构造和施工细节，掌握地下防水工程施工过程中的质量控制要点和特殊部位（如施工缝、后浇带、穿墙管等）的防水处理技术。

5. 熟知室内防水工程的施工部位（如卫生间、厨房、阳台等）和防水要求，掌握室内地面、墙面防水层的施工工艺和材料选择。

6. 了解建筑防水工程的质量验收标准和方法。

二、能力目标

1. 防水材料识别与选用能力：能够通过观察、触摸、检测等方式准确识别不同种类的建筑防水材料，根据给定的建筑工程防水部位、环境条件和设计要求，合理选择性能合适、经济可行的防水材料。

2. 防水工程施工操作能力：在模拟施工现场或实际工程实训中，熟练掌握屋面、地下和室内防水工程的施工工具（如喷枪、刮板、毛刷、热熔焊机等）使用方法，能够按照规范的施工工艺流程和技术要求进行防水基层处理、防水材料铺设或涂刷、细部节点加强处理以及保护层施工等操作。

3. 质量检测与问题解决能力：能够运用各种检测工具（如靠尺、塞尺、卡尺、测厚仪、打压泵等）对建筑防水工程的施工质量进行检测和评估，能够准确判断防水层的外观质量缺陷（如裂缝、孔洞、起砂等）、厚度是否达标、节点防水处理是否可靠以及防水系统的整体防水性能是否满足要求；能够解决防水工程施工过程中出现的常见质量问题（如卷材粘贴不牢、防水涂料流淌、渗漏现象等）。

三、素养目标

1. 职业素养：培养学生严谨认真、一丝不苟的工作态度和敬业精神，在防水材料选择、施工操作以及质量检测等各个环节都严格遵守国家规范和标准，树立良好的职业道德和职业形象。

2. 安全素养：将安全意识贯穿整个教学过程，让学生掌握防水工程施工过程中的安全操作规程和安全防护措施，如高处作业安全防护、防水材料的防火防爆、施工用电安全等。

3. 环保素养：培养学生的环保意识，使学生了解建筑防水工程施工过程中可能对环境造成的影响，如防水材料的挥发物污染、施工废弃物处理等问题；引导学生在施工过程中尽量选择环保的防水材料和施工工艺，减少对环境的污染和破坏，树立绿色施工、可持续发展的理念。

【思维导图】

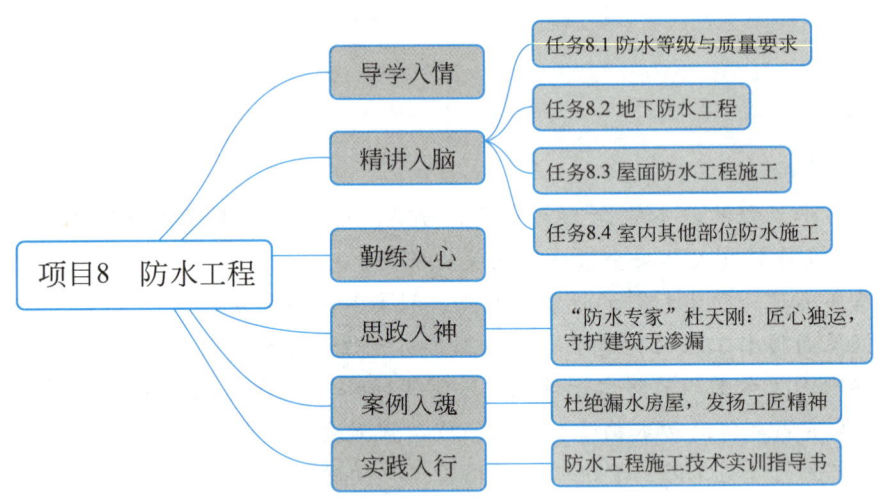

【导学入情】

在国家游泳中心——被誉为"水立方"的2008年北京奥运会标志性建筑中，防水工程的重要性不言而喻。该建筑的独特ETFE膜结构和钢结构框架，对防水技术提出了前所未有的挑战。面对水立方内部的高湿度环境，防水层必须具备卓越的性能，以承受长期的水压和湿度波动，确保水分不会渗透建筑的其他区域，从而保护室内的装饰、电气系统以及观众区免受潮湿侵害。同时，高效的防水系统还能有效减少热量流失，降低能源消耗，助力实现节能减排目标，并减轻施工对环境的影响。

水立方的防水工程案例，不仅彰显了其在实现建筑功能、确保结构安全、提升用户体验和推动环境保护方面的重要作用，更表明了防水工程不仅仅是技术层面的考量，它是对建筑品质、安全性和环保责任的深刻体现。随着建筑技术的不断进步和新材料的研发应用，防水工程正持续地演进与创新。作为未来的建筑工程师，我们承担着设计并实施更可靠、环保、持久的防水解决方案的使命。

建筑防水工程，就像是给建筑物披上了一层无形的雨衣，它默默地守护着我们的居住环境，防止雨水、地下水以及生活用水等的渗漏和侵蚀。从我们居住的房屋，到大型的商业建筑、公共设施，乃至地下工程，防水工程的质量直接影响着建筑的使用寿命、安全性以及我们的生活品质。

下面，我们就将一同走进建筑防水工程这个充满奥秘的领域，去探究如何运用各种材料和技术，打造出坚不可摧的防水屏障，让建筑物能够抵御水的"侵袭"，保持干燥、舒适与安全。

项目 8　防水工程

【精讲入脑】

防水工程施工是建设工程中的重要组成部分。防水材料的合理选择与施工，能预防建设工程施工中浸水和渗漏问题的发生，确保建设工程能够充分发挥使用功能，延长使用寿命。因此，防水工程的施工必须严格遵守相关操作规定，切实保证防水工程质量。

建筑防水按部位不同可分为屋面防水、地下防水、厕浴间的楼地面防水等；按材料不同可分为柔性防水（各类卷材、涂膜防水）和刚性防水（砂浆、细石混凝土防水）；按构造做法不同可分为结构构件自身防水和采用不同材料的防水层防水。

任务 8.1　防水等级与质量要求

8.1.1　防水类别

不同工程按其防水功能重要程度分为甲类、乙类和丙类，建筑工程具体划分应符合表 8-1 的规定。

工程防水类别　　　　　　　　　　　表 8-1

工程类别		防水类别	工程功能特点
建筑工程	地下工程	甲类	有人员活动的民用建筑地下室，对渗漏敏感的建筑地下工程
		乙类	除甲类和丙类以外的建筑地下工程
		丙类	对渗漏不敏感的物品、设备使用或贮存场所，不影响正常使用的建筑地下工程
	屋面工程	甲类	民用建筑和对渗漏敏感的工业建筑屋面
		乙类	除甲类和丙类以外的建筑屋面
		丙类	对渗漏不敏感的工业建筑屋面
	外墙工程	甲类	民用建筑和对渗漏敏感的工业建筑外墙
		乙类	渗漏不影响正常使用的工业建筑外墙
		丙类	—
	室内工程	甲类	民用建筑和对渗漏敏感的工业建筑室内楼地面和墙面
		乙类	—
		丙类	—

建筑工程防水使用环境类别划分应符合表 8-2 的规定。

221

建筑工程防水使用环境类别划分 表8-2

工程类别		防水类别	工程防水使用环境
建筑工程	地下工程	Ⅰ类	抗浮设防水位标高与地下结构板底标高高差 $H \geqslant 0m$
		Ⅱ类	抗浮设防水位标高与地下结构板底标高高差 $H < 0m$
		Ⅲ类	—
	屋面工程	Ⅰ类	年降水量 $P \geqslant 1300mm$
		Ⅱ类	$400mm \leqslant$ 年降水量 $P < 1300mm$
		Ⅲ类	年降水量 $P < 400mm$
	外墙工程	Ⅰ类	年降水量 $P \geqslant 1300mm$
		Ⅱ类	$400mm \leqslant$ 年降水量 $P < 1300mm$
		Ⅲ类	年降水量 $P < 400mm$
	室内工程	Ⅰ类	频繁遇水场合，或长期相对湿度大于或等于90%
		Ⅱ类	间歇遇水场合
		Ⅲ类	偶发渗漏水可能造成明显损失的场合

8.1.2 工程防水等级

工程防水等级应依据工程类别和工程防水使用环境类别分为一级、二级、三级。暗挖法地下工程防水等级应根据工程类别、工程地质条件和施工条件等因素确定，其他工程防水等级不应低于下列规定。

一级防水：Ⅰ类、Ⅱ类防水使用环境下的甲类工程；Ⅰ类防水使用环境下的乙类工程。

二级防水：Ⅲ类防水使用环境下的甲类工程；Ⅱ类防水使用环境下的乙类工程；Ⅰ类防水使用环境下的丙类工程。

三级防水：Ⅲ类防水使用环境下的乙类工程；Ⅱ类、Ⅲ类防水使用环境下的丙类工程。

8.1.3 防水工程的质量要求

防水工程质量检验合格判定标准见表8-3。

防水工程质量检验合格判定标准 表8-3

工程类别		工程防水类别		
		甲类	乙类	丙类
建筑工程	地下屋面	不应有渗水，结构背水面无湿渍	不应有滴漏、线漏，结构背水面可有零星分布的湿渍	不应有线流、漏泥砂，结构背水面可有少量湿渍、流挂或滴漏
	屋面工程	不应有渗水，结构背水面无湿渍	不应有渗水，结构背水面无湿渍	不应有渗水，结构背水面无湿渍
市政工程	地下工程	不应有渗水，结构背水面无湿渍	不应有线漏，结构背水面可有零星分布的湿渍和流挂	不应有线流、漏泥砂，结构背水面可有少量湿渍、流挂或滴漏

任务 8.2 地下防水工程

随着高层建筑、大型公共建筑的增多,以及对地下空间的要求,地下室和地下工程越来越多,地下防水工程越来越被人们重视。地下防水工程施工成功,不仅是建筑物(或构筑物)使用功能的基本要求,而且在一定程度上可以加强建筑物的结构安全和增加使用寿命,同时还可以节约投资,降低工程成本,减少维修。

8-1 地下防水工程

地下工程防水等级分为四级,目前地下建筑防水,除围护结构已普遍采用掺外加剂的防水混凝土外,防水等级为一、二级的围护结构主体迎水面还应选用 1 种或 2 种防水材料做防水层,如高聚物改性沥青防水卷材、防水涂料、弹性体接缝与密封材料(金属、橡胶类止水带,密封膏)等。

8.2.1 地下工程防水设计基本要求

1. 地下工程防水等级

地下工程的防水等级分为四级,各等级防水标准见表 8-4。

地下工程的防水等级及标准　　　　表 8-4

防水等级	标准
一级	不允许渗水,结构表面无湿渍
二级	不允许漏水,结构表面可有少量湿渍; 工业与民用建筑:总湿渍面积不应大于总防水面积(包括顶板、墙面、地面)的 1/1000;任意 100m² 防水面积上的湿渍不超过 2 处,单个湿渍的最大面积不大于 0.1m²; 其他地下工程:总湿渍面积不应大于总防水面积的 2/1000;任意 100m² 防水面积上的湿渍不超过 3 处,单个湿渍的最大面积不大于 0.2m²
三级	有少量漏水点,不得有线流和漏泥砂; 任意 100m² 防水面积上的漏水点数不超过 7 处,单个漏水点的最大漏水量不大于 2.5L/d,单个湿渍的最大面积不大于 0.3m²
四级	有漏水点,不得有线流和漏泥砂。整个工程平均漏水量不大于 2L/(m²·d); 任意 100m² 防水面积的平均漏水量不大于 4L/(m²·d)

2. 不同防水等级适用范围

地下工程不同防水等级适用范围,应根据工程的重要性和使用中对防水的要求,按表 8-5 选定。

地下过程不同防水等级适用范围　　　　表 8-5

防水等级	适用范围
一级	人员长期停留的场所;因有少量湿渍会使物品变质、失效的储物场所及严重影响设备正常运转和危及工程安全运营的部位;极重要的战备工程
二级	人员经常活动的场所;在有少量湿渍的情况下不会使物品变质、失效的储物场所及基本不影响设备正常运转和工程安全运营的部位;重要的战备工程

续表

防水等级	适用范围
三级	人员临时活动的场所；一般战备工程
四级	对渗漏水无严格要求的工程

3. 防水设防要求

地下工程的防水设防要求，应根据使用功能、使用年限、水文地质、结构形式、环境条件、施工方法及材料性能等因素确定。对于处于侵蚀性介质中的工程，应采用耐侵蚀的防水混凝土、防水砂浆、防水卷材或防水涂料等防水材料；对处于冻融侵蚀环境中的地下工程，混凝土抗冻融循环不得少于300次；对于结构刚度较差或受振动作用的工程，宜采用延伸率较大的卷材、涂料等柔性防水材料。

8.2.2 防水混凝土的施工

1. 防水混凝土的种类、特点及适用范围

钢筋混凝土在保证浇筑及养护质量的前提下能达到100年左右的寿命，其本身具有承重及防水双重功能，具有便于施工、耐久性好、渗漏水易于检查、修补简便等优点，是防水混凝土作为防水结构的第一道防线。普通防水混凝土是由胶凝材料（水泥及胶凝掺和料）、砂、石、水搅拌浇筑而成的混凝土，不掺加任何混凝土外加剂，通过调整和控制混凝土配合比各项技术参数的方法，提高混凝土的抗渗性，达到防水的目的，这类混凝土的水泥用量较大。掺外加剂防水混凝土是在普通混凝土中掺加减水剂、膨胀剂、密实剂、引气剂、复合型外加剂、水泥基渗透结晶型材料、掺和料等材料搅拌浇筑而成的防水混凝土。

2. 防水混凝土施工

（1）防水混凝土施工缝的处理

防水混凝土应连续浇筑，少留施工缝。当留设施工缝时，应符合下列规定。

1）墙体水平施工缝不应留在剪力最大处或底板与侧墙的交接处，应留在高出底板表面不小于300mm的墙体上。拱（板）墙结合的水平施工缝，宜留在拱（板）墙接缝线以下150～300mm处。墙体有预留孔洞时，施工缝距孔洞边缘不应小于300mm。

2）垂直施工缝应避开地下水和裂隙水较多的地段，并宜与变形缝相结合。

（2）防水混凝土的施工工艺

1）模板安装。防水混凝土所用模板，除满足一般要求外，还要特别注意拼缝严密不漏浆，构造应牢固稳定。固定模板的螺栓（或铁丝）不宜穿过防水混凝土结构，当固定模板的螺栓必须穿过混凝土结构时，可采用工具式螺栓、螺栓加堵头、螺栓上加焊方形止水环等做法。止水环尺寸及环数应符合设计规定。如设计无规定，则应使用10cm×10cm的方形止水环，且不少于一环。

2）钢筋施工。钢筋施工前要做好钢筋绑扎前的除污、除锈工作。绑扎钢筋时，应按设计规定留出保护层厚度，且迎水面钢筋保护层厚度不应小于50mm。应以相同配合比的细石混凝土或水泥砂浆制成垫块，将钢筋垫起，以保证保护层厚度。严禁以垫铁或钢筋头垫起钢筋，或将钢筋用铁钉或铁丝直接固定在模板上。钢筋应绑扎牢固，避免因碰撞、振动使绑扣松散、钢筋移位，造成露筋。钢筋及绑扎铁丝均不得接触模板。采用马凳筋架设钢筋时，在不便取掉马凳筋的情况下，应在马凳筋上加焊止水环。

3）混凝土搅拌。选定配合比时，其试配的抗渗强度值应较其设计值提高0.2MPa，并准确计算及称量每种用料，投入混凝土搅拌机。

4）混凝土运输。防水混凝土拌合物在常温下应于0.5h以内运至现场；运送距离较远或气温较高时，可掺入缓凝型减水剂，缓凝时间宜为6~8h。

5）混凝土的浇筑和振捣。在结构中若有密集管群、预埋件或钢筋密集处，不易使混凝土浇捣密实时，应选用免振捣的自密实高性能混凝土进行浇筑。

防水混凝土必须采用高频机械振捣，振捣时间宜为10~30s，以混凝土泛浆和不冒气泡为准；混凝土要振捣密实，避免漏振、欠振和超振。掺加引气剂或引气型减水剂时，应采用高频插入式振动器振捣密实。

6）混凝土的养护。防水混凝土的养护对其抗渗性能影响极大，特别是早期湿润养护对其抗渗性能提高更为重要，一般在混凝土进入终凝（浇筑后4~6h）时即应覆盖，浇水湿润养护不少于14d。防水混凝土不宜用电热法养护和蒸汽养护。

7）模板拆除。由于防水混凝土拆模时对强度要求较严，因此不宜过早拆模。拆模时混凝土的强度必须超过设计强度的70%，混凝土表面温度与环境之差不得大于15℃，以防止混凝土表面产生裂缝。

8.2.3 水泥砂浆防水层施工

1. 防水砂浆

防水砂浆包括聚合物水泥防水砂浆、掺外加剂或掺合料的防水砂浆，防水砂浆宜采用多层抹压法施工。水泥砂浆防水层可用于地下工程主体结构的迎水面或背水面，不应用于受持续振动或温度高于80℃的地下工程防水。水泥砂浆防水层应在基础垫层、初期支护、围护结构及内衬结构验收合格后施工。

2. 防水砂浆的施工要求

（1）一般要求

1）防水砂浆的配合比和施工方法应符合所掺材料的相关规定，其中聚合物水泥防水砂浆的用水量应包括乳液中的含水量。聚合物水泥防水砂浆拌合后应在规定时间内用完，施工中不得随意加水。

2）水泥砂浆防水层各层应紧密结合，每层宜连续施工；必须留设施工缝时，应采用阶梯坡形槎，但离阴阳角处的距离不得小于200mm。

3）水泥砂浆防水层终凝后，应及时进行养护，养护温度不宜低于5℃，并应保持砂浆表面湿润，养护时间不得少于14d。

4）聚合物水泥防水砂浆未达到硬化状态时，不得浇水养护或直接受雨水冲刷，硬化后应采用干湿交替的养护方法。潮湿环境中，可在自然条件下养护。

（2）基层处理

基层处理十分重要，是保证防水层与基层表面结合牢固、不空鼓和密实不透水的关键。基层处理包括清理、浇水、刷洗、补平等工序，基层表面应保持潮湿、清洁、平整、坚实、粗糙。混凝土基层的处理内容如下。

1)新建混凝土工程处理。新建混凝土拆除模板后,立即用钢丝刷将混凝土表面刷毛,并浇水冲刷干净。

2)旧混凝土工程处理。旧混凝土补做防水层时需用钢丝刷将表面凿毛,清理平整后再冲水,用棕刷刷洗干净。

3)混凝土基层表面凹凸不平、蜂窝孔洞、蜂窝麻面及结构施工缝的处理。超过1cm的棱角及凹凸不平处,应剔成慢坡形,并浇水清洗干净,用素灰和水泥砂浆分层找平,如图8-1所示。混凝土表面的蜂窝孔洞,应先将松散不牢的石子除掉,浇水冲洗干净,用素灰和水泥砂浆交替抹到与基层面相平,如图8-2所示。混凝土表面的蜂窝麻面不深,石子粘结较牢固,只需用水冲洗干净后,用素灰打底,水泥砂浆压实找平即可,如图8-3所示。

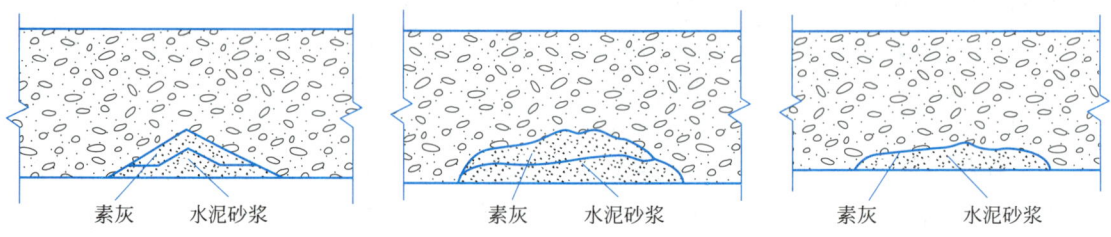

图8-1 基层表面凹凸不平的处理　　图8-2 基层表面蜂窝孔洞的处理　　图8-3 基层表面蜂窝麻面的处理

混凝土结构的施工缝要沿缝剔成八字形凹槽,用水冲洗后,用素灰打底,水泥砂浆压实抹平,如图8-4所示。

4)砖砌体基层的处理。对于新砌体,应将其表面残留的砂浆等污物清除干净,并浇水冲洗。对于旧砌体,要将其表面酥松表皮及砂浆等污物清理干净,露出坚硬的砖面,并浇水冲洗。对于用石灰砂浆或混合砂浆砌的砖砌体,应将缝剔深1cm,缝内呈直角,如图8-5所示。

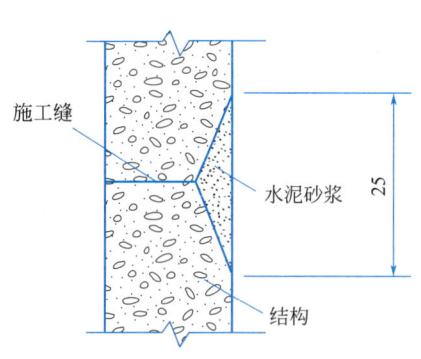
图8-4 混凝土结构施工缝的处理

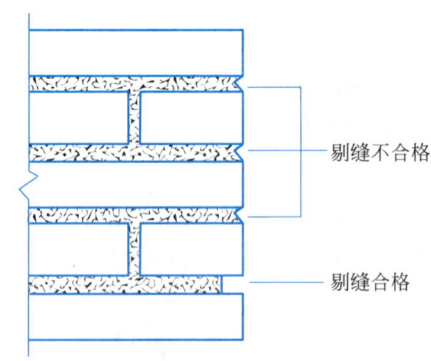
图8-5 砖砌体的剔缝

(3)防水砂浆的施工方法

① 混凝土顶板与墙面防水层的施工

第一层:水泥浆层,厚2mm。先抹一道1mm厚水泥浆,用铁抹子往返用力刮抹,使水泥浆填实基层表面的孔隙。随即在已刮抹过水泥浆的基层表面再抹一道厚1mm的水泥浆找平层。抹完后,用湿毛刷在水泥浆层表面按顺序涂刷一遍。

第二层:水泥砂浆层,厚4~5mm。在水泥浆层初凝时抹第二层水泥砂浆层,要防止水泥浆层过软或过硬,要使水泥砂浆层薄薄压入水泥浆层厚度的1/4左右。抹完后,在水泥砂浆初凝时用扫帚按顺序向一个方向扫出横向条纹。

第三层:水泥浆层,厚2mm。在第二层水泥砂浆凝固并具有一定强度时(常温下间隔一昼夜),适当浇水湿润,方可进行第三层操作,其方法同第一层。

第四层:水泥砂浆层,厚4~5mm。按照第二层的操作方法将水泥砂浆抹在第三层上,抹后在水泥砂浆凝固前,分次用铁抹子压实,一般以抹压3~4次为宜,最后再压光。

第五层:第五层是在第四层水泥砂浆抹压后,用毛刷均匀地将水泥浆涂刷在第四层表面,随第四层抹实压光。

② 砖墙面和拱顶防水层的施工

第一层是刷一道水泥浆,厚度约为1mm,用毛刷往返涂刷均匀。涂刷后,可抹第二、三、四层,其操作方法与混凝土基层防水相同。

③ 地面防水层的施工

地面防水层操作与混凝土墙面、顶板操作不同的地方是,水泥浆层(一、三层)不采用刮抹的方法,而是把拌合好的水泥浆倒在地面上,用棕刷往返用力涂刷均匀,第二层和第四层是在水泥浆层初凝前后把拌合好的水泥砂浆层按厚度要求均匀地铺在水泥浆层上,按混凝土墙面、顶板操作要求抹压,各层厚度也均与其相同。地面防水层在施工时要防止踩踏,应由里向外顺序进行。

④ 特殊部位的施工

结构阴阳角处的防水层均需抹成圆角,阴角直径为5cm,阳角直径为1cm。防水层的施工缝需留斜坡阶梯形槎,槎子的搭接要依照层次操作顺序层层搭接。留槎的位置一般在地面上,也可在墙面上,所留的槎子均需离阴阳角20cm以上。

8.2.4 卷材防水层施工

1. 防水卷材的主要类型

防水卷材按原材料分类主要有沥青防水卷材、高聚物改性沥青防水卷材和合成高分子防水卷材三大类。

(1) 沥青防水卷材

沥青防水卷材的传统产品是石油沥青纸胎油毡。由于其原料80%左右是沥青,而沥青类建筑防水卷材在生产过程中会产生较大污染,加之工艺落后、耗能高、资源浪费,自1999年以来,国家及地方政府不断发文,勒令除新型改性沥青类产品以外的其他沥青防水卷材逐步退市,并一再提高技术标准。从2008年开始,工业和信息化部、国家发展和改革委员会等部门分别从淘汰落后产能、调整产业结构、管理生产许可证准入等方面,限制沥青类防水卷材的生产量。

(2) 高聚物改性沥青防水卷材

高聚物改性沥青防水卷材使用的高聚物改性沥青,是在石油沥青中添加聚合物,以改善沥青干燥性差、低温易脆裂、高温易流淌等不足。用于沥青改性的聚合物较多,主要有以SBS（苯乙烯-丁二烯-苯乙烯合成橡胶）为代表的弹性体聚合物和以APP（无规聚丙烯合成树脂）为代表的塑性体聚合物两大类。卷材的胎体主要使用玻璃纤维毡和聚酯毡等高强材料，主要品种有SBS改性沥青防水卷材、APP改性沥青防水卷材、PVC改性焦油沥青防水卷材、再生胶改性沥青防水卷材、废橡胶粉改性沥青防水卷材等。

（3）合成高分子防水卷材

合成高分子防水卷材是一类无胎体的卷材。其特点是拉伸强度大、断裂伸长率高、抗撕裂强度大、耐候性好等，因而对环境气温变化和结构基层伸缩、变形、开裂等状况具有较强的适应性。此外，由于其耐腐蚀性和抗老化性好，可以延长卷材的使用寿命，降低防水工程的综合费用。

合成高分子防水卷材按其原料可分为合成橡胶和合成树脂两大类。当前最具代表性的产品是合成橡胶类的三元乙丙橡胶（EPDM）防水卷材和合成树脂类的聚氯乙烯（PVC）防水卷材。

此外，我国还研制出多种橡塑共混防水卷材，其中氯化聚乙烯-橡胶共混防水卷材具有代表性，其性能指标接近三元乙丙橡胶防水卷材。由于其原材料与价格有一定的优势，应用量正逐步扩大。

2. 防水卷材的使用要求

卷材防水层宜用于经常处于地下水环境，且受侵蚀作用或受振动作用的地下工程，应敷设在混凝土结构的迎水面；用于建筑物地下室时，应敷设在结构底板垫层至墙体防水设防高度的结构基面上；用于单建式的地下工程时，应从结构底板垫层敷设至顶板基面，并应在外围形成封闭的防水层。

防水卷材的品种规格和铺贴层数，应根据地下工程防水等级、地下水位高低及水压力作用状况、结构构造形式和施工工艺等因素确定。

3. 防水卷材的施工方法

地下防水工程一般把卷材防水层设置在建筑结构的外侧迎水面上，称为外防水。外防水有两种设置方法，即外防内贴法和外防外贴法。外防水在铺贴时可以借助土压力压紧，并与结构一起抵抗有压地下水的渗透和侵蚀作用，防水效果良好，采用比较广泛。

（1）外防内贴法

外防内贴法是浇筑完混凝土垫层后，在垫层上将永久保护墙全部砌好，将卷材防水层铺贴在垫层和永久保护墙上。外防内贴法示意图如图8-6所示，其施工程序如下。

1）在已施工好的混凝土垫层上砌筑永久保护墙，保护墙全部砌好后，用1∶3水泥砂浆在垫层和永久保护墙上抹找平层。保护墙与垫层之间须干铺一层油毡。

2）找平层干燥后即涂刷冷底子油或基层处理剂，干燥后方可铺贴卷材防水层；铺贴时应先铺立面、后铺平面，先铺转角、后铺大面。在全部转角处应铺贴卷材附加层，附加层可为两层同类油毡或一层抗拉强度较高的卷材，并应仔细粘贴紧密。

3）卷材防水层铺完经验收合格后即应做好保护层。立面可抹水泥砂浆、贴塑料板，或用氯丁系胶粘剂粘铺石油沥青纸胎油毡；平面可抹水泥砂浆，或浇筑不小于50mm厚的细石混凝土。

4）进行需防水结构的施工，将防水层压紧。需防水的结构如为混凝土结构，则永久保护墙可当一侧模板。结构顶板卷材防水层上的细石混凝土保护层厚度不应小于70mm。

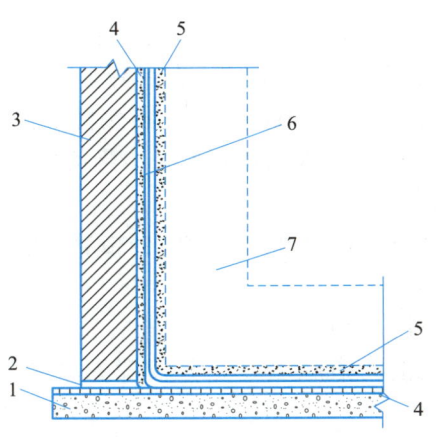

图 8-6 外防内贴法示意图

1—混凝土垫层;2—干铺油毡;3—永久保护墙;4—找平层;5—保护层;
6—卷材防水层;7—需防水的结构

卷材防水层如为单层卷材,则其与保护层之间应设置隔离层。

5)结构完工后,方可回填土。

(2)外防外贴法

外防外贴法是将立面卷材防水层直接敷设在需防水结构的外墙外表面,外防外贴法示意图如图 8-7 所示,其施工程序如下。

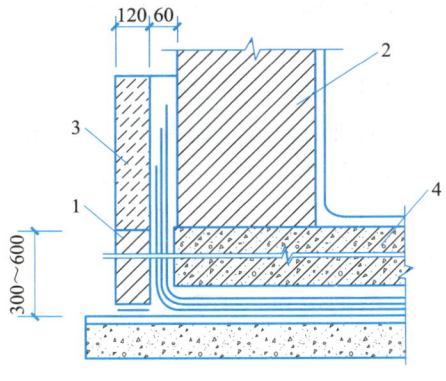

图 8-7 外防外贴法示意图

1—永久保护墙;2—基础外墙;3—临时保护墙;4—混凝土底板

1)先浇筑需防水结构的底面混凝土垫层;在垫层上砌筑永久保护墙,墙下铺一层干油毡。墙的高度不小于需防水结构底板厚度再加 100mm。

2)在永久保护墙上用石灰砂浆接砌临时保护墙,并抹 1:3 水泥砂浆找平;在临时保护墙上抹石灰砂浆找平并刷石灰浆。如用模板代替临时保护墙,则应在其上涂刷隔离剂。

3)待找平层基本干燥后,即可根据所选卷材的施工要求进行铺贴。

4)在大面积铺贴卷材之前,应先在转角处粘贴一层卷材附加层,然后进行大面积铺贴，先铺平面、后铺立面。在垫层和永久保护墙上应将卷材防水层空铺。在临时保护墙（或模板）上应将卷材防水层临时贴附，并将顶端临时固定。

5）浇筑需防水结构的混凝土底板和墙体；在需防水结构外墙外表面抹找平层。

6）主体结构完成后，铺贴立面卷材时，应先将接槎部位的各层卷材揭开，并将其表面清理干净，如卷材有局部损伤，应及时进行修补。当使用两层卷材接槎时，卷材应错槎接缝，上层卷材应盖过下层卷材。

7）待卷材防水层施工完毕，并经过检查验收合格后，应及时做好卷材防水层的保护结构。

(3) 提高卷材防水层质量的措施

1）采用点粘、条粘、空铺的措施可以充分发挥卷材的延伸性能，有效防止卷材被拉裂。

2）增铺卷材附加层。对变形较大、易遭破坏或易老化部位，如变形缝、转角、三面角，以及穿墙管道周围、地下出入口通道等处，均应铺设卷材附加层。

3）做密封处理。在分格缝、穿墙管道周围、卷材搭接缝以及收头部位应做密封处理。

8.2.5 涂料防水层施工

1. 常用的防水涂料类型

(1) 沥青防水涂料

沥青防水涂料的主要成膜物质是由乳化剂配制的乳化沥青和填料组成的。在Ⅰ级防水卷材屋面上单独使用时厚度不应小于8mm，每平方米涂布量约为8kg，因而需多遍涂抹。由于这类涂料的沥青用量大、含固量低、弹性和强度等综合性能较差，在防水工程中已逐渐被淘汰。

(2) 高聚物改性沥青防水涂料

高聚物改性沥青防水涂料的品种有以乳化沥青为基料，掺加氯丁橡胶或再生橡胶水乳液的防水涂料，还有众多的溶剂型改性沥青涂料，如氯丁橡胶沥青涂料、SBS橡胶沥青涂料、丁基橡胶沥青涂料等。

(3) 合成高分子防水涂料

该类涂料的类型有水乳型、溶剂型和反应型三种。其中综合性能较好的品种是反应型的聚氨酯防水涂料。

2. 防水涂料的使用要求

无机防水涂料宜用于地下工程结构主体的背水面，有机防水涂料宜用于地下工程结构主体的迎水面。用于背水面的有机防水涂料应具有较高的抗渗性，且与基层有较好的粘结性。

防水涂料品种的选择应符合下列规定。

(1) 潮湿基层宜选用与潮湿基面粘结力大的无机防水涂料或有机防水涂料，也可先涂无机防水涂料而后再涂有机防水涂料，构成复合防水涂层。

(2) 冬期施工宜选用反应型涂料。

(3) 埋置深度较深的重要工程、有振动或有较大变形的工程，宜选用高弹性防水涂料。

（4）有腐蚀性的地下环境宜选用耐腐蚀性较好的有机防水涂料，并应做刚性保护层。

（5）聚合物水泥防水涂料应选用Ⅱ型产品。

采用有机防水涂料时，基层阴阳角应做成圆弧形，阴角直径宜大于50mm，阳角直径宜大于10mm，在底板转角部位应增加胎体增强材料，并应增涂防水涂料。

防水涂料宜采用外防外涂或外防内涂，其构造分别如图8-8和图8-9所示。

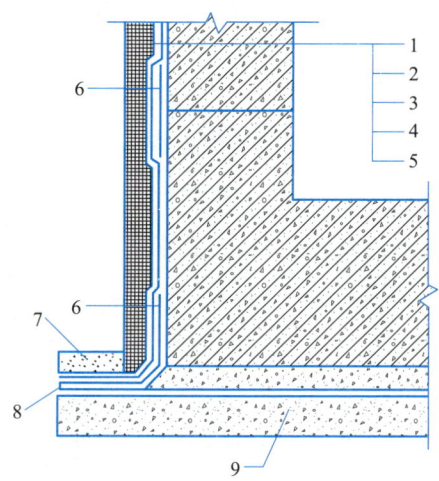

图8-8　防水涂料外防外涂构造

1—面层；2—砂浆保护层；3—涂料防水层；4—砂浆找平层；5—结构墙体；6—涂料防水加强层；
7—涂料防水层搭接部位保护层；8—涂料防水层搭接部位；9—混凝土垫层

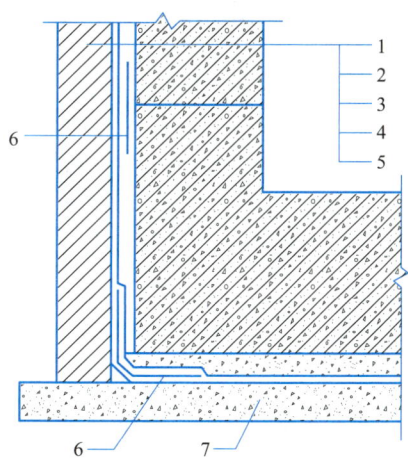

图8-9　防水涂料外防内涂构造

1—面层；2—涂料保护层；3—涂料防水层；4—找平层；5—结构墙体；6—涂料防水加强层；7—混凝土垫层

3．防水涂料涂膜的施工顺序

防水涂料涂膜的施工顺序：基层处理→涂刷底层卷材（聚氨酯底胶）→涂布第一道涂膜防水层（聚氨酯涂膜防水材料）→涂布第二道涂膜防水层→涂布第三道涂膜防水层→稀撒石渣→铺抹水泥砂浆→设置保护层。

涂布顺序为先垂直面,后水平面;先阴阳角及细部,后大面。每层涂布方向应互相垂直。

任务 8.3 屋面防水工程施工

8-2 屋面防水工程

屋面防水是防止雨、雪水对屋面的间歇性浸透,保证建筑物的寿命并使其各种功能正常发挥的一项重要工程。屋面防水工程等级划分详见任务 8.1 中相关规定。工程中按不同的等级进行设防,不同防水等级的平屋面工程的防水做法应符合表 8-6 规定。

平屋面工程的防水做法 表 8-6

防水等级	防水做法	防水层	
		防水卷材	防水涂料
一级	不应少于 3 道	卷材防水层不应少于 1 道	
二级	不应少于 2 道	卷材防水层不应少于 1 道	
三级	不应少于 1 道	任选	

防水屋面的种类包括:卷材防水屋面、涂膜防水屋面、瓦屋面等。下面介绍几种常用防水屋面的施工。

8.3.1 卷材防水屋面施工

卷材防水屋面是防水屋面的主要做法,适用于屋面防水的各个等级。其构造如图 8-10 所示。

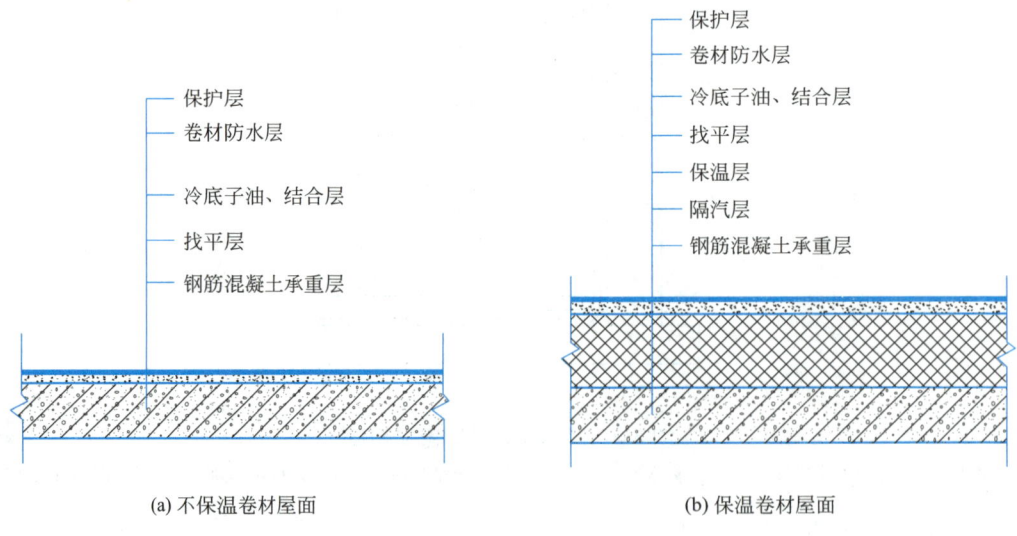

(a) 不保温卷材屋面 (b) 保温卷材屋面

图 8-10 卷材防水屋面构造

1. 材料要求及施工顺序

常用材料包括高聚物改性沥青防水卷材(如 SBS、APP 等)、合成高分子防水卷材以及相应的胶粘剂、基层处理剂、嵌缝膏等。材料的品种、规格、性能及质量等均应符合设计及有关标准的规定，并经抽检合格。

卷材防水屋面的施工顺序主要为：找坡及保温层施工→找平层施工→防水层施工→保护层施工。其中找坡及保温层施工应根据设计要求的材料做法，在结构完成后及时进行施工，以保护结构。

2. 找平层施工

找平层是防水层的依附层，其质量的好坏将直接影响防水层的质量，所以要求找平层必须做到"五要、四不、三做到"。

"五要"：一要坡度准确、排水流畅；二要表面平整；三要坚固；四要干净；五要干燥。"四不"：一是表面不起砂；二是表面不起皮；三是表面不酥松；四是表面不开裂。"三做到"：一要做到混凝土或砂浆配比准确；二要做到表面二次压光；三要做到充分养护。当屋面保温层、找平层因施工时含水率过大或遇雨水浸泡不能及时干燥，而又要立即敷设柔性防水层时，必须将屋面做成排汽屋面，以避免因防水层下部水分汽化造成防水层起鼓破坏，避免因保温层含水率过高造成保温性能降低。如果采用低吸水率（小于6%）的保温材料时，就可以不必做排汽屋面。

(1) 材料做法

找平层可采用水泥砂浆、细石混凝土等材料，做法详见表8-7。

找平层厚度和技术要求 表8-7

类别	基层种类	厚度(mm)	技术要求
水泥砂浆找平层	整体现浇混凝土板	15～20	1:2.5水泥砂浆
	整体材料保温层	20～25	
细石混凝土找平层	装配式混凝土板	30～35	C20混凝土，宜加钢筋网片
	板状材料保温层		C20混凝土

(2) 施工要求

找平层应留设分格缝，缝宽宜为5～20mm，缝内宜嵌填密封材料。分格缝应留设在板端处，纵横间距均不宜大于6m。找平层表面应压实、平整，排水坡度符合设计要求。找平层抹平收水后应二次压光，充分养护，不得有酥松、起砂、起皮现象及过大裂缝。

找平层与突出屋面结构（如女儿墙、天窗壁、立墙、风道口等）的连接处、管根处及基层的转角处（檐口、天沟、屋脊、水落口等），均应做成圆弧。圆弧半径应根据所铺卷材种类确定，对高聚物改性沥青防水卷材为50mm、合成高分子防水卷材为20mm。

3. 保温层、隔热层和隔汽层施工

(1) 保温隔热材料

保温隔热材料有板状保温材料、纤维保温材料、喷涂硬泡聚氨酯和现浇泡沫混凝土。板状保温材料有聚苯乙烯硬质泡沫保温板和聚氨酯硬质泡沫保温板等；纤维保温材料有绝热玻璃棉等。

(2) 保温材料的贮运、保管与验收

1) 保温材料应采取防雨、防潮、防火的措施，并应分类存放。

2）板状保温材料搬运时应轻拿轻放。

3）纤维保温材料应在干燥、通风的房屋内贮存，搬运时应轻拿轻放。

4）板状保温材料进场时应检验表观密度或干密度、压缩强度或抗压强度、导热系数、燃烧性能。

5）纤维保温材料进场时应检验表观密度、导热系数、燃烧性能。

（3）保温层施工

1）板状保温材料保温层可采用干铺法、粘结法和机械固定法进行施工。施工时相邻板块错缝拼接，分层敷设的板块上下层接缝应相互错开，板间缝隙采用同类材料嵌填密实。

2）纤维材料保温层宜采用机械固定法施工，上下层拼接缝应相互错开。

3）喷涂硬泡聚氨酯保温层施工过程中，一个作业面应分遍喷涂，每遍厚度不宜大于15mm，喷涂后20min内严禁上人。

4）现浇泡沫混凝土保温层施工应符合下列规定。

① 现浇泡沫混凝土应按设计要求的干密度和抗压强度进行配合比设计，拌制时应计量准确，并应搅拌均匀。

② 泡沫混凝土应按设计的厚度设定浇筑面标高线，找坡时宜采取挡板辅助措施。

③ 泡沫混凝土的浇筑出料口离基层的高度不宜超过1m，泵送时应采取低压泵送。

④ 泡沫混凝土应分层浇筑，一次浇筑厚度不宜超过200mm，终凝后应进行保湿养护，养护时间不得少于7d。

（4）隔汽层施工

1）隔汽层施工前，基层应进行清理，宜进行找平处理。

2）屋面周边隔汽层应沿墙面向上连续敷设，高出保温层上表面不得小于150mm。

3）采用卷材做隔汽层时，卷材宜空铺，卷材搭接缝应满粘，其搭接宽度不应小于80mm；采用涂膜做隔汽层时，涂料涂刷应均匀，涂层不得有堆积、起泡和露底现象。

4）穿过隔汽层的管道周围应进行密封处理。

（5）倒置式屋面保温层施工

倒置式屋面是把原屋面"防水层在上，保温层在下"的构造设置倒置过来。将憎水性或吸水率较低的保温材料放在防水层上，使防水层不易损伤，提高耐久性，并可防止屋面结构内部结露。倒置式屋面保温层具有节能、保温隔热、延长防水层使用寿命、施工方便、劳动效率高、综合造价经济等优点。

倒置式屋面保温层的施工工艺流程为：基层清理检查、工具准备、材料检验→节点增强处理→防水层施工、检验→保温层敷设、检验→现场清理→保护层施工→验收。

（6）屋面排汽构造施工

保温层材料若采用吸水率低（小于6%）的材料，当它们不再吸水时，保温性能就能得到保证。如果保温层采用吸水率大的材料，当施工时遇雨水或施工用水侵入，造成很大含水率时，许多工程找平层已施工完毕，一时无法干燥，就会导致防水层起鼓，为了避免这种情况，人们就想办法使屋面在使用过程中逐渐将水分蒸发（需几年或几十年时间），过去采取"排汽屋面"的技术措施，也有人称之为呼吸屋面。排汽屋面的直立和弯形排汽出口构造如图8-11和图8-12所示。

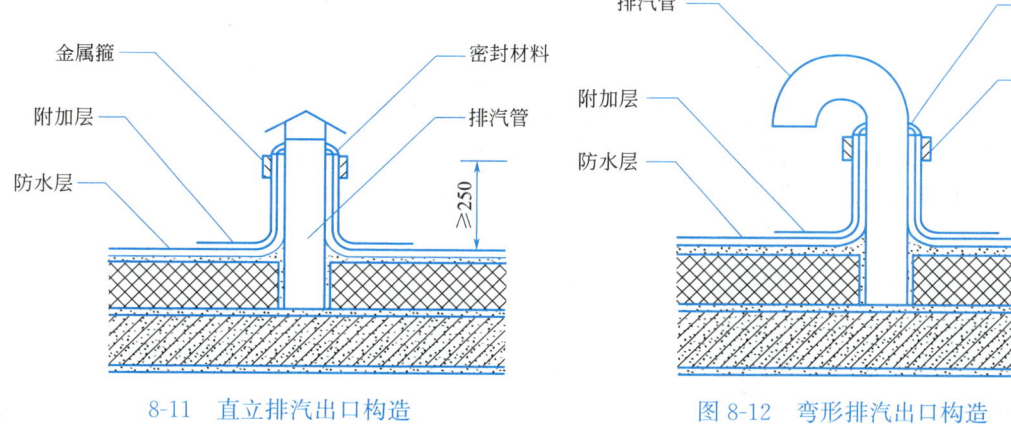

图 8-11 直立排汽出口构造　　　　图 8-12 弯形排汽出口构造

（7）种植隔热层施工

1）种植隔热层挡墙或挡板施工时，留设的泄水孔位置应准确，不得堵塞。

2）凹凸型排水板宜采用搭接法施工，搭接宽度应根据产品的规格具体确定；网状交织排水板宜采用对接法施工；采用陶粒作排水层时，敷设应平整，厚度应均匀。

3）过滤层土工布敷设应平整、无皱折，搭接宽度不应小于100mm，搭接宜采用粘合或缝合处理；土工布应沿种植土周边向上敷设至种植土高度。

4）种植土层的荷载应符合设计要求。种植土、植物等应在屋面上均匀堆放，且不得损坏防水层。

（8）架空隔热层施工

1）架空隔热层施工前，应将屋面清扫干净，并应根据架空隔热制品的尺寸弹出支座中线。

2）在架空隔热制品支座底面，应对卷材、涂膜防水层采取加强措施。

3）敷设架空隔热制品时，应随时清扫屋面防水层上的落灰、杂物等，操作时不得损伤已完工的防水层。

4）架空隔热制品的敷设应平整、稳固，缝隙应勾填密实。

（9）蓄水隔热层施工

1）蓄水池的所有孔洞应预留，不得后凿。所设置的溢水管、排水管和给水管等，应在混凝土施工前安装完毕。

2）每个蓄水区的防水混凝土应一次施工完毕，不得留置施工缝。

3）蓄水池的防水混凝土施工时，环境气温宜为5～35℃，并应避免在冬期和高温期施工。

4）蓄水池的防水混凝土完工后，应及时进行养护，养护时间不得少于14d，蓄水后不得断水。

5）蓄水池的溢水口标高、数量、尺寸应符合设计要求。过水孔应设在分仓墙底部，排水管应与水落管连通。

4．屋面防水卷材施工

（1）防水卷材的选用

1）根据当地历年最高气温、最低气温、屋面坡度和使用条件等因素，选择耐热度、柔性相适应的卷材。

2）根据地基变形程度、结构形式、当地年温差、日温差和振动等因素，选择拉伸性能合适的卷材。

3）根据屋面防水卷材的暴露程度，选择耐紫外线、耐穿刺、耐老化或耐霉烂的卷材。

4）自粘橡胶沥青防水卷材和自粘聚酯毡改性沥青防水卷材（0.5mm厚铝箔覆面者除外）不得用于外露的防水层。

（2）防水卷材的贮运、保管及验收

1）防水卷材的贮运、保管应符合下列规定。

① 不同品种、规格的卷材应分别堆放。

② 卷材应贮存在阴凉通风处，应避免雨淋、日晒和受潮，严禁接近火源。

③ 卷材应避免与化学介质及有机溶剂等有害物质接触。

2）进场的防水卷材应检验下列项目。

① 高聚物改性沥青防水卷材的可溶物含量、拉力、最大拉力时延伸率、耐热度、低温柔性、不透水性。

② 合成高分子防水卷材的断裂拉伸强度、扯断伸长率、低温弯折性、不透水性。

3）胶粘剂和胶粘带的贮运、保管应符合下列规定。

① 不同品种、规格的胶粘剂和胶粘带，应分别用密封桶或纸箱包装。

② 胶粘剂和胶粘带应贮存在阴凉通风的室内，严禁接近火源和热源。

4）进场的基层处理剂、胶粘剂和胶粘带，应检验下列项目。

① 沥青基防水卷材基层处理剂的固体含量、耐热性、低温柔性、剥离强度。

② 高分子胶粘剂的剥离强度、浸水168h后的剥离强度保持率。

③ 改性沥青胶粘剂的剥离强度。

④ 合成橡胶胶粘带的剥离强度、浸水168h后的剥离强度保持率。

5）卷材防水层的施工环境温度应符合下列规定。

① 热熔法和焊接法不宜低于－10℃。

② 冷粘法和热粘法不宜低于5℃。

③ 自粘法不宜低于10℃。

（3）卷材防水层基层要求

卷材防水层基层应坚实、干净、平整，应无孔隙、起砂和裂缝。基层的干燥程度应根据所选防水卷材的特性确定。

采用基层处理剂时，其配制与施工应符合下列规定。

1）基层处理剂应与防水卷材配套。

2）基层处理剂应配比准确，并应搅拌均匀。

3）喷、涂基层处理剂前，应先对屋面细部进行涂刷。

4）基层处理剂可选用喷涂或涂刷施工工艺，喷、涂应均匀一致，干燥后应及时进行卷材施工。

（4）卷材铺贴顺序和卷材搭接

1）卷材铺贴顺序。

卷材铺贴应按"先高后低，先远后近"的顺序施工。高低跨屋面，应先铺高跨屋面，后铺低跨屋面；在同高度大面积的屋面，应先铺离上料点较远的部位，后铺离上料点较近部位。

应先进行细部结构处理，后大面积处理，由屋面最低标高向上铺贴。卷材大面积铺贴前，应先做好节点密封处理、附加层和屋面排水较集中部位（屋面与水落口连接处、檐口、天沟、檐沟、屋面转角处、板端缝等）的处理、分格缝的空铺条处理等。铺贴天沟、檐沟卷材时，宜顺天沟、檐沟方向铺贴，从水落口处向分水线方向铺贴，以减少搭接。卷材宜平行屋脊铺贴，上下层卷材不得相互垂直铺贴。立面或大坡面铺贴卷材时，应采用满粘法，并宜减少卷材短边搭接。卷材配置示意图如图 8-13 所示。

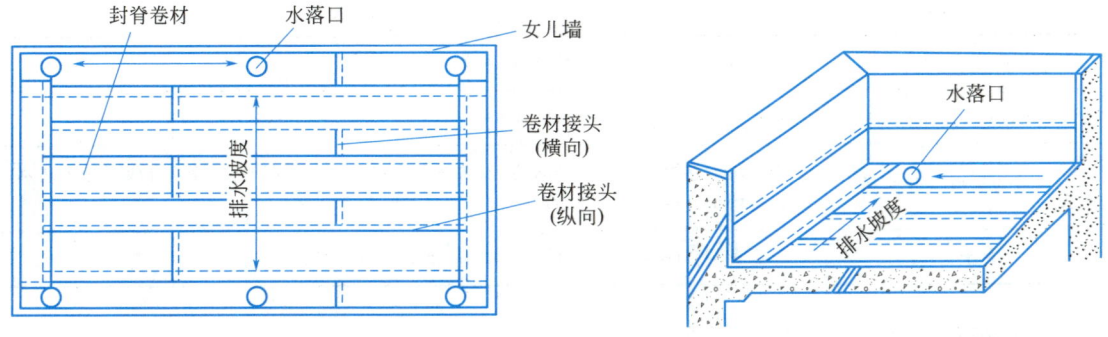

图 8-13　卷材配置示意图

为了保证防水层的整体性，减少漏水的可能性，屋面防水工程应尽量不划分施工段；当需要划分施工段时，施工段的划分宜设在屋脊、天沟、变形缝等处。

2）卷材搭接。

① 平行屋脊的搭接缝应顺流水方向，搭接缝宽度应符合规范规定。

② 同一层相邻两幅卷材短边搭接缝错开不应小于 500mm。

③ 上下层卷材长边搭接缝应错开，且不应小于幅宽的 1/3。

④ 当卷材叠层敷设时，上下层不得相互垂直铺贴，以免在搭接缝垂直交叉处形成挡水条。叠层敷设的各层卷材，在天沟与屋面的连接处应采取叉接法搭接，搭接缝应错开。二层、三层卷材铺贴分别如图 8-14 和图 8-15 所示。搭接缝宜留在屋面或天沟侧面，不宜留在沟底。

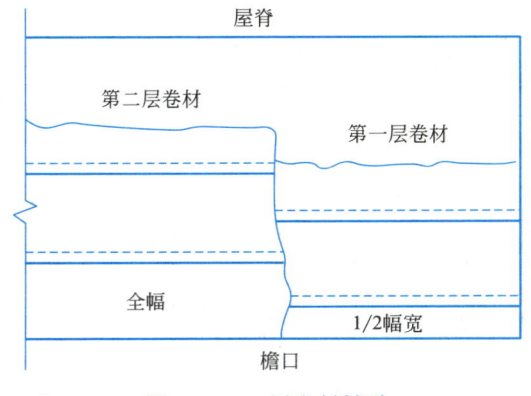

图 8-14　二层卷材铺贴

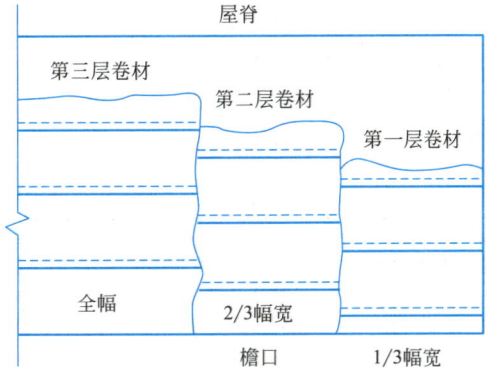

图 8-15　三层卷材铺贴

卷材铺贴的搭接方向主要根据铺贴位置的坡度和是否有振动确定。对于高分子卷材的铺贴方向要求不严格,为便于施工,一般顺屋脊方向铺贴,搭接方向应顺流水方向,不得逆流水方向,避免流水冲刷接缝,使接缝损坏。垂直屋脊方向铺贴卷材时,应顺大风方向。在铺贴卷材时,不得污染檐口的外侧和墙面。高聚物改性沥青防水卷材和合成高分子防水卷材的搭接缝,宜用材料性能相容的密封材料封严。

卷材铺贴搭接方向及要求见表8-8。

卷材铺贴搭接方向及要求　　　　　　　　　　　　　　　表8-8

屋面坡度	铺贴方向和要求
小于3∶100	卷材宜平行屋脊方向铺贴,即顺平面长向为宜
(3∶100)～(3∶20)	卷材可平行或垂直屋脊方向铺贴
大于3∶20或受振动	沥青防水卷材应垂直屋脊铺贴,改性沥青防水卷材宜垂直屋脊铺贴,合成高分子防水卷材可平行或垂直屋脊铺贴
大于1∶4	应垂直屋脊铺贴,并应采取固定措施,固定点还应密封

卷材搭接宽度见表8-9。

卷材搭接宽度(单位:mm)　　　　　　　　　　　　　　表8-9

卷材种类		铺贴方法			
		短边搭接		长边搭接	
		满粘法	空铺、点粘、条粘法	满粘法	空铺、点粘、条粘法
沥青防水卷材		100	150	70	100
高聚物改性沥青防水卷材		80	100	80	100
合成高分子卷材	胶粘剂	80	100	80	100
	胶粘带	50	60	50	60
	单焊缝	60(有效焊接宽度不小于25)			
	双焊缝	80(有效焊接宽度10×2+空腔宽)			

(5)卷材施工工艺

卷材与基层的连接方式有满粘法、空铺法、条粘法、点粘法四种(表8-10)。在工程应用中应根据建筑部位、使用条件、施工情况,选用其中一种或两种,并且在图纸上应注明。

卷材与基层连接方式(单位:mm)　　　　　　　　　　　表8-10

连接方式	具体做法	适用条件
满粘法	满粘法又称全粘法,即在铺贴防水卷材时,卷材与基面全部粘结牢固的施工方法,通常热熔法、冷粘法、自粘法使用这种方法粘贴卷材	屋面防水面积较小,结构变形不大,找平层干燥

续表

连接方式	具体做法	适用条件
空铺法	铺贴防水卷材时,卷材与基面仅在四周一定宽度内粘结,其余部分不粘贴的施工方法。施工时檐口、屋脊、屋面转角、伸出屋面的出气孔、烟囱根等部位,采用满粘法,粘结宽度不小于800mm	适用于基层潮湿、找平层水汽难以排出及结构变形较大的屋面
条粘法	铺贴防水卷材时,卷材与屋面采用条状粘结的施工方法,每幅卷材粘结面不少于2条,每条粘结宽度不少于150mm,檐口、屋脊、伸出屋面管口等细部做法同空铺法	适用于结构变形较大、基面潮湿、排汽困难的层面
点粘法	铺贴防水卷材时,卷材与基面采用点粘的施工方法,要求每平方米范围内至少有5个粘结点,每点面积不少于100mm×100mm,屋面四周粘结,檐口、屋脊、伸出屋面管口等细部做法同空铺法	适用于结构变形较大、基面潮湿、排汽有一定困难的屋面

高聚物改性沥青防水卷材粘结方法见表8-11。

高聚物改性沥青防水卷材粘结方法　　　　　　　　表8-11

项目	冷粘法	热熔法
1	基面涂刷基面处理剂	基面涂刷基面处理剂
2	卷材底面、基面涂刷胶粘剂,涂抹均匀,不漏底,不堆积	边铺边撕去底层隔离纸
3	根据胶粘剂性能及气温,控制涂胶后的最佳粘结时间,一般用手触及表面似粘非粘为最佳	辊压、排气、粘牢
4	铺贴排气粘牢后,溢出的胶粘剂随即刮平封口	先加热粘牢固定搭接部分,用热风焊枪加热,自粘胶溢出时随即刮平封口
5	—	铺贴立面及大坡面时应先加热粘牢固定

合成高分子防水卷材粘结技术要求见表8-12。

合成高分子防水卷材粘结方法　　　　　　　　表8-12

项目	冷粘法	自粘法	热风焊接法
1	在找平层上均匀涂刷基面处理剂	同高聚物改性沥青防水卷材	基面应清扫干净
2	在基面、卷材底面涂刷配套胶粘剂		卷材铺放平顺,搭接尺寸正确
3	控制粘合时间,一般用手触及表面,以胶粘剂不粘手为最佳时间		控制热风加热温度和时间
4	粘合时不得用力拉伸卷材,避免卷材铺贴后处于受拉状态		卷材排气、铺平
5	辊压、排气、粘牢		先焊长边搭接缝,后焊短边搭接缝
6	清理卷材搭接缝的搭接面,涂刷接缝专用胶,辊压、排气、粘牢		机械固定

卷材的施工工艺如下。

1）卷材冷粘法施工工艺。

冷粘法施工是指在常温下采用胶粘剂等材料进行卷材与基层、卷材与卷材间粘结的施工方法。卷材采用自粘胶铺贴施工也属冷粘法施工。该工艺在常温下作业，不需要加热或明火，施工方便、安全，但要求基层干燥，胶粘剂的溶剂（或水分）充分挥发，否则不能保证粘结的质量。冷粘法施工选择的胶粘剂应与卷材配套、相容且粘结性能满足设计要求。

冷粘法铺贴卷材的工艺流程。

基层清理→基层干燥程度检查→节点附加增强层铺贴→定位弹线试铺→胶粘剂称量、搅拌→涂基层处理剂→基层卷材涂胶粘剂→铺贴卷材→碾压排气贴实→接缝处涂刷胶粘剂→辊压排气粘合→接缝处卷材末端收头→节点密封→检查修整→验收→保护层施工。

2）卷材自粘法施工工艺。

自粘型卷材在工厂生产时，在其底面涂有一层压敏胶，胶粘剂表面敷有一层隔离纸。施工时只要剥去隔离纸，即可直接铺贴。自粘型卷材通常为高聚物改性沥青防水卷材，施工一般可采用满粘法和条粘法进行铺贴。采用条粘法时，需将卷材与基层脱离的部位采用隔离措施，如在基层上刷一层石灰水或加铺一层撕下的隔离纸。铺贴时为增加粘结强度，基层表面也应涂刷基层处理剂。干燥后应及时铺贴卷材，可采用滚铺法或抬铺法进行。

铺贴自粘型卷材施工工艺流程。

基层清理→基层干燥程度检查→涂基层处理剂→节点附加增强层铺贴→定位弹线试铺→揭去卷材底面隔离纸，随即铺贴卷材→辗压排气贴实→粘贴接缝口→辗压排气粘合→接缝口卷材末端收头→节点密封→检查修整→验收→保护层施工。

8.3.2 涂膜防水屋面施工

涂膜防水屋面是在屋面基层上涂刷防水涂料，经固化后形成一层有一定厚度和弹性的整体涂膜从而达到防水目的的一种防水屋面形式。其典型的构造层次如图 8-16 所示。这种屋面具有施工操作简便，无污染、冷操作、无接缝，能适应复杂基层，防水性能好，温度适应性强，容易修补等特点。适用于防水等级为三级、四级的屋面防水；也可作为一级、二级屋面多道防水设防中的一道防水层。

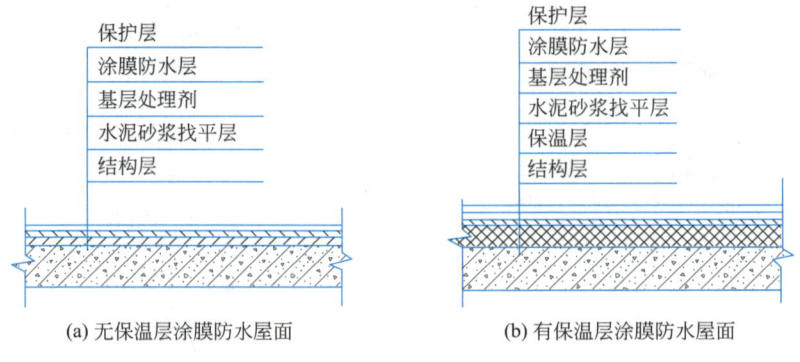

图 8-16 涂膜防水屋面构造图
(a) 无保温层涂膜防水屋面 (b) 有保温层涂膜防水屋面

1. 防水涂料和胎体增强材料的贮运、保管及验收

(1) 防水涂料和胎体增强材料的贮运、保管,应符合下列规定。

1) 包装防水涂料的容器应密封,容器表面应标明涂料名称、生产厂家、执行标准号、生产日期和产品有效期,并应分类存放。

2) 反应型和水乳型涂料贮运和保管环境温度不宜低于5℃。

3) 溶剂型涂料贮运和保管环境温度不宜低于0℃,并不得日晒、碰撞和渗漏。保管环境应干燥、通风,并应远离火源、热源。

4) 胎体增强材料贮运、保管环境应干燥、通风,并应远离火源、热源。

(2) 进场的防水涂料和胎体增强材料应检验下列项目。

1) 高聚物改性沥青防水涂料的固体含量、耐热性、低温柔性、不透水性、断裂伸长率或抗裂性。

2) 合成高分子防水涂料和聚合物水泥防水涂料的固体含量、低温柔性、不透水性、拉伸强度、断裂伸长率。

3) 胎体增强材料的拉力、延伸率。

2. 涂膜防水层的施工环境温度

(1) 水乳型及反应型涂料宜为5~35℃。

(2) 溶剂型涂料宜为-5~35℃。

(3) 热熔型涂料不宜低于-10℃。

(4) 聚合物水泥涂料宜为5~35℃。

3. 涂膜防水层的基层要求

涂膜防水层基层应坚实平整,排水坡度应符合设计要求,否则会导致防水层积水。同时防水层施工前基层应干净、无孔隙、起砂和裂缝,以保证涂膜防水层与基层有较好的粘结强度。

4. 涂膜防水层施工要求

涂膜防水层施工应符合下列规定。

(1) 防水涂料应多遍均匀涂布,涂膜总厚度应符合设计要求。

(2) 涂膜间夹铺胎体增强材料时,宜边涂布边铺胎体。胎体应铺贴平整,排除气泡,并应与涂料粘结牢固。在胎体上涂布涂料时,应使涂料浸透胎体,并且覆盖完全,不得有胎体外露现象。最上面的涂膜厚度不应小于1mm。

(3) 涂膜施工应先做好细部处理,再进行大面积涂布。

(4) 屋面转角及立面的涂膜应薄涂多遍,不得流淌和堆积。

5. 涂膜防水的操作方法

涂膜防水的操作方法有涂刷法、涂刮法、喷涂法,具体适用范围如下。

涂刷法:用于立面和细部节点处理及黏度较小的高聚物改性沥青防水涂料和合成高分子涂料。

涂刮法:用于黏度较大的高聚物改性沥青防水涂料和合成高分子防水涂料的大面积施工。

喷涂法:用于黏度较小的高聚物改性沥青防水涂料和合成高分子防水涂料的大面积施工。

6. 涂膜防水层的施工流程

涂膜防水层的常规施工程序：施工准备工作→板缝处理及基层施工→基层检查及处理→涂刷基层处理剂→节点和特殊部位附加增强处理→涂布防水涂料、铺贴胎体增强材料→防水层清理与检查整修→保护层施工。

8.3.3 瓦屋面施工

瓦屋面采用的木质基层、顺水条、挂瓦条的防腐及防锈蚀、防火及防蛀处理，均应符合设计要求。屋面木质基层应铺钉牢固、表面平整。钢筋混凝土基层的表面应平整、干净、干燥。

烧结瓦、混凝土瓦的贮运、保管应轻拿轻放，不得抛扔、碰撞。进入现场后应堆垛整齐。进场的烧结瓦、混凝土瓦应检验抗渗性、抗冻性和吸水率等项目。顺水条应顺流水方向固定，间距不宜大于500mm，顺水条应铺钉牢固、平整。挂瓦条时应拉通线，挂瓦条的间距应根据瓦片尺寸和屋面坡长计算确定，挂瓦条应铺钉牢固、平整，上棱应成一条直线。

铺设瓦屋面时，瓦片应均匀分散堆放在两坡屋面基层上，严禁集中堆放。应由两坡从下向上同时对称铺设，瓦片应铺成整齐的行列，并应彼此紧密搭接，做到瓦榫落槽、瓦脚挂牢、瓦头排齐，且无翘角和张口现象，檐口应成一直线。脊瓦搭盖间距应均匀，脊瓦与坡面瓦之间的缝隙应用聚合物水泥砂浆填实抹平，屋脊或斜脊应顺直。沿山墙的一行瓦宜用聚合物水泥砂浆做出披水线。

檐口第一根挂瓦条应保证瓦头出檐口50～70mm，屋脊两坡最上面的一根挂瓦条，应保证脊瓦在坡面瓦上的搭盖宽度不小于40mm。钉檐口条或封檐板时，均应高出挂瓦条20～30mm。

烧结瓦、混凝土瓦屋面完工后，应避免屋面受物体冲击，严禁随意上人或堆放物件。

任务8.4　室内其他部位防水施工

8-3　室内其他部位防水工程

卫生间、厨房是建筑物中不可忽视的防水工程部位，其具有施工面积小，穿墙管道多，设备多，阴阳转角复杂，房间长期处于潮湿受水状态等不利条件。传统的卷材防水做法已不适应卫生间、厨房防水施工的特殊性，为此，通过大量的实验和实践证明，以涂膜防水代替各种卷材防水，尤其是选用高弹性的聚氨酯涂膜防水或选用弹塑性的氯丁胶乳沥青涂料防水等新材料和新工艺，可以使卫生间、厨房的地面和墙面形成一个没有接缝、封闭严密的整体防水层，从而提高其防水工程质量。下面以卫生间为例，介绍其防水做法。

8.4.1 卫生间楼地面聚氨酯涂膜防水施工

卫生间作为建筑物中用水频繁且环境潮湿的区域，其楼地面的防水处理直接关系楼下住户的居住体验以及整栋建筑的结构安全。聚氨酯涂膜防水以其优异的防水性能、良好的柔韧性和较强的附着力，成为卫生间楼地面防水施工的常用方法，其施工流程如下。

1. 施工准备

(1) 材料准备

1) 聚氨酯防水涂料：应选用符合国家标准、环保性能良好的产品，根据设计要求确定涂料的型号与规格。一般分为单组分和双组分，双组分聚氨酯防水涂料在施工时需按规定比例现场调配，确保涂料性能稳定。

2) 辅助材料：包括玻纤网格布，用于增强防水层的抗裂能力，特别是在阴阳角、管根等易变形部位；密封膏，用于密封管根、地漏等部位的缝隙，防止渗漏；底涂材料，用于增强基层与防水层的粘结力。

(2) 工具准备

1) 涂刷工具：毛刷用于细部节点的精细涂刷，如阴阳角、管根周围；滚刷适用于大面积的防水涂料涂抹，能提高施工效率，保证涂层均匀。

2) 测量工具：水准仪、靠尺等，水准仪用来精确测量楼地面坡度，确保排水顺畅，靠尺用于检查墙面平整度，保证防水层施工质量。

3) 搅拌工具：电动搅拌器，当使用双组分聚氨酯防水涂料时，用于将两组分充分搅拌均匀，确保涂料性能达到最佳。

2. 基层处理

(1) 清理基层：将卫生间楼地面及墙面（涂刷高度范围内）的灰尘、杂物、油污等彻底清除干净，可采用扫帚清扫、吸尘器吸尘以及洗涤剂清洗等方法相结合。若基层表面有浮浆，需用钢丝刷打磨去除，确保基层坚实、洁净。

(2) 修补基层：检查基层是否存在空鼓、裂缝、孔洞等缺陷。对于空鼓部分，应将其铲除，重新用水泥砂浆修补平整，并压实、养护；宽度小于0.5mm的裂缝，可用防水涂料直接涂刷封闭，宽度大于0.5mm的裂缝，需沿裂缝开槽，深度不小于20mm，宽度为20～30mm，然后用堵漏材料填补、压实，再进行下一步施工；孔洞则需用水泥砂浆填补平整。

(3) 基层湿润：在涂刷防水涂料前，用干净的水将基层表面适度润湿，但不能有积水，使基层达到外干内湿的状态，这样有利于防水涂料与基层更好地粘结。

3. 细部节点处理

(1) 阴阳角：阴阳角是防水的薄弱环节，应将其做成半径不小于50mm的圆角或八字角，可使用水泥砂浆仔细抹制。在涂刷防水涂料时，先在阴阳角处涂刷一层附加层，宽度不小于500mm，采用玻纤网格布增强，确保阴阳角处的防水效果。

(2) 管根：清理管根周围的杂物，将管根部位凿毛，然后用密封膏嵌填密实，高度不低于50mm。在管根上方缠绕玻纤网格布，宽度不小于200mm，并涂刷防水涂料，形成多层防护，防止管根处渗漏。

(3) 地漏：地漏与楼地面交接处要清理干净，用密封膏封严，确保地漏排水顺畅且不漏水。在地漏周围涂刷附加层，半径不小于300mm，同样采用玻纤网格布增强。

4. 涂刷防水涂料

(1) 底涂施工：在处理好的基层上，先涂刷一层底涂材料，用毛刷或滚刷均匀涂抹，确保基层全覆盖，厚度为0.1～0.2mm，其目的是增强基层与后续防水层的粘结力，待底涂干燥固化后（一般根据产品说明书，为2～4h），方可进行下一步施工。

(2) 防水层涂刷：一般采用十字交叉法进行涂刷。第一遍横向涂刷，从卫生间的一端向另一端均匀涂抹聚氨酯防水涂料,厚度为 0.5~0.8mm,确保涂料覆盖全面,无漏刷区域;第二遍纵向涂刷,与第一遍形成交叉,使涂料分布更加均匀,避免出现气泡、厚度不均等问题,这一遍厚度为 0.5~0.8mm。两遍涂料的总厚度应达到设计要求。在涂刷过程中,要注意控制涂料的厚度,可通过测量工具定期检查。

每遍涂料涂刷完毕后,需等待干燥固化。这一时间间隔要严格按照涂料产品说明书执行,一般约为 24h。在干燥过程中,要确保卫生间通风良好,避免灰尘等杂质污染涂层。

5. 闭水试验

在聚氨酯防水层完全干燥固化,且表面无起皱、无气泡、无破损等现象后,进行闭水试验。将卫生间门口用水泥砂浆或沙袋等进行封堵,确保水不会外流。然后向卫生间内注水,水位高度不低于 20mm,蓄水时间不少于 24h。

在蓄水期间,要密切观察楼下对应位置及卫生间周边墙面是否有渗漏现象。可以定时到楼下住户卫生间查看天花板有无水滴落下,同时检查自家卫生间墙面有无湿润、渗水迹象。如无渗漏,则防水施工合格;如有渗漏,要及时查找原因,可能是防水层有破损、管根密封不严等问题,需对渗漏部位进行修补,重新进行闭水试验,直至合格为止。

6. 保护层施工

闭水试验合格后,为防止后续施工对防水层造成破坏,需在楼地面防水层上施工一层保护层。通常采用水泥砂浆,厚度为 20~30mm。

水泥砂浆保护层施工时,要注意振捣密实,表面平整,坡度符合排水设计要求。一般卫生间楼地面应向地漏方向找坡,坡度不小于 1%,确保排水顺畅。施工完成后,要进行养护,养护时间不少于 7d,可采用洒水、覆盖湿麻袋等方式,保证水泥砂浆强度正常增长。

8.4.2　卫生间楼地面氯丁胶乳沥青防水涂料施工

氯丁胶乳沥青防水涂料是以氯丁橡胶和沥青为基料,经加工合成的一种水乳型防水涂料。它兼有橡胶和沥青的双重优点,具有防水、抗渗、耐老化、不易燃、无毒、抗基层变形能力强等优点,冷作业施工,操作方便。

1. 施工准备

(1) 材料准备

1) 氯丁胶乳沥青防水涂料:依据设计及实际工程需求确定涂料的具体规格与用量,选用正规厂家生产、质量稳定且符合环保要求的产品。该涂料的水乳特性使其在储存与使用过程中需注意温度,避免受冻或过热导致涂料变质。

2) 辅助材料:与聚氨酯涂膜防水施工要求相同。

(2) 工具准备

1) 涂刷工具、测量工具与聚氨酯涂膜防水施工要求相同。

2) 裁剪工具:剪刀、美工刀用于裁剪玻纤布,使其尺寸精准贴合各施工部位,避免浪费材料并确保施工效果。

2. 基层处理及细部节点处理

该部分内容与聚氨酯涂膜防水施工要求相同。

3. 涂刷防水涂料与铺贴玻纤布

（1）底涂施工：与聚氨酯涂膜防水施工要求相同。

（2）一布三油施工：

1）第一遍油：涂刷氯丁胶乳沥青防水涂料，从卫生间一端向另一端均匀涂抹，厚度为 0.4～0.6mm，确保涂料无漏刷。

2）铺第一层玻纤布：在第一遍涂料未干时，将裁剪好的玻纤布铺贴在上面，玻纤布要平整无褶皱，并用毛刷或滚刷从中心向四周轻轻压平，使玻纤布与涂料充分浸润、贴合。

3）第二遍油：在玻纤布铺贴完成后，立即涂刷第二遍涂料，厚度为 0.4～0.6mm，将玻纤布完全覆盖，确保玻纤布与涂料形成一个整体，增强防水层的强度与防水性能。

4）第三遍油：待第二遍涂料干燥固化后（约24h），涂刷第三遍涂料，厚度为 0.4～0.6mm，进一步强化防水层，填补可能存在的孔隙，使防水层更加致密。

（3）二布六油施工：重复上述一布三油的施工步骤，进行第二次玻纤布铺贴与后续三遍涂料涂刷，最终形成二布六油的防水层结构。在整个施工过程中，要严格控制每遍涂料的厚度与玻纤布的铺贴质量，确保防水层的整体性与防水效果。

4. 闭水试验及保护层施工

与聚氨酯涂膜防水施工要求相同。

8.4.3 卫生间防水施工注意事项

1. 施工用材料有毒性，存放材料的仓库和施工现场必须通风良好，无通风条件的地方必须安装机械通风设备。

2. 施工材料多属易燃物质，存放、配料以及施工现场必须严禁烟火，现场要配备足够的消防器材。

3. 在施工过程中，严禁上人踩踏未完全干燥的涂膜防水层。操作人员应穿平底胶布鞋，以免损坏涂膜防水层。

4. 凡需做附加补强层的部位应先施工，然后再进行大面防水层施工。

5. 已完工的涂膜防水层，必须经蓄水试验无渗漏现象后，方可进行刚性保护层的施工。进行刚性保护层施工时，切勿损坏防水层，以免留下渗漏隐患。

【勤练入心】

一、单选题

1. 防水卷材的铺贴应采用（　　）。
 A. 平接法　　　B. 搭接法　　　C. 顺接法　　　D. 层叠法

2. 工程防水等级为一级的防水做法，不应少于（　　）道。
 A. 1　　　　　B. 2　　　　　C. 3　　　　　D. 4

3. 一道卷材防水层的最小厚度，热沥青粘结和胶粘法施工聚合物改性防水层最小厚度（　　）mm。
 A. 3　　　　　B. 2.5　　　　C. 2　　　　　D. 1.5

4. 卷材防水施工时，同一层相邻两幅卷材短边搭接缝错开不应小于（　　）mm。

A. 200　　　　B. 250　　　　C. 300　　　　D. 500

5. 下列各种地下防水工程，应采用一级防水等级设防的是（　　）。

A. 涵洞　　　　B. 计算机房　　　C. 食堂　　　　D. 停车场

二、填空题

1. 地下工程的防水等级分为（　　　　）级。防水混凝土的环境温度不得高于80℃。
2. 防水卷材按原材料性质分类主要有（　　　　）、（　　　　）和（　　　　）三大类。
3. 地下工程防水等级中一级防水标准是（　　　　）。
4. 防水混凝土施工缝的处理中，墙体水平施工缝应留在高出底板表面不小于（　）mm的墙体上。
5. 涂料防水层施工中，聚氨酯防水涂料属于（　　　　）类型的涂料。

三、判断题

1. 防水工程是建设工程中的重要组成部分。（　　）
2. 柔性防水材料包括各类卷材、涂膜防水。（　　）
3. 地下工程防水等级分为二级。（　　）
4. 一级防水工程允许有少量渗水。（　　）
5. 防水混凝土施工中，模板安装不需要特别注意拼缝严密。（　　）

四、简单题

1. 常用防水卷材有哪些种类？
2. 简述涂膜防水的施工工艺和施工顺序。
3. 简述卷材铺贴顺序和卷材搭接要求。

【思政入神】

"防水专家"杜天刚：匠心独运，守护建筑无渗漏

在建筑领域，防水技术至关重要，关乎建筑安全与持久。杜天刚，被誉为"杜防水"，是国家防水产业技术创新战略联盟专家委员会的防水技术专家，以其精湛技艺和对品质的不懈追求，在业内享有盛誉。

杜天刚出生于重庆忠县，凭借对防水技术的热爱与执着，自学成才，不断钻研新技术、新工艺，成为行业翘楚。他的工作室挂着"杜防水，杜绝渗漏"的标语，彰显自信与匠心。

杜天刚的职业生涯充满挑战与辉煌。他参与哈大高铁、兰新铁路等重大工程，带领团队完成上千个防渗工程，至今无一返修，堪称奇迹。他坚守工匠精神，以极高标准要求自己和团队，确保每个细节做到完美，赢得了广泛赞誉。他认为，防水工程不仅解决渗漏，更保障建筑安全，守护生命财产安全。正是这种对质量的极致追求，使他的工程从未出现过质量问题，赢得了业界和客户的广泛赞誉。

嘉悦大桥防渗处理是杜天刚的杰作之一。大桥桥墩渗水，工程停滞。他迎难而上，创新提出开挖"喇叭口"缝槽灌注防渗材料，成功解决问题，节省数千万元费用，确保大桥如期通车。长春西客站防渗处理中，他特地请铁匠打造了一个类似于"掏耳勺"的精细工具，用

以清理建筑残渣。正是这份对工艺的极致追求，使得他的工程总能做到"一劳永逸"。

谈及成功的秘诀，杜天刚坦言："完全没有秘诀可言，靠的只是'用心'二字。"他认为，防渗材料已与国际接轨，但渗漏问题频发，根源在于施工者的不用心。他强调责任感和爱心，深知防水工程对民生的重要性，将质量放在首位。他将实干与巧干结合，注重体力与智慧融合，精益求精，才能脱颖而出。

杜天刚不仅追求个人成就，更关注行业发展。他组建全国首个建筑灌浆防渗技术协会，推动国内外技术交流与合作。他分享经验技艺，希望通过传承创新，推动行业持续发展。同时，他热心公益，积极参与慈善活动，展现社会担当。

杜天刚表示，随着时代进步，"不漏"仅是防水的基本要求，行业应有更远大目标，使家园更安全、更耐久、更绿色。他愿传承技艺，培养更多专业人才，为百姓解决实际困难。

杜天刚的事迹不仅彰显了工匠精神的时代价值，也为防水行业树立了标杆。他用实际行动诠释了什么是真正的"精益求精"，成为行业内外学习的榜样。他的故事将激励更多人追求卓越、勇于创新，为推动行业的发展贡献自己的力量。

【案例入魂】

杜绝漏水房屋，发扬工匠精神

一、事故案例背景

在广州从化某高端休闲养生楼盘，业主入住几年后，频繁出现渗漏问题。尽管物业公司指定的维修公司进行了多次补漏，但问题依然没有得到有效解决。随着渗漏问题的持续，业主们的投诉不断增加，矛盾愈演愈烈。最终，相关主管部门介入并推荐了广州市某建筑工程技术有限公司来解决该小区的渗漏问题。

二、事故分析

渗漏问题的根源：最初的渗漏问题可能源于施工质量不达标，使用的材料不合格，或设计缺陷等。物业公司未能有效解决问题，导致业主对其失去信心。

三、事故处理

广州市某建筑工程技术有限公司在该项目上的处理措施包括以下方面。

1. 全面调查和评估：对渗漏问题进行全面调查，找出根本原因。
2. 严格质量控制：建立完善的质量控制体系，确保每个环节都符合标准。
3. 施工工艺的规范化：按照行业规范和技术标准进行施工，确保施工质量。
4. 闭水试验：在防水施工完成后，进行闭水试验，确保无渗漏现象。
5. 业主沟通：与业主保持良好的沟通，及时反馈施工进展，增强业主的信任感。

经过广州市某建筑工程技术有限公司的专业维修，该小区的渗漏问题得以彻底解决，业主们对公司给予了高度评价，甚至主动要求该公司为其他物业进行维修，形成了良好的口碑效应。

四、事故教育

1. 责任感与使命感

作为未来的建筑工程师，学生应认识到自己在工程质量和安全中的责任，时刻保持对业主和社会的责任感，确保每一项工程都能经得起时间的考验。

2. 专业精神与匠心

广州市某建筑工程技术有限公司的成功案例体现了专业精神和匠心品质的重要性。学生应学习该公司在施工中的严谨态度，注重细节，追求卓越，努力成为行业中的佼佼者。

3. 诚信与信任

企业的信誉和口碑是其生存和发展的基石，诚信经营、树立良好的企业形象是赢得客户信任的关键。

4. 持续学习与创新

建筑行业技术更新迅速，学生应保持持续学习的态度，关注行业动态，勇于创新，以适应不断变化的市场需求。

通过对广州市某建筑工程技术有限公司渗漏维修成功案例的分析，学生不仅要加强专业知识的学习，还要提升自身的社会责任感和职业道德，为未来的职业生涯打下坚实的基础。

【实践入行】

防水工程施工技术实训指导书

一、实训目的

1. 掌握防水材料的识别和选择。
2. 学习防水层的施工方法和技巧。
3. 理解防水工程的质量控制和检验流程。
4. 培养学生精益求精的工作作风。

二、实训准备

1. 准备所需材料：高聚物改性沥青防水卷材、防水涂料、基层处理剂、胎体增强材料等。
2. 准备工具：刮刀、刷子、卷尺、剪刀、压辊等。
3. 检查安全装备：安全帽、手套、防护眼镜等。
4. 安全教育：在实训前对全班进行安全教育，强调安全操作规程和紧急情况处理。

三、实训步骤

1. 基层处理

（1）学生将对模拟基层表面进行清理、平整、干燥处理。

（2）涂刷基层处理剂，确保均匀覆盖。

2. 防水卷材施工

（1）学生练习卷材的裁剪、定位和铺贴。学习卷材搭接技术，包括短边和长边搭接。

（2）使用压辊确保卷材与基层粘合牢固。

3. 涂膜防水层施工

（1）学生练习涂膜防水层的涂布技巧。

（2）学习在涂膜间夹铺胎体增强材料的方法。

（3）进行多遍涂布，确保涂膜均匀无遗漏。

4. 质量检查与检验

(1) 学生学习如何检查防水层的完整性和质量。

(2) 进行模拟渗漏测试,评估施工质量。

5. 质量修复

(1) 学生识别施工中可能出现的问题,如搭接不牢、涂膜不均等。

(2) 练习修复技巧,包括修补孔洞和重新涂布。

6. 场地清理

实训结束后,按规范要求清理场地,归还工具。

7. 安全要求

所有参与实训的学生必须佩戴安全帽、手套,穿紧身衣服。实训过程中严格遵守安全操作规程,确保无安全事故发生。

四、实训评分表

班级: 　　　　　小组签名:

序号	项目		分值	教师评价
1	实训准备		10	
2	材料领取		10	
3	实训操作	基层处理(6分)	30	
		防水卷材施工(6分)		
		涂膜防水层施工(6分)		
		质量检查与检验(6分)		
		质量修复(6分)		
4	拆除及场地清理		10	
5	团队协作		10	
6	安全情况		20	
7	能力评价		10	
	合计		100	

项目9

保温工程

教学目标

一、知识目标

1. 理解建筑保温工程的重要性和意义，理解保温与建筑节能、室内环境舒适度以及可持续发展之间的关系。

2. 熟悉各类建筑保温材料的性能、特点、种类和适用范围，掌握保温材料的选择原则和方法。

3. 掌握建筑外墙保温、屋面保温、门窗保温等不同部位保温工程的构造形式、施工工艺流程和技术要点，了解基层处理方法、保温层的铺设或安装方式、保护层的设置以及各构造层之间的连接方式和节点处理措施。

4. 熟悉建筑保温工程施工过程中的质量控制要点和验收标准。

5. 了解保温系统在使用过程中可能出现的问题及其原因，掌握相应的维护和修复方法。

二、能力目标

1. 保温材料检测与选用能力：能够运用所学知识和检测工具，对常见的建筑保温材料进行性能检测和质量鉴别；能够根据给定的建筑工程特点和设计要求，综合考虑保温材料的性能、价格、环保性等因素，选择合适的保温材料。

2. 保温工程施工操作能力：在模拟施工现场或实际工程实训中，熟练掌握建筑保温工程施工所需的工具（如电动搅拌器、喷枪、抹子、切割工具等）和设备（如吊篮、脚手架等）的使用方法，能够按照规范的施工工艺流程和技术要求，进行外墙保温、屋面保温、门窗保温等各部位的施工操作，包括基层清理、保温层铺设或安装、保护层施工、密封胶条安装等工序。

3. 质量控制与问题解决能力：能够在施工过程中运用各种检测手段（如靠尺、塞尺、粘结强度检测仪、热成像仪等）对保温工程的质量指标进行实时检测和记录，及时发现质量问题并采取有效的整改措施；能够运用所学知识，解决保温工程中出现的常见问题（如保温材料与基层粘结不牢、保温层厚度不均匀、节点部位渗漏等）。

三、素养目标

1. 职业素养：培养学生严谨、认真、负责的工作态度和敬业精神，在保温材料选择、施工操作以及质量检测等各个环节都严格遵守国家规范和标准，注重细节，树立良好的职业道德和职业形象。

项目9 保温工程

2. 安全素养：培养学生严格遵守安全规章制度，不违章作业，不冒险蛮干，确保自身和他人的生命安全；培养学生的安全风险识别和防范能力，通过案例分析、现场模拟等教学方法，让学生了解常见的安全事故类型和原因。

3. 环保素养：培养学生的环保意识，使学生了解建筑保温工程施工过程中可能对环境造成的影响，树立绿色施工、可持续发展的理念。

【思维导图】

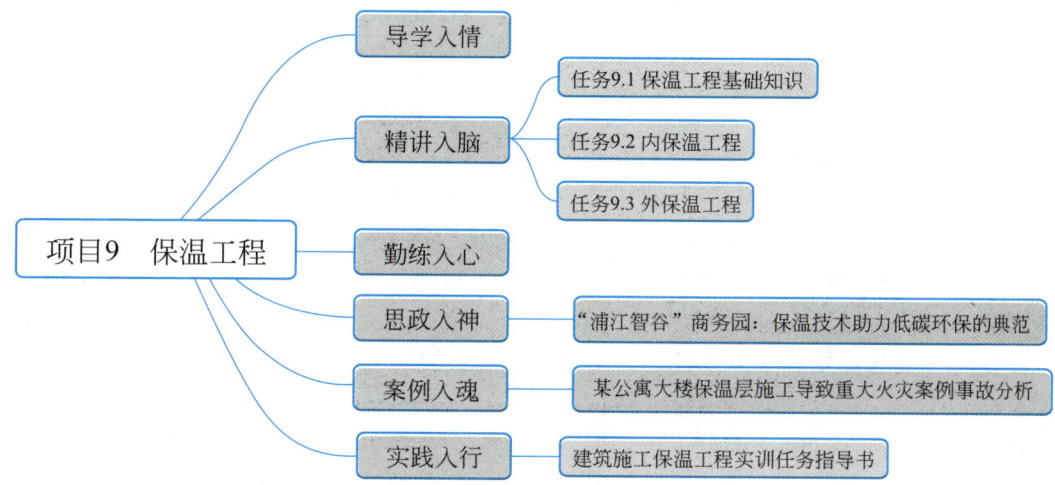

【导学入情】

广东省档案馆新馆在外墙设计中采用了"多孔砖＋苯板＋加气混凝土砌块"复合保温墙体。这种复合墙体不仅解决了普通墙体保温性能差、隔热隔汽效果不理想的问题，还达到了隔热、防水、隔汽、保温等多重功效，显著提高了节能效果和使用效果。此外，外窗采用了双层密闭平开窗，并通过将第一层外墙凸出柱子外砌筑，有效避免了冷桥的产生，进一步减少了室内能量的散失。

通过采用这些前瞻性的绿色、环保、节能设计和施工理念，广东省档案馆新馆初步估算节约能耗50%以上，扩大了使用面积2100 m^2，节省工程造价约500万元。这些措施不仅提高了建筑物的利用率和节能效果，还带来了显著的社会效益和经济效益。

在施工过程中，广东省档案馆新馆取消了传统的回廊设计，采用了复合保温墙体。具体施工工艺包括多孔砖、苯板和加气混凝土砌块的组合使用，确保了墙体的保温性能和结构稳定性。此外，楼板采用了预应力无梁楼盖形式，既保证了楼层净空，又增加了建筑层数，提高了建筑物的利用率。

建筑保温工程，就像是给建筑物穿上了一件特制的"防护服"，它能有效地阻挡热量的进出，让室内在冬天留住温暖，夏天抵御炎热。从北方的冰城到南方的海滨城市，从普通住宅到大型商业建筑，保温工程的质量直接影响着建筑的能源消耗、居住和使用的舒适度，甚至对整个地球的生态环境有着重要意义。

下面，就让我们一同踏入建筑保温工程这个神奇的领域，去揭开它的神秘面纱，看看它是如何施展"魔法"，为我们创造舒适的室内环境的。

251

【精讲入脑】

保温工程的重要性不仅体现在节能降耗方面，还关系建筑物的使用寿命和居住舒适度。良好的保温措施能够显著降低建筑物内外的热交换，从而减少冬季供暖和夏季制冷的能源消耗。这不仅有助于降低能源成本，还能减少对环境的影响，实现可持续发展。

任务 9.1　保温工程基础知识

保温工程是指通过特定的技术手段和材料，对建筑物、管道、设备等进行保温处理，以减少热量的传递和散失，从而达到节能和改善室内环境的目的。

在寒冷地区，保温材料可以有效地防止墙体、屋顶和地面的热量流失，确保室内温度的稳定。这样不仅能提高居住的舒适度，还能防止因温差引起的墙体开裂、结露等问题，从而延长建筑物的使用寿命。在炎热地区，保温工程同样不可或缺。通过在墙体和屋顶设置保温层，可以有效阻隔外界的高温，防止室内温度升高。这样不仅能降低空调的使用频率和能耗，还能提高室内空气的质量，为居住者提供一个更加舒适的生活环境。

此外，保温工程在工业领域也有广泛的应用。例如，在化工、食品、制药等行业，保温工程可以保持设备和管道内的温度稳定，防止热量散失，提高生产效率和产品质量。同时，保温措施还能防止设备产生温差引起的热胀冷缩，延长设备的使用寿命。

在建筑中，外围护结构的热损耗较大，墙体又是外围护结构的主要组成部分，在实施建筑保温的各项措施中，墙体的保温隔热是最行之有效的措施。本项目主要介绍建筑外围护结构保温工程。

建筑物的传热通常是辐射、对流、导热三种方式同时进行、综合作用的结果。辐射传热是指不同的物体间相互以电磁波方式传递能量和吸收能量的过程；对流传热是指具有热能的气体或液体在移动过程中进行热交换的传递现象；导热是指物体内部的热量由一高温物体向另一低温物体转移的现象，是两直接接触的物体质点的热运动所引起的热量传递。一般用材料的热导率（在稳定传热的条件下，1m厚的材料，两侧表面温差为1K或1℃，在1h内，通过$1m^2$面积传递的热量）来衡量材料的导热性能。热导率与材料的组成结构、密度、含水量、温度等有关，一般来说，密实的重质材料，热导率高；反之，热导率低。普通混凝土的热导率为1.74W/(m·K)，黏土砖砌体为0.81W/(m·K)，玻璃棉、岩棉和聚苯乙烯的热导率为0.04～0.05W/(m·K)。通常把热导率较低的材料称为保温材料，把热导率低于0.05W/(m·K)的材料称为高效保温材料。

9.1.1　保温材料技术性能要求

保温材料是一种减缓由导热、对流、辐射产生的热流速率的材料或复合材料，通常具有质轻、疏松、多孔、热导率小的特点。我国目前使用的保温材料主要包括泡沫型保温材料、硅酸盐保温材料、硅酸钙绝热制品保温材料和纤维质保温材料，如膨胀珍珠岩及制品、复合硅酸盐（如海泡石）保温材料、酚醛树脂保温材料、聚苯乙烯塑料泡沫保温材料、硬质聚氨酯泡沫（PURF）保温材料等；按材料形状可分为松散保温隔热材料、板状保温隔热材料和整体保温隔热材料。

保温材料的主要性能指标有：热导率［W/(m·K)］、密度（kg/m³）、最高使用温度（℃）、抗压强度（MPa）、含水量（%）、线膨胀系数、抗折强度、pH 以及防火性能等。

1. 节能材料的技术要求。建筑节能工程所用的材料、设备等必须符合设计要求和国家有关技术标准，严禁使用国家明令禁止使用与淘汰的材料和设备；现场配制的材料如保温砂浆、聚合物砂浆等应按设计或实验室给出的配合比配制，当未给出时，应按施工方案和产品说明书配制；节能材料在施工时的含水量应符合设计要求、工艺标准要求及施工方案要求，且不应大于正常施工环境的自然含水量；材料的燃烧性能等级和阻燃处理，应符合设计要求和现行国家防火标准的规定，还应符合国家现行有关标准对材料有害物质限量的规定，不得对室内外环境造成污染。

2. 建筑节能材料的进场验收。材料和设备的进场验收是把好材料质量关的重要环节，通常分为可视检查、质量证明文件核查、抽样复查三项工作：对材料和设备的品种、规格、包装、外观和尺寸等进行验收，并应报监理工程师确认，形成相应的验收记录；对材料和设备的质量证明文件（出厂合格证、说明书及相关的性能检测报告等）进行核查，并报监理工程师确认，纳入工程技术档案；按相关规定在施工现场进行抽样复检，复检应为见证取样。

9.1.2 外墙保温的构造及要求

外墙保温系统一般由保温层、保护层、饰面层等部分构成，各部分有其独特的作用和构造特点，同时外墙保温在性能、材料、施工等方面也有相应的基本要求，以下是具体介绍。

1. 外墙保温的构造

（1）保温层

作用：是外墙保温系统的核心部分，主要功能是阻止热量传递，降低建筑物的热量散失或获取，以达到节能和保持室内温度稳定的目的。

材料：常见的有模塑聚苯乙烯泡沫板（EPS）、挤塑聚苯乙烯泡沫板（XPS）、聚氨酯泡沫、岩棉板、酚醛泡沫板等。

构造特点：保温层的厚度根据建筑的节能要求和当地的气候条件等因素确定，一般为30~100mm。保温板通常通过胶粘剂粘贴或机械固定的方式安装在基层墙体上，相邻保温板之间应紧密拼接，尽量减少缝隙。

（2）保护层

作用：保护保温层免受外界环境因素的破坏，如雨水、风、紫外线、机械碰撞等，同时也起到固定和增强保温系统整体稳定性的作用。

材料：一般由抹面砂浆、耐碱玻纤网格布或钢丝网等组成。

构造特点：抹面砂浆涂抹在保温层表面，厚度通常为3~10mm。耐碱玻纤网格布或钢丝网铺设在抹面砂浆中，能够增加保护层的抗裂和抗冲击性能。对于首层等容易受到碰撞的部位，可能会采用双层网格布或加强型网格布进行保护。

（3）饰面层

作用：主要用于美化建筑外观，同时也对保温系统起到一定的保护作用，防止水分渗透等。

材料：可分为涂料饰面、面砖饰面、石材饰面等。

构造特点：涂料饰面一般在保护层表面直接涂刷外墙涂料，施工简单，装饰效果多样；面砖饰面需要在保护层上使用专用的胶粘剂粘贴面砖，面砖的尺寸和重量应符合相关规定，且需要设置合理的伸缩缝和勾缝处理；石材饰面则通常采用干挂工艺，通过金属挂件将石材固定在基层墙体或保温系统上，对基层的强度和稳定性要求较高。

2. 外墙保温的基本要求

（1）性能要求

1）保温隔热性能。外墙保温系统应具有良好的保温隔热性能，能有效降低建筑物的传热系数，满足当地建筑节能设计标准的要求。

2）防火性能。根据建筑物的使用性质、高度等因素，外墙保温材料应具有相应的防火等级，如 A 级不燃材料或 B1 级难燃材料等，以防止火灾的发生和蔓延。

3）防水性能。保温系统应具备良好的防水性能，防止雨水、冷凝水等渗透保温层和基层墙体内部，影响保温效果和墙体的耐久性。

4）抗裂性能。能够抵抗温度变化、地基沉降等因素引起的变形，避免保温系统出现裂缝，确保其完整性和稳定性。

5）耐候性。在长期的自然环境作用下，如日晒、雨淋、冻融等，保温系统应能保持其性能稳定，不发生粉化、剥落、变色等现象，使用寿命一般应不少于 25 年。

（2）材料要求

1）质量。保温材料、胶粘剂、抹面砂浆、网格布等材料应符合国家和行业相关标准的要求，具有质量合格证明文件，进场时需进行抽样检验。

2）相容性。保温系统中各组成材料之间应具有良好的相容性，相互之间不会发生化学反应或物理性能的劣化，确保系统的整体性能。

（3）施工要求

1）基层处理。基层墙体应平整、坚实、干净，无油污、疏松物等，对于不平整的墙体需要进行找平处理，以保证保温材料与墙体的良好粘结。

2）施工工艺。严格按照设计要求和施工规范进行保温系统的施工，确保保温材料的粘贴或固定牢固，保护层和饰面层的施工质量符合要求，各构造层之间的粘结应紧密、无空鼓。

3）节点处理。对门窗洞口、阴阳角、变形缝等特殊部位，应进行专门的节点处理，采用合适的保温构造和密封材料，防止出现热桥和渗漏等问题。

9.1.3 保温工程施工质量控制

保温工程施工必须坚持按照经过审查合格的设计文件或经审查批准的施工方案施工，不得随意修改和变更。设计变更不得降低建筑节能效果。施工前，对于采用相同节能设计的房间或构造做法，应制作样板间并经各方确认。施工过程中，作业环境与条件应满足相关标准与工艺要求，保温材料不宜在雨天、雪天、大风天等恶劣天气施工；对于采用的新技术、新材料、新设备、新工艺，应按有关规定进行评审、鉴定和备案后方可实施。

任务 9.2 内保温工程

外墙内保温是保温复合墙体的形式之一,保温材料设在承重墙内侧。内保温复合墙体宜于安装施工,操作简便且少受气候条件影响;其饰面材料无耐候性要求。但外墙内保温的保温层构造位置使外墙与内墙处于两个不同的温度环境,易产生饰面层裂缝,且对墙体结构产生破坏作用,墙体冷热桥的问题也不易解决,而且占用使用空间。

9.2.1 外墙内保温工程分类

1. 在外墙内侧粘贴或砌筑块状保温板(如膨胀珍珠岩板、水泥聚苯板、加气混凝土块、EPS 板、XPS 板等),并在表面抹保护层(如水泥砂浆或聚合物水泥砂浆等)。
2. 在外墙内侧拼装 GRC 聚苯复合板或石膏聚苯复合板,表面刮腻子。
3. 在外墙内侧安装岩棉轻钢龙骨纸面石膏板(或其他板材)。
4. 在外墙内侧抹保温砂浆。
5. 公共建筑外墙、地下车库顶板现场喷涂超细玻璃棉绝热吸声系统。

9.2.2 岩棉轻钢龙骨纸面石膏板施工

外墙内保温工程施工工艺会因保温材料和系统的不同而有所差异,以下以常见的岩棉轻钢龙骨纸面石膏板内保温系统为例,介绍其施工工艺。

外墙内保温岩棉轻钢龙骨纸面石膏板基本构造如图 9-1 所示。

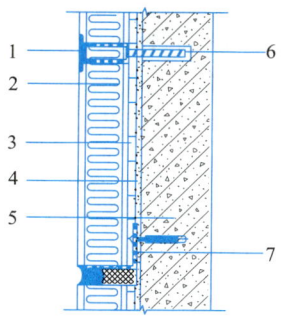

图 9-1 岩棉轻钢龙骨纸面石膏板基本构造
1—板缝;2—岩棉板;3—胶粘剂;4—隔汽层;5—墙体基层;6—锚固件;7—轻钢龙骨

1. 材料要求

(1)岩棉板:应选用符合国家相关标准的 A 级不燃材料,厚度应根据设计要求确定,一般为 50~100mm。岩棉板的密度应适中,以保证其保温性能和结构稳定性。

(2)轻钢龙骨:应选用符合国家标准的 Q235 钢材,表面应进行镀锌处理,以提高其耐腐蚀性能。轻钢龙骨的规格应根据设计要求选择,常见的有 C 形和 U 形龙骨。

(3)纸面石膏板:应选用符合国家标准的优质纸面石膏板,厚度一般为 9.5~12mm。石膏板的表面应平整,无破损、污迹和潮湿现象。

(4) 粘结材料：应选用专用的岩棉板胶粘剂，具有良好的粘结性能和耐久性。胶粘剂应无毒、无味，符合环保要求。

(5) 固定件：包括自攻螺钉、锚固件等，应选用与轻钢龙骨配套的优质产品，确保固定牢固。

2. 施工工艺流程

(1) 基层处理：对墙体进行清理，确保无灰尘、油污、松散物等。对不平整的墙面进行找平处理，保证基层平整度符合要求。

(2) 弹线定位：根据设计图纸，在墙面上弹出轻钢龙骨的安装位置线，确保龙骨的垂直度和水平度。

(3) 安装轻钢龙骨：按照弹线位置，将轻钢龙骨固定在墙面上。龙骨的间距应符合设计要求，一般为400～600mm。安装时应注意龙骨的平整度和垂直度。需注意龙骨的厚度与保温板厚度相匹配。

(4) 铺设隔汽层：将裁剪好的隔汽层材料平铺在墙面上。铺设时，应确保材料平整无皱褶，避免出现空鼓现象。

(5) 铺设岩棉板：将岩棉板裁剪至合适尺寸，用胶粘剂将其粘贴在龙骨空隙内。岩棉板之间应留有适当的缝隙，以保证其膨胀性能。铺设时应注意岩棉板的平整度和接缝严密。

(6) 安装纸面石膏板：在岩棉板外侧安装纸面石膏板，用自攻螺钉固定。石膏板的接缝应错开，并用专用嵌缝膏进行嵌缝处理，确保接缝平整、密实。

(7) 表面处理：对石膏板表面进行打磨处理，确保其平整光滑。然后进行底漆涂刷，待底漆干燥后，进行面漆涂刷，完成墙面的装饰效果。

3. 操作要点

(1) 岩棉板粘贴时，胶粘剂应涂抹均匀，避免出现空鼓现象。粘贴后应立即进行固定，防止岩棉板滑移。

(2) 轻钢龙骨安装时，应注意龙骨的垂直度和水平度，确保整体结构稳定。龙骨与墙体的连接应牢固，防止松动。

(3) 纸面石膏板安装时，应注意石膏板的平整度和接缝处理。自攻螺钉的间距应符合要求，一般为200～300mm。螺钉应拧紧，但不得过紧导致石膏板破损。

(4) 表面处理时，打磨应均匀，避免出现凹凸不平的现象。底漆和面漆的涂刷应均匀，不得有漏涂、流挂等现象。

任务9.3 外保温工程

外墙外保温是在承重外墙外表面上，粘贴或吊挂聚苯板或岩棉板，然后贴上网格布或挂钢筋网增强，再做抹灰面层形成外墙保温复合墙。此类墙保温隔热性能好，能有效防止墙面面层产生裂缝，是墙体节能技术发展的方向，其优点如下。

(1) 保温材料对主体结构具有保护作用。

(2) 有利于消除或减弱热桥的影响。

（3）由于储热能力较强的主体结构位于室内一侧，有利于房间的热稳定性，减少室温的波动。

（4）避免二次装修对内保温层造成的损坏。

（5）对既有建筑改造施工时，可减少对住户的干扰。

（6）不减少使用面积。

其缺点为造价较高，施工较复杂且受季节性影响较大。

9.3.1 外墙外保温工程分类

外墙外保温工程主要分为以下几类。

1. 粘贴式外保温系统

这种系统主要通过粘结材料将保温板固定在外墙表面，再通过锚固件加强固定效果。常见的保温材料有EPS板、XPS板和岩棉板等。粘贴式外保温系统施工简便，保温效果好，但对基层墙体的平整度要求较高。

2. 机械固定外保温系统

机械固定外保温系统通过金属或塑料锚固件将保温板固定在外墙表面。该系统适用于各种复杂形状的建筑外墙，尤其适用于高层建筑。机械固定外保温系统具有良好的抗风压性能和耐久性，但成本相对较高。

3. 喷涂式外保温系统

喷涂式外保温系统是将保温材料以喷涂的形式直接喷覆在墙体表面，形成连续的保温层。常见的喷涂材料有聚氨酯泡沫和膨胀珍珠岩等。喷涂式外保温系统施工速度快，保温性能优异，但对施工环境和施工技术要求较高。

4. 复合外保温系统

复合外保温系统结合了多种保温材料和技术，如在保温板外侧增加装饰层或防护层，形成多功能的复合墙体。这种系统不仅具有良好的保温性能，还具有一定的装饰效果和防护功能，适用于多种建筑风格。

9.3.2 粘贴EPS板施工

粘贴EPS板外保温系统（以下简称粘贴保温板系统）由粘结层、保温层、薄抹面层和饰面层构成。保温板主要依靠胶粘剂固定在基层上，必要时可使用锚栓辅助固定。

1. 原材料要求

EPS板采用密度为18～20kg/m³自熄型板材，施工现场应摆放平整，防止雨淋及阳光暴晒。

水泥采用强度等级为42.5级普通硅酸盐水泥或42.5级硫铝酸盐水泥。

中砂：细度模数2.0～2.8，筛除大于2.5mm的颗粒，其含泥量小于1%。

玻纤网格布必须放在干燥处，地面必须平整，摆放宜立放，避免相互交错摆放。

2. 施工工艺流程

粘贴保温板系统施工工艺流程：基层处理→挂线→基面准备→EPS板粘贴→清理嵌缝→EPS板打磨→涂抹聚合物砂浆→细部处理→涂抹罩面砂浆→外墙粉饰。

3. 操作要点

（1）基层处理

基层墙面应进行墙体抹灰，找平基层，找平层用1:3水泥砂浆抹平。其平整度小于或等于3mm，阴、阳角方正。基层表面应光滑、坚固、干燥、无污染。墙外的消防梯、水落管、防盗窗等预埋件或预留洞口应提前施工完成。

（2）粘贴EPS板

1）配制聚合物砂浆。聚合物砂浆配合比为：KL胶粘剂：42.5级普通硅酸盐水泥：砂子（用16目筛网）=1:1.88:4.97（质量比）。

先用搅拌器或其他工具将胶粘剂重新搅拌，避免胶粘剂出现分离现象。然后将水泥、砂子用量桶称好后倒入铁灰槽中进行混合，搅拌均匀后按配合比加入胶粘剂进行搅拌，搅拌必须均匀，避免出现离析。根据和易性可适当加水，加水量不大于胶粘剂的5%。

聚合物砂浆应随用随配，配好的聚合物砂浆最好在1h之内用完。聚合物砂浆应在阴凉处放置，避免阳光暴晒。

2）EPS板粘贴。EPS板粘贴前，若墙体干燥应预先洒水湿润。EPS板自上而下逐步粘贴，贴板前应先挂好垂直线、水平线，跟线贴板。铺好的板为了防止上下滑动，用U形钩将上下两层拉住临时固定。上下两层板必须错缝搭接，搭接长度不宜小于1/3板长，阴阳角处咬槎搭接。

贴EPS板时，所有粘结点与基层同时接触，双手均匀用力左右揉动5~7次，使聚合物砂浆与墙面粘牢。粘贴时挤出的板侧聚合物砂浆应用灰刀清除干净。对下料尺寸偏差或切割等原因造成的板间小缝，应用EPS板裁成合适的小片塞入缝中。

EPS板粘贴一定面积后，用2m靠尺进行检查，将板压平、压实，进行初步找平，为下一道工序做好准备。

3）安装固定件。待EPS板粘贴牢固后，一般在8~12h内安装完毕固定件，按设计要求的位置用冲击钻钻孔，锚固深度50mm，钻孔深度（入基层墙体）60mm。固定件数量每平方米不少于7个，在阳角、檐口下、孔洞边缘应加密，其间距不大于300mm，距基层边缘不小于60mm。自攻螺钉应拧紧，使工程塑料膨胀钉帽与EPS板表面平齐或略拧入一些，确保膨胀钉尾部回拧使之与基层充分锚固。

4）打磨。EPS板粘贴24h后方可进行打磨，用粗砂纸挫子或专用工具对整个墙面打磨一遍，打磨时不要沿板缝平行方向，而是作轻柔圆周运动将不平处磨平，墙面打磨后，应将EPS板碎屑清扫干净，随磨随用2m靠尺检查平整度，平整度应符合规范要求。

5）粘贴玻璃纤维网格布。在EPS板粘贴24h以后进行施工涂抹第一遍聚合物抗裂砂浆时，应保持EPS板板面干燥，去除板面有害物质或杂质。按预先需要长度、宽度从整卷玻纤网格布上剪下网片，留出必要的搭接长度或重叠部分的长度。在干净平整的地方剪断，下料必须准确，剪好的网格布必须卷起来，不允许折叠，不允许踩踏。在EPS板表面刮上一层聚合物砂浆，所刮面积应略大于玻纤网格布的长或宽，厚度应一致，约为2mm，除有包边要求外，聚合物砂浆不允许涂在板侧边。

刮完聚合物砂浆后，应将玻纤网格布置于其上，玻纤网格布的弯曲面朝向墙，从中央向四周抹涂平整，使玻纤网格布嵌入聚合物砂浆中，待表面干后，再在其上施抹一层聚合物砂浆，厚度1.0mm，玻纤网格布不应外露，聚合物砂浆层表面平整度应符合相关规定的要求。

玻纤网格布周边搭接长度不得小于70mm，在被切断的部位，应采用补网搭接，搭接长度不得小于70mm。

在建筑物阴、阳角处、门窗洞口周边应做加强层，加强层网格布贴在最内侧。若门窗框外皮与基层墙体表面距离大于50mm，网格布与基层墙体粘贴；若小于50mm，需做翻包处理。大墙面铺设的网格布应嵌入门窗框外侧粘牢。门窗口四角处，在标准网施抹完后，在门窗口四角加盖一块200mm×300mm标准网，与窗角平分线成90°放置，贴在最外侧，用以加强；在阴角处加盖一块200mm长，宽度是窗洞宽度的标准网，贴在最外侧。

一层窗台以下，为了防止撞击带来的损害，应先安置加强型网格布，再安置标准型网格布，加强型网格布应对接。安置加强型网格布的施工方法与标准型网格布相同。

玻纤网格布粘完后应防止雨水冲刷或撞击，容易碰撞的阳角的门窗应采取保护措施，上料口部位采取防污染措施，发生表面损坏或污染必须立即处理。

施工后保护层4h内不能被雨淋。保护层终凝后及时喷水养护，昼夜平均气温高于15℃时养护时间不得少于48h，低于15℃时不得少于72h。

6) 饰面层施工。按设计外墙饰面要求进行墙面饰面层施工。

4. 施工气候环境要求

（1）施工环境空气温度和基层墙体表面温度不得低于5℃，风力不大于5级。

（2）施工时，应避免阳光直晒，必要时可在脚手架上搭设防晒布，遮挡施工墙面。

（3）雨天施工时，应采取有效措施，防止雨水冲刷墙面。

【勤练入心】

一、选择题

1. 保温工程中，哪种材料的热导率通常被认为较低，适合作为高效保温材料？（　　）
   A. 普通混凝土　　　　　　　　B. 黏土砖砌体
   C. 玻璃棉、岩棉和聚苯乙烯　　D. 挤塑聚苯板

2. 在外墙外保温系统中，以下哪项不是其优点？（　　）
   A. 保护主体结构　　　　　　　B. 减少热桥影响
   C. 减少使用面积　　　　　　　D. 有利于房间热稳定性

3. 保温材料的主要性能指标不包括以下哪项？（　　）
   A. 热导率　　　　　　　　　　B. 抗压强度
   C. 线膨胀系数　　　　　　　　D. 耐腐蚀性

4. 以下哪项不是外墙内保温工程的施工工艺流程？（　　）
   A. 基层处理　　　　　　　　　B. 弹线定位
   C. 安装轻钢龙骨　　　　　　　D. 粘贴聚苯板

5. 外墙外保温工程中，使用的挤塑板如果没有进行"拉毛"或开燕尾槽处理，可能会导致什么后果？（　　）
   A. 提高保温效果　　　　　　　B. 增加粘结力
   C. 保温板与抹面胶浆剥离　　　D. 减少材料成本

二、填空题

1. 保温工程通过减少热量的传递和散失，达到节能和改善室内环境的目的，主要通过（　　　　）、（　　　　）、（　　　　）三种方式综合作用。
2. 外墙外保温是在承重外墙外表面上，粘贴或吊挂（　　　　）或（　　　　）。
3. 保温材料通常具有（　　　）、（　　　）、（　　　）、（　　　）的特点。
4. 保温材料的技术性能要求中，热导率的单位是（　　　　）。
5. 外墙内保温是保温复合墙体的形式之一，保温材料设在承重墙（　　　　）。

三、判断题

1. 岩棉板应选用符合国家相关标准的 A 级不燃材料。（　　）
2. 机械固定外保温系统的成本相对较低。（　　）
3. 喷涂式外保温系统的施工速度慢，保温性能一般。（　　）
4. 复合外保温系统结合了多种保温材料和技术，具有装饰效果和防护功能。（　　）
5. 外墙外保温工程的施工环境空气温度和基层墙体表面温度不得低于5℃。（　　）

四、简答题

1. 保温材料的主要性能指标有哪些？
2. 外墙内保温和外墙外保温有什么区别？
3. 外墙外保温工程的主要优点有哪些？

【思政入神】

"浦江智谷"商务园：保温技术助力低碳环保的典范

在全球气候变化和资源紧张的背景下，低碳环保已成为全球共识，建筑行业作为能源消耗和碳排放的重要领域，面临巨大挑战与转型机遇。在此背景下，"浦江智谷"商务园以其卓越的保温技术应用，成为低碳环保的典范。

位于上海市闵行区浦江镇的"浦江智谷"商务园，是集生产、办公、生活、休闲于一体的现代化低碳生态园区。自规划之初，园区便秉持"节能、健康、舒适"的设计理念，保温技术的应用尤为亮眼。无机轻骨料保温砂浆外墙内保温系统，以其优良的保温隔热性能、耐久、防火、环保等优势，在园区建筑围护结构中发挥了关键作用，显著降低了建筑能耗，提高了室内舒适度。

得益于保温技术的有效应用，"浦江智谷"商务园的建筑能耗较传统建筑大幅降低约70%，展现了显著的节能效果。同时，保温技术还提升了室内环境质量，园区建筑恒温、恒湿、全新风等特性，为员工提供了更健康、舒适的办公环境，实现了节能与舒适度的双重提升。

此外，"浦江智谷"商务园还将保温技术与地源热泵系统、太阳能光热利用系统等多种节能技术相结合，形成了完整的建筑节能体系，进一步增强了园区的整体节能效果。这种综合节能技术的协同作用，不仅降低了能耗，还提升了能源利用效率，为园区的可持续发展奠定了坚实基础。

"浦江智谷"商务园的成功实践，凸显了低碳环保思想在现代建筑领域的重要性。随着全球气候变化和资源短缺问题的加剧，建筑行业必须积极响应国家节能减排政策，推动绿色建筑的发展。保温技术作为建筑节能的关键环节，其应用不仅有助于降低建筑能耗和碳排放，还能提升室内环境质量，促进人与自然的和谐共生。

因此，我们应高度重视保温技术在低碳环保领域的应用与发展，推动技术创新和产业升级。同时，政府和相关部门也应加大对绿色建筑的支持力度，为低碳环保技术的推广和应用创造有利环境。

"浦江智谷"商务园的成功案例，展示了保温技术在低碳环保领域的广阔应用前景。未来，随着全球对节能减排和可持续发展的重视程度加深，保温技术将在建筑行业中发挥更加重要的作用，寻求更加可持续发展的道路。

【案例入魂】

某公寓大楼保温层施工导致重大火灾案例事故分析

一、事故概况

时间：2010年某月某日 14 时 15 分左右
地点：某市某教师公寓大楼
伤亡情况：造成 58 人死亡，70 余人受伤
经济损失：直接经济损失 1.58 亿元

二、事故原因

1. 直接原因

施工人员违规在 10 层电梯前室北窗外进行电焊作业，电焊溅落的金属熔融物引燃下方 9 层位置脚手架防护平台上堆积的聚氨酯保温材料碎块、碎屑，引发火灾，聚氨酯保温材料迅速燃烧形成密集火灾，并引燃了楼体 9 层附近表面覆盖的尼龙防护网和脚手架上的毛竹片，火势由此开始以 9 层为中心蔓延，同时引燃了各层室内的窗帘、家具、煤气管道的残余气体等易燃物质，造成火势的急速扩大。

2. 间接原因

（1）招标投标及转包分包问题：建设单位、投标企业、招标代理机构相互串通、虚假招标和转包、违法分包，导致安全责任不落实，工程项目施工组织管理混乱。

（2）设计与监理失职：设计企业、监理机构工作失职，未能有效履行职责，对工程质量和安全监管不力。

（3）监管部门缺失：市、区两级建设主管部门对工程项目监督管理缺失，区公安消防机构对工程项目监督检查不到位，区政府对工程项目组织实施工作领导不力。

三、事故暴露的问题

（1）施工人员违规操作：电焊工无特种作业人员资格证，严重违反操作规程，引发大火后逃离现场。

（2）现场管理混乱：施工作业现场存在明显的抢工期、抢进度、突击施工的行为，安全措施不落实，对停产后复工的工程安全管理不到位。装修工程违法违规招标，层层屡次分包，导致安全责任不落实。

（3）易燃材料使用不当：事故现场违规使用大量尼龙网、聚氨酯泡沫等易燃材料，导致大火迅速蔓延。

四、救援情况

消防部门在 14 时 16 分接警出动，先后调动各区 45 个中队，122 辆消防车，1300 多名官兵灭火，出动云梯、举高梯等 17 台，近 200 名攻坚队员进行强攻，挨家挨户搜索，救出 107 人。

五、事故教训与启示

（1）加强施工管理：施工单位应严格遵守相关法规和操作规程，加强对施工人员的安全培训和管理，确保施工过程中的安全。

（2）强化监管力度：建设主管部门和消防机构应加强对工程项目的监督管理，严格审查施工单位的资质和施工方案，加大对违规行为的处罚力度。

（3）重视消防安全教育：提高公众的消防安全意识，加强对居民的消防安全教育，增强居民的自救和逃生能力。

（4）完善应急预案：建立健全完善的应急预案，提高应对突发事件的能力，确保在事故发生时能够迅速、有效地进行救援和处理。

【实践入行】

建筑施工保温工程实训任务指导书

一、实训目标

1. 让学生深入理解建筑保温工程的基本原理和重要性，掌握常见保温材料的性能、特点及适用范围。

2. 培养学生能够根据实际工程需求，制定合理的保温工程施工方案的能力，包括材料选择、施工工艺、质量控制要点等。

3. 通过实际操作，使学生熟练掌握保温工程施工的基本技能，如基层处理、保温板铺贴、固定，以及抹面防护层施工等工序，达到中级工的操作水平。

4. 增强学生的团队协作能力、沟通能力和解决实际问题的能力，培养学生严谨、认真、负责的职业态度和安全意识。

二、实训时长与地点

时长：两天

地点：学校建筑施工实训基地或经批准的校外实习工地

三、实训内容与任务

（一）理论知识学习

1. 保温工程基础知识讲座

（1）建筑保温的意义与作用，保温材料的分类及性能指标（如导热系数、密度、防火性能等）。

（2）不同保温系统（外墙外保温、外墙内保温等）的构造组成、优缺点及适用场景。

（3）与保温工程施工相关的国家标准、行业规范及地方规定。

2. 施工图纸识读与方案编制

（1）解读保温工程施工图纸，包括保温层的设计厚度、位置、节点构造等信息。

（2）根据给定的工程案例，分组编制保温工程施工方案，内容涵盖工程概况、施工准备、施工流程、质量保证措施、安全文明施工措施等方面。

（二）实践操作训练

1. 保温材料与工具准备

（1）识别并领取实训所需的保温材料（如聚苯板、岩棉板、聚氨酯泡沫板等），检查材料的外观质量、规格尺寸是否符合要求，核对材料的产品合格证、检验报告等质量证明文件。

（2）准备施工工具，如电动搅拌器、抹子、靠尺、水平尺、电钻、螺丝刀、美工刀、刷子、喷枪等，并确保工具完好无损、性能正常。

2. 基层处理

（1）对模拟墙体或实际墙体基层进行清理，去除表面的灰尘、油污、松动的砂浆等杂物，保证基层平整、坚实、干燥。

（2）对不平整的基层进行找平处理，使用水泥砂浆或专用找平材料填补孔洞、缝隙，并用靠尺检查平整度，偏差控制在允许范围内（一般为±4mm/2m）。

3. 保温板铺贴

（1）根据设计要求和施工方案，在基层墙面上弹线定位，确定保温板的铺贴位置和顺序。

（2）配制保温板专用胶粘剂，按照规定的配合比准确称量胶粘剂干粉和水，使用电动搅拌器搅拌均匀，确保胶粘剂具有良好的和易性和粘结强度。

（3）采用点粘法或条粘法在保温板背面涂抹胶粘剂，涂抹面积应符合规范要求，将保温板迅速铺贴在墙面上，轻轻揉压使其与基层紧密贴合，并用靠尺和水平尺检查保温板的平整度和垂直度，偏差控制在±3mm/2m。保温板之间应留设3～5mm的伸缩缝，防止因温度变化导致板材变形或开裂。

（4）安装保温板锚固件，在保温板铺贴达到胶粘剂的初凝时间后，根据设计要求的间距和位置在保温板上钻孔，插入锚固件并拧紧，使锚固件的圆盘与保温板表面紧密接触，确保保温板固定牢固。

4. 抹面防护层施工

（1）配制抹面胶浆，按照产品说明书的要求准确称量原材料并搅拌均匀，抹面胶浆应具有良好的柔韧性和抗裂性。

（2）在保温板表面均匀涂抹一层抹面胶浆，厚度控制在3～5mm，随即铺贴耐碱玻纤网格布，网格布应平整无褶皱，并用抹子将其压入抹面胶浆中，使其与抹面胶浆充分粘结。网格布的搭接宽度应符合规范要求，尤其是在阴阳角、门窗洞口等部位应进行加强处理，增设附加网格布。

（3）在网格布表面再涂抹一层抹面胶浆，厚度控制在2～3mm，将网格布完全覆盖，并用抹子修整表面，使其平整、光滑，达到设计要求的平整度和垂直度。抹面胶浆的总厚度一般控制在5～8mm。

5. 质量检验与整改

学生按照保温工程施工质量验收规范，对自己完成的实训作品进行质量检验，包括保温板的粘贴牢固性、平整度、垂直度，锚固件的数量、锚固深度，抹面防护层的厚度、平整度、网格布的铺贴质量等项目。

针对检验中发现的质量问题，如空鼓、裂缝、平整度偏差等，分析原因并制定整改措施，进行整改修复，直至达到质量标准要求。

（三）综合项目实施

1. 分组完成小型建筑模型的保温工程施工

将学生分成若干小组，每组 5 人，给定小型建筑模型（如简易房屋模型或建筑外墙局部模型），要求各小组按照施工方案，在规定时间内完成模型的保温工程施工，包括基层处理、保温板铺贴、锚固件安装、抹面防护层施工等全部工序。

2. 项目展示与汇报

各小组对完成的建筑模型保温工程进行展示，介绍施工过程、采用的技术措施、质量控制方法以及团队协作情况等内容，并回答其他小组和教师提出的问题。

教师根据各小组的项目实施情况，包括施工质量、施工进度、团队协作、汇报表现等方面进行综合评价，评选出优秀小组和优秀个人，并进行表彰和奖励。

四、实训成果要求

1. 个人实训报告

每位学生撰写一份详细的实训报告，内容包括实训目的、任务、过程、遇到的问题及解决方法、实训收获与体会等方面，字数不少于 800 字，要求报告内容完整、条理清晰、语言通顺，并配有相关的图片或图表说明。

2. 小组施工方案与项目总结

各小组提交一份完整的保温工程施工方案（纸质版和电子版），以及项目实施总结报告（PPT 形式），施工方案应符合工程实际情况和规范要求，具有可操作性；项目总结报告应重点突出项目实施过程中的技术难点、质量控制要点、团队协作经验以及创新点等内容，图文并茂，汇报时间不少于 20min。

3. 建筑模型作品

各小组完成的建筑模型保温工程应外观整洁、美观，施工质量符合相关标准规范要求，能够真实反映保温工程的施工工艺和构造特点，作为实训成果的实物展示。

五、考核与评价

1. 考核方式

采用过程考核与结果考核相结合的方式，过程考核注重学生在实训过程中的表现，包括出勤情况、学习态度、团队协作能力、操作技能掌握程度等方面；结果考核主要依据学生提交的实训成果（实训报告、施工方案、项目总结、建筑模型作品）进行评价。

2. 评价指标及权重

（1）出勤情况（10%）：根据学生的实际出勤记录进行评分，全勤得满分，每缺勤一节课扣 1 分，迟到或早退按缺勤计算。

（2）学习态度（10%）：观察学生在实训过程中的积极性、主动性、责任心以及对教师指导的响应程度等方面，由指导教师进行主观评价，分为优秀（9～10 分）、良好（7～8 分）、中等（5～6 分）、及格（3～4 分）和不及格（0～2 分）五个等级。

（3）团队协作能力（20%）：评价学生在小组项目实施过程中的团队合作精神、沟通能力、分工协作合理性以及解决团队内部矛盾的能力等方面，通过小组自评、互评和教师评价相结合的方式进行评分，同样分为五个等级，对应分值为 18～20 分、14～17 分、

10～13 分、6～9 分和 0～5 分。

（4）操作技能（40%）：根据学生在保温工程施工各工序中的实际操作表现，如工具使用的熟练程度、施工工艺的规范程度、施工质量的达标情况等方面进行考核，由指导教师在实训现场进行实时观察和记录，并结合质量检验结果进行评分，具体评分标准如下：

操作熟练、工艺规范、质量优良，无明显质量问题，得 36～40 分；操作较熟练、工艺基本规范、质量较好，存在少量一般性质量问题，经整改后合格，得 30～35 分；操作基本熟练、工艺部分存在不规范之处、质量一般，存在较多质量问题，经多次整改后合格，得 20～29 分；操作不熟练、工艺存在较多错误、质量较差，存在严重质量问题，经整改后仍不能达到合格标准，得 20 分以下。

（5）实训成果（20%）：对学生提交的实训报告、施工方案、项目总结和建筑模型作品进行综合评价，包括报告内容的完整性、准确性、深度和创新性，施工方案的合理性、可行性和规范性，项目总结的重点突出性、逻辑性和实用性，以及建筑模型作品的施工质量、外观效果和创新性等方面，按照优秀（18～20 分）、良好（14～17 分）、中等（10～13 分）、及格（6～9 分）和不及格（0～5 分）五个等级进行评分。

六、安全与文明施工要求

1. 安全要求

（1）在实训前，组织学生参加安全培训，学习建筑施工安全操作规程和安全防护知识，了解保温工程施工过程中的安全风险，并掌握相应的预防措施和应急处理方法。

（2）学生在实训过程中必须严格遵守安全操作规程，正确佩戴和使用个人安全防护用品，严禁在实训场地内追逐打闹、违规操作施工工具和设备。

（3）保温材料大多属于易燃物品，在施工现场应严禁烟火，并配备足够数量的灭火器材。对剩余的保温材料应及时清理归库，妥善保管，避免材料浪费和环境污染。

2. 文明施工要求

（1）保持实训场地的整洁卫生，材料堆放整齐有序，施工工具摆放规范，做到工完场清。

（2）爱护实训场地的设施设备和建筑模型，不得故意损坏或破坏公共财物。

（3）遵守实训基地的各项规章制度，服从管理。

项目10

装饰工程

教学目标

一、知识目标

1. 了解建筑装饰工程的概念、作用和发展趋势，理解其在满足人们生活、工作、学习等空间环境需求方面的重要性。
2. 熟悉各类建筑装饰材料的性能、特点、种类、规格和应用范围。
3. 掌握建筑装饰工程的基本施工工艺和技术流程，了解各装饰工序之间的衔接关系和施工顺序安排。
4. 了解建筑装饰工程的质量控制标准和验收规范。
5. 了解建筑装饰工程的设计原理和美学原则。

二、能力目标

1. 装饰材料识别与应用能力：能够通过观察、触摸、检测等手段准确识别各类常见的建筑装饰材料；能够根据给定的装饰工程设计方案和预算要求，合理选择装饰材料，并编制详细的材料采购清单；能够在施工现场对进场的装饰材料进行质量检验和验收。
2. 装饰工程施工操作能力：在模拟施工现场或实际工程实训中，熟练掌握建筑装饰工程施工所需的各种工具和设备的操作方法；能够按照规范的施工工艺和技术流程，独立或合作完成墙面、地面、顶棚、门窗等部位的装饰施工操作；能够进行木地板的铺设，保证地板拼接紧密、表面平整、行走无响声；能够安装吊顶龙骨和饰面板，确保吊顶的平整度、稳定性和美观性等。
3. 质量检测与问题解决能力：能够运用各种检测工具对建筑装饰工程的施工质量进行检测和评估；能够准确判断装饰工程各分项工程的施工质量是否符合验收标准；能够在施工过程中及时发现和预防质量问题。

三、素养目标

1. 职业素养：培养学生严谨、认真、负责的工作态度和敬业精神，使学生深刻认识建筑装饰工程质量直接关系客户的生活品质和安全，在装饰材料选择、施工操作以及质量检测等各个环节都严格遵守国家规范和标准，树立良好的职业道德和职业形象。
2. 安全素养：通过安全知识的学习和安全技能的培训，让学生掌握建筑装饰工程施工过程中的安全操作规程和安全防护措施，培养学生的安全风险识别和防范能力，使其能

项目 10 装饰工程

够敏锐地察觉施工现场存在的安全隐患,并能够主动采取有效的预防措施加以消除。

3. 审美素养:培养学生的审美能力和艺术修养,鼓励学生学习建筑史、艺术史、设计史、文学、绘画、音乐等多个领域的知识,了解不同文化背景下建筑装饰艺术的发展脉络和风格演变,从中汲取灵感和养分,丰富自身的文化内涵和艺术底蕴。

【思维导图】

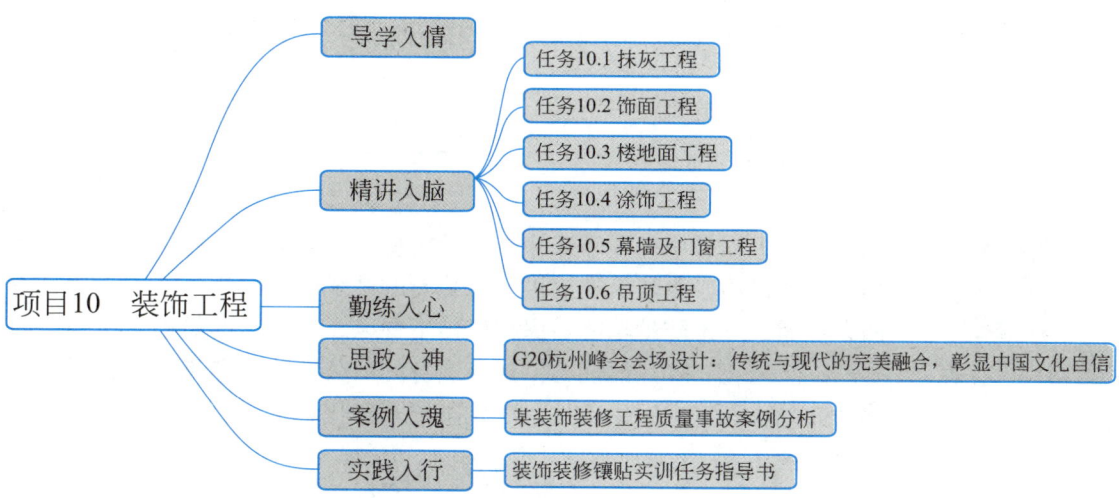

【导学入情】

某商品房小区为精装修住房交付,待业主收房时发现装修工程存在质量缺陷,甚至可能导致安全事故。部分住房出现了墙皮掉灰鼓包,甚至脱落的情况;入户大厅墙面砖经小锤轻击检查后发现存在大面积空鼓,有高处掉落风险;部分住房卧室木地板在行走时有空鼓响声,局部区域木地板起拱。造成上述装饰工程质量问题的原因如下。

(1)墙皮掉灰鼓包和脱落的问题,是由于使用的腻子质量不过关。劣质材料的附着力差,无法与墙体牢固结合,导致在潮湿或温差变化的条件下容易出现脱落现象。此外,墙面基层未进行充分打磨和未涂刷界面剂也是墙皮脱落的重要原因。

(2)入户大厅墙面砖大面积空鼓的问题,是因为施工过程中未按照规范进行瓷砖铺贴,瓷砖背面未涂满胶粘剂,基层未充分湿润和未进行适当的敲击排气,导致瓷砖与基层之间存在空气层,从而形成空鼓。

(3)卧室木地板行走时出现空鼓响声和起拱现象,是地板铺设时未留足够的伸缩缝,导致在温度和湿度变化时地板无法自由伸缩而起拱。

这些质量缺陷让业主们的喜悦之情瞬间化为乌有,也引发了一系列的问题和纠纷。业主们纷纷要求开发商给出一个合理的解决方案,而开发商则面临着巨大的整改压力和成本支出,同时也对自身的品牌形象造成了严重的损害。

那么,从我们的专业角度来看,为什么会出现这些质量缺陷呢?在施工过程中可能存在哪些环节的失误?我们又该如何避免这些问题的发生呢?接下来,就让我们深入分析这个案例,从中汲取经验教训,学习如何在建筑装饰工程中确保施工质量,为业主打造出真正优质、满意的居住空间。

【精讲入脑】

装饰工程不仅能美化建筑空间，还能提升其功能。与建筑工程相比，它具有工程量大、工期长（一般占建筑施工工期的30%～40%，高级装饰超过50%）、手工作业量大、造价高（占建筑总造价的40%，高级装饰可达50%以上）、项目多且工序复杂的特点。因此，提升预制化、机械化水平，协调结构、设备与装饰的关系，采用新型材料、技术和工艺，用干式作业替代湿式作业，对缩短工期、降低成本、满足功能和提升装饰效果意义重大。

任务 10.1　抹灰工程

10-1　抹灰工程

抹灰工程指用抹面砂浆涂抹在基底材料的表面，具有保护基层和增加美观的作用，为建筑物提供特殊功能的系统施工过程。抹灰工程具有两大功能：一是防护功能，保护墙体不受风、雨、雪的侵蚀，增强墙面防潮、防风化、隔热的能力，提高墙身的耐久性能、热工性能；二是美化功能，改善室内卫生条件，净化空气，美化环境，提高居住舒适度。

10.1.1　抹灰工程的分类与组成

1. 抹灰工程的分类

10-2　水泥轻质抹灰砂浆机械化施工技术

抹灰工程包括一般抹灰、保温层薄抹灰、装饰抹灰和清水砌体勾缝。一般抹灰按使用要求、质量标准和操作工序不同，分普通抹灰和高级抹灰。一般抹灰按材料的不同包括水泥砂浆、水泥混合砂浆、聚合物水泥砂浆和粉刷石膏等抹灰；保温层薄抹灰包括保温层外面聚合物砂浆薄抹灰；装饰抹灰包括水刷石、斩假石、干粘石和假面砖等装饰抹灰；清水砌体勾缝包括清水砌体砂浆勾缝和原浆勾缝。本任务重点介绍一般抹灰。

2. 抹灰层的组成

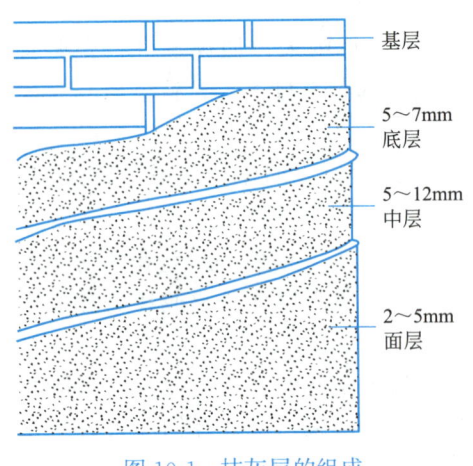

图 10-1　抹灰层的组成

抹灰层主要由底层、中层和面层三个部分组成，如图10-1所示，分层抹灰的目的是使抹灰层与基层粘结牢固，不出现脱落、空鼓、开裂并保证墙面平整。抹灰前基层表面的尘土、污垢和油渍等应清除干净，并应洒水润湿或进行界面处理，基层处理是确保抹灰层与基底材料良好结合的关键步骤。对各层抹灰的要求如下。

（1）底层：底层厚度为5～7mm，其作用是使抹灰层能与基层牢固结合，并对基层进行初步找平。要求横平竖直，表面不能凹凸不平。

（2）中层：中层主要起找平作用，厚度为5～12mm，可分次涂抹，凝固前交叉刻痕。

(3) 面层：面层亦称罩面，厚度为 2～5mm，主要起装饰作用，须仔细操作，确保表面平整、光滑、无裂纹。

3. 抹灰工程的其他要求

(1) 外墙抹灰工程施工前应先安装钢木门窗框、护栏等，应将墙上的施工孔洞堵塞密实，并对基层进行处理。

(2) 室内墙面、柱面和门洞口的阳角做法应符合设计要求。设计无要求时，应采用强度等级不低于 M20 水泥砂浆做护角，其高度不应低于 2m，每侧宽度不应小于 50mm。

(3) 当要求抹灰层具有防水、防潮功能时，应采用防水砂浆。

(4) 各种砂浆抹灰层，在凝结前应防止快干、水冲、撞击、振动和受冻，在凝结后应采取措施防止玷污和损坏。水泥砂浆抹灰层应在湿润条件下养护。

(5) 外墙和顶棚的抹灰层与基层之间及各抹灰层之间应粘结牢固。

(6) 抹灰工程在以下情况应采取加强措施：抹灰总厚度大于或等于 35mm；不同材料基体交接处。

10.1.2 一般抹灰

1. 一般抹灰施工材料要求

(1) 砂浆的拉伸粘结强度是衡量砂浆与基材粘结性能的重要指标之一。在抹灰工程中，普通砌块砂浆的拉伸粘结强度应该不低于 0.2MPa，且应满足设计要求。

(2) 聚合物砂浆的保水率是指砂浆在一定时间内保持水分的能力。保水率的高低直接影响砂浆的施工性能和抹灰层的质量。保水率过低，砂浆容易失水，导致抹灰层出现裂缝、空鼓等问题；保水率过高，则可能导致抹灰层干燥时间过长，影响施工进度。因此，在选择和配制砂浆时，必须根据实际工程需要，合理调整聚合物砂浆的保水率，且应满足设计要求。

2. 抹灰常用施工机具

主要施工机具有平抹子、做角抹子、托灰板、刮尺、搅拌工具、刷子等，如图 10-2 所示。

图 10-2 抹灰常用施工机具

(1) 铁抹子：用于抹灰或水磨石、水刷石面层。

（2）塑料抹子：用于砂浆搓平压实。

（3）压子：用于压光砂浆面层。

（4）阳角/阴角抹子：用于压光阳角/阴角。

（5）托灰板：抹灰时用来承托砂浆。

（6）铝合金刮尺：刮平地面或墙面的抹灰层。

（7）猪鬃刷：刷洗水刷石，拉毛。

3. 一般抹灰施工

（1）施工顺序

为了保护好成品，在施工之前应安排好抹灰的施工顺序。一般应遵循的施工顺序是先室外后室内、先上面后下面、先顶棚、墙面后地面。高层建筑施工，当采用立体交叉流水作业时，也可以采取从下往上施工的方法，但必须采取相应的成品保护措施。

（2）一般抹灰施工

一般抹灰工程施工工艺流程：基层处理→找规矩→抹底层灰→抹中层灰→抹面层灰。

1）基层处理

抹灰基层表面的处理是确保抹灰质量和工程施工进度的关键，一般应做好如下几点工作。

① 全面检查，重点查看主体结构、水电预埋件及门窗框位置、标高是否精准，洞口、线槽是否已妥善处理。

② 仔细核查基层平整度，外凸剔平，凹陷处用1:3水泥砂浆补平，防止抹灰层不均。

③ 彻底清除基层杂物，依材质、环境洒水湿润或进行界面处理，保障粘结牢固。

④ 对于平整光滑的混凝土基层表面，宜先凿毛并刷聚合物水泥砂浆或专用界面剂。

⑤ 对于不同材料基体交接处（如砖墙与板条墙、混凝土梁或墙交接处）表面的抹灰，应采取防止开裂的加强措施。当采用加强网时，加强网与各基体的搭接宽度不应小于100mm。

2）找规矩

包括贴灰饼、标筋（冲筋）、阴阳角找方等工作。普通抹灰可不做阴角找方；高级抹灰应全部做好。

① 贴灰饼和标筋是为了满足墙面抹灰后的垂直度、平整度要求，贴灰饼厚度应根据基体实际情况在兼顾抹灰平均总厚度的原则下决定。在距墙角100～200mm处的上方墙面用砂浆做标准灰饼，吊线坠做下方灰饼，相邻灰饼的水平间距不宜超过2m（一般以1500mm为宜）。然后在上下两灰饼之间分几遍抹出若干条标筋，使其通长，上下灰饼面相平，作为控制抹灰层垂直、平整的依据，如图10-3所示。

② 阴阳角找方：指在待抹灰房间内的阴角和阳角处，用方尺规方，并贴灰饼控制。同时，室内墙面、柱面和门洞口的阳角做法应符合设计要求。设计无要求时，应采用1:2水泥砂浆做护角，其高度不应低于2m，每侧宽度不应小于50mm。

③ 顶棚抹灰无须灰饼、冲筋。抹灰前应在四周墙上弹出水平线，以控制顶棚抹灰层平整。

3）底层抹灰

一般情况下，冲筋后约2h就可以抹底层灰，先薄薄抹一层底子灰，接着分层装档、

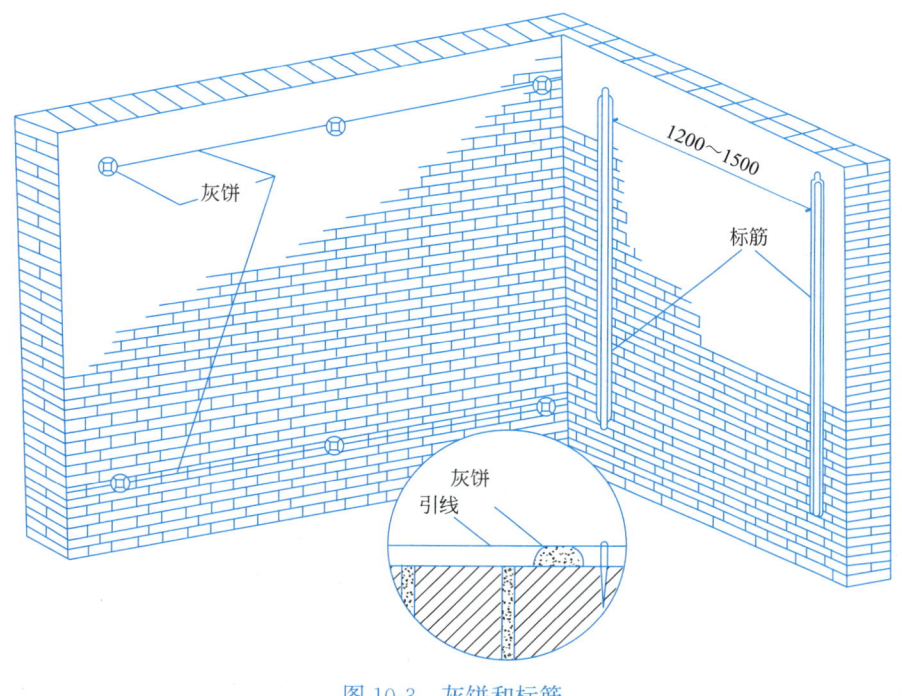

图 10-3 灰饼和标筋

找平,再用大杠水平刮找一遍,用抹子搓毛。然后全面检查底子灰是否平整,阴阳角是否方正,阴角交接处、墙与顶板交接处是否光滑平整,并用靠尺检查墙面垂直和平整情况。抹灰面接槎应平顺,地面落灰应及时清理干净。

4) 抹中层灰

底层灰七八成干(用手指按压有指印但不软)时即可抹中层灰,操作时一般按从上往下、从左向右的顺序进行。

5) 抹面层灰

在中层灰七八成干后即可抹面层灰。先在中层灰上洒水,然后将面层砂浆均匀抹上去,按从上而下,从左向右的顺序。抹满后用铁抹子分片压实压光。

10.1.3 一般抹灰工程质量要求

一般抹灰工程的质量应符合下列规定。

(1) 普通抹灰表面应光滑、洁净、接槎平整,分格缝应清晰。

(2) 高级抹灰表面应光滑、洁净、颜色均匀、无抹纹,分格缝和灰线应清晰美观。

(3) 护角、孔洞、槽盒周围及与各构件交接处的墙面抹灰表面应整齐、光滑;管道后面的抹灰表面应平整。

(4) 抹灰层的总厚度应符合设计要求;水泥砂浆不得抹在石灰砂浆层上;罩面石膏灰不得抹在水泥砂浆层上。

(5) 抹灰分格缝的设置应符合设计要求,宽度和深度应均匀,表面应光滑,棱角应整齐。

(6) 有排水要求的部位应做滴水线(槽)。滴水线(槽)应整齐顺直,滴水线应内高外低，滴水槽的宽度和深度应满足设计要求，且均不应小于10mm。

一般抹灰工程质量的允许偏差和检验方法应符合表10-1的规定。

一般抹灰的允许偏差和检验方法　　　　　　　　　表10-1

项次	项目	允许偏差（mm）		检验方法
		普通抹灰	高级抹灰	
1	立面垂直度	4	3	用2m垂直检测尺检查
2	表面平整度	4	3	用2m靠尺和塞尺检查
3	阴阳角方正	4	3	用200mm直角检测尺检查
4	分格条（缝）直线度	4	3	拉5m线，不足5m拉通线，用钢直尺检查
5	墙裙、勒脚上口直线度	4	3	拉5m线，不足5m拉通线，用钢直尺检查

注：1. 普通抹灰，本表第3项阴角方正可不检查。
　　2. 顶棚抹灰，本表第2项表面平整度可不检查，但应平顺。

任务 10.2　饰面工程

10-3　饰面板（砖）工程

饰面工程是将饰面材料镶贴或安装于基体形成装饰层，材料分饰面板与饰面砖两类。饰面板常用天然石、人造石、金属等材质，多采用构造连接安装工艺；饰面砖有釉面瓷砖、面砖等，常采用直接粘贴镶贴工艺。

10.2.1　饰面板施工

1. 石材饰面板安装

（1）饰面板安装前，应按厂牌、品种、规格和颜色进行分类，并将其侧面和背面清扫干净，修边打眼，每块板的上、下边打眼数量不得少于2个，并用防锈金属丝穿入孔内，用于固定。

（2）饰面板安装时，接缝宽度可垫木楔调整，并确保外表面平整、垂直及板的上沿平顺。

（3）灌注砂浆时，应先在竖缝内塞15～20mm的麻丝或泡沫塑料条，以防漏浆，并将饰面板背面和基体表面湿润。砂浆灌注应分层进行，每层灌注高度为150～200mm，且不得大于板高的1/3，插捣密实。施工缝位置应留在饰面板水平接缝以下50～100mm处。待砂浆硬化后，将填缝材料清除。

（4）室内安装天然石光面和镜面的饰面板，接缝应干接，接缝处宜用与饰面板相同颜色的水泥浆填抹；室外安装天然石光面和镜面饰面板，接缝可干接或用水泥细砂浆勾缝，干接缝应用与饰面板相同颜色水泥浆填平。安装天然石粗磨面、麻面、条纹面、天然面饰面板的接缝和勾缝应使用水泥砂浆。

（5）安装人造石饰面板，接缝宜用与饰面板相同颜色的水泥浆或水泥砂浆抹缝严实。

（6）饰面板安装完工后，表面应清洗干净。光面和镜面饰面板经清洗晾干后方可打蜡擦亮。

(7) 石材饰面板的接缝宽度应符合表 10-2 的规定。

2. 石材饰面板安装质量要求

(1) 石材饰面板的品种、规格、颜色和性能应符合设计要求及国家现行标准的有关规定。

(2) 石材饰面板孔、槽的数量、位置和尺寸应符合设计要求。

(3) 石材饰面板安装工程的预埋件（或后置埋件）、连接件的材质、数量、规格、位置、连接方法和防腐处理应符合设计要求。后置埋件的现场拉拔力应符合设计要求。石材饰面板安装应牢固。

(4) 采用满粘法施工的石材饰面板工程，石材饰面板与基层之间的粘结料应饱满、无空鼓。石材饰面板粘结应牢固。

(5) 石材饰面板表面应平整、洁净、色泽一致，应无裂痕和缺损。石材饰面板表面应无泛碱等污染。

(6) 石材饰面板填缝应密实、平直，宽度和深度应符合设计要求，填缝材料色泽应一致。

(7) 采用湿作业法施工的石材饰面板安装工程，石材饰面板应进行防碱封闭处理。石材饰面板与基体之间的灌注材料应饱满、密实。

(8) 石材饰面板上的孔洞应套割吻合，边缘应整齐。

(9) 石材饰面板安装的允许偏差和检验方法应符合表 10-2 的规定。

石材饰面板安装的允许偏差和检验方法　　　　表 10-2

项次	项目	允许偏差（mm）			检验方法
		光面	剁斧石	蘑菇石	
1	立面垂直度	2	3	3	用 2m 垂直检测尺检查
2	表面平整度	2	3	—	用 2m 靠尺和塞尺检查
3	阴阳角方正	2	4	4	用 200mm 直角检测尺检查
4	接缝直线度	2	4	4	拉 5m 线，不足 5m 拉通线，用钢直尺检查
5	墙裙、勒脚上口直线度	2	3	3	
6	接缝高低差	1	3	—	用钢直尺和塞尺检查
7	接缝宽度	1	2	2	用钢直尺检查

3. 金属饰面板安装

(1) 金属饰面板安装，当设计无要求时，宜采用抽芯铝铆钉固定，中间必须垫橡胶垫圈，抽芯铝铆钉间距以 100～150mm 为宜。

(2) 板材安装时严禁采用对接，搭接长度应符合设计要求，不得有透缝现象。

(3) 阴阳角宜采用预制角装饰板安装，角板与大面搭接方向应与主导方向一致，严禁逆向安装。

10.2.2 饰面砖施工

1. 饰面砖工程施工

饰面砖工程施工工艺流程：基层处理→抹底层砂浆→弹分格线→浸砖→粘贴标志块→

粘贴饰面砖→擦缝与勾缝→清理表面。

(1) 基层处理

粘贴饰面砖的基层，必须平整且表面粗糙，其做法与抹灰前基层处理基本一致。

(2) 抹底层砂浆

先把墙面浇水湿润，然后刮一道5～6mm厚的1:3水泥砂浆，紧跟着用同强度等级的水泥砂浆与冲筋抹平，随即用木杠刮平，木抹搓毛，隔天浇水养护。

(3) 弹分格线

待底层灰六七成干时，即可按图纸要求弹分格线，注意弹线时将异形块留在不显眼的阴角或最下一层。

(4) 浸砖

饰面砖粘贴前应经挑选，使饰面砖的品种、规格、颜色和性能符合设计要求，剔除有色差或外形受损的块料，贴砖前浸水2h以上并阴干。

(5) 粘贴标志块

粘贴饰面砖前，宜粘贴标志块，以控制面层出墙尺寸及垂直度、平整度。饰面砖粘贴前应找好规矩，按块料实际尺寸弹出纵横向控制线，定出水平标准和皮数，接缝宽度应符合设计要求，一般为1～1.5mm。然后用废块料按粘结层厚度用混合砂浆贴标志块（间距1.2～1.5m）。阳角处要两面挂直。

(6) 粘贴饰面砖

饰面砖粘贴时先浇水湿润底层，并合理选择粘贴顺序。内墙饰面砖一般从阳角由下往上逐层粘贴，不成整块的留在阴角。如有水池、镜框应以其为中心往两边分贴，先贴阳角大面后贴阴角、凹槽等难度较大的部位。外墙饰面砖粘贴自下而上分段进行，每段内粘贴也应是自下而上进行，且应先贴附墙柱，后贴墙面，再贴窗间墙。如墙面有突出的管线、灯具、支承物，应用整砖套割吻合，不得用非整砖拼凑粘贴。

粘贴饰面砖，先在最下一皮砖下侧依弹线稳平尺板，作为镶贴首皮瓷砖依据，砖背阴干后满刮6～10mm粘结浆，上墙按压、轻敲使其粘牢，贴完一行及时查平、调直，保证面层平整。

(7) 擦缝与勾缝

内墙釉面砖的接缝，宜用长毛刷蘸粥状白水泥素浆进行擦缝；外墙面砖的接缝，可用水泥浆或水泥砂浆勾出凹缝（深3mm左右）。完工后，清除表面余浆并对饰面层进行一次清洗。

2. 饰面砖粘贴施工的注意事项

(1) 饰面砖粘贴用的粘结材料有多种，如水泥砂浆、聚合物水泥砂浆、专用胶粘剂等。粘结材料的选用应符合设计要求，水泥的凝结时间、安定性和抗压强度需进行复验。

(2) 饰面砖粘贴必须牢固。对于外墙饰面砖，其粘贴前和施工过程中，尚应在相同基层上做样板件，并对样板件的饰面砖粘结强度进行试验。

(3) 饰面砖预排、弹线时所确定的非整砖使用部位、阴阳角处搭接方式等均应符合设计要求。

(4) 墙面突出物周围的饰面砖应用整砖套割吻合，边缘应整齐。墙裙、贴脸突出墙面的厚度应一致。有排水要求的部位尚应做出滴水线（槽），且饰面砖压向应采取顶面压立的做法。

3. 质量要求

（1）满粘法施工的饰面砖工程应无空鼓、裂缝。

（2）饰面砖表面应平整、洁净、色泽一致，无裂痕和缺损。

（3）饰面砖接缝应平直、光滑，填嵌应连续、密实；宽度和深度应符合设计要求。

（4）滴水线（槽）应顺直，流水坡向应正确，坡度符合设计要求。

（5）饰面砖粘贴的允许偏差和检验方法应符合表 10-3 的规定。

饰面砖粘贴的允许偏差和检验方法　　　　　　表 10-3

项次	项目	允许偏差（mm）		检验方法
		外墙面砖	内墙面砖	
1	立面垂直度	3	2	用 2m 垂直检测尺检查
2	表面平整度	4	3	用 2m 靠尺和塞尺检查
3	阴阳角方正	3	3	用直角检测尺检查
4	接缝直线度	3	2	拉 5m 线,不足 5m 拉通线,用钢直尺检查
5	接缝高低差	1	1	用钢直尺和塞尺检查
6	接缝宽度	1	1	用钢直尺检查

任务 10.3　楼地面工程

楼地面工程是建筑装饰工程中一个重要分部工程，包括建筑物底层地面和楼层地面，两者的主要区别是其饰面承托层不同。楼面装饰面层的承托层是架空的楼面结构层，地面装饰面层的承托层是室内回填土。楼地面常常要受到各种侵蚀、摩擦、冲击。因此，要求楼地面有足够的强度、耐磨性、耐腐蚀性。按照不同的功能使用要求，楼地面还应具有耐污、防渗漏、防潮性能。除此之外还应有隔声性、光洁度、平整度等指标以及色泽、图案等艺术效果要求。一些特殊功能的楼地面，如防爆地面等，还应具有各自的特殊要求。

10-4　楼地面工程

10.3.1　楼地面工程的分层和分类

楼地面构造基本上可以分为基层和面层两个主要部分。有时为了满足找平、防水、防潮、弹性、保温隔热及管线敷设等功能上的要求，在基层和面层之间还要增加相应的附加构造层，又称为中间层。图 10-4 为楼地面的主要构造层示意图。

1. 基层

基层的作用是承担其上面的全部荷载，它是楼地面的基体。底层地面的基层是指素土夯实层。对于土质较差的，可加入碎砖、石灰等骨料夯实。楼地面的基层为楼板。

2. 中间层

中间层位于基层之上，其作用是将上部的各种荷载均匀地传给基层，同时还起着隔声

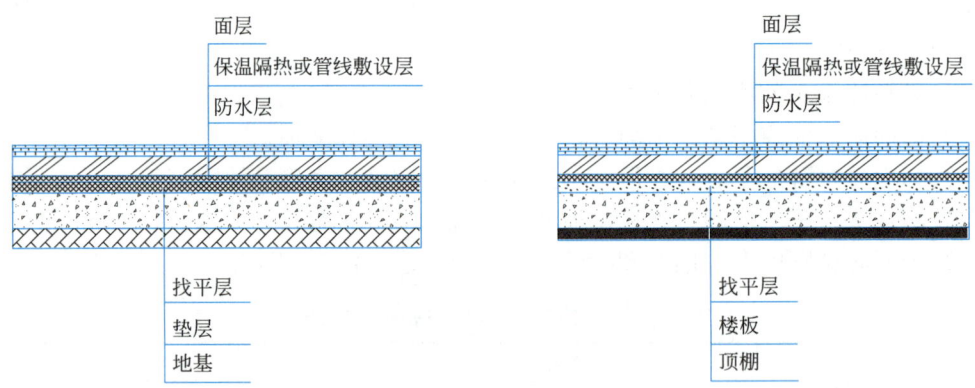

图 10-4　楼地面构造示意图

和找平作用，应由设计和地面施工工艺所决定。主要有垫层、找平层、隔离层（防水、防潮层）、填充层、结合层等，应根据实际需要设置。

3. 面层

面层是地面的最上层，也是直接承受各种物理和化学作用的表面层。按照不同的处理方式，楼地面面层主要有如下几种。

（1）整体式面层包括水泥混凝土面层、水泥砂浆面层、水磨石面层、硬化耐磨面层、防油渗面层、不发火（防爆）面层、自流平面层、涂料面层、塑胶面层、地面辐射供暖的整体面层。

（2）木制面层包括实木地板面层、实木集成地板面层、竹地板面层（条材、块材面层）、实木复合地板面层（条材、块材面层）、浸渍纸层压木质地板面层（条材、块材面层）、软木类地板面层（条材、块材面层）、地面辐射供暖的木板面层。

（3）块材面层包括砖面层（陶瓷锦砖、缸砖、陶瓷地砖和水泥花砖）、大理石面层和花岗石面层、预制板块面层（水泥混凝土板块、水磨石板块、人造石板块）、料石面层（条石、块石）、塑料板面层、活动地板面层、金属板面层、地毯面层、地面辐射供暖的板块面层。

10.3.2　整体式面层施工

1. 混凝土面层

（1）一般要求

施工过程中应对面层厚度采取控制措施并进行检查，保证混凝土面层厚度符合设计要求。混凝土面层铺设不得留施工缝。当施工间隙超过允许规定时，应对接槎位置进行处理。面层的强度等级应符合设计要求，且混凝土面层使用的混凝土强度等级不应小于 C20。

（2）施工工艺

1）工艺流程：基层处理→设置分格缝→贴灰饼和冲筋→刷结合层→搅拌混凝土→铺混凝土面层→搓平→机械压光→养护。

2）工艺要求。

基层处理：清除灰尘、浆皮、落地灰与油污，修补平整度差的部位，提前 1～2d 浇湿，防止出现空鼓。

设置分格缝：面积较大时，按设计在梁上、门口等位置设分格缝。

贴灰饼和冲筋：依标高控制线操作，控制面层厚度，房间较大时拉水平线冲筋。

刷结合层：铺面层前刷界面剂或水灰比为 0.4～0.5 的水泥浆，随刷随铺，清除基层水分。

搅拌混凝土：机械搅拌，计量要精准，搅拌均匀，坍落度不超 3cm，强度符合要求。

铺混凝土面层：铺设、振捣混凝土时，防止破坏灰饼、冲筋。刷完结合层后即铺混凝土，初步找平后振捣密实，再以灰饼、冲筋为基准刮尺找平，施工间歇时间超出规定时，需处理接槎处已凝结混凝土。

搓平、机械压光：水泥初凝前用木抹子搓平，初凝后用铁抹子或压光机分三遍压光，掌握间隔时间。

养护：12h 内覆盖浇水，初期喷水，后期浇水或覆盖，达强度后正常使用。

2. 水泥砂浆面层

水泥采用硅酸盐水泥、普通硅酸盐水泥，其强度等级不应小于 42.5，不同品种、不同强度等级的水泥严禁混用；砂应为中粗砂，当采用石屑时，其粒径应为 1～5mm，且含泥量不应大于 3%。水泥砂浆的体积比（强度等级）必须符合设计要求；且体积比应为 1∶2，强度等级不应小于 M15。水泥砂浆面层的厚度应符合设计要求，且不应小于 20mm。

10.3.3 木制面层施工

1. 实木地板面层

实木地板面层采用条材和块材实木地板或采用拼花实木地板，以空铺方式在基层上铺设。实木地板面层可采用双层面层和单层面层铺设，其厚度应符合设计要求。实木地板面层的条材和块材应采用具有商品检验合格证的产品，其产品类别、型号、适用树种、检验规则以及技术条件等均应符合现行国家标准的规定。

铺设实木地板面层时，其木搁栅的截面尺寸、间距和稳固方法等均应符合设计要求。木搁栅固定时，不得损坏基层和预埋管线。木搁栅应垫实钉牢，与墙之间留出 20mm 的缝隙，表面应平直。实木地板面层铺设如图 10-5 所示。

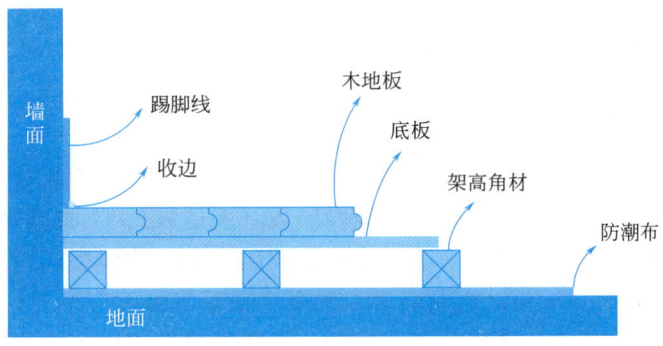

图 10-5　实木地板面层铺设

底板铺设时，木材髓心应向上，其板间缝隙不应大于 3mm，与墙之间应留出 8～12mm 空隙，表面应刨平。实木地板面层铺设时，面板与墙之间应留出 8～12mm 缝隙。

2. 实木复合地板面层

（1）实木复合地板面层采用条材和块材实木复合地板或采用拼花实木复合地板，以空铺法或粘贴法（满粘或点粘）在基层上铺设。

（2）实木复合地板面层的条材和块材应采用具有商品检验合格证的产品，其技术等级及质量要求均应符合国家现行标准的规定。

（3）铺设实木复合地板面层时，其木搁栅的截面尺寸、间距和稳固方法等均应符合设计要求。木搁栅固定时，不得损坏基层和预埋管线。木搁栅应垫实钉牢，与墙之间应留出20mm缝隙，表面应平直。

（4）实木复合地板面层可采用满粘法和点粘法施工。粘贴材料应采用具有耐老化、防水和防菌、无毒等性能的材料，或按设计要求选用。

（5）实木复合地板面层下衬垫的材质和厚度应符合设计要求。

（6）实木复合地板面层铺设时，相邻板材接头位置应错开不小于300mm的距离；与墙之间应留出不小于10mm的空隙。

（7）大面积铺设实木复合地板面层时，应分段铺设，分段缝的处理应符合设计要求。

10.3.4 块材面层施工

块材面层地面工程施工工艺流程：找平层施工→隔离层施工→块材面层施工。

1. 找平层施工

找平层是在垫层、楼板上起整平、找坡或加强作用的构造层，其应有一定的强度。找平层采用水泥砂浆或水泥混凝土铺设。当找平层厚度小于30mm时，宜用水泥砂浆做找平层；当找平层厚度大于或等于30mm时，宜用水泥混凝土做找平层。

找平层施工时应注意如下要点。

（1）找平层施工前，在室内墙柱面上应先弹出＋50cm或＋100cm的水平控制线，便于控制地面标高并保证面层平整。

（2）在铺设找平层前，应将其下部基层表面清理干净。当找平层下有松散填料时，应予铺平振实。

（3）在预制钢筋混凝土板上铺设找平层前，需先做好板缝填嵌工作。

（4）有防水要求的地面工程，找平层铺设时，对立管、套管、地漏、楼板节点之间的密封处理应严格按防水工程施工要求进行。

（5）找平层表面应平整，并不得有空鼓、裂缝和起砂等现象。

2. 隔离层施工

用于卫生间、厨房、浴室等地面的构造层，起防渗漏和防潮作用。隔离层材料的防水、防渗性能应符合设计要求。隔离层的铺设层数（或道数）、上翻高度应符合设计要求。厕浴间和有防水要求的建筑地面必须设置防水隔离层。房间的楼板四周除门洞外应做混凝土翻边，高度不应小于200mm，宽同墙厚，混凝土强度等级不应小于C20。施工时结构层标高和预留孔洞位置应准确，严禁乱凿洞。防水隔离层严禁渗漏，排水的坡向应正确、排水通畅。

3. 块材面层施工

块材面层的建筑地面是指采用陶瓷地砖、大理石和花岗石板块、塑料板块等装饰块材或板材铺设的地面。这类地面具有耐磨损、易清洗等特点，且面层材料的花色品种多、规格全，能满足不同部位的地面装饰，已被广泛应用于各类公用建筑和住宅工程。

以陶瓷地砖为例，块材面层施工工艺流程：排砖弹线→选砖与浸砖→铺贴→擦缝与养护→质量检查。

(1) 排砖弹线

根据水平基准线在墙面上弹出地面标高线，根据地面的平面几何尺寸再结合地砖的实际尺寸进行排砖，并在找平层上弹出纵横向控制线。排砖时应统筹兼顾以下几点。

1) 无拼花要求的地砖，尽可能对称排砖。当有拼花要求时，地砖预排以满足拼花要求为准。

2) 房间与通道的砖缝尽可能通顺一致。当用不同颜色的地砖时，分色线应留置于门扇处。

3) 尽可能不割或少割砖，可适度利用砖缝宽窄、镶边宽窄来调节。

(2) 选砖与浸砖

由于地砖的规格尺寸及颜色有时会有偏差，铺贴地砖前应选砖分类，避免同一房间的地砖色差明显或接缝直线度偏差大。为了保证粘结质量，陶瓷地砖应在水中浸泡 3~4h，取出阴干后方可铺贴。

(3) 铺贴

地砖铺贴时先按定位线、标高线做出灰饼或标筋，并拉出通线。在找平层上刷水泥浆一道，将预先浸水阴干的地砖背面朝上，刮抹粘结材料（1:2水泥砂浆或聚合物水泥浆等）后铺贴于找平层上，并用橡皮锤敲振拍实。地砖铺贴过程中应注意检查其边楞是否跟线，是否找正、找直，并随时纠正出现的偏差，确保面层平整、接缝平直。对于有泛水要求的地面，尚应随时检查铺贴面的坡度（泛水坡度）。

(4) 擦缝与养护

整幅地面铺贴完毕，宜养护 2d 后再进行擦缝施工。擦缝用水泥的颜色由设计确定，当设计无规定时，宜根据地砖颜色选用。一般常用白水泥调成干性团，在缝隙处擦抹，使纵横缝隙处填塞饱满，再将地砖表面擦净。

(5) 质量检查

1) 铺设板块面层时，其水泥类基层的抗压强度不得小于 1.2MPa。

2) 铺设板块面层的结合层和板块间的填缝采用水泥砂浆时，应符合下列规定：

① 配制水泥砂浆应采用硅酸盐水泥、普通硅酸盐水泥或矿渣硅酸盐水泥；

② 配制水泥砂浆的砂应符合有关规定；

③ 水泥砂浆的体积比（或强度等级）应符合设计要求。

3) 结合层和板块面层填缝的胶结材料应符合国家现行有关标准的规定和设计要求。

4) 铺设水泥混凝土板块、水磨石板块、人造石板块、陶瓷锦砖、陶瓷地砖、缸砖、水泥花砖、料石、大理石、花岗石等面层的结合层和填缝材料采用水泥砂浆时，在面层铺设后，表面应覆盖、湿润，养护时间不应少于 7d。当板块面层的水泥砂浆结合层的抗压强度达到设计要求后，方可正常使用。

5) 大面积板块面层的伸、缩缝及分格缝应符合设计要求。

6) 板块类踢脚线施工时，不得采用混合砂浆打底。

7) 陶瓷锦砖面层、高级水磨石板、陶瓷地砖面层允许偏差和检验方法应符合表 10-4

的规定。

陶瓷锦砖面层、高级水磨石板、陶瓷地砖面层的允许偏差和检验方法　　　表10-4

项次	项目	允许偏差（mm） 陶瓷锦砖面层、高级水磨石板、陶瓷地砖面层	检验方法
1	表面平整度	2.0	用2m靠尺和楔形塞尺检查
2	缝格平直	3.0	拉5m线和用钢尺检查
3	接缝高低差	0.5	用钢尺和楔形塞尺检查
4	踢脚线上口平直	3.0	拉5m线和用钢尺检查
5	板块间隙宽度	2.0	用钢尺检查

任务10.4　涂饰工程

10-5　涂饰工程

涂饰工程是将涂料敷于建筑表面，干结形成涂膜的饰面工程。建筑涂料施工方便、装饰佳、耐用，是广泛采用的饰面方式。涂料与油漆是同一概念，现在的新型人造漆，已趋向于少用油或完全不用油，或以水代油，改用有机合成的各种树脂，统称为"涂料"。

建筑装饰工程中常用的水性涂料有乳液型涂料、无机涂料和水溶性涂料等，适用于建筑室内外混凝土或抹灰面涂饰。

10.4.1　建筑涂料的组成、分类

1. 组成

涂料主要成分有主要成膜物质、次要成膜物质和辅助成膜物质。主要成膜物质，称胶粘剂，有油脂、树脂、无机胶凝材料三种；次要成膜物质主要有颜料、填充料等；辅助成膜物质主要有溶剂和助溶剂两大类。

2. 分类

（1）按涂料使用的部位可分为外墙涂料、内墙涂料、顶棚涂料、地面涂料、门窗涂料、屋面涂料等。

（2）按涂料的特殊功能可分为防火涂料、防水涂料、防虫涂料、防霉涂料等。

（3）按涂料成膜物质的组成不同可分为：

1）油性涂料，系指传统的以干性油为基础的涂料，即以前所称的油漆；

2）有机高分子涂料，包括聚醋酸乙烯系、丙烯酸树脂系、环氧系、聚氨酯系、过氯乙烯系等，其中丙烯酸树脂系建筑涂料的性能优越；

3）无机高分子涂料，包括有硅溶胶类、硅酸盐类等；

4）有机无机复合涂料，包括聚乙烯醇水玻璃涂料、聚合物改性水泥涂料等。

（4）按涂料分散介质（稀释剂）和效果的不同可分为：

1）水性涂料，包括乳液型涂料、无机涂料、水溶性涂料等；

2) 溶剂型涂料，包括丙烯酸酯涂料、聚氨酯丙烯酸涂料、有机硅丙烯酸涂料、交联型氟树脂涂料等；

3) 美术涂饰，包括套色涂饰、滚花涂饰、仿花纹涂饰等。

(5) 按涂料所形成涂膜的质感可分为：

1) 薄涂料，又称薄质涂料，它的黏度低，刷涂后能形成较薄的涂膜，表面光滑、平整、细致，但对基层凹凸线形无任何改变作用；

2) 厚涂料，又称厚质涂料，它的特点是黏度较高，具有触变性，上墙后不流淌，成膜后能形成有一定粗糙质感的较厚的涂层，涂层经拉毛或滚花后富有立体感；

3) 复层涂料，原称喷塑涂料，又称浮雕型涂料，其由封底涂料、主层涂料与罩面涂料三种涂料组成。

10.4.2 水性涂料涂饰施工

1. 材料要求

涂料的品种、颜色应符合设计要求，并应有材料的产品合格证书、性能检验报告及有害物质限量检验报告等。涂饰工程所用的腻子的粘结强度应符合相关规定。

涂饰材料应存放在指定的专用库房内。材料应存放于阴凉干燥且通风的环境内，其贮存温度应为5～40℃。工程所用涂饰材料应按品种、批号、颜色分别堆放。

2. 施工机具

涂饰施工前应有选择地准备下列涂饰机具和工具：①涂刷、排笔、盛料桶、天平、磅秤等刷涂及计量工具；②羊毛辊筒、海绵辊筒、配套专用辊筒及匀料板等滚涂工具；③塑料辊筒、铁制压板滚压工具；④无气喷涂设备、空气压缩机、手持喷枪、喷斗、各种规格口径的喷嘴、高压胶管等喷涂机具；⑤施工机具应按涂饰材料种类、式样、涂饰部件等选择适用的型号。

3. 施工条件

施工单位应根据设计选定式样、色彩、光泽、材料种类、涂饰遍数、单位用量以及涂饰等级，同时应根据建筑工程情况、涂饰要求、基层条件、施工平台及涂装机械等编制涂饰工程施工方案。

大面积施工前应由施工人员按工序要求做好"样板"或"样板间"，并保留到竣工。

4. 涂饰工程施工

工艺流程：基层处理→刮腻子与磨平→涂料的施涂。

(1) 基层处理

基层处理的工作内容包括基层清理和基层修补。

1) 混凝土及砂浆的基层处理

为保证涂膜能与基层牢固粘结在一起，基层表面必须干净、坚实，无脱皮、起壳、粉化等现象，基层表面的泥土、灰尘、污垢、砂浆等应清扫干净，起皮的表面应予铲除。为保证基层表面平整，缺棱掉角处应用1:3水泥砂浆或聚合物水泥砂浆修补，表面的麻面、缝隙及凹陷处应用腻子填补修平。

2) 木材与金属基层的处理及打底子

为保证涂膜与基层粘结牢固，木材表面的灰尘、污垢，金属表面的油渍、鳞皮、锈斑、焊渣、毛刺等要清理干净；木料裂缝用石膏腻子填刮、磨光；木材基层要打底子，金属表面刷防锈漆，施涂前物件表面须干燥，木材含水率小于或等于12%，金属表面不能有湿气。

3) 涂饰工程的基层处理应符合下列要求。

① 新建筑物的混凝土或抹灰层基层在涂饰涂料前应涂刷抗碱封闭底漆。

② 旧墙面在涂饰涂料前应清除疏松的旧装修层，并涂刷界面剂。

③ 混凝土或抹灰基层涂刷溶剂型涂料时，含水率不得大于8%；涂刷乳液型涂料时，含水率不得大于10%。

④ 基层腻子应平整、坚实、牢固，无粉化、起皮和裂缝；内墙腻子的粘结强度应符合规范规定。

⑤ 厨房、卫生间墙面必须使用耐水腻子。

(2) 刮腻子与磨平

涂膜反射光线均匀，会凸显基层表面细小的凹凸、砂眼，影响美观，因此基层需刮数遍腻子找平，干燥后砂纸打磨至平整光滑。刮腻子遍数由涂饰工程质量等级、平整度要求、涂料品种决定。

(3) 涂料的施涂

1) 一般规定：涂料施涂前及过程中要充分搅匀，用于同一表面的涂料颜色须一致，调好黏度防流坠、刷纹，按规定稀释。施涂遍数依质量等级而定，溶剂型涂料前一遍干后、乳液型和水溶性涂料前一遍表干后，才可涂下一遍，且每层结合牢固。

2) 施涂基本方法：涂料的施涂方法有刷涂、滚涂、喷涂、刮涂和弹涂等。

① 刷涂

用油漆刷、排笔操作，方便且适应性高，除少数特殊涂料外大多都适用。施工时涂刷方向、行程要一致，勤蘸短刷，接槎应在分格缝处；涂刷应不少于两道，按先左后右、先上后下等顺序进行。

② 滚涂（或称辊涂）

借助滚筒蘸涂料涂布，滚筒有合成纤维或橡胶材质，特殊压花滚筒还能压出花纹。施工要点是涂料滚筒按W形运动，毛滚筒捻开涂料，再按上下方向上第二道涂料。

③ 喷涂

靠压力或压缩空气使涂料呈雾状喷于物体表面，涂层均匀、颜色统一，效率高，适用于大面积作业，如外墙。操作依涂料产品说明进行，喷嘴距墙40~60cm，喷枪速度40~60cm/min，直线喷后反向喷下一行，室内喷涂先顶后墙，间隔2h。

④ 刮涂

用刮板将涂料厚浆批刮在饰涂面，常用于地面厚层涂料，批刮一次厚度为0.5mm，来回1~2次。

⑤ 弹涂

利用弹涂器、弹棒将涂料弹成圆点，用不同色涂料多次弹涂可增强装饰效果。

5. 质量要求

(1) 涂料的品种、型号和性能应符合设计要求及国家现行标准的有关规定。

(2) 涂饰工程的颜色、光泽、图案应符合设计要求。

（3）涂饰工程应涂饰均匀、粘结牢固，不得漏涂、透底、开裂、起皮和掉粉。

（4）墙面水性涂料涂饰工程的允许偏差和检验方法应符合表 10-5 的规定。

墙面水性涂料涂饰工程的允许偏差和检验方法　　　　　　　表 10-5

项次	项目	允许偏差（mm）					检验方法
		薄涂料		厚涂料		复层涂料	
		普通涂饰	高级涂饰	普通涂饰	高级涂饰		
1	立面垂直度	3	2	4	3	5	用 2m 垂直检测尺检查
2	表面平整度	3	2	4	3	5	用 2m 靠尺和塞尺检查
3	阴阳角方正	3	2	4	3	4	用 200mm 直角检测尺检查
4	装饰线、分色线直线度	2	1	2	1	3	拉 5m 线，不足 5m 拉通线，用钢直尺检查
5	墙裙、勒脚上口直线度	2	1	2	1	3	拉 5m 线，不足 5m 拉通线，用钢直尺检查

任务 10.5　幕墙及门窗工程

10.5.1　幕墙工程

建筑幕墙是建筑物不承重的外墙围护，通常由面板（玻璃、铝板、石板、陶瓷板等）和后面的支承结构（铝横梁立柱、钢结构、玻璃肋等）构成。

1. 幕墙的分类

（1）按材料分类

幕墙按材料分为玻璃幕墙、金属幕墙、非金属幕墙。

（2）按施工方法分类

10-6　吊顶与幕墙工程

1) 单元式幕墙。在工厂车间内将加工好的各种构件和饰面材料组装成一层或多层高的整体板块，然后运到工地进行整体吊装，与建筑主体结构上预先设置的挂接件精确连接而成。

2) 半单元式幕墙。半单元式幕墙指饰面材料与部分主龙骨构件在工厂车间内组装完成，在施工现场将组装好的板块安装到主体结构主受力龙骨上而成。

3) 构件式幕墙（框架式幕墙）。将在工厂车间内加工完成的构件运到工地上，按照施工工艺将构件安装到建筑结构上，最后完成幕墙的安装。

（3）按结构形式分类

1) 有框幕墙。其包括全显框幕墙、半隐框幕墙、全隐框幕墙。

2) 无框幕墙。包括全玻璃幕墙（坐落式全玻璃幕墙、吊挂式全玻璃幕墙）、点支式玻璃幕墙。

3）明框玻璃幕墙。

① 竖框式：即竖框主要受力，竖框外露，立面显示竖向线条的装饰效果。

② 横梁式：即横梁主要受力，横梁外露，立面显示横向线条的装饰效果。

③ 框格式：即竖框、横梁全部外露，形成框格状的玻璃幕墙。

4）隐框玻璃幕墙。将玻璃用聚硅氧烷密封胶（结构胶）粘贴在铝合金框架上，玻璃与铝框之间完全靠结构胶粘结形成的幕墙。在大多数情况下，此种幕墙不再使用金属连接件，有时候也使用金属连接件作为安全措施。

5）半隐框玻璃幕墙。将玻璃两对边嵌在铝框内，另两对边用结构胶粘贴在铝框上，形成半隐框玻璃幕墙。

6）全玻璃幕墙（无框玻璃幕墙）。面板和肋均为玻璃的幕墙，分为底座式全玻璃幕墙和吊挂式全玻璃幕墙。

7）点支式玻璃幕墙（结构玻璃）。在玻璃上打孔，再用专业不锈钢连接件（驳接器）穿过玻璃孔将玻璃与钢骨架连接在一起形成的幕墙。

2. 幕墙的材料

材料是保证幕墙质量和安全的物质基础。幕墙所使用的材料，概括起来，基本上有四大类型，即骨架材料、板材、结构粘结及密封填缝材料、五金配件。

（1）骨架材料

幕墙所采用的骨架材料主要有两大类：一是铝合金型材；二是钢材。

骨架材料主要用于制作幕墙框架（也称幕墙龙骨）和面材板块的副框。一般来讲，铝合金型材用作玻璃、铝板幕墙的龙骨和副框，钢材则用作石材幕墙的龙骨。

（2）板材

幕墙所采用的板材主要有玻璃、铝板、石材、不锈钢板、陶板、彩钢板、阳光板、钛锌板、千思板、埃特板（纤维水泥板）、铜板等。

（3）结构粘结及密封填缝材料

结构粘结材料主要包括聚硅氧烷结构胶、耐候密封胶、间隔双面胶带、密封胶条等。

密封填缝材料主要包括结构胶、聚硅氧烷密封胶、聚氨酯胶粘剂、聚氨酯发泡剂等密封胶产品及工具。

10-7 高处作业吊篮标准化操作视频

（4）五金配件

五金配件主要包括开启附件、预埋件、转接件、连接件、开窗器、通风器、通风系统、密封胶条、驳接器等。

3. 幕墙施工的注意事项

（1）幕墙分格轴线的测量应与主体结构的测量配合，其误差应及时调整，不得积累。

（2）对高层建筑的测量，应在风力不大于 4 级情况下进行，每天应定时对幕墙的垂直度及立柱位置进行校核。

（3）应将立柱与连接件连接，然后连接件再与主体预埋件连接，并进行调整和固定。立柱安装标高偏差不应大于 3mm，轴线前后偏差不应大于 2mm，左右偏差不应大于 3mm。

（4）相邻两根立柱安装标高偏差不应大于 3mm，同层立柱的最大标高偏差不应大于 5mm；相邻两根立柱的距离偏差不应大于 2mm。

(5) 应将横梁两端的连接件及弹性橡胶垫安装在立柱的预定位置，并应安装牢固，接缝应严密。

(6) 相邻两根横梁水平标高偏差不应大于 1mm。同层标高偏差：当一幅幕墙宽度小于或等于 35m 时，不应大于 5mm；当一幅幕墙宽度大于 35m 时，不应大于 7mm。

(7) 同一层横梁安装应由下向上进行。当安装完一层时，应进行检查、调整、校正、固定，使其符合质量要求。

(8) 有热工性能要求的幕墙，保温部分从内向外安装，当采用内衬板时，四周应套装弹性橡胶密封条，内衬板与构件接缝应严密；内衬板就位后，应进行密封处理。

(9) 固定防火保温材料应锚钉牢固，防火保温层应平整，拼接处不应留缝隙。

(10) 冷凝水排出管及附件应与水平构件预留孔连接严密，与内衬板出水孔连接处应设橡胶密封条。

(11) 其他通气槽孔及雨水排出口等应按设计施工，不得遗漏。

(12) 幕墙立柱安装就位、调整后应及时紧固。幕墙安装的临时螺栓等应在构件安装就位、调整、紧固后及时拆除。

(13) 采用现场焊接或高强度螺栓紧固的构件固定后，应及时进行防锈处理。幕墙中与铝合金接触的螺栓及金属配件应采用不锈钢或轻金属制品。

(14) 不同金属的接触面应采用垫片做隔离处理。

(15) 金属板安装时，上下左右的偏差不应大于 1.5mm。

(16) 金属板空缝安装时，必须有防水措施，并有符合设计要求的排水出口。

(17) 幕墙四周与主体之间的间隙，应采用防火的保温材料填塞，内外表面应采用密封胶连续封闭，接缝应严密不漏水。

(18) 幕墙的施工过程中应分层进行防水渗漏性能检查。

(19) 幕墙安装过程中应进行接缝部位的雨水渗漏检验。

(20) 填充聚硅氧烷耐候密封胶时，金属板缝的宽度、厚度应根据聚硅氧烷耐候胶的技术参数，经计算后确定。较深的密封槽口底部应采用聚乙烯发泡材料填塞。

(21) 耐候聚硅氧烷密封胶在接缝内应形成相对两面粘结。

10.5.2 门窗工程

门的主要功能是提供房间内外水平交通、围护和分隔空间，并对建筑物的装饰和造型艺术具有一定的作用，而且还具有采光和通风的作用。

窗的主要功能是采光和通风，同时具有外部保护、分隔空间和装饰立面的作用。

10-8 门窗工程

1. 门的分类

门可以分为以下几类。

(1) 按材质的不同分为木门、钢门、铝合金门、塑料门、塑钢门和玻璃门等。

(2) 按位置的不同分为外门、内门、中门等。

(3) 按开启的方式分为平开门、弹簧门、推拉门、折叠门、转门、卷帘门、生态门等，如图 10-6 所示。

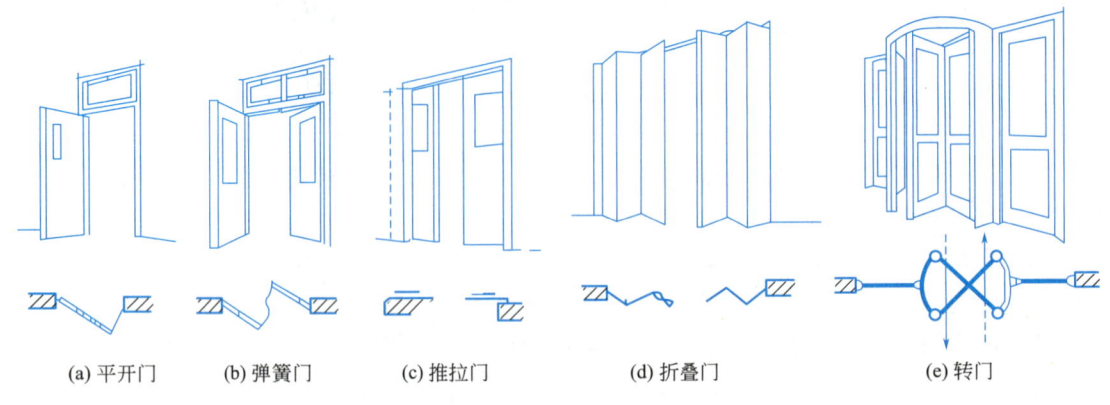

图 10-6 门的开启方式

2. 窗的分类

窗按开启方式的不同可分为固定窗、平开窗、上旋窗、中旋窗、下滑窗、下旋窗、立转窗、垂直推拉窗、水平推拉窗、下旋平开窗等,如图 10-7 所示。

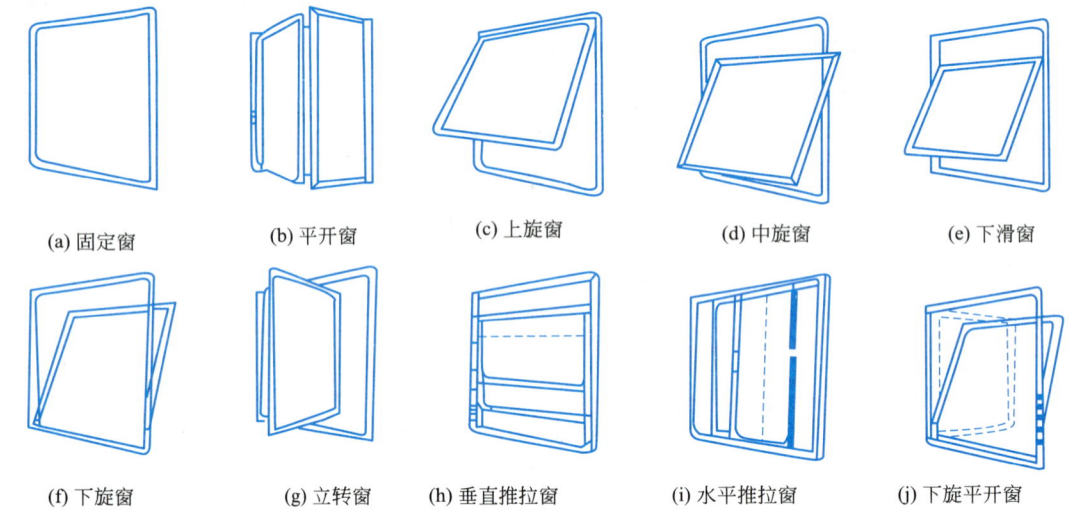

图 10-7 窗的开启方式

按所用材料的不同,窗可分为木窗、钢窗、铝合金窗、玻璃钢窗和塑料窗等。

按镶嵌材料的不同,窗可分为玻璃窗、纱窗、百叶窗、保温窗及防风纱窗等。玻璃窗能满足采光功能要求;纱窗在保证通风的同时,可以阻止蚊蝇进入室内;百叶窗一般用于只需通风不需采光的房间,分固定百叶窗和活动百叶窗两种,活动百叶窗可以加在玻璃窗外,起遮阳通风的作用。

按窗在建筑物上开设的位置不同。窗可分为侧窗和天窗两大类。

3. 门窗的构造

(1) 门的基本构造

门主要由门框、门扇及五金配件构成。门框的主要作用是固定门扇和门洞之间的连接。门的五金配件主要起着连接和固定作用,它由门把手、门锁、铰链、闭门器和门挡等构成,其中闭门器可自动打开或关闭门,门挡可防止门边角、门把手与墙壁相碰撞,门吸应附在门后墙壁处。

(2) 窗的基本构造

窗一般由窗框、窗扇、五金配件和其他附件构成。窗框又称窗樘，是窗与墙体的连接部分。窗扇是窗的主体部分，分为活动扇和固定扇两种。窗扇与窗框多用五金配件相连接，常用的五金配件包括铰链、插销、风钩及拉手等。窗框与墙连接处，为了满足不同的要求，窗洞口周边可增设贴脸、筒子板、压条、窗台板及窗帘盒等附件。

4. 铝合金门窗工程施工

(1) 工艺流程。弹线找规矩→门窗洞口处理→门窗洞口内埋设连接件→铝合金门窗拆包检查→按图纸编号运至安装地点→检查铝合金门窗保护膜→铝合金门窗框就位安装→门窗口四周嵌缝、填保温材料→清理→安装门窗扇→安装五金配件→安装门窗密封条→框边打密封胶。

(2) 弹线定位

1) 在最高层找出洞口边线，用水平仪将边线下引做好标记，对特别不直、有位移的洞口应提早处理，弹好室内 500mm 水平线，按线上量出窗下皮标高，弹线找直，同一层窗下皮应在同一水平线上。

2) 墙厚方向的位置确定。根据外墙大样图及窗台板宽度，确定铝合金门窗在墙厚方向的安装位置，如外墙厚度有偏差时，原则上应以同一房间窗台板外露尺寸一致为准，窗台板以伸入窗框下 5mm 为宜。

(3) 铝合金窗披水安装。按施工图纸要求将披水固定在铝合金窗上，且要保证位置正确、安装牢固。

(4) 防腐处理

1) 门窗框四周外表面的防腐处理设计有要求时，按设计要求处理，如果设计没有要求，可涂刷防腐涂料或粘贴塑料薄膜进行保护，以免水泥砂浆直接与铝合金门窗表面接触，产生化学反应腐蚀铝合金门窗。

2) 安装铝合金门窗时，如果采用连接铁件固定，则连接铁件、固定件等安装用金属零件最好用不锈钢件，否则必须进行防腐处理，以免产生化学反应腐蚀铝合金门窗。

(5) 铝合金门窗安装就位。根据画好的门窗定位线安装铝合金门窗框，并及时调整好门窗框的水平度、垂直度及对角线长度等，使其符合质量标准，然后用木楔临时固定。

(6) 铝合金门窗的固定

1) 当墙体上有预埋铁件时，可直接把铝合金门窗的铁脚直接与墙体上的预埋铁件焊牢，焊接处需做防锈处理。

2) 当墙体上没有预埋铁件时，可用膨胀螺栓将铝合金门窗的铁脚固定到墙上。

(7) 门窗框与墙体间缝隙的处理

1) 铝合金门窗安装固定后，应先进行隐蔽工程验收，合格后及时按设计要求处理门窗框与墙体之间的缝隙。

2) 如果设计未要求，可采用弹性保温材料或玻璃棉毡条分层填塞缝隙，外表面留出 5～8mm 深槽口填嵌缝油膏或密封胶。

(8) 地弹簧座的安装

1) 根据地弹簧座的设计位置，提前划线剔洞，将地弹簧用水泥砂浆固定在洞槽内。

2) 调整地弹簧座使其上表皮与室内地坪齐平，转轴轴线一定要与门框横料的定位轴心线一致。

(9) 门窗扇及门窗玻璃的安装。

1) 门窗扇和门窗玻璃应在洞口墙体表面装饰完工验收合格后安装。

2) 推拉门窗在门窗框安装固定后，将配好玻璃的门窗扇整体安入框内滑槽，调整好与门窗扇的缝隙即可。

3) 平开门窗在框与扇格架组装上墙、安装固定好后再安玻璃，即先调整好框与扇的缝隙，再将玻璃安入扇并调整好位置，最后镶嵌密封条及密封胶。

4) 安地弹簧门时应在门框及地弹簧座入地安装固定后再安门扇。先将玻璃嵌入门扇格架并一起入框就位，调整好框扇缝隙，最后填嵌门扇玻璃的密封条及密封胶。

(10) 安装铝合金纱门窗

1) 裁纱要比实际尺寸每边各长 50mm，以利于压纱。

2) 绷纱时先将纱铺平，将上压条压好、压实，螺钉拧紧，将纱拉平绷紧，装下压条，拧螺钉，然后再装两侧压条，用螺钉拧紧，将多余的纱用扁铲割掉，要切割干净不留纱头。

(11) 安装五金配件。选准五金配件型号后，用镀锌螺钉将其与门窗连接，安装五金配件应齐全牢固，使用灵活。

任务 10.6　吊顶工程

吊顶又称悬吊式顶棚，是指结构层下部悬吊由骨架及饰面板组成的装饰构造层。它是围成室内空间除墙体、地面以外的另一主要部分，具有保温、隔热、隔声和吸声作用，可以增加室内亮度和美观，是现代室内装饰处理的重要部位。它的装饰效果优劣，直接影响整个建筑空间的装饰效果。

10.6.1　吊顶的分类与组成

吊顶按照面板形状及装饰效果不同，分为整体面层吊顶、板块面层吊顶和格栅吊顶。吊顶由悬挂系统（吊杆）、龙骨架、饰面层及其相配套的连接件和配件组成。整体面层吊顶包括以轻钢龙骨、铝合金龙骨和木龙骨等为骨架，以石膏板、水泥纤维板等为整体面层的吊顶；板块面层吊顶包括以轻钢龙骨、铝合金龙骨和木龙骨等为骨架，以石膏板、金属板、矿棉板、木板、塑料板、玻璃板和复合板等为板块面层的吊顶；格栅吊顶包括以轻钢龙骨、铝合金龙骨和木龙骨等为骨架，以金属、木材、塑料和复合材料为格栅的吊顶。

10.6.2　板块面层吊顶施工

1. 施工准备

(1) 材料准备

轻钢龙骨根据断面不同分为：U 形、C 形、T 形、L 形等，常用的有 U 形和 T 形龙骨两种。轻钢龙骨主件为中、小龙骨；配件有吊挂件、连接件、插接件；零配件有吊杆、花篮螺栓、射钉、自攻螺钉。

(2) 主要机具

电动工具：电锯、无齿锯、手枪钻、打钉机、冲击钻、电焊机。手动工具：射钉枪、拉铆枪、手锯、手刨子、钳子、螺丝刀、扳子、钢尺、钢水平尺、线坠等。

(3) 作业条件

1) 吊顶工程在施工前应熟悉施工图纸及设计说明。

2) 吊顶工程在施工前应熟悉现场。

3) 施工前应按设计要求对房间的净高、洞口标高和吊顶内的管道、设备及其支架的标高进行交接检验。对吊顶内的管道、设备的安装及水管试压进行验收。

4) 吊顶工程在施工中应作好各项施工记录，收集好各种有关文件，包括材料进场验收记录和复检报告、技术交底记录。

5) 板安装时室内相对湿度不宜大于70%。

2. 吊顶工程施工工艺流程

弹线→固定吊挂杆件→安装主龙骨→安装次龙骨→安装罩面板。

3. 吊顶工程施工

(1) 弹线

用水准仪在房间内每个墙（柱）角上抄出水平点，弹出水准线，从水准线量至吊顶设计高度加上12mm，用粉线沿墙（柱）弹出水准线，即为吊顶次龙骨的下皮线。同时，按吊顶平面图，在混凝土顶板弹出主龙骨的位置。主龙骨应从吊顶中心向两边分，最大间距为1000mm，并标出吊杆的固定点间距900～1000mm。如遇到梁和管道固定点大于设计和规范要求，应增加吊杆的固定点。

(2) 固定吊挂杆件

采用膨胀螺栓固定吊挂杆件，不上人的吊顶，吊杆长度小于或等于1000mm，可以采用$\phi 6$的吊杆，如果吊杆长度大于1000mm，应采用$\phi 8$的吊杆，还应设置反向支撑。吊杆可以采用冷拔钢筋和盘圆钢筋，但采用盘圆钢筋时应采用机械将其拉直。上人的吊顶，吊杆长度小于或等于1000mm，可以采用$\phi 8$的吊杆，如果吊杆长度大于1000mm，应采用$\phi 10$的吊杆，还应设置反向支撑。吊杆的一端用L 30×30×3的角钢焊接，另一端可以用攻螺纹套出大于100mm的丝杠，也可以买成品丝杠焊接。制好的吊杆应做防锈处理，吊杆用膨胀螺栓固定在楼板上，用冲击电钻打孔，孔径应稍大于膨胀螺栓的直径。吊挂杆件的技术要求应符合以下要求。

1) 吊挂杆件应顺直并有足够的承载能力。当预埋的杆件需要接长时，必须搭接焊牢，焊缝要均匀饱满。

2) 吊杆距主龙骨端部距离不得超过300mm，否则应增设吊杆。

3) 吊顶灯具、风口及检修口等处应设附加吊杆。

(3) 安装主龙骨

1) 主龙骨应吊挂在吊杆上。主龙骨间距900～1000mm。主龙骨分为轻钢龙骨和T形龙骨。轻钢龙骨可选用UC50中龙骨和UC38小龙骨。主龙骨应平行房间长向安装，同时应起拱，起拱高度为房间跨度的1/300～1/200。主龙骨的接长应采取对接，相邻龙骨的对接接头要相互错开，主龙骨挂好后应基本调平。

2) 跨度大于15m的吊顶，应在主龙骨上每隔1.5m加一道大龙骨，并垂直主龙骨焊接牢固。如罩面板是固定的单板式铝塑板，也可以用型钢式方铝管做主龙骨与吊杆直接焊接或螺栓连接。

3) 如有大的造型顶棚，造型部分应用角钢或扁钢焊接成框架，并应与楼板连接牢固。

(4) 安装次龙骨

次龙骨分明龙骨和暗龙骨两种。暗龙骨吊顶：即安装罩面板时将次龙骨封闭在顶棚内，在顶棚表面看不见次龙骨。明龙骨吊顶：即安装罩面板时次龙骨明露在罩面板下，在顶棚表面能够看见次龙骨。次龙骨应紧贴主龙骨安装，次龙骨间距300～600mm。

(5) 安装罩面板

在已装好并经验收的轻钢骨架下面，按罩面板的规格、拉缝间隙进行分块弹线，从顶棚中间顺中龙骨方向开始先装一行罩面板作为基准，然后向两侧分行安装，固定罩面板的自攻螺钉间距为200～300mm。

4. 成品保护

(1) 轻钢骨架及罩面板安装应注意保护顶棚内各种管线、轻钢骨架的吊杆，龙骨不准固定在通风管道及其他设备上。

(2) 轻钢骨架、罩面板及其他吊顶材料在入场存放、使用过程中应严格管理，保证不变形、不受潮、不生锈。

(3) 吊顶工程施工时，已安装的门窗，已施工完毕的地面、墙面、窗台等应注意保护，防止污损。

(4) 已装轻钢骨架不得上人踩踏，其他工种吊挂件，不得吊于轻钢骨架上。

(5) 为了保护成品，罩面板安装必须在顶棚内管道试水、保温等一切工序全部验收后进行。

5. 施工注意事项

(1) 吊顶用的纸面石膏板，一般为9mm厚。板材应在无应力状态下进行固定，防止出现弯棱、凸鼓现象。纸面石膏板的长边应沿纵向次龙骨铺设。纸面石膏板表面应洁净、色泽一致，不得有翘曲、裂缝及缺损。压条应平直、宽窄一致。

(2) 自攻螺钉与纸面石膏板边距离：面纸包封的板边以10～15mm为宜；切割的板边以15～20mm为宜。固定石膏板的次龙骨间距一般不应大于600mm。钉距以150～170mm为宜，螺钉应与板面垂直。钉子的埋置深度以螺钉头的表面略埋入板面，并不使板面破坏为宜。钉眼应除锈，并用石膏腻子抹平。

(3) 安装双层石膏板时，面层板与基层板的接缝应错开，不允许在同一根龙骨上接缝。石膏板的对接缝，应按产品要求进行板缝处理。

(4) 纸面石膏板与龙骨固定，应从一块板的中部向板的四边固定，不允许多点同时作业。

(5) 吊顶工程中的预埋件、钢筋吊杆和型钢吊杆应进行防锈处理。

(6) 吊杆距主龙骨端部距离不得大于300mm，当大于300mm时，应增加吊杆。当吊杆长度大于1.5m时，应设置反支撑。当吊杆与设备相遇时，应调整并增设吊杆。

(7) 安装饰面板前应完成吊顶内管道和设备的调试及验收。

6. 质量要求

(1) 面板材料表面应洁净、色泽一致，不得有翘曲、裂缝及缺损。面板与龙骨的搭接应平整、吻合，压条应平直、宽窄一致。

（2）面板上的灯具、烟感器、喷淋头、风口和检修口等设备设施的位置应合理、美观，与面板的交接应吻合、严密。

（3）轻钢龙骨的接缝应平整、吻合、颜色一致，不得有划伤和擦伤等表面缺陷。

（4）吊顶内填充吸声材料的品种和铺设厚度应符合设计要求，并应有防散落措施。

（5）板块面层吊顶工程安装的允许偏差和检验方法应符合表 10-6 的规定。

板块面层吊顶工程安装的允许偏差和检验方法　　　　　　　表 10-6

项次	项目	允许偏差(mm)				检验方法
		石膏板	金属板	矿棉板	木板、塑料板、玻璃板、复合板	
1	表面平整度	3	2	3	2	用 2m 靠尺和塞尺检查
2	接缝直线度	3	2	3	3	拉 5m 线,不足 5m 拉通线,用钢直尺检查
3	接缝高低差	1	1	2	1	用钢直尺和塞尺检查

【勤练入心】

一、单选题

1. 抹灰工程中，底层抹灰的主要作用是（　　）。
  A. 仅起找平作用　　　　　　　　　　B. 保护基层和增加美观
  C. 找平和装饰　　　　　　　　　　　D. 仅起装饰作用

2. 在抹灰工程中，面层抹灰的厚度通常为（　　）。
  A. 2～5mm　　　　B. 5～7mm　　　　C. 5～12mm　　　　D. 10～15mm

3. 饰面砖工程施工工艺流程中，下列哪项不是正确的顺序。（　　）
  A. 基层处理→抹底层砂浆→弹分格线→浸砖→粘贴饰面砖
  B. 弹分格线→抹底层砂浆→浸砖→粘贴饰面砖→擦缝与勾缝
  C. 抹底层砂浆→弹分格线→浸砖→粘贴标志块→粘贴饰面砖
  D. 基层处理→弹分格线→抹底层砂浆→浸砖→粘贴饰面砖

4. 楼地面工程中，整体式面层不包括以下哪种？（　　）
  A. 水泥混凝土面层　　　　　　　　　B. 实木地板面层
  C. 陶瓷地砖面层　　　　　　　　　　D. 塑料板面层

5. 涂饰工程中，涂料的施涂遍数应根据（　　）而定。
  A. 涂料工程的质量等级　　　　　　　B. 涂料的价格
  C. 施工人员的经验　　　　　　　　　D. 施工天气

二、填空题

1. 抹灰工程具有两大功能：一是（　　），二是（　　）。

2. 一般抹灰按材料的不同包括（　　）、（　　）、（　　）和（　　）等抹灰。

3. 楼地面工程的面层可分为（　　）、（　　）、（　　）三种。

4. 涂饰工程是指将（　　　　　）敷于建筑物或构件表面，并能与建筑物或构件表面材料很好地粘结。

5. 门窗工程中，窗的主要功能是采光和通风，同时具有（　　　　）、（　　　　）和（　　　　）的作用。

三、判断题

1. 抹灰工程的防护功能可以提高墙身的耐久性能和热工性能。（　　）
2. 饰面砖粘贴前需要经过挑选，确保品种、规格、颜色和性能符合设计要求。（　　）
3. 水性涂料涂饰施工前，基层含水率不得大于10%。（　　）
4. 门窗工程中，门的主要功能不包括采光。（　　）
5. 吊顶工程中，板块面层吊顶不包括金属板作为面层材料。（　　）

四、简答题

1. 简述建筑装饰工程施工的一般流程。
2. 在饰面砖施工中，为什么需要对饰面砖进行预排和弹线？
3. 楼地面工程中，在基层和面层之间增加中间层的作用是什么？

【思政入神】

G20 杭州峰会会场设计：传统与现代的完美融合，彰显中国文化自信

2016年，G20杭州峰会吸引了全球目光，其会场设计成为中国设计团队原创完成的大型社交礼仪空间典范，彰显了中国创新活力与江南韵味，更是中国文化自信的生动展现。

装饰装修风格是室内环境整体艺术特色和个性的体现，也是设计项目的内在灵魂。G20杭州峰会主会场的装饰设计，无疑深刻诠释了这一理念。从造型、颜色到肌理、陈设，每一处都透露出浓厚的艺术气息和文化底蕴。

北京市建筑设计研究院股份有限公司以"大国风范，江南特色，杭州元素"为主题，巧妙融入"水墨中国"理念，体现了中国宏大视野与江南细腻灵动。水墨元素不仅契合江南烟雨景致，更象征包容、交流与融合，展示中国深厚历史与艺术脉络。西湖小瀛洲意象、梅花与桂花等杭州文化元素，结合东阳木雕、苏绣传统工艺与3D激光扫描等现代技术，展现中国传统文化的精湛技艺与现代设计创新。

主会场装饰设计充满中国元素与江南韵味。"廿"字呼应"廿国共宇"主题，彰显大国庄重与气度。9m直径的"江南纱灯"与薄膜灯，以梅花、桂花点缀，体现江南精致。108个"流线型紫铜连心斗拱"，寓意心心相印，营造庄严壮美且雅致灵动的会场氛围。

午宴厅设计别出心裁，以"宇宙苍穹"为灵感，突出"仁"的主题。穹顶星空与中环天光相映，外环五圈水墨山水长卷如流动江南画卷，展示传统文化，传达和谐世界追求。传统与现代设计理念结合，彰显中国文化自信，传递独特魅力。

会场设计注重创新与安全。消防、结构、环保高标准严要求，新闻中心、安保中心等临时设施可拆卸再用，体现资源节约与重视环保的设计理念。

G20杭州峰会会场设计成功融合传统与现代、东方与西方的元素，是中国文化自信的典范。通过巧妙融入传统文化元素，展示中国文化底蕴与创新精神，对未来装饰设计行业

发展及传统文化传承与创新具有重要借鉴意义。期待更多设计作品传承发扬中国传统文化，让世界更了解欣赏中国艺术之美。

【案例入魂】

某装饰装修工程质量事故案例分析

一、案例背景

某酒店进行大规模的装饰装修工程，旨在提升酒店档次，吸引更多高端客户。该工程涵盖了客房、餐厅、大堂等多个区域，涉及墙面装饰、地面铺装、水电改造、吊顶安装等多个施工项目，工程预算较高，工期紧张，要求在 6 个月内完成全部装修工程并开业。

二、质量事故描述

在工程接近尾声，进行竣工验收前的自查时，发现部分客房的墙面出现了明显的裂缝，裂缝宽度从几毫米到一厘米不等，且有继续发展的趋势；同时，大堂的部分吊顶也出现了下垂现象，吊顶面板出现变形和开裂，严重影响了整体装修效果和建筑结构安全。

10-9 施工用电标准化操作视频

三、事故原因分析

1. 设计方面

在墙面设计中，没有充分考虑原建筑墙体的结构特点和受力情况。该酒店建筑使用年限较长，原墙体存在一定程度的不均匀沉降，但设计人员在进行墙面装饰设计时，未对墙体进行详细的检测和分析，直接采用了常规的墙面装饰材料和施工工艺，导致墙面在后续使用过程中因墙体沉降而产生裂缝。

10-10 防触电警示教育

大堂吊顶的设计荷载计算不准确。设计师在选择吊顶材料和造型时，过于追求美观和豪华效果，选用了较重的装饰吊灯和复杂的吊顶造型，但在计算吊顶的结构承载能力时，未考虑这些额外的荷载，使得吊顶的实际受力超过了其设计承载能力，从而出现下垂和变形现象。

2. 施工方面

墙面施工过程中，施工人员没有严格按照施工工艺要求进行操作。在墙面基层处理时，未对基层进行充分的清理和湿润，导致墙面抹灰层与基层之间的粘结力不足；同时，抹灰层的厚度不均匀，部分区域过厚，在干燥过程中因收缩不均匀而产生裂缝。此外，在墙面装饰材料的安装过程中，如壁纸粘贴和木饰面板安装，也存在施工不规范的情况，进一步导致墙面裂缝的产生。

吊顶施工中，施工人员在安装吊顶龙骨时，未按照设计要求的间距和固定方式进行施工，龙骨的安装不牢固，部分吊杆的长度过长且未进行有效的加固处理，导致吊顶的整体稳定性较差。同时，在吊顶面板的安装过程中，没有预留足够的伸缩缝，当温度变化时，吊顶面板无法自由伸缩，从而出现变形和开裂。

3. 材料方面

所使用的部分墙面装饰材料质量不合格。采购的部分腻子粉粘结强度不足，在墙面抹灰后容易出现开裂和脱落现象；壁纸的柔韧性和耐久性较差，在墙面出现轻微变形时，无法适应变形而产生裂缝。

吊顶材料的质量也存在问题。吊顶龙骨的壁厚不符合国家标准要求，强度较低，在承受吊顶荷载时容易发生变形；吊顶面板的材质不均匀，部分面板存在内部缺陷，如气泡、裂缝等，降低了面板的整体强度和稳定性。

四、事故处理措施

1. 墙面裂缝处理

对于宽度较小的裂缝（小于5mm），采用裂缝修补剂进行灌注修补，首先将裂缝清理干净，然后用注射器将修补剂注入裂缝中，使其充分填充裂缝。待修补剂干燥后，再在墙面表面进行打磨和重新涂刷乳胶漆，确保与墙面颜色和质感一致。

对于宽度较大的裂缝（大于5mm），需要将裂缝两侧的墙面装饰材料拆除，重新进行基层处理和抹灰施工。在基层处理时，对原墙体进行加固处理，如采用钢筋网片加固等方法，增强墙体的整体性和稳定性。抹灰完成后，按照规范要求进行墙面装饰材料的安装，确保施工质量。

2. 吊顶下垂和变形处理

首先对大堂吊顶进行临时支撑，防止吊顶进一步下垂和坍塌，确保人员安全。然后拆除变形和开裂严重的吊顶面板，对吊顶龙骨进行全面检查和加固。对于不符合设计要求的龙骨进行更换，调整吊杆的长度和间距，并增加吊杆的数量，确保吊顶的结构承载能力满足要求。在重新安装吊顶面板时，严格按照设计要求预留伸缩缝，避免温度变化导致面板变形。

五、预防措施

1. 设计阶段

在进行装饰装修设计前，对原建筑结构进行全面的检测和评估，充分了解原建筑的结构特点、受力情况和潜在的安全隐患，根据检测结果进行合理的设计，避免设计不合理导致质量事故。

准确计算各类装饰装修材料和构件的荷载，在设计中充分考虑各种不利因素，确保设计荷载符合实际情况，保证建筑结构的安全。

2. 施工阶段

加强施工人员的技术培训和管理，提高施工人员的质量意识和操作技能水平，确保施工人员严格按照施工工艺和操作规程进行施工。在施工过程中，加强对施工质量的监督和检查，及时发现和纠正施工中的不规范行为。

建立严格的材料采购和进场检验制度，确保所使用的装饰装修材料质量符合国家标准和设计要求。对不合格的材料坚决予以退场，避免材料质量问题导致质量事故。

3. 项目管理阶段

合理安排工程进度，避免工期紧张盲目赶工，导致施工质量下降。在施工过程中，加强各施工环节之间的协调和配合，确保工程施工的顺利进行。

建立健全质量管理体系，明确各参与方的质量责任，加强对工程质量的全过程管理，从设计、施工到验收，每个环节都要严格把关，确保装饰装修工程的质量和安全。

六、总结

通过对这个典型质量事故案例的分析，可以看出在装饰装修工程中，设计、施工、材

项目 10　装饰工程

料等各个环节都至关重要，任何一个环节出现问题都可能导致严重的质量事故，因此必须加强对装饰装修工程的全过程管理，确保工程质量和安全。

【实践入行】

装饰装修镶贴实训任务指导书

一、实训目标

1. 让学生掌握常见镶贴材料（如瓷砖、石材等）的性能、特点和选用方法，能够根据不同的装饰部位和设计要求正确选择合适的镶贴材料。

2. 培养学生熟练掌握镶贴工程的施工工艺流程，包括基层处理、弹线分格、镶贴操作、勾缝清理等各个环节，确保镶贴质量符合相关标准和规范。

3. 通过实际操作，提高学生的动手能力和解决实际问题的能力，使学生能够独立完成各类简单镶贴工程的施工任务，并具备一定的质量控制和安全意识。

4. 培养学生的团队协作精神和职业素养，使其在实训过程中养成严谨、认真、负责的工作态度，为今后从事装饰装修行业的相关工作打下坚实的基础。

二、实训时间与地点

时间：2 天

地点：学校装饰装修实训基地

三、实训内容与任务

（一）理论知识学习

1. 镶贴材料知识讲解

介绍瓷砖、石材、马赛克等常见镶贴材料的种类、规格、性能指标（如硬度、吸水性、耐磨性、抗冻性等）、质量鉴别方法以及市场上常见的品牌和价格范围，讲解不同镶贴材料的适用场所和装饰效果。

2. 镶贴工艺原理讲解

详细阐述镶贴工程的施工原理，包括粘结材料（如水泥砂浆、瓷砖胶等）的作用和选择依据，镶贴过程中的物理和化学变化（如水泥的水化反应、粘结力的形成等），以及如何通过合理的施工工艺确保镶贴材料与基层之间的牢固粘结。

3. 施工图纸识读与方案编制

指导学生识读镶贴工程施工图纸，包括平面布置图、立面图、剖面图等，明确镶贴部位、材料规格、颜色搭配、排版方式以及节点构造等信息。

给定一个简单的镶贴工程案例，要求学生分组编制施工方案，内容涵盖工程概况、施工准备（材料、工具、人员安排）、施工流程、质量保证措施、安全文明施工措施等方面，并在课堂上进行汇报和交流，教师进行点评和指导。

（二）实践操作训练

1. 材料与工具准备

学生根据实训任务要求，领取所需的镶贴材料（如瓷砖、石材）和辅助材料（如水泥、砂子、瓷砖胶、勾缝剂、背涂胶等），并对材料的外观质量、规格尺寸进行检查，确保符合设计和质量要求。准备施工工具，如瓷砖切割机、角磨机、水平尺、垂直尺、靠尺、橡皮锤、抹子、灰铲、墨斗、搅拌器等,并检查工具的完好性和安全性,学会正确使用和维护工具。

2. 基层处理

在实训场地的模拟墙、地面或实际施工区域,对基层进行清理,去除表面的灰尘、油污、松动的砂浆等杂物,用錾子剔除基层表面的凸出部分,并用水泥砂浆对凹坑和孔洞进行修补和平整,确保基层表面平整、坚实、干净、无裂缝。

3. 弹线分格

根据镶贴工程施工图纸和设计要求,在基层上弹出镶贴材料的水平和垂直控制线,确定镶贴的起始位置和排版方式。弹线应清晰、准确,水平控制线的间距不宜大于 1.5m,垂直控制线应与门窗洞口等部位的边缘对齐,保证镶贴后的表面平整度和垂直度符合规范要求(一般墙面平整度偏差不超过 2mm,垂直度偏差不超过 3mm)。

在地面镶贴时,还需根据房间的尺寸和镶贴材料的规格,合理规划排版方案,尽量避免出现小于半块砖的窄条,以保证整体美观。对于有拼花或图案要求的镶贴工程,应预先在基层上弹出详细的图案分格线,并进行编号,以便施工时准确无误地进行镶贴。

4. 镶贴操作

(1)瓷砖镶贴

调制瓷砖粘结材料,如采用水泥砂浆,应按照 1∶2 或 1∶3(水泥∶砂子)的配合比进行搅拌,搅拌均匀后使其具有适当的稠度(手握成团,落地开花);若使用瓷砖胶,应按照产品说明书的要求准确称量干粉和水,搅拌至无结块、均匀细腻的膏状。

用抹子在瓷砖背面均匀涂抹粘结材料,厚度一般为 5~8mm,四周刮成斜面,中间略厚,并在瓷砖的四个角和中心位置点涂适量的粘结材料,形成梅花状分布,确保瓷砖与基层之间能够充分粘结。对于较大尺寸的瓷砖(如 600mm×600mm 以上),应在背面满涂粘结材料,并采用瓷砖胶或背涂胶进行辅助粘贴,以增强粘结力。

将涂抹好粘结材料的瓷砖按照弹线位置准确地铺贴在基层上,轻轻揉压瓷砖,使其与基层紧密贴合,并用水平尺和靠尺检查瓷砖的平整度和垂直度,如有偏差,应及时进行调整。瓷砖之间应留设适当的缝隙,一般为 1~3mm,以便后续勾缝处理。采用橡皮锤轻轻敲击瓷砖表面,使其与相邻瓷砖平齐,并确保粘结材料饱满无空鼓。

按照上述方法依次铺贴其他瓷砖,注意保持瓷砖之间的缝隙均匀一致,在墙角、门窗洞口等部位应进行镶贴收口处理,确保收口美观、严密。瓷砖铺贴完成后,应及时清理瓷砖表面的粘结材料,避免干结后难以清理。

(2)石材镶贴

石材镶贴前,应先对石材进行预排版和编号,根据设计要求和石材的纹理、颜色等特点,选择合适的拼接方式,确保石材镶贴后的整体效果美观自然。对于天然石材,应进行防碱背涂处理,以防止石材在使用过程中出现泛碱现象。

调制石材专用胶粘剂,按照产品说明书的要求进行操作,确保胶粘剂的性能符合石材镶贴的要求。采用齿形抹刀在石材背面涂抹胶粘剂,涂抹厚度和方式应根据石材的尺寸和重量合理确定,一般厚度为 8~12mm,齿形的间距和深度应保证胶粘剂能够均匀地分布在石材背面,并形成足够的粘结面积。

将石材按照预排版和弹线位置缓慢地铺贴在基层上,使用橡皮锤和水平尺、靠尺等工具进行调整和定位,确保石材的平整度、垂直度和水平度符合要求,相邻石材之间的高低差不超过 0.5mm,缝隙宽度均匀一致,一般为 3~5mm。对于较大尺寸和较重的石材,应采用干挂法或挂件辅助粘贴法进行镶贴,以确保石材的安装牢固和安全。

石材镶贴完成后,应及时对石材表面进行保护,避免在后续施工过程中造成划伤、污染等损坏。在石材的阳角部位,可采用不锈钢护角或磨边处理,以增强阳角的防护性能和美观。

(3)勾缝与清理

在镶贴材料粘贴牢固(一般瓷砖粘贴 24h 后,石材粘贴 48h 后),且粘结材料达到一定强度后,进行勾缝处理。根据设计要求选择合适的勾缝剂颜色和类型(如水泥基勾缝剂、环氧勾缝剂等),将勾缝剂按照产品说明书的要求进行调配,使其具有适当的稠度和流动性。

使用勾缝工具(如勾缝刀、海绵擦等)将勾缝剂均匀地填入镶贴材料之间的缝隙中,填满后用勾缝刀将勾缝剂压实、刮平,并使其与镶贴材料表面平齐,然后用海绵擦将多余的勾缝剂擦拭干净,保持镶贴材料表面的整洁美观。勾缝应饱满、密实、光滑,无裂缝、孔洞和漏勾现象,缝宽和缝深应符合设计要求(一般瓷砖缝深为 2~3mm,石材缝深为 5~8mm)。

最后,对整个镶贴工程表面进行全面清理,去除残留的粘结材料、勾缝剂、灰尘等杂物,用清水冲洗干净,并对镶贴成果进行保护,避免在后续施工过程中受到损坏。

(三)综合项目实施

1. 分组完成小型装饰空间的镶贴工程

将学生分成若干小组,每组 4~5 人,给定一个小型装饰空间(如模拟卫生间、厨房或客厅的局部区域)的镶贴工程任务,要求各小组根据设计图纸和任务要求,独立完成从基层处理到镶贴、勾缝清理等全部施工过程,包括墙面和地面的瓷砖镶贴,以及可能涉及的石材窗台板、门槛石等部位的镶贴工作。

在施工过程中,各小组应合理分工,密切协作,按照施工工艺流程和质量标准进行操作,遇到问题应及时分析和解决,并做好施工记录和质量检验工作。

2. 项目展示与评价

各小组完成镶贴工程后,对其作品进行展示和汇报。汇报内容包括工程概况、施工过程、采用的技术措施、质量控制方法、团队协作情况以及在施工过程中遇到的问题和解决方法等方面。汇报形式可以采用 PPT 演示、现场讲解、实物展示相结合的方式,每个小组汇报时间不超过 15min。

教师组织学生进行项目评价,评价方式包括小组自评、互评和教师评价相结合。评价指标主要涵盖施工质量(如平整度、垂直度、缝隙均匀度、空鼓率、勾缝质量等)、施工工艺(是否符合规范要求、操作熟练程度等)、项目进度(是否按时完成任务)、团队协作(成员分工是否合理、沟通协作是否顺畅等)、安全文明施工(是否遵守安全操作规程、施工现场是否整洁有序等)以及汇报表现(PPT 制作质量、讲解清晰程度、回答问题准确性等)等方面,通过量化打分的方式确定各小组的项目成绩,并评选出优秀小组和优秀个人,进行表彰和奖励。

四、实训成果要求

1. 个人实训报告

每位学生撰写一份详细的实训报告,内容包括实训目的、任务、过程、所学到的知识和技能、遇到的问题及解决方法、实训收获与体会、对今后学习和工作的启示等方面,字数不少于 800 字,要求报告内容翔实、条理清晰、语言通顺,并配有相关的图片(如施工过程照片、镶贴成果照片等)或图表(如施工进度计划图表、质量检验数据图表等)进行说明。

2. 小组施工资料

各小组提交一套完整的施工资料,包括施工图纸、施工方案、材料清单、质量检验记录、施工日志等,施工资料应整理规范、内容完整、数据准确,并能够真实反映小组的施工过程和质量控制情况。

3. 镶贴工程作品

各小组完成的镶贴工程作品应达到以下质量标准。

墙面和地面镶贴材料的平整度偏差不超过 2mm/2m,垂直度偏差不超过 3mm/2m,水平度偏差不超过 2mm/2m。

镶贴材料之间的缝隙宽度均匀一致,误差不超过 0.5mm,缝隙饱满、密实、无裂缝、孔洞和漏勾现象。

空鼓率不超过 5%(单块砖空鼓面积不超过该砖面积的 10%),且不得出现连续空鼓现象。

镶贴表面整洁美观,无明显的污渍、划伤、缺棱掉角等缺陷。

收口部位处理得当,美观自然,与周边环境协调一致。

五、考核与评价

1. 考核方式

采用过程考核与结果考核相结合的方式,过程考核主要关注学生在实训过程中的表现,包括出勤情况、学习态度、团队协作能力、操作技能掌握程度等方面;结果考核主要依据学生提交的实训成果(实训报告、小组施工资料、镶贴工程作品)以及项目展示与评价的成绩进行综合评定。

2. 评价指标及权重

(1) 出勤情况(10%):根据学生的实际出勤记录进行评分。

(2) 学习态度(10%):观察学生在实训过程中的积极性、主动性、责任心以及对教师指导的响应程度等方面,由指导教师进行主观评价,分为优秀(9~10 分)、良好(7~8 分)、中等(5~6 分)、及格(3~4 分)和不及格(0~2 分)五个等级。

(3) 团队协作能力(20%):评价学生在小组项目实施过程中的团队合作精神、沟通能力、分工协作合理性以及解决团队内部矛盾的能力等方面,通过小组自评、互评和教师评价相结合的方式进行评分,同样分为五个等级,对应分值为 18~20 分、14~17 分、10~13 分、6~9 分和 0~5 分。

(4) 操作技能(40%):根据学生在镶贴工程施工各工序中的实际操作表现,如材料切割、基层处理、弹线分格、镶贴操作、勾缝清理等环节的操作熟练程度、工艺规范程度、质量达标情况等方面进行考核,由指导教师在实训现场进行实时观察和记录,并结合质量检验结果进行评分,具体评分标准如下。

操作熟练、工艺规范、质量优良,各项质量指标均符合要求,无明显质量问题,得36～40分;操作较熟练、工艺基本规范、质量较好,存在少量一般性质量问题,经整改后合格,得30～35分;操作基本熟练、工艺部分存在不规范之处、质量一般,存在较多质量问题,经多次整改后合格,得20～29分;操作不熟练、工艺存在较多错误、质量较差,存在严重质量问题,经整改后仍不能达到合格标准,得20分以下。

(5)实训成果(20%):对学生提交的实训报告、小组施工资料和镶贴工程作品进行综合评价,包括报告内容的完整性、准确性、深度和创新性,施工资料的规范性、完整性和真实性,镶贴工程作品的质量、美观度和创新性等方面,按照优秀(18～20分)、良好(14～17分)、中等(10～13分)、及格(6～9分)和不及格(0～5分)五个等级进行评分。

六、安全与文明施工要求

1. 安全要求

(1)在实训前,组织学生参加安全培训,学习装饰装修施工安全操作规程和安全防护知识,了解镶贴工程施工过程中的安全风险,并掌握相应的预防措施和应急处理方法。

(2)学生在实训过程中必须严格遵守安全操作规程,正确佩戴和使用个人安全防护用品,如安全帽、安全带、护目镜、手套等,严禁在实训场地内追逐打闹、违规操作施工工具和设备。

2. 文明施工要求

(1)保持实训场地的整洁卫生,材料堆放整齐有序,施工工具摆放规范,做到工完场清。每天实训结束后,各小组应负责清理本小组的施工区域,将废弃的材料、垃圾等清理干净,倒入指定的垃圾桶内。

(2)爱护实训场地的设施设备和建筑模型,不得故意损坏或破坏公共财物,如有损坏,应照价赔偿。在施工过程中,应注意节约材料和能源,避免浪费。

(3)遵守实训基地的各项规章制度,服从管理。

参考文献

[1] 姚谨英.建筑施工技术［M］.6版.北京：中国建筑工业出版社，2017.
[2] 孙玉龙.建筑施工技术［M］.北京：清华大学出版社，2020.
[3] 曲恒绪，祝冰青.建筑施工技术［M］.武汉：华中科技大学出版社，2023.
[4] 古栋列.建筑施工技术［M］.哈尔滨：哈尔滨工程大学出版社，2016.
[5] 王伟，汪丛军.智能建造概论［M］.北京：中国建筑工业出版社，2024.
[6] 钟汉华，薛艳.建筑工程施工技术［M］.北京：北京大学出版社，2023.